Controles da Administração e Judicialização de Políticas Públicas

Controles da Administração e Judicialização de Políticas Públicas

2016

Organizadores
Thiago Marrara
Jorge Agudo González

CONTROLES DA ADMINISTRAÇÃO E JUDICIALIZAÇÃO DE POLÍTICAS PÚBLICAS
© Almedina, 2016

ORGANIZADORES: Thiago Marrara, Jorge Agudo González
DIAGRAMAÇÃO: Almedina
DESIGN DE CAPA: FBA
ISBN: 978-858-49-3128-6

Dados Internacionais de Catalogação na Publicação (CIP)
(Câmara Brasileira do Livro, SP, Brasil)

Controles da administração e judicialização de políticas públicas / organizadores Thiago Marrara, Jorge Agudo González. -- São Paulo : Almedina, 2016.
Bibliografia
ISBN 978-85-8493-128-6

1. Administração pública 2. Direito administrativo 3. Políticas públicas (Direito) 4. Políticas públicas - Brasil I. Marrara, Thiago. II. Agudo González, Jorge.

16-04480   CDU-347.98:35

Índices para catálogo sistemático:
1. Controle administrativo e judicial de políticas públicas : Direito 347.98:35

Este livro segue as regras do novo Acordo Ortográfico da Língua Portuguesa (1990).

Todos os direitos reservados. Nenhuma parte deste livro, protegido por copyright, pode ser reproduzida, armazenada ou transmitida de alguma forma ou por algum meio, seja eletrônico ou mecânico, inclusive fotocópia, gravação ou qualquer sistema de armazenagem de informações, sem a permissão expressa e por escrito da editora.

Novembro, 2016

EDITORA: Almedina Brasil
Rua José Maria Lisboa, 860, Conj.131 e 132, CEP: 01423-001 São Paulo | Brasil
editora@almedina.com.br
www.almedina.com.br

NOTA DOS COORDENADORES

Judicialização e controle da Administração são fenômenos inseparáveis, afinal, a judicialização nada mais representa que a intensificação do controle judicial das ações e omissões da Administração Pública. Mas não é só isso. Se entendida como um movimento de deslocamento das decisões administrativas individuais ou coletivas para as mãos do Judiciário, a judicialização reflete tanto a incapacidade de o Poder Público concretizar os mandamentos constitucionais que sobre ele pairam por meio de políticas públicas eficazes, quanto a ineficiência ou a falência dos mecanismos de controle interno e do controle legislativo. Caso a própria Administração fosse capaz de identificar e corrigir grande parte de seus erros e deficiências com suporte em seu poder de autotutela e de autocontrole, dificilmente a judicialização teria atingido grau tão expressivo quanto o que hoje se constata.

Os problemas e deficiências hodiernos do controle da Administração Pública e os impactos negativos e positivos da judicialização de políticas públicas para a sociedade e para o Estado constituíram o eixo temático central do V Seminário de Direito Administrativo (SDPA), sediado na Faculdade de Direito de Ribeirão Preto (FDRP) da Universidade de São Paulo (USP), em agosto de 2015. Organizado pela USP e pela Universidad Autónoma de Madrid (UAM) com apoio dos Ministérios de Educação do Brasil (CAPES) e da Espanha (DGPU) e do Programa de Pós-graduação em Direito da FDRP/USP, o V SPDA suscitou inúmeros debates que agora se condensam nesta obra.

Na primeira parte, denominada "Controles da Administração", reúnem-se sete textos relativos às formas tradicionais de controle e seus problemas cruciais. Jorge Agudo González inicia a obra com reflexões sobre a função administrativa de controle na realidade espanhola, marcada pela existência de um contencioso administrativo, mas em que emergem problemas semelhantes ao da judicialização brasileira. Thiago Marrara, em seguida, aponta as modalidades de controle interno e busca identificar as razões para suas grandes dificuldades de funcionamento efetivo no Brasil. Mónica Domínguez Martín reflete igualmente sobre o papel dos mecanismos de controle interno como forma de solucionar conflitos de maneira prévia à ativação do contencioso administrativo. Retornando ao cenário brasileiro, Irene Nohara trabalha o importante tema do controle social e suas relações com movimentos de reforma administrativa. Rodrigo Pagani de Souza debate as dificuldades do controle de decisões regulatórias. Luis Manuel Fonseca Pires se dedica ao relevante papel hoje desempenhado pelas corregedorias e Murillo Giordan Santos, ao concluir o primeiro bloco, dedica-se a refletir sobre as implicações da coisa julgada administrativa para o controle do Poder Público.

Na segunda parte, "judicialização e alternativas", concentram-se artigos referentes ao fenômeno da judicialização e sobre as alternativas a esse movimento. Maria Sylvia Zanella Di Pietro abre o bloco com os impactos da judicialização sobre a discricionariedade no intuito de responder em que medida esse instituto clássico do direito administrativo foi afetado pelas transformações do controle do Estado. Emerson Gabardo, por sua vez, relaciona o controle ao princípio da eficiência e, ao fazê-lo, oferece considerações críticas sobre esse princípio e sua relação com outros mandamentos gerais do direito atual. Daniel Wunder Hachem trabalha o interessante tópico das omissões administrativas e suas consequências para a concretização de direitos sociais, partindo daí para o debate do controle do silêncio. Paulo Henrique Boldrin e Fabiana Severi trazem em seguida um estudo empírico em que examinam o grau de efetividade de câmaras técnicas no campo da judicialização do direito da saúde. Em conclusão, três textos se dedicam a algumas alternativas de controle de conflitos administrativos. Fernando Menezes de Almeida verifica em que medida faria sentido retomar o contencioso administrativo no Brasil, ou seja, criar uma estrutura judiciária especializada em conflitos envolvendo a Administração Pública. Luciane Moessa de Souza aborda com proficiência o tema da mediação, aponta suas condições jurídicas e extrajurídicas, bem como seu procedimento de realização e Camilo Zufelato conclui o bloco com considerações sobre um projeto de lei de controle de políticas públicas.

Com apoio nessas ricas reflexões, espera-se que a obra ora apresentada venha a contribuir com a identificação dos problemas comuns que atingem o controle do Estado no Brasil e na Espanha, com o mapeamento dos fatores positivos e negativos da judicialização e com a construção de alternativas capazes de aprimorar o funcionamento da Administração Pública e efetivar seu papel fundamental na concretização do texto constitucional e dos direitos fundamentais.

SUMÁRIO

NOTA DOS COORDENADORES   5

La Función Administrativa de Control: Bases para un Sistema
de Justicia Administrativa en el Ordenamiento Jurídico Español
Jorge Agudo González   11

Controle interno da Administração Pública: suas facetas e seus inimigos
Thiago Marrara   45

El establecimiento de mecanismos de control administrativo previo al control jurisdiccional contencioso-administrativo: razones, problemas y desafíos
Mónica Domínguez Martín   67

Controle social da Administração Pública: mecanismos jurídicos de estímulo
à dimensão sociopolítica da governança pública
Irene Patrícia Nohara   93

Controle da regulação no Brasil: novas perspectivas com ênfase em resultados
Rodrigo Pagani de Souza   115

Corregedorias: o controle da função administrativa nos diferentes Poderes
Luis Manuel Fonseca Pires   137

Coisa julgada administrativa e seu impacto no controle interno e externo
da Administração Pública
Murillo Giordan Santos   147

O Que Sobrou da Discricionariedade Administrativa? Reflexões sobre o Controle da Administração e a Judicialização das Políticas Públicas
 Maria Sylvia Zanella Di Pietro   167

Controle Judicial e o Princípio da Eficiência Administrativa no Brasil
 Emerson Gabardo   191

Controle Judicial do Silêncio Administrativo e a Atribuição de Efeitos Positivos como Alternativa à Judicialização
 Daniel Wunder Hachem   209

Desigualdades na judicialização de políticas públicas: um estudo de caso sobre demandas por direito à saúde ajuizadas pela Defensoria Pública do Estado de São Paulo, regional de Ribeirão Preto
 Paulo Henrique Martinucci Boldrin / Fabiana Cristina Severi   249

O Brasil necessita ressuscitar a jurisdição administrativa? Debate à luz da história do direito administrativo brasileiro
 Fernando Menezes de Almeida   275

Controle consensual na elaboração e implementação de políticas públicas: caminho democrático e eficiente
 Luciane Moessa de Souza   293

A busca por soluções jurídicas consensuais em tema de controle judicial de políticas públicas: reflexões à luz do Projeto de Lei nº 8.058/2014
 Camilo Zufelato   307

SOBRE OS AUTORES   321

LA FUNCIÓN ADMINISTRATIVA DE CONTROL: BASES PARA UN SISTEMA DE JUSTICIA ADMINISTRATIVA EN EL ORDENAMIENTO JURÍDICO ESPANOL [1]

Jorge Agudo González

1. La Función de control como función constitucional

La configuración de la función de control de los actos del poder público en el Estado liberal decimonónico es una consecuencia lógica del principio de separación de poderes[2] y del corolario de la tutela de los derechos de los ciudadanos frente a los actos de poder. En este sentido, la atribución de la función de control a órganos jurisdiccionales independientes del poder ejecutivo ante los que los ciudadanos pudieran rogar ser tutelados

---

[1] Proyecto de Investigación "El control de la actividad de la Administración: por un sistema de justicia administrativa" (GHE/nzs), Instituto Nacional de Administración Pública.

[2] Se ha de reconocer que esta afirmación requeriría de muchos matices que no pueden ser abordados en este estudio y que tienen mucho que ver con la comprensión del principio de separación de poderes formulado por Montesquieu (2005:181-190) a partir del constitucionalismo inglés. Aunque pudiera afirmarse que Montesquieu no predicó una división radical entre poderes, lo cierto es que su formulación está lejos de la riqueza del sistema de controles del constitucionalismo inglés. Al respecto hay una extensísima bibliografía, pero como obras de referencia pueden citarse J.J. Solozábal Echeverría (1981), L. Sánchez Agesta (1981), M. García-Pelayo (1983), R. García Macho (1986), M. Aragón Reyes (1987), J. García Roca (2000), recientemente, B. Pendás García (2009), I. Fernández Sarasola (2009) y R. Jiménez Asensio (2014) y, sobre todo, el magnífico trabajo de R.L. Blanco Valdés (2006).

mediante la impugnación de los actos de poder, ha sido una de las claves en el origen y en la evolución del Derecho Administrativo y, más genéricamente, del Estado de Derecho[3].

El análisis del control de la Administración en el Estado de Derecho se ha centralizado en la instancia que constituye el nudo gordiano del origen mismo del Derecho Administrativo, esto es, el control externo mediante el sometimiento de las decisiones administrativas a la justicia administrativa impartida por órganos jurisdiccionales independientes[4]. Con las peculiaridades de cada país, el Derecho Administrativo se conforma en un momento histórico en el que la Administración se consolida como brazo ejecutor del poder ejecutivo, que ejerce poder público sometido plenamente al Derecho y en el que, al mismo tiempo, el ciudadano comienza a reconocerse como sujeto jurídico cuyos derechos deben ser salvaguardados. El dogma del principio de legalidad y el sometimiento de la Administración al Derecho, y la consecuente tutela de los ciudadanos, se afianza con perspectivas distintas (jurisdicción delegada y retenida/monismo y dualismo jurisdiccional), pero en todo caso el control se monopoliza en órganos jurisdiccionales que forman parte del poder judicial o que siendo orgánicamente ajenos al poder judicial, gozan de una independencia asimilable.

---

[3] Muy gráfica es la siguiente afirmación de C. SCHMITT (2009: 144): "El ideal pleno del Estado burgués de Derecho culmina en una *conformación judicial general* de toda la vida del Estado", recalcando a continuación la trascendencia de la independencia judicial. También J. GONZÁLEZ PÉREZ (1951: 163) recordaba las palabras de ALIBERT en el comienzo de su obra sobre el recurso de exceso de poder: "Todos los pueblos civilizados han encargado a los jueces el mantenimiento de los principios fundamentales del Derecho nacional".

La bibliografía sobre este aspecto es inabarcable, pero no es casual que, a pesar de su distinto origen y de la diferente época en la que se han pronunciado, todos los grandes *iuspublicistas* hayan incidido en la exigencia de un poder judicial independiente (retenido o delegado) del poder ejecutivo. Se puede consultar en este sentido VON IHERING, O. MAYER, G. JELLINEK, HAURIOU, CARRÉ DE MALBERG, DUGUIT, KELSEN, etc., pero creo que una frase que sintetiza perfectamente la trascendencia de la atribución al poder judicial corresponde a A. MERKL (2004: 466), quien afirma que "la razón más fuerte para la introducción de una justicia administrativa" es que "representa el medio técnico-jurídico con el cual sometemos la actividad de órganos dependientes a la fiscalización de órganos independientes".

[4] Sobre esta materia la bibliografía es inabarcable. Véase como títulos imprescindibles F. GARRIDO FALLA (1952 y 1968), E. SERRANO GUIRADO (1951 y 1953), E. GARCÍA DE ENTERRÍA (1954 y 1974), J.A. GARCÍA-TREVIJANO (1961), L. MARTÍN-RETORTILLO BAQUER (1966), J.R. PARADA VÁZQUEZ (1968 y 1969), A. NIETO GARCÍA (1968) y A. GALLEGO ANABITARTE (1971).

Así pues, órganos jurisdiccionales (poder judicial), función de control y tutela han sido conceptos emparejados funcional y teleológicamente[5]. Sin embargo, ese "emparentamiento" poder-función nunca ha sido plenamente satisfactorio para categorizar la realidad jurídica. Ni lo fue para explicar la realidad del Estado liberal[6], ni tampoco, desde una perspectiva comparada, lo era para abordar el equilibrio de poderes y de controles recíprocos que caracterizó al precoz constitucionalismo inglés[7], luego asimilado en el constitucionalismo continental[8]. A pesar de esta afirmación, lo cierto es que el entendimiento estricto del principio de separación de poderes ha pesado de forma determinante en la construcción del Estado de Derecho y, con especial trascendencia, en la ciencia jurídico-administrativa.

La inconsistencia de un sistema jurídico basado en una separación de poderes entendida como una división que supone una distribución funcional especializada fue superada algún tiempo en la doctrina española[9].

---

[5] La correspondencia funcional (poder judicial-función de control) es utilizada aquí para conectar esta afirmación con la división de funciones formulada por G. JELLINEK (1981: 459 y ss.) y desarrollada por R. CARRÉ DE MALBERG (2000: 249 y ss.), pero también matizada por HAURIOU, DUGUIT, etc.

[6] Fue, tempranamente, G. JELLINEK (1981: 591 y ss.) quien formulara ya en 1900 (1ª edición de su "*Allgemeine Staatslehre*") un primer sistema de control en el seno del Estado de Derecho, distinguiendo entre controles de Derecho Público sociales, políticos y jurídicos. En España, E. SERRANO GUIRADO (1951: 144) asumió esa distinción, considerando que era un lugar común con cita de RANELLETTI y HELLER. Después de JELLINEK, en 1927 fue publicada la 1ª edición de su "*Allgemeines Verwaltungsrecht*" de A. MERKL (2004: 455 y ss.), donde también formuló, en relación con las vías de fiscalización administrativa, la teoría de un "sistema de medios de fiscalización administrativa".

[7] Aparte de la bibliografía general citada, véanse las reflexiones sobre esta cuestión y su influencia en la evolución del Derecho Administrativo en Inglaterra, en J. AGUDO GONZÁLEZ (2014).

[8] La inexistencia de una correlación poder-función está en los mismos orígenes del liberalismo, produciendo un acercamiento en el continente a la concepción del principio de separación de poderes basada en el sistema de "*check and balances*" formulado originalmente por BLACKSTONE. Con matices e intensidad variable, esa percepción está ya, por poner sólo algunos ejemplos, en G. JELLINEK (1981: 459 y ss.), en C. SCHMITT (2009: 189 y ss.) o en M. HAURIOU (2003: 407 y ss.) quien, incluso, asume una interpretación matizada del principio de separación de poderes formulado por MONTESQUIEU, luego bastante criticada, orientada en esa misma dirección.

[9] L. PAREJO ALFONSO (1991: 17) señalaría que "la doctrina actual considera superado hoy el entendimiento del principio de división funcional en términos estrictos del binomio especialización-separación y, por lo que hace al binomio legislativo-ejecutivo". También afirmó la actualidad del principio de separación de poderes, pero adoptando una concepción

Frente a la concepción clásica, la teoría de la atribución de funciones permite explicar el otorgamiento transversal (a diferentes poderes-órganos constitucionales) de una misma función, modulada de forma variable por el ordenamiento constitucional tanto en su definitiva atribución, como en la intensidad de su otorgamiento[10].

Este planteamiento tiene una doble consecuencia. Primera, desde el plano teórico, constituye el presupuesto habilitante para la formulación de una teoría general del control. Y, segunda, y consecuencia de lo anterior, desde el plano metodológico-dogmático, sirve de base para la construcción de un complejo sistema constitucional de control sustentado sobre el concepto de "función de control", en cuanto concepto jurídico con relevancia constitucional, en la medida en que constituye una función conformada, prevista y ordenada jurídicamente en la Constitución, cuyo ejercicio no se encuentra monopolizado en un único poder/organización/órgano del Estado[11].

---

superadora de su entendimiento original, la de "orden de funciones". Para ello, PAREJO ALFONSO, siguiendo a ACHTERBERG, mantiene una reinterpretación del principio de la separación de poderes como un mecanismo idóneo no tanto para una separación funcional, como para la limitación del poder.

[10] Esto no obsta para afirmar que la estructuración de las funciones mantenga una relación cercana con la separación de poderes tradicional; la clave está en la conexión entre organizaciones y órganos con funciones que tradicionalmente no han sido las que les han definido funcionalmente. En este sentido, por ejemplo, la bien conocida Sentencia del Tribunal Constitucional (STC) 166/86, de 19 de diciembre (FJ 11), cuando afirma que "*la evolución histórica del sistema constitucional de división de poderes ha conducido a una flexibilización que permite hoy hablar, salvo en reservas materiales de Ley y en actividades de pura ejecución, de una cierta fungibilidad entre el contenido de las decisiones propias de cada una de dichas funciones, admitiéndose pacíficamente que su separación ya no se sustenta en la generalidad de una y singularidad de otra*".

[11] En Brasil esa expansión de la función de control se ha explicado como el resultado del proceso de distinción entre funciones del Estado (las clásicas relacionadas con el gobierno y la justicia) y funciones en el Estado, esto es, "las actividades de vigilancia, control y promoción de la justicia, que suponen un nuevo tipo de funciones que también se producen en el Estado pero que tienen una naturaleza híbrida porque, a pesar de que se ejercen en interés directo de la sociedad, su desempeño eficaz e independiente exige que sus agentes se vean investidos de una garantía de autoridad atribuida mediante su investidura pública" (D. DE FEGUEIREDO MOREIRA: 2010, 10). Sin perjuicio de las diferencias que mantenemos con esta opinión, lo cierto es que el proceso al que se refiere DE FEGUEIREDO MOREIRA responde al mismo fenómeno explicado en el texto principal. El propio autor afirma que la redistribución de funciones a la que alude es consecuencia de las limitaciones derivadas de una concepción estricta del principio de separación de poderes (p. 16).

Es sorprendente la escasa atención que la doctrina administrativista y de las Ciencias de la Administración ha prestado a esta temática[12]. La sorpresa es mayor si admitimos, como no puede ser de otro modo, que el control es una función determinante de la propia existencia del moderno Estado constitucional, hasta el punto de que cabe afirmar que "el control es un elemento inseparable del concepto de Constitución si se (le) quiere dotar de operatividad", ya que "sólo si existe control de la actividad estatal puede la Constitución desplegar su fuerza normativa"[13]. Dicho de otro modo, sin los mecanismos de control no es posible la existencia misma del Estado social, democrático de Derecho.

Abordaremos esta consideración afrontando, en primer lugar, la fundamentación axiológica de la función de control en la Constitución Española, para pasar, posteriormente, a las distintas exigencias estructurales del Estado a partir de las cuales cabe cimentar y orientar teleológicamente un sistema constitucional de control de la actuación de los poderes públicos.

---

[12] La expresión más sugerente de un sistema de control la encontramos en E. SCHIMIDT-ASSMANN (2003: 239; 2006: 84 y 85; 2012: 88 y ss.) quien alude a la existencia en las modernas Constituciones de un conjunto de controles que interaccionan, siendo lo relevante lograr "un grado de control suficiente", no necesariamente identificado en el máximo control posible monopolizado en sede judicial. En una dirección similar, M. ARAGÓN REYES (1987), D. DE FEGUEIREDO MOREIRA (2010) y L. PAREJO ALFONSO (2012: 612 y ss.). También parece apuntar en esa orientación A. PORRAS NADALES (2014: 88 y 147) y con los matices que requiere la cita de un filósofo del Derecho, L. FERRAJOLI (2011: 630 y ss.; 2014: 56-61), quien, en referencia a la noción de "constitucionalismo garantista" como modelo teórico (p. 62), afirma que "se caracteriza esencialmente por un sistema de límites, vínculos y controles impuestos a cualquier poder, en garantía primaria y secundaria de los derechos fundamentales constitucionalmente establecidos".

[13] Cito a M. ARAGÓN REYES (1987: 285, 302, 316). En términos similares, aunque con una aproximación distinta, E. SCHIMIDT-ASSMANN (2012: 88 y ss.). Años más tarde, en el marco del problema de la doble sumisión de los jueces a la Constitución y a la Ley, el propio M. ARAGÓN REYES (1997: 197) introduciría elementos que matizan la afirmación comentada, destacando algunos riesgos derivados de una función de control ilimitada. Concretamente, respecto a la relación Gobierno-Administración y jueces, M. ARAGÓN comienza ratificando la idea de que "es la democracia precisamente el sistema de gobierno que más se identifica con la existencia de controles (sociales, políticos y jurídicos)", pero, a continuación, añade que "tampoco podemos descargar exclusivamente sobre la espalda de los controles jurídicos (judiciales, por excelencia) la corrección del sistema, y por lo mismo, la garantía de su no corrupción. La excesiva judicialización de la política conduce, necesariamente, a la politización de la justicia". Los riesgos del activismo judicial también son advertidos por A. PORRAS NADALES (2014: 95).

Tras establecer la base valorativa y principial sobre la que asentar el sistema de control, se abordará de forma sintética la formación del concepto como elemento teórico estructurante del propio sistema.

1.1. La deducción del sistema de control con base en los fines fundamentales del Estado establecidos en la Constitución Española

La Constitución Española establece el sistema de valores y principios fundamentales que prescribe la actuación de todos los poderes públicos. Cabe distinguir dos clases de valores y principios constitucionales: los formales o estructurales y los sustantivos o materiales, siendo que los primeros son instrumentos para salvaguardar los segundos, sin perjuicio de que los primeros también gozan de sustantividad propia. Una interpretación finalista del sistema constitucional a partir del art. 9.2 de la Constitución permite entender cómo, para la maximización de la libertad y la igualdad, la Constitución estructura y ordena el ejercicio del poder público de modo que contribuya a la consecución de esos fines fundamentales del Estado.

Desde el punto de vista formal-estructural, la Constitución ordena funciones y otorga competencias desde la que se puede calificar como una "perspectiva positiva", es decir, para la promoción y favorecimiento de la libertad y la igualdad. En este sentido, se ha de señalar que el art. 9.2 de la Constitución Española dispone que "corresponde a los poderes públicos *promover* las condiciones para la libertad y la igualdad del individuo y de los grupos en que se integra sean reales y efectivas...". Los valores constitucionales libertad e igualdad se concretan en el catálogo de derechos fundamentales que, desde esa "perspectiva positiva", corresponde a los poderes públicos promover y fomentar, así como facilitar su disfrute con el fin último de optimizar los valores superiores del ordenamiento constitucional. Esto significa, en segundo lugar, que la libertad y la igualdad de los ciudadanos debe optimizarse a través de un ejercicio del poder público orientado a tales fines. Desde esa misma "perspectiva positiva" puede afirmarse que la regulación constitucional de la organización y el reparto del poder público de forma horizontal (atribución de funciones y otorgamiento específico de competencias) y vertical (organización y distribución territorial del poder) se articula a través de principios como el democrático, la separación de poderes o la autonomía territorial, que necesariamente deben estar orientados a maximizar aquellos fines y valores sustantivos. Es otra obviedad decir que la propia Constitución prevé límites a los derechos constitucionales que habilitan al legislador para facultar la intervención sobre la esfera jurídica de los ciudadanos, "controlando" (en un sentido activo/preventivo) sus actuaciones.

Esa estructuración y ordenación del poder también se lleva a cabo a nivel constitucional desde una "perspectiva negativa", esto es, ordenando funciones dirigidas a corregir el ejercicio irregular del poder público. Debemos señalar aquí que el mismo art. 9.2 de la Constitución Española también establece que "corresponde a los poderes públicos (...) *remover los obstáculos* que impidan o dificulten su plenitud...". Desde esta "perspectiva negativa", la interpretación axiológica del ordenamiento constitucional permite conectar la promoción de la libertad y la igualdad (vertiente sustantivo-material) con la ordenación de una **función constitucional de control** de la actuación de los poderes públicos (vertiente formal-estructural), entendida como función dirigida a corregir su actuación y ajustarla al ordenamiento jurídico, que opera como base estructurante de **un complejo sistema de control para la garantía de la libertad y la igualdad** (carácter instrumental del sistema de control en relación con los valores sustantivos fundamentales).

La construcción sistemática de la función constitucional de control (en un sentido correctivo de la regularidad jurídica de la actuación de los poderes públicos) se fundamenta y articula, a partir de los valores superiores del ordenamiento constitucional, con base en dos de las exigencias estructurales fundamentales del Estado constitucional: la justicia y el buen gobierno (como afección clásica del Derecho Español) entendido como buena gobernanza (utilizando el anglicismo en boga)[14]. Cabe decir,

---

[14] Aquí nos referiremos en general a la procura de la buena gobernanza por dos motivos. El primero, porque la gobernanza representa un modo de gobernación. Según el Diccionario de la Real Academia de la Lengua Española, la "gobernación" es definida como "acción y efecto de gobernar o gobernarse" y como "ejercicio del gobierno." Sobre esta definición, J. Prats Catalá (2005: 162) afirma que "el concepto de gobernación es bien clásico. Comprende tanto las instituciones de gobierno como las acciones dirigidas a la definición y realización de los intereses generales (dirección política, políticas públicas, legislación, administración)". Por su parte, la "gobernanza" es definida de manera general por el Diccionario de la Real Academia de la Lengua como el "arte o manera de gobernar que se propone como objetivo el logro de un desarrollo económico, social e institucional duradero, promoviendo un sano equilibrio entre el estado, la sociedad civil y el mercado de la economía". Así pues, la "gobernanza" sería un modo de gobernación que implica un nuevo paradigma en la acción de gobierno que se integra, además, con naturalidad en nuestra Constitución, y que supera el paradigma de las

en este sentido, que la libertad y la igualdad de los ciudadanos exige la conformación de un sistema de control conducente a la provisión de justicia (entendiendo por tal el dirigido a la garantía y tutela de los derechos de los ciudadanos frente a la actuación de los poderes públicos) y a la consecución del buen funcionamiento de los poderes públicos (la buena gobernanza en el marco del ejercicio del poder público y de las relaciones entre los poderes públicos constituidos dirigida a salvaguardar la legalidad y satisfacer los intereses generales) mediante el control correctivo de la actuación irregular de los poderes públicos.

Tanto desde la perspectiva positiva, como desde la perspectiva negativa deducidas del art. 9.2 de la Constitución, se advierte una conexión estructural y consustancial con la existencia misma del Estado constitucional: del mismo modo que desde una "perspectiva positiva" se puede afirmar que no hay Estado sin el reconocimiento de los derechos fundamentales y el ejercicio coherente y responsable del poder público orientado a su satisfacción, desde una "perspectiva negativa" cabe afirmar que no hay Estado sin justicia y sin buena gobernanza y, por ello, sin un sistema de control orientado a "corregir" la actuación ilegal de los poderes públicos y a la salvaguarda de los intereses públicos y los derechos e intereses de los ciudadanos. En otras palabras, y centrándonos ahora sólo en la "perspectiva negativa" recién comentada, la consustancialidad de un sistema de control con el Estado constitucional puede ser deducida a partir de un simple silogismo: (1) Si de la provisión de justicia y el buen funcionamiento del poder público, como exigencias estructurales del Estado, cabe deducir un sistema de control; y (2) si el fin último de ese sistema de control es garantizar la libertad y la igualdad de los ciudadanos en cuanto fines últimos del Estado; entonces, esto significa, como resultado del silogismo, que (3) sin control no hay Estado.

De este silogismo se deduce que ni la provisión de justicia, ni el funcionamiento óptimo del poder público, ni lógicamente el control, son fines en sí mismos del Estado, sino que el control es un instrumento para la justicia y la buena gobernanza, y ambas, como exigencias estructurales del

construcciones jerárquico-unitarias de la acción pública estatal, el llamado modelo *top/down*. Sobre esa evolución, véase A. PORRAS NADALES (2014). En una línea similar, A. CERRILLO I MARTÍNEZ (2005: 23) o J. RODRÍGUEZ-ARANA MUÑOZ (2006: 34). El segundo motivo es que este concepto tiene una función descriptiva y heurística muy útil para sintetizar las ideas que se pretenden expresar.

Estado constitucional que orientan la conformación de un sistema de control, permiten remover los obstáculos que impiden o dificultan la libertad y la igualdad (art. 9.2 de la Constitución Española). Dicho de otro modo, **la provisión de justicia y la buena gobernanza exigen una estructuración y ordenación del poder para lograr aquellos fines últimos constitucionales, en otras palabras, la conformación de un sistema de control como instrumento al servicio de los valores fundamentales.**

1.2. Exigencias estructurales del Estado y sistema constitucional de control

La provisión de justicia y la buena gobernanza son exigencias estructurales del Estado cuya identificación no puede ser calificada ni de novedosa, ni de original del Estado constitucional moderno. Ambas constituyen una exigencia imprescindible para dar respuesta a la demanda de tutela de los derechos e intereses y a la procura de respeto y equilibrio de poderes. Por lo que hace a la provisión de justicia, conecta con la visión tradicional del control como instrumento para la tutela de derechos frente a las actuaciones de los poderes públicos. Por lo que se refiere a la segunda, perfecciona los tradicionales mecanismos de control interinstitucional y de equilibrio recíproco, de modo que aquí el control se instaura como un instrumento para el buen funcionamiento institucional o, más genéricamente, para la buena gobernación de los poderes públicos (el buen gobierno, la gobernanza, la buena administración, la lealtad institucional...).

La Constitución Española identifica con claridad ambas exigencias estructurales. En primer lugar, y por lo que atañe a la provisión de justicia, la Constitución dedica varios de sus preceptos nucleares a la configuración de un sistema de control para la tutela de los derechos e intereses de los ciudadanos. Ese sistema se alza sobre una base principial sustantiva y sobre otra vertiente formal e instrumental respecto de la primera. En cuanto a la vertiente sustantiva, ésta se fundamenta en la garantía de los derechos e intereses legítimos de los ciudadanos. La vertiente formal--estructural se concreta, a su vez, sobre dos pilares correlativos a la vertiente sustantiva: *a)* Para la tutela de los derechos fundamentales, la tutela por parte del Tribunal Constitucional (arts. 159 y ss.) y de la jurisdicción (arts. 117 y ss.), respectivamente, a través del recurso de amparo (arts. 53.1 y 161.1.a) y del recurso preferente y sumario para la tutela de los derechos fundamentales (art. 53.2); y *b)* Para la tutela ordinaria de derechos e intereses legítimos, la jurisdicción (arts. 106.2 y 117 y ss.). Ésta es la estructura básica del sistema de control para la provisión de justicia, pues dentro de los elementos estructurales que conforman la función de control, el legislador puede otorgar a otros órganos y organizaciones funciones de control dirigidas a lograr la misma pretensión de justicia material. Desde este punto de vista, la propia Administración puede constituir un tercer pilar fundamental que coadyuve a la provisión de justicia[15].

El segundo elemento estructural que complementa la configuración del sistema de control establecido en la Constitución es la procura del buen funcionamiento de las instituciones y poderes del Estado (la buena gobernanza). El sistema organizativo-institucional ocupa una parte fundamental en la Constitución. Desde este punto de vista, cabría mencionar desde los arts. 56 y ss. sobre la Jefatura de Estado, arts. 66 y ss. respecto de las Cortes Generales, arts. 97 y ss. en torno al Gobierno y la Administración, arts. 117 acerca del poder judicial, el Título VIII sobre la organización territorial del Estado, y los arts. 159 y ss. sobre el Tribunal Constitucional. A ellos habría que añadir preceptos específicos que regulan con intensidad variable otros órganos constitucionales como el Defensor del Pueblo (art. 54), el Consejo de Estado (art. 107), el Consejo General del Poder Judicial (art. 122.2), el Ministerio Fiscal (art. 124), el Consejo Económico y Social (art. 131.2) o el Tribunal de Cuentas (art. 136).

Este complejo entramado institucional posee también una vertiente deducible en una función de control del ejercicio de poder público *"ultra vires"*, que comienza con el control del Tribunal Constitucional a través de los recursos de insconstitucionalidad y los conflictos de competencia (art. 161.1.a) y c)[16], sigue con el poder judicial (art. 106 en relación con el art.

---

[15] Para A. GALLEGO ANABITARTE (1994: 93-99) la defensa y resarcimiento frente al Estado por la lesión en derechos fundamentales de los ciudadanos es una manifestación de la vertiente subjetiva de los derechos fundamentales. Sin embargo, no se puede negar que la vertiente objetiva de los derechos fundamentales, es decir, su consideración como valores y principios constitucionales que informan toda la actuación de los poderes públicos, también puede tener repercusión en los procedimientos y organización administrativa, con el fin de garantizar la efectividad de los derechos subjetivos y salvaguardar, al mismo tiempo, los intereses generales afectados. En este sentido, A. GALLEGO ANABITARTE (1994: 94 y 97). En otras palabras, la vertiente objetiva de los derechos fundamentales puede condicionar la formulación legal de formas de control complementarias de las dispensadas por los órganos jurisdiccionales.
[16] Lo mismo que sucede con la salvaguarda de los derechos fundamentales, el principio de responsabilidad de los poderes públicos (al que nos referiremos a continuación) y su efectivo

117), y concluye con una serie de funciones de control atribuidas a distintos órganos constitucionales en ámbitos específicos: las Cortes Generales, el Gobierno y la Administración, el Defensor del Pueblo, el Consejo de Estado, el Consejo General del Poder Judicial, el Ministerio Fiscal, el Consejo Económico y Social o el Tribunal de Cuentas. Todo ese entramado institucional goza de funciones de control, cuya fundamentación principal, aunque no sólo, es el buen funcionamiento de la gobernación del Estado y la subsiguiente salvaguarda de los intereses generales concernidos. Ahora bien, algunas de esas expresiones de la función de control poseen particularidades que las singularizan y que exigen un tratamiento separado, caso del control político o, incluso, el control social, que gozan de importantes especifidades[17].

Como ya hemos avanzado páginas atrás, el sistema constitucional de control se construye en función de su orientación a estas dos exigencias estructurales del Estado, íntimamente ligadas a la garantía de los derechos de los ciudadanos y a la adecuada estructuración del poder. Ahora bien, se debe matizar que la justicia y la buena gobernanza no son necesariamente alternativas, ni excluyentes, sino perfectamente complementarias en gradación variable. Se puede afirmar, de hecho, que la provisión de justicia y el buen gobierno o la buena gobernanza se encuentran recíprocamente intervinculadas y pueden solaparse de forma más o menos amplia o equilibrarse en algunos tipos de control. En otros casos, el control se fundamenta con mayor intensidad en una de esas exigencias, pero

control, condiciona al legislador en la configuración legal de instrumentos de control para la buena gobernanza institucional. Un magnífico ejemplo es la garantía institucional de la autonomía local reconocida en le art. 137 de la Constitución y la inclusión del conflicto en defensa de la autonomía local por Ley Orgánica 7/1999, de 21 de abril, de modificación de la Ley Orgánica del Tribunal Constitucional. Otro ejemplo, es el art. 33.2 de la Ley Orgánica del Tribunal Constitucional, donde se prevé un mecanismo autocompositivo de conciliación previo al recurso de inconstitucionalidad.

[17] Esta puntualización permite también hacer algunas puntualizaciones sobre las funciones de control de algunas instituciones como el Ministerio Fiscal. Según la Ley 50/1981, 30 diciembre, por la que se regula el Estatuto Orgánico del Ministerio Fiscal, así como otras normas procesales, las funciones del Ministerio Fiscal son fundamentalmente de vigilancia, supervisión y promoción de la legalidad y la justicia que encajan en un sentido amplio de control y, más concretamente, en una vertiente positiva o preventiva. Ahora bien, en algunos casos también ejerce funciones de control que se encuentran cerca de las de tipo correctivo de la regularidad jurídica de la actuación de los poderes públicos, generalmente, a modo de intervención o consulta preceptiva a lo largo del *iter* procesal correspondiente.

desde luego no existe una desvinculación total respecto de la otra. Puede afirmarse que siempre existe una conexión dual. Esto significa que ambas exigencias estructurales se implican entre sí, pues hacer justicia depende también del buen funcionamiento de los poderes públicos y, por ello, de la efectividad (entendida en sentido amplio: legalidad, eficiencia, distribución de recursos públicos...) de las instituciones del Estado, del mismo modo que hacer justicia es inherente al buen gobierno (hacer justicia)[18].

Permítasenos profundizar algo más en esta conexión entre provisión de justicia y tutela de derechos frente a las actuaciones de los poderes públicos y su distinción con la procura de la buena gobernanza. Etimológicamente justicia es aquello que es conforme con el Derecho. Sin embargo, hacer justicia incluye, además, una connotación que se matiza con la palabra en latín *justitia*, es decir, el poder *qui jus sistit* (que establece el Derecho). Desde este punto de vista, quien ostenta el poder goza de la facultad de ser justo respecto de quienes se someten a su poder y, por ello, administrar justicia implica el poder para decir qué es conforme a Derecho o, lo que es lo mismo, de asegurar la aplicación igualitaria de las normas jurídicas. Proveer justicia en el caso concreto es una manifestación de justicia formal o de aplicación igualitaria del Derecho, pero también de justicia material, esto es, de procurar el equilibrio entre la vulneración del ordenamiento jurídico producida y su restitución y, en su caso, compensación por los perjuicios sufridos derivados de aquella violación. La idea de justicia formal representa bien la idea de control objetivo centrado en la regularidad jurídica de los poderes públicos, mientras que la justicia material se focaliza en la idea subjetiva de tutela equitativa de los derechos e intereses legítimos afectados. Desde una perspectiva teleológica, el control de legalidad es instrumental al fin último de ese control, que no es otro que tutelar los

---

[18] Por ejemplo, el control dirigido a la provisión de justicia por antonomasia es el control judicial. Que administrar justicia en el caso concreto implique tutelar derechos, desde luego no oculta que el control se articula a través de un control de la regularidad de la actuación del poder público que debería contribuir al mejor funcionamiento del órgano controlado. El equilibrio relativo de fundamentaciones estructurales es bastante evidente. Por otro lado, un control dirigido al buen funcionamiento de los poderes públicos como es el que lleva a cabo el Tribunal de Cuentas, desde luego que también tiene connotaciones en términos de justicia, al menos en un sentido social del término, pues el control de la regularidad jurídica de la actuación de los poderes públicos contribuye aquí a racionalizar el gasto público y a una mayor eficiencia. A diferencia del ejemplo anterior, la conexión dual no es tan fuerte en este caso y claramente existe una preponderancia del control dirigido a la buena gobernanza.

derechos e intereses de los ciudadanos: defender el ordenamiento jurídico para proteger las situaciones jurídicas activas de los ciudadanos.

Cuando el control se ejerce en el marco de las relaciones entre poderes públicos y, por ello, está dirigido a garantizar el buen funcionamiento institucional (el control ejercido por el Tribunal de Cuentas, por el Consejo de Estado, por el Tribunal Constitucional vía recurso de inconstitucionalidad, etc.), la idea de justicia material queda limitada o incluso bastante difuminada. En estos casos el control se centra en la conformidad con el Derecho de la actuación de los poderes públicos, y la idea de justicia material y de tutela restauradora o reparadora queda condicionada: el control de legalidad favorable tiene, desde luego, repercusiones en la salvaguarda de los intereses públicos gestionados por el poder público favorecido por el resultado del control, pero no puede hablarse en sentido estricto de una tutela de derechos e intereses específicos, sin perjuicio de la repercusión indirecta de aquel control en los intereses de terceros. Por este motivo, del mismo modo que no se puede excluir que este tipo de controles tenga connotaciones propias de la provisión de justicia, también lo es que en estos casos el control tenga consecuencias particulares que le otorguen una configuración específica: el resultado del control se concreta fundamentalmente en si la actuación fue objetivamente conforme a Derecho y, por tanto, en si deben salvaguardarse los intereses generales cuya protección le confiere el ordenamiento al poder público favorecido por el juicio de control. Aquí, en definitiva, al contrario de lo que sucedía en los controles dirigidos a la provisión de justicia, la instrumentalidad del control de legalidad adquiere una relevancia específica y, teleológicamente, alcanza una trascendencia mayor que se concreta en la salvaguarda de los intereses generales: defender al ordenamiento jurídico es proteger a los intereses generales.

Esta dualidad de controles no puede llevar a equívocos y, por ello, debemos insistir en que existe una conexión "natural" entre ambas exigencias configuradoras del control. Segundo, tampoco existen diferencias en la instrumentación del control, ya que en todo caso el control se fundamenta en corregir las actuaciones contrarias a Derecho y, por ello, en dar cumplimiento del ordenamiento jurídico: esto significa que tanto proveer justicia, como procurar la buena gobernanza, implica, en el marco del Derecho Público, un control netamente objetivo, como más tarde expondremos, de la regularidad jurídica de la actuación del poder público. Tercero, y también a favor de la inexistencia de una distinción neta entre manifestaciones de la función de control según sus exigencias configuradoras, del mismo modo que la tutela de derechos e intereses particulares puede, lógicamente, favorecer o fomentar ciertos intereses generales, la salvaguarda de estos últimos sirve, de forma más o menos directa o indirecta, a la tutela de derechos e intereses particulares.

En definitiva, cabe concluir afirmando que la distinción entre manifestaciones de la función de control deducibles de las exigencias estructurales que conforman el sistema constitucional de control habilita al legislador a establecer mecanismos de control configurados con fines preminentes variables y, por ello, a otorgar mayor preponderancia a la orientación del control jurídico para la tutela de derechos (provisión de justicia), o bien de la disposición jurídica del control para la salvaguarda los intereses generales (procura de la buena gobernanza).

Ahora bien, esta gradación estructurante no es jurídicamente indiferente y la elección por el legislador del fin que estructura un mecanismo de control tiene trascendencia en el plano normativo. Como mostraremos más adelante, y éste es uno de los puntos centrales de este estudio, establecer mecanismos de control para la provisión de justicia exige la maximización de ciertos elementos estructurales de la función de control, como los que atañen a la configuración del "sujeto de control" (independencia e imparcialidad), a las garantías procesales y a la efectividad del control.

1.3. La actuación de los poderes públicos como objeto pleno de control. Conexión de la responsabilidad pública con las formas de control

La relación de instrumentalidad entre la vertiente estructural (función de control y sistema de control) y la sustantiva-axiológica del control de la actuación de los poderes públicos tiene expreso y sintético correlato en el art. 9 de la Constitución Española. Este precepto conecta axiológicamente el mandato de promoción de la libertad y la igualdad y de remoción de obstáculos para lograr su efectividad real (apartado 2º del precepto) a través de los principios fundamentales del Estado de Derecho, entre ellos, el principio de responsabilidad de los poderes públicos (apartado 3º del mismo artículo).

Esta conexión enlaza con el silogismo al que hacíamos alusión páginas atrás reforzando y haciendo expreso un elemento que ya se encontraba implícito en aquella deducción lógica: la necesidad consustancial al

Estado constitucional de la existencia de un sistema de control dirigido a proveer justicia y a procurar la gobernanza institucional, conecta directamente con la responsabilidad de los poderes públicos y la consecuente fiscalización de su actuación. Desde un punto de vista formal o estructural, la construcción de un sistema de control constitucional amplía objetivamente su foco, en virtud del principio de responsabilidad general de todos los poderes públicos, predeterminando la actuación de los poderes públicos como objeto de control en toda su extensión[19]. Responsabilidad y control son las dos caras de la misma moneda.

La garantía de responsabilidad de los poderes públicos se prevé en el art. 9.3 de la Constitución Española conjuntamente con todos los principios jurídicos definitorios de cualquier Estado de Derecho (principio de legalidad, jerarquía normativa, publicidad de las normas, irretroactividad de las normas no favorables y seguridad jurídica). Seguidamente, el precepto vincula el principio de responsabilidad con la interdicción de la arbitrariedad mediante la conjunción copulativa "y", lo que permite entender que ambos principios son referibles a los "poderes públicos". Así pues, **una interpretación literal del art. 9.3 permite afirmar que este precepto prevé un principio general de responsabilidad de los poderes públicos en el marco de las garantías del Estado de Derecho para la promoción y salvaguarda de la libertad y la igualdad de acuerdo con el art. 9.2.** Sintéticamente se puede expresar como sigue: 1º) La optimización de los valores fundamentales libertad e igualdad...; 2º) ...se sustenta sobre exigencias estructurales básicas como la justicia y la buena gobernanza...; 3º) ...que habilitan un sistema de control...; 4º) ...cuyo objeto es la actuación de los poderes públicos plenamente responsables de todas sus actuaciones...; 5º) ...lo que habilita al legislador para establecer mecanismos variables de control ajustados a la actuación sometida a fiscalización, del mismo modo que las consecuencias jurídicas derivadas de la vulneración del ordenamiento jurídico.

Ser responsable, según el Diccionario de la Real Academia de la Lengua, implica el reconocimiento y la aceptación de las consecuencias deri-

---

[19] Esto, desde luego, no excluye que el control no pueda tener por objeto la actuación de los particulares. Ahora bien, desde la perspectiva del Derecho Público el control de los particulares sólo es relevante en la medida en que su actuación concierna de forma determinante a los intereses generales cuya salvaguardia corresponde tutelar a los poderes públicos.

vadas de las propias actuaciones. Dicho de otro modo, el art. 9.3 establece un mandato de optimización dirigido a favorecer la "rendición de cuentas", entendido en sentido amplio, de los poderes públicos. Esa "rendición de cuentas" tiene manifestaciones diversas, pero la clave no está sólo en esa diversidad, sino en que el principio de responsabilidad de los poderes públicos identifica la actuación de los poderes públicos como objeto susceptible de control en su totalidad y, por tanto, como base para imputar consecuencias jurídicas a la actuación contraria a Derecho. Sólo poniendo en conexión responsabilidad en el ejercicio del poder público con su eventual control se comprende la dependencia de la propia efectividad jurídica de toda Constitución que quiera ser llamada así, pues sólo de este modo toda la actuación del poder público queda sujeta al control para, en su caso, imputarle las consecuencias correspondientes a una actuación irregular (responsabilidad). En otras palabras, los poderes públicos deben ser controlados porque la Constitución prevé su responsabilidad[20].

Ahora bien, ser responsable no necesariamente implica ni un control predeterminado, ni la maximización del control, ni una consecuencia jurídica determinada. Por esta razón, no deja de tener importancia la apreciación realizada anteriormente sobre la diversidad de formas de rendición de cuentas: más allá del control por los jueces y Tribunales, la responsabilidad también se puede lograr a través de una gran variedad de controles administrativos[21].

---

[20] La relación entre responsabilidad y control la expresan, por ejemplo, J. PONCE SOLÉ (2001, 673 y ss.), E. SCHIMIDT-ASSMANN (2012: 89) o A. PORRAS NADALES (2014: 88).

[21] E. SCHIMIDT-ASSMANN (2012: 90 y 91) se refiere, respectivamente, a que "las Constituciones, como la alemana o la española, en realidad presumen la existencia de todo un conjunto de controles – de carácter parlamentario, judicial, administrativo, etc.—, que operan como un todo, en constante interacción", así como a la existencia de una "multiforme variedad de controles administrativos". En la misma línea, A. PORRAS NADALES (2014: 88) señala que la noción de *accountability* implica la proyección transversal y difusa del control, con una superación de los controles jurisdiccionales y políticos, y afianzando controles de eficacia y eficiencia a lo largo de todo el proceso de acción de gobierno.

Estas apreciaciones, en realidad, no son novedosas. En la doctrina española ya se hicieron observaciones en esa dirección hace tiempo. Por ejemplo, pensando en una Administración apegada a la ejecución de la Ley, L. MORELL OCAÑA (1992: 86) hablaba de "la ordenación de una gama de controles para que la Administración no rebase la legalidad". Con anterioridad, desde el plano de una Administración al servicio del ciudadano, en el magnífico intento de L. MARTÍN-RETORTILLO (1962: 51-52) de dotar de configuración jurídica al concepto de *"Daseinsvorsorge"* de FORSTHOFF, realizaba reflexiones en esa misma dirección, al plantearse el

Estas conclusiones permiten entender que el art. 9.3 de la Constitución Española incorpora un principio que actúa horizontalmente y que, por este motivo, guarda conexión con todos los artículos ubicados a lo largo del texto constitucional en los que se explicitan distintas formas de concreción de la responsabilidad de la actuación de los poderes públicos: **todos los poderes públicos y todas sus actuaciones son susceptibles de control**, sin perjuicio de las evidentes cláusulas de cierre que evitan o cierran el dilema en torno a "quién controla al controlador". Segundo, la transversalidad del principio de responsabilidad habilita un entendimiento del principio de responsabilidad como principio directriz de la actuación del legislador, basado en la **optimización de la responsabilidad de los poderes públicos**, habilitando la configuración de mecanismos de control adecuados al tipo de actuación de los poderes públicos de que se trate. En tercer lugar, debido precisamente a las conexiones de tipo transversal que entabla el art. 9.3, puede afirmarse que el principio general de responsabilidad de los poderes públicos tiene diferentes manifestaciones; en unos casos, ese principio presenta una vertiente vinculada directamente con la delimitación y alcance con que se manifiesta esa responsabilidad (con plasmaciones muy específicas en los arts. 56.3, 71 y 102), en otros con su repercusión en términos de tutela (art. 106.2), pero también, por último, presenta otra vertiente que se plasma en manifestaciones diversas de tipos de control de la actuación de los poderes públicos orientados a la provisión de justicia y a la buena gobernanza institucional.

verdadero valor jurídico de dicho concepto, en ausencia de una posible justiciabilidad directa: "El que no se pueda acudir directamente a los Tribunales para exigir el cumplimiento de lo que la *Daseinsvorsorge* presupone, no quiere decir que no haya o que no deba de haber otros medios o procedimientos para la defensa de aquélla. Es cierto, desde luego, que se ha puesto de manifiesto con insistencia la influencia de los sistemas de acciones para la configuración del mismo derecho substantivo; en este sentido, los Tribunales han jugado un papel fundamental en el desarrollo mismo del derecho. Ahora bien, esto no quiere decir que haya de estar exclusivamente encomendada a los Tribunales la garantía del orden jurídico". Y luego añade que "se trata de corregir posibles defectos, activos o pasivos, de la Administración pública, no sólo mediante la posterior rectificación a través de los Tribunales, sino también mediante una labor preventiva, perfeccionando los mecanismos administrativos – importancia del procedimiento junto a la que el mismo proceso tiene, intervención de los administrados en la tarea de administrar, etc.–, así como buscando una adecuada conjunción de fuerzas con resortes o mecanismos ajenos a la misma Administración. También hay que traer aquí con todo su significado la vieja idea de la importancia del control político para el buen funcionamiento de la Administración".

2. Formación de conceptos. Caracterización estructural de la función constitucional de control

2.1. La singularidad de la función de control frente a las funciones de gobierno o de gobernanza

La formulación de un sistema constitucional de control y, desde luego, la formulación de una teoría general, ha de fundamentarse en la conformación previa del concepto mismo de función de control. Esta tarea ha de partir, en primer lugar, de una doble premisa. La primera ya se ha mencionado, la consideración de que la atribución de la función de control es transversal y, por tanto, no es exclusiva de un poder/organización/órgano del Estado. La segunda, también se ha señalado, el entendimiento de la función de control como una función constituida y ordenada jurídicamente en la Constitución que goza de unidad estructural en la medida en que toda función de control se sustenta sobre elementos definitorios comunes.

La primera premisa exige diferenciar la función de control de otras funciones igualmente ordenadas por la Constitución. Más allá de una distinción funcional de tipo material, la clásica distinción entre legislación, jurisdicción y administración[22], la distinción aquí manejada incorpora también elementos legitimatorios, axiológicos y de interacción entre organizaciones/órganos. Desde este punto de vista, las funciones de control son el contrapeso o contrapunto de los poderes de gobernación o funciones de gobierno o gobernanza en sentido amplio, entendiendo por tales la legislación, la dirección política gubernamental, la elaboración de políticas públicas y la gestión y administración ordinaria.

La noción de funciones de gobernanza (en plural y en sentido amplio) posee una función explicativa y una prescriptividad baja. Es una propuesta explicativa porque sirve para diferenciar un conjunto heterogéneo de funciones que se contraponen a la función de control. Y, en segundo lugar, tiene una prescriptividad baja porque a pesar de la heterogeneidad funcional, cabe identificar algunos elementos definitorios comunes que permiten un tratamiento dogmático conjunto.

Esos elementos característicos comunes son los siguientes: 1º) Todas esas funciones responden a una legitimidad democrática común (directa o indirectamente, pero democrática en términos netos), sin perjuicio de otras fuentes de legitimidad concurrentes, aunque no necesariamente

---

[22] Partiendo de la distinción clásica de G. JELLINEK (1981: 460 y ss.).

compartidas; 2º) Existe una interacción fuerte entre los distintos órganos y organizaciones titulares de las funciones que inciden en la gobernación (impulso político del Gobierno, sistema de partidos y representación parlamentaria, programación-dirección normativa y ejecución administrativa)[23]; 3º) Del dato precedente se deduce la existencia de una interdependencia operacional determinante que implica que las funciones de gobierno comprenden todo el marco regulador y decisional que se concreta, en última instancia, con la actuación administrativa en el caso concreto; las funciones de gobierno o de gobernanza representan bien, desde esta perspectiva, la noción de *policy cycle*, noción que de forma heurística, encapsula el carácter multifásico y retroalimentador de las funciones de gobierno[24]; y 4º) Teleológicamente, como ya hemos tenido ocasión de señalar, las funciones de gobierno en sentido amplio se ordenan positivamente y están orientadas, como establece el art. 9.2 de la Constitución, a promover las condiciones necesarias para lograr la libertad y la igualdad de los ciudadanos.

Una configuración genérica de las funciones de gobernación como la propuesta es muy útil para integrar, por otro lado, conceptos explicativos manejados por la doctrina que tienen relación con la atribución de funciones, a pesar de haber sido configurados para finalidades diferentes. Por ejemplo, es útil para incorporar la noción de "organización de cumplimiento", entendida como "organización pública para la realización del fin o interés general"[25]. Este concepto tiene una finalidad netamente explica-

---

[23] Desde este punto de vista, e íntimamente conectado con la evolución de los modelos de gobernación, es muy recomendable la lectura de A. PORRAS NADALES (2014), quien aborda la evolución del sistema de gobernabilidad hacia otro de gobernanza que implica la pérdida de relevancia del impulso político del Gobierno y del sistema partidista.

[24] Esa interdependencia es graduable, pero se puede intensificar en virtud de la estrategia de regulación adoptada. En las últimas décadas asistimos a un modelo de dirección normativa que asume un planteamiento de interacción dinámica entre elaboración y aprobación de normas y su ejecución mediante la previsión a nivel normativo de procedimientos orientados a alcanzar objetivos en los que la ejecución constituye un proceso de ajuste para readaptar métodos y soluciones y tomar mejores decisiones en el caso concreto. En definitiva, la procedimentalización del modelo regulativo contribuye a superar la tradicional división compartimentalizada entre aprobación de normas y ejecución, para asumir un modelo de interacción entre elaboración, aprobación y ejecución (J. BARNÉS VÁZQUEZ: 2010, 338), así como de adaptación del ciclo completo, mediante técnicas de *revisability* (J. PRATS CATALÁ: 2005, 160) entendidas como manifestación de una eficacia adaptativa orientada a mejorar las soluciones adoptadas.

[25] F. VELASCO CABALLERO (2014: 88 y ss.).

tiva y superadora de la *summa divisio* y de la rígida separación entre Derecho Público y Derecho Privado. Tiene, además, el valor de sintetizar la idea de que *iuspublicidad* y *iusprivaticidad* es una cuestión de grado: "las normas de conducta no tienen por qué calificarse, en sí mismas, ni como Derecho público ni como Derecho privado. Lo que las cualifica es la organización encargada de hacerlas eficaces de *asegurar o garantizar su cumplimiento*". Pues bien, desde esta perspectiva, cuando el ordenamiento confiere a la Administración la caracterización de "organización de cumplimiento", necesariamente nos estaríamos refiriendo a la atribución de funciones de gobierno en sentido activo o positivo aquí utilizado y, por tanto, en contraposición a lo que más tarde se dirá sobre esta misma noción en relación con las funciones administrativas de control.

Por otro lado, un concepto amplio de funciones de gobierno o de gobernanza también sirve para integrar la noción de "funciones de garantía primaria"[26], entendida como las funciones administrativas encargadas de la garantía negativa de los derechos de libertad a partir de la constatación y de la prevención de los actos que amenazan su lesión, o de la garantía positiva de los derechos sociales mediante la constatación de los presupuestos requeridos para su satisfacción. La integración de las "funciones de garantía primaria" entre las funciones de gobierno se debe al claro solapamiento existente con la concepción de la Administración como "organización de cumplimiento" activa[27]. Son, en sentido amplio, acción de gobierno.

Frente a las funciones de gobierno o gobernanza, la función de control goza de la unidad estructural que le dota el estar sustentada sobre elementos definitorios comunes a toda manifestación del control, con independencia de a qué organización/órgano/poder le sea atribuida esa función (poder judicial, controles por órganos constitucionales, controles administrativos...). A diferencia del concepto de funciones de gobierno, la función de control sí goza de una prescriptividad tendencialmente fuerte. Esto no quiere decir, como tendremos ocasión de reflejar más adelante, que no existan manifestaciones de la función de control que modulen o maticen la intensidad de los elementos definitorios.

De nuevo, la función de control permite integrar conceptos como el de "organización de cumplimiento" y el de "función de garantía". Aquí

---

[26] L. FERRAJOLI (2011: 822 y ss.).
[27] Se ha de destacar, no obstante, que esta afirmación adapta la tesis de L. FERRAJOLI.

utilizaremos la noción de "organización de cumplimiento", pero con dos matices. El primer matiz incorpora al concepto un sentido multifuncional y transversal; por un lado, se configura como noción positiva (prácticamente sinónimo del concepto clásico de "Administración activa"), pero, por otro, también se muestra con una vertiente negativa (la Administración que controla y que procura la realización del fin o interés general a través de la revisión de sus actos, de ahí el sentido negativo)[28]. En ambos casos la Administración persigue la realización del fin o interés general y se alza como organización de cumplimiento, lo que significa que, en cuanto tal, la Administración desarrolla funciones variables en sentido positivo y negativo. Ese matiz multifuncional y transversal es un elemento útil para corroborar que la Administración, como organización de cumplimiento, puede realizar funciones diversas. Además, esto encaja con la perspectiva axiológica deducida del art. 9.2 de la Constitución Española, y, consecuentemente, con las vertientes activa/preventiva *versus* negativa/correctiva del control.

El segundo matiz atiende a la introducción, en la que hemos calificado como vertiente negativa del concepto, de la distinción entre "organizaciones de cumplimiento primario" y "organizaciones de cumplimiento secundario". A estos efectos, debemos insistir en que la noción de "organización de cumplimiento" tiene una finalidad explicativa y superadora de la rígida y clásica distinción Derecho Público *versus* Derecho Privado. Desde esta perspectiva, cuando se otorga a la Administración la condición de "organización de cumplimiento" se puede afirmar que la realización de los intereses generales se ha de someter a un régimen de Derecho Público. Sin embargo, cuando son los jueces y Tribunales a quienes se les confiere esa misma condición, se puede decir que el régimen será netamente *iusprivatístico*. La conclusión es, por tanto, que la noción de "organización de cumplimiento" es variable y está sujeta a las variaciones normativas que existen en cada sector y dentro de cada sector.

---

[28] Tanto esta distinción, como el recurso al concepto de "Administración activa", no son originales, sino muy al contrario, son pretendidamente evocadores. El recurso a estos elementos permite poner de relieve cómo el fenómeno que ahora se pretende analizar se encuentra en el origen mismo de lo contencioso-administrativo y rememora la distinción entre "Administración activa" y "Administración pasiva" o "Administración jurisdiccional" sobre la que polemizaron A. NIETO (1966 y 1968) y J.R. PARADA (1968 y 1969).

La incorporación en la vertiente negativa antes aludida de las nociones de "organización de cumplimiento primario" y "organización de cumplimiento secundario" permite entroncar con la variabilidad y la gradación de *iuspublicidad* o *iusprivacidad* que caracteriza al Derecho moderno, que también se refleja en la función de control y que, al mismo tiempo, permite dar explicación a la complementariedad de controles y a su carácter no excluyente. En este sentido, cuando la realización de los intereses generales se confiere a la Administración, en el marco del ejercicio de la función de control, la Administración actuará como "organización de cumplimiento primario", mientras que la Jurisdicción Contencioso-administrativa lo hará como "organización de cumplimiento secundario"[29]. Por el contrario, cuando la realización de los fines e intereses generales sea confiada a la Jurisdicción ordinaria, el poder judicial asume el papel de "organización de cumplimiento pleno" sin que quepa diferenciar una organización de cumplimiento primario y otra de cumplimiento secundario.

Ahora bien, la legislación sectorial ha alterado esta división tajante. Desde este punto de vista, se puede decir que la función de control actúa de "pasarela" entre Derecho Público y Derecho Privado. En unos casos, ese "trasvase" se produce incorporando una gradación tendencialmente fuerte de *iuspublicidad* en el marco de relaciones estrictamente de *iure privato*, allí donde el legislador identifica la existencia de actuaciones privadas con trascendencia para el Derecho Público por su relevancia en los intereses generales cuya salvaguardia corresponde tutelar a los poderes públicos. No es hoy infrecuente, por ello, que el legislador otorgue a la Administración funciones de solución de conflictos articulados a través de mecanismos alternativos a la vía jurisdiccional ordinaria. La principal consecuencia en estos supuestos legales es la sustitución de la Jurisdicción Civil como "organización de cumplimiento pleno", por una "administrativización" del control[30]. En estos casos, en el seno de las relaciones jurídico-

---

[29] Como describiera L. MORELL OCAÑA (1992: 84), en el control judicial, respecto de la resolución adoptada por la Administración, "el interesado accede al Juez como si éste sólo fuese competente en concepto de segunda instancia, instancia revisora destinada al fallo de los recursos".

[30] Este fenómeno fue detectado por el Consejo de Estado en su Dictamen 2115/2006 emitido sobre el Real Decreto 1298/2006, de 10 de noviembre, por el que se regulaba el acceso a la red postal pública y se determinaba el procedimiento de resolución de conflictos entre operadores postales, refiriéndose a "la técnica de administrativizar los conflictos entre particulares". En

-privadas se instaura con matices la distinción entre "organizaciones de cumplimiento primario" y "organizaciones de cumplimiento secundario" con sustitución, por tanto, de la concepción de la Jurisdicción Civil como "organización de cumplimiento pleno".

En el Derecho positivo encontramos, por otro lado, ejemplos de un efecto contrario a la "administrativización" del control, esto es, de (limitada) *iusprivatización* del control. Ambos fenómenos no son incompatibles, pues en algunos supuestos la Administración asume funciones de control primario (organización de cumplimiento primario), pero el resultado de ese control no es impugnable ante la Jurisdicción Contencioso-administrativa, sino ante la Jurisdicción Civil. Esta precisión es válida para cualquier supuesto en los que la Administración asume funciones arbitrales de Derecho Privado, aunque el Derecho positivo muestra que esa conclusión no se limita a la función arbitral. Es el caso, por ejemplo, de la Comisión de Propiedad Intelectual. Aquí hay que distinguir entre sus dos Secciones. En el caso de la Sección Primera y en ejercicio de sus funciones de mediación, la propuesta de mediación sólo es recurrible en vía jurisdiccional ante el orden civil, sin perjuicio de tener que mantener lo mismo en relación con el arbitraje que la misma Sección puede realizar, con el consiguiente acceso limitado (acción de anulación de laudo) ante la misma jurisdicción ordinaria. La "administrativización" se produce, por tanto, "en primera instancia", sólo revisable ante la Jurisdicción Civil (organización de cumplimiento secundario).

Para concluir, y respecto de la noción de "función de garantía", en este trabajo se propugna la equiparación entre la función de control y las "funciones de garantía", en el entendido de que esa función no se limita al control jurisdiccional residenciado en el poder judicial[31]. Aquí, vinculado con las ideas precedentes, en el marco del Derecho Público se establecería una conexión entre funciones de garantía no jurisdiccional (no judicial)/organización de cumplimiento primario y funciones de garantía jurisdiccional/organización de cumplimiento secundario.

---

la doctrina española han recurrido a ese concepto V. Escuín Palop y B. Belando Garín (2009: 86; 2011: 423).

[31] En este sentido, L. Ferrajoli (2011: 826-827) no es muy preciso, pero parece que las que denomina "funciones de garantía secundaria" (función jurisdiccional) podrían incluir otras formas de control *"parajurisdiccional"*.

2.2. Formación del concepto. Unidad estructural de la función de control: elementos definitorios comunes

El ordenamiento constitucional español otorga a la función de control (insistimos, en su vertiente correctiva de la regularidad jurídica) una unidad estructural que permite identificar una operatividad compartida y común en cualquiera de sus manifestaciones y con independencia del poder/órgano/organismo al que se atribuyan dichas funciones[32]. Esa unidad estructural no excluye admitir que la función de control no goce de una variabilidad y flexibilidad caracterizadora que permita identificar tipos de control que, con mayor o menor intensidad, satisfagan cada uno de los elementos estructurales que caracterizan a aquella función[33]. Desde este punto de vista, se puede afirmar que el sistema constitucional de control es unitario, pero se conforma por tipos de control caracterizados por su adaptabilidad, su multiformidad y por su carácter multifacético y no excluyente.

---

[32] Con los matices evidentes, M. ARAGÓN REYES (1987: 303) y L. PAREJO ALFONSO (2012: 612 y ss.) llegan a conclusiones similares, aunque con un planteamiento menos amplio, en el primer caso, ligado a la idea de provisión de justicia, y más equilibrado en el segundo, aunque otorgando especial relevancia al control orientado al buen funcionamiento de los poderes públicos.

M. SÁNCHEZ MORÓN (2008: 801 y ss.) también acoge la idea de sistema de control; bajo la influencia de la tesis clásica de G. JELLINEK, formula un sistema amplio, donde se mezclan tipos caracterizados por el sujeto de control, con otros determinados por el objeto de control, de donde cabe deducir que el autor no parece que pretenda articular una unidad estructural de todas las formas de control. Otra aproximación de interés es la de R. PARADA VÁZQUEZ (2014: 403 y ss., y 2014b: 429 y ss., y 537 y ss.), quien dedica un capítulo a la "Administración consultiva y de control" (incluyendo al Consejo de Estado, Consejos Económicos y Sociales, Intervención General, inspecciones de servicios, Tribunales de Cuentas, Defensor del Pueblo, Comisiones Parlamentarias) y, por otro lado, la "actividad administrativa arbitral" (incluyendo los más modernos mecanismos de control administrativo) y de forma separada, aborda el "sistema garantizador del Derecho Administrativo" incluyendo recursos y reclamaciones administrativas y el recurso contencioso-administrativo.

[33] El recurso a tipos como herramienta metodológica es fundamental gracias a su flexibilidad. Véase en este sentido K. LARENZ (2001, p. 451 y ss.). La integración en un tipo no depende de una identidad estricta en la forma de manifestación de todos los elementos estructurales que definen una caracterización general de la función de control, sino de la concurrencia "fuerte", dentro de la heterogeneidad de supuestos trasladables al tipo, de aquellos rasgos que se consideran determinantes y definitorios del concepto general. Dicho de otro modo, de la adscripción tipológica se derivan algunas consecuencias prescriptivas que permiten caracterizar a todas las actuaciones incorporadas al tipo. Esa relativa debilidad prescriptiva imputable al tipo es la que le otorga su gran versatilidad y flexibilidad.

Por las limitaciones de espacio lógicas en este tipo de publicaciones, aquí sólo podemos limitarnos a enunciar los elementos estructurales fundamentales comunes de la función de control. De la Constitución Española cabe deducir los siguientes **elementos esenciales comunes** que estructuran cualquier forma de control de tipo correctivo:

1º) **Elemento subjetivo: ¿quién controla, quién es controlado y quién insta el control? Sujetos involucrados en la función de control.** Centrándonos en el sujeto de control, el elemento de partida para la construcción de una teoría general del control es la distinción entre: 1º) Funciones de control del Estado: *i)* Atribuidas a poderes u órganos constitucionales como el poder judicial y el Tribunal Constitucional; *ii)* Otorgadas a otros organismos y órganos investidos de autoridad en el ejercicio de atribuciones legales específicas; y 2º) Funciones de control ejercidas en el Estado directamente por los ciudadanos. El otro dato jurídico determinante es la identificación de la función de control como una función tendencialmente neutral en el marco del conflicto que resuelve, donde la clave es la caracterización jurídica del sujeto de control en términos de independencia e imparcialidad. Por lo que se refiere, en segundo lugar, al sujeto controlado, no parece necesario señalar que se refiere al poder público cuya actuación es controlada y que, incluso, puede instar ser controlado, como sucede en los controles de tipo consultivo. También tiene relevancia la eventual existencia de sujetos afectados por la actuación controlada, en la medida en que esos sujetos gozan del derecho de accionar el control, instando ante el sujeto de control que tutele sus derechos e intereses legítimos mediante el ejercicio de la función de control.

2º) **Elemento objetivo: ¿qué es lo que se controla? Objeto del control: control de la actuación de los poderes públicos, generalmente, *ex post* (control de decisiones definitivas).** Respecto al objeto del control, la caracterización general de la función de control que lleva a cabo la Constitución se focaliza en el control de la actuación (en sentido amplio) de los poderes públicos (en correspondencia lógica con el principio general de responsabilidad de los poderes públicos). La plenitud objetiva del control de los poderes públicos (amplitud del objeto de control de cada sujeto de control) depende de la especialización/generalidad con que sea concebida la función de control atribuida a un poder/órgano constitucional concreto (materias o ámbitos de control).

3º) **Elemento procesal: ¿cómo se articula el control? Procedimiento y garantías procesales: la función de control se lleva a cabo en el marco de un procedimiento formalizado legalmente.** Todo procedimiento de control se articula de forma necesaria a través de un procedimiento. Por motivos de seguridad jurídica ese procedimiento debe estar regulado previamente, determinando las garantías que asisten a las partes, así como las facultades que corresponden al poder/órgano de control a lo largo de la tramitación del procedimiento de control (carácter inquisitorial/contradictorio del procedimiento). De estas consideraciones se deducen varias consecuencias fundamentales: la primera es la función de garantía inherente al procedimiento y, la segunda, su carácter instrumental a los efectos de legitimar la actuación del poder/órgano de control.

4º) **Elemento operativo: ¿cómo se concreta el control? El control implica una actividad de valoración o juicio que se pronuncia sobre la regularidad jurídica de la actuación de los poderes públicos.** La caracterización general de la función de control deducible de la Constitución permite afirmar que esta función implica valorar y enjuiciar la actuación de un tercero (sujeto controlado) mediante la aplicación de normas de control (parámetros normativos de referencia): la comprobación, valoración y juicio de la actuación o decisión controlada en que consiste la función de control, se ha de ajustar a las normas de control que el ordenamiento establece para cada sujeto de control.

5º) **Elemento finalista: ¿cuál es la finalidad del control? La tutela de la legalidad y la salvaguarda de derechos e intereses.** Cuando el control comprueba la existencia de una irregularidad en la actuación del sujeto controlado, la decisión de control se concreta en la tutela y protección de derechos e intereses. Los términos de esa tutela varían de forma relevante en virtud del mecanismo de control ante el que nos situemos y, de forma general, según dicho control se configure como un instrumento para proveer justicia o para la procura de la buena gobernanza. En términos generales, cabe afirmar que los controles dirigidos de forma preponderante a la provisión de justicia se caracterizan por la necesaria concreción del juicio de control en mecanismos de restitución y/o reparación de los derechos e intereses legítimos afectados, mientras que cuando esos controles son configurados para procurar la buena gobernanza, el juicio de control sirve para salvaguardar los intereses generales del poder público favorecido por la decisión del sujeto de control. Insistimos, en cualquier caso, en que esta dualidad no es ni alternativa, ni excluyente, sino complementaria con grados de optimización variables según el tipo de control.

6º) **Fuerza y estabilidad jurídica: ¿qué características definen al resultado del control? Efectos y alcance del control: producción de efectos generalmente jurídicos con diferente grado de eficacia y de revocabilidad.** De lo dicho hasta ahora cabe afirmar que la función de control se concreta en una decisión que, en todo caso, implica enjuiciar la actuación del sujeto controlado y, por ello mismo, supone determinar la corrección o incorrección de la actuación del controlado en atención al objeto controlado y por referencia a los parámetros de control (norma de control) que enmarcan la función de control. Ahora se ha de añadir que las consecuencias de dicha decisión son variables, aunque en todo caso producen efectos jurídicos, generalmente, vinculantes, definitivos y gradualmente irrevocables. Dichos efectos son, por tanto, heterogéneos y dependen del sujeto, objeto y normas de control que caracterizan a cada forma de control. Así pues, la clave es el grado de vinculación y revocabilidad que caracteriza a cada decisión y su consecuente y eventual revisión a través de otras formas de control caracterizadas por una irrevocabilidad fuerte.

3. A modo de conclusión: control administrativo y justicia administrativa

La función administrativa de control, como la de cualquier otro poder, órgano u organización constitucional que ejerce funciones de control, tiene también sus bases estructurales en la Constitución. Su integración en el sistema de control constitucional tiene consecuencias axiológicas inmediatas: la función de control de la Administración recae sobre su propia actuación (o la de particulares investidos de facultades con relevancia jurídico-pública) y está dirigida a satisfacer los intereses generales y a garantizar el sometimiento pleno a la Ley y al Derecho (art. 103.1 dela Constitución Española), pero al mismo tiempo está necesariamente orientada a salvaguardar los derechos e intereses de los ciudadanos y entronca, con ello, con el mandato finalista del art. 9.2 de texto constitucional.

Este dualismo permite afirmar que la función administrativa de control se puede configurar tanto como un mecanismo para la provisión de justicia, como para la procura de la buena gobernanza. En qué términos o con qué intensidad tenga lugar la optimización de la configuración de la función de control con base en una u otra exigencia estructural constitucional, dependerá de la forma de control administrativo regulada por el legislador. Desde este punto de vista, es necesario precisarlo, el margen de acción diferido al legislador es bastante amplio. Esto permite al legislador modular y matizar la intensidad con que cada uno de los elementos estructurales de la función de control tiene presencia en cada tipo de control administrativo.

Es cierto, no obstante, que en virtud de la función servicial que la Constitución otorga a la Administración pública, aun cuando los instrumentos de control previstos por el legislador estén principalmente orientados a salvaguardar el buen funcionamiento de la Administración (la procura de la buena gobernanza, por tanto, y la tutela de los intereses generales), siempre existe una conexión dual, variable, eso sí, con la salvaguarda y tutela de derechos e intereses: en el Estado constitucional, la servicialidad de la Administración respecto de los intereses generales que establece el art. 103.1, sólo puede ser entendida como una orientación finalista para la conciliación de esos intereses con los derechos e intereses particulares, o lo que es lo mismo, con la garantía de los derechos individuales (arts. 9.2º y 3º, 24 o 105 todos de la Constitución)[34]. Lo contrario también ha de ser

---

[34] Sobre cómo esta percepción matiza el entendimiento del Derecho Administrativo, véase O. MIR PUIGPELAT (2003), para quien (p. 83) "los criterios definidores del Derecho Administrativo antes expuestos (la presencia de una Administración pública, de privilegios y limitaciones exorbitantes del Derecho privado y la conciliación entre el interés general y el particular) son en realidad *criterios interactuantes*: no son ni necesarios ni suficientes para calificar a una norma de jurídico-administrativa, pero pueden estar presentes en mayor o menor grado y contribuir a caracterizar lo que reconocemos como Derecho Administrativo". Con anterioridad en esta dirección, M. SÁNCHEZ MORÓN (1994, 102).

Esta consideración pone de manifiesto cómo la dogmática constitucional equilibra la concepción autoritaria de la Administración con otra concepción emancipadora del ciudadano (*ex parte civium*), lo que también tiene su traslado a la función administrativa de control. Desde luego que esto no es algo novedoso: el Derecho Administrativo del siglo XIX evoluciona desde

mantenido: cuando los controles son configurados para proveer justicia, la tutela de los derechos e intereses legítimos no interrumpe la conexión con la salvaguarda de los intereses generales[35]. Cosa bien distinta es que, en estos supuestos, la caracterización jurídica del sujeto de control permita equilibrar la relevancia de los derechos e intereses particulares, de un lado, y de los intereses generales, de otro, como resultado final de la decisión ponderada de control en términos de tutela.

Como ya adelantamos páginas atrás, y a diferencia de los controles dirigidos a la procura de la buena gobernanza, la provisión de justicia demanda una configuración de la función de control basada en una serie de elementos definitorios mínimos. Sintetizando y centrándonos en los elementos más importantes, con base tanto en los arts. 24 y 117 de la Constitución Española, como en los arts. 6.1 y 13 del Convenio Europeo de Derechos Humanos, así como de la jurisprudencia vertida por el Tribunal Europeo de Derechos Humanos sobre estos preceptos, pero también del art. 47 de la Carta de Derechos Fundamentales de la Unión Europea y de la jurisprudencia del Tribunal de Justicia de la Unión Europea[36], cabe concretar

---

el conflicto entre su concepción como instrumento de autoridad y de poder, esto es, como un Derecho exorbitante, y su entendimiento como base para el reconocimiento jurídico del ciudadano, que pasa desde entonces a ser considerado como sujeto de derechos.

[35] La idea de la Administración como organización dirigida a hacer justicia está en el origen de la separación de poderes y de las teorías explicativas de la Administración por contraposición al poder judicial (juzgar a la Administración es administrar). De hecho, "hacer justicia" es algo inherente a la Administración, aunque con un cariz diferencial en función de la evolución de la caracterización de la Administración. En este sentido, L. MORELL OCAÑA (1992: 83 y 103). Ahora bien, debemos insistir en que "hacer justicia" es también un concepto más amplio que coincide con la concepción de la Administración como organización de cumplimiento. "Administrar o proveer justicia" es también "hacer justicia", pero dentro de la noción de "hacer justicia" se integran múltiples funciones dirigidas a lograr lo justo no necesariamente a través del control.

[36] Con esta referencia de pasada se quiere poner relieve cómo no sólo el ordenamiento constitucional español, sino también el europeo, son fuente de un sistema de justicia para la protección de los derechos y de las libertades, producto de lo que viene siendo denominado como "constitucionalismo multinivel", que sienta sus más sólidos cimientos en el control jurisdiccional, pero que, al mismo tiempo, sólo de una forma reduccionista podría equipararse únicamente con un sistema de control jurisdiccional. Un estudio detallado muestra como el sistema de justicia que resulta de un análisis constitucional multinivel es más matizado y, aunque insistimos en el protagonismo del control jurisdiccional, no excluye, sino todo lo contrario, abre las puertas, a una gradación del ejercicio de la función de control para la provisión de justicia en la que la Administración puede gozar de un papel relevante.

esos elementos del siguiente modo: 1º) La clave está en la caracterización jurídica del "sujeto de control" y en la consiguiente aproximación (y aplicación) a las normas de control desde una posición de neutralidad y ajeneidad y, por ello, plenamente objetiva. Sólo esta caracterización jurídica del "sujeto de control" garantiza el sometimiento exclusivo al Derecho y, por ello, la subordinación estrictamente objetiva a las normas de control aplicables; 2º) Por otro lado, la existencia de una relación neutra entre "sujeto de control"/"sujeto controlado"/"sujetos afectados" también reclama que los dos últimos gocen de ciertas garantías que coadyuven a que el acercamiento a las normas de control no sea desviado o parcial; y 3º) No hay justicia en el caso concreto si el control no es efectivo, lo que no sólo implica la concurrencia de los dos elementos precedentes, sino también que la decisión en que se concreta el enjuiciamiento del "sujeto de control" tutele con efectividad los derechos e intereses legítimos y produzca efectos jurídicos vinculantes y estables para los poderes públicos y para las partes (cosa juzgada).

En coherencia con nuestro planteamiento precedente, no existe ningún mandato constitucional que imponga que el sistema de justicia administrativa se conforme únicamente mediante la maximización del control que garantiza el control judicial, siempre y cuando, eso sí, otras formas de control no impidan el acceso al control jurisdiccional. Por tanto, construir un sistema de justicia administrativa abre las puertas a controles administrativos configurados para proveer justicia.

Esta afirmación plantea un conflicto entre la finalidad intrínseca de los controles dirigidos a proveer justicia y los fines que legitiman y habilitan la actuación de las Administraciones públicas. Debemos insistir en que la provisión de justicia es una exigencia estructural del Estado que conecta con la función de control a los efectos de habilitar la configuración de mecanismos de control dirigidos a garantizar y tutelar derechos e intereses legítimos. El problema surge cuando, asumida esta noción, es aplicada a la función administrativa de control, en la medida en que el art. 103.1 de la Constitución Española impone que la Administración pública, con independencia de la función ejercida, ha de "servir con objetividad los intereses generales". Existe, por tanto, una aparente contradicción en la aplicación de la noción de provisión de justicia a controles que, como los administrativos, deben estar orientados a satisfacer los intereses generales que dirigen la actuación de las Administraciones matrices.

La comparación entre los órganos y organismos administrativos que ejercen funciones de control y los jueces y Tribunales parte de la premisa de utilizar una caracterización jurídica (la del art. 117 de la Constitución Española) formulada a la medida del poder judicial. A diferencia de los jueces, los órganos y organismos administrativos que ejercen funciones de control se integran organizativamente en las distintas Administraciones públicas, las cuales no tienen como función característica la de juzgar independiente e imparcialmente, sino la de alcanzar objetivos materiales coherentes con las políticas públicas aprobadas. Ahora bien, esto no precluye que el legislador pueda otorgar a los miembros de aquellos órganos y entidades un estatuto parecido al de los jueces. No es, obviamente, una exigencia constitucional, pues va de suyo que esa caracterización jurídica no es necesariamente simétrica con la función constitucional que le corresponde a la Administración; ahora bien, tampoco puede decirse que esté vedada por la Constitución, en la medida en que esa caracterización podría ser justificada como una maximización de los requisitos de objetividad e imparcialidad que el art. 103 impone a la Administración.

Por este motivo, cuando el legislador opta por ese grado de exigencia organizativa para el desarrollo de funciones administrativas de control, cabe afirmar que limita el sentido ejecutivo característico de la Administración y, por ello, matiza su sumisión inmediata y directa a los intereses generales. De este modo, el legislador condiciona la función administrativa de control para introducir elementos organizativos caracterizadores que habilitan al "sujeto de control" como un sujeto apto para proveer justicia material en el caso concreto, pudiendo incluso su decisión no identificarse plenamente con los intereses públicos tal cual han sido definidos por la Administración matriz, aunque sí, en todo caso, deberá ser el resultado de una ponderación adecuada de tales intereses en los términos establecidos por la Ley.

Referências

Agudo González, J. (2014): El método en el *Administrative Law* inglés: entre el discurso jurídico y el discurso político, *Revista Española de Derecho Administrativo 165*.

Aragón Reyes, M. (1987): El control como elemento inseparable del concepto de Constitución, *Política y Sociedad I*.

Aragón Reyes, M. (1997): El juez ordinario entre legalidad y constitucionalidad, *Anuario de la Facultad de Derecho de la Universidad Autónoma de Madrid 1*.

BARNÉS VÁZQUEZ, J. (2010): Towards a third generation of administrative procedure, ROSE-ACKERMANN, S., y LINDSETH, P., Cheltenham: Edward Elgar Publishers.

BLANCO VALDÉS, R.L. (2006): *El Valor de la Constitución*, 3ª edición, Madrid: Alianza Editorial.

CARRÉ DE MALBERG, R. (2000): *Teoría General del Estado*, traducción de J. LIÓN DEPETRE, México D.F.: FCE.

CERRILO I MARTÍNEZ, A. (2005): *La gobernanza hoy: 10 textos de referencia*, Madrid: INAP.

ESCUÍN PALOP, V. y BELANDO GARÍN, B. (2011): *Los Recursos Administrativos*, Madrid: Civitas.

FERNÁNDEZ SARASOLA, I. (2009): La división de poderes en la historia constitucional española, *Fundamentos, Cuadernos Monográficos de Teoría del Estado, Derecho Público e Historia Constitucional 5*.

FERRAJOLI, L. (2011): *Principia Iuris. Teoría del Derecho y de la Democracia*, tomo I, Madrid: Trotta.

FIGUEIREDO MOREIRA NETO, D. de (2010): Nuevas funciones constitucionales en un Estado democrático de Derecho. Un estudio de caso en Brasil, *Revista de Administración Pública 183*.

GALLEGO ANABITARTE, A. (1971): *Administración y Jueces: Gubernativo y Contencioso*, Madrid: Instituto de Estudios Administrativos.

GALLEGO ANABITARTE, A. (1994): *Derechos fundamentales y garantías institucionales: análisis doctrinal y jurisprudencial (derecho a la educación; autonomía local; opinión pública)*, Madrid: Civitas.

GARCÍA DE ENTERRÍA, E (1954): La configuración del recurso de lesividad, *Revista de Administración Pública 15*.

GARCÍA DE ENTERRÍA, E (1974): La formación histórica del principio de autotutela de la Administración, *Móneda y Crédito Revista de Economía 128*.

GARCÍA MACHO, R. (1986): Problemática de la división de poderes en la actualidad, *Revista de Estudios Políticos 53*.

GARCÍA-PELAYO, M. (1983): La división de poderes y su control jurisdiccional, *Revista de Estudios Políticos 18-19*.

GARCÍA-TREVIJANO FOS, J.A. (1961): Hacia un nuevo sistema de justicia administrativa en España, *Revista de Administración Pública 34*.

GARCÍA ROCA, J. (2000): Del principio de la división de poderes, *Revista de Estudios Políticos 108*.

GARRIDO FALLA, F. (1952): El recurso subjetivo de anulación, *Revista de Administración Pública 8*.

GARRIDO FALLA, F. (1968): La evolución del recurso contencioso-administrativo en España, *Revista de Administración Pública 55*.

GONZÁLEZ PÉREZ, J. (1951): La Justicia Administrativa en España, *Revista de Administración Pública 6*.

HAURIOU, M. (2003): *Principios de Derecho Público y Constitucional*, Granada: Comares.

JELLINEK, G. (1981): *Teoría General del Estado*, versión traducida al español F. DE LOS RÍOS, Buenos Aires: Albatros.

JIMÉNEZ ASENSIO, R. (2014): Los frenos del poder (Una introducción al principio de separación de poderes y al control de las instituciones en los sistemas constitucionales), *Revista Vasca de Administración Pública 99-100*.

LARENZ, K. (2010): *Metodología de la Ciencia del Derecho*, 4ª impresión, Barcelona: Ariel.

MARTÍN-RETORTILLO BAQUER, L. (1962): La configuración jurídica de la Administración pública y el concepto de "Daseinsvorsorge", *Revista de Administración Pública 38*.

MARTÍN-RETORTILLO BAQUER, L. (1966): Unidad de jurisdicción para la Administración pública, *Revista de Administración Pública 49*.

MERKL, A. (2004): *Teoría General del Derecho Administrativo*, Granada: Comares.

MIR PUIGPELAT, O. (2003): El concepto de Derecho Administrativo desde una perspectiva lingüística y constitucional, *Revista de Administración Pública 162*.

MONTESQUIEU, C.L. DE SECONDAT (2005): *El Espíritu de las Leyes*, versión traducida al español N. ESTÉVANEZ, Buenos Aires: Heliasta.

MORELL OCAÑA, L. (1992): El principio de jerarquía en la Administración. Del paradigma de la objetivación al de la "fidelitas" personal, *Documentación Administrativa 229*.

NIETO GARCÍA, A. (1966): Los orígenes de lo contencioso-administrativo en España, *Revista de Administración Pública 50*.

NIETO GARCÍA, A. (1968): Sobre la tesis de Parada en relación con los orígenes de lo contencioso-administrativo, *Revista de Administración Pública 57*.

PARADA VÁZQUEZ, J.R. (1968): Privilegio de decisión ejecutoria y proceso contencioso, *Revista de Administración Pública 55*.

PARADA VÁZQUEZ, J.R. (1969): Réplica a Nieto sobre el privilegio de decisión ejecutoria y el sistema contencioso-administrativo, *Revista de Administración Pública 59*.

PARADA VÁZQUEZ, J.R. (2014): *Derecho Administrativo I. Introducción. Organización administrativa. Empleo público*, Madrid: OPEN.

PAREJO ALFONSO, L. (1991): ¿Existe una reserva constitucional de 'ejecución'? Apuntes para la individualización de la función ejecutiva en el orden de las funciones estatales, *Cuadernos de Derecho Público 1*.

PAREJO ALFONSO, L. (2012): *Lecciones de Derecho Administrativo*, Valencia: Tirant lo Blanch.

PENDÁS GARCÍA, B. (2009): División de poderes y formas de Gobierno: Una perspectiva contemporánea, *Fundamentos, Cuadernos Monográficos de Teoría del Estado, Derecho Público e Historia Constitucional 5*.

PONCE SOLÉ, J. (2001): *Deber de buena administración y derecho al procedimiento administrativo debido. Las bases constitucionales del procedimiento administrativo y del ejercicio de la discrecionalidad*, Valladolid: Lex Nova.

PORRAS NADALES, A. (2014): *La Acción de Gobierno. Gobernabilidad, Gobernanza, Gobermedia*, Madrid: Trotta.

PRATS CATALÁ, J. (2005): *De la burocracia al management, del management a la gobernanza. Las transformaciones de las administraciones públicas de nuestro tiempo*, Madrid: INAP.

RODRÍGUEZ-ARANA MUÑOZ, J. (2006): *El buen gobierno y la buena administración de las instituciones públicas*, Cizur Menor: Thomson-Aranzadi.

SÁNCHEZ AGESTA, L. (1981): Poder ejecutivo y división de poderes, *Revista de Derecho Constitucional 3*.

SÁNCHEZ MORÓN, M. (1994): *Discrecionalidad administrativa y control judicial*, Madrid: Tecnos.

SÁNCHEZ MORÓN, M. (2008): *Derecho Administrativo. Parte General*, Madrid: Tecnos.

SCHMIDT-ASSMANN, E. (2003): *La teoría general del Derecho Administrativo como sistema*, Madrid-Barcelona: Marcial Pons.

SCHMIDT-ASSMANN, E. (2012): Cuestiones fundamentales sobre la reforma de le teoría general del Derecho Administrativo. Necesidad de la innovación y presupuestos metodológicos, BARNÉS, J. (ed.) *Innovación y reforma en el Derecho Administrativo 2.0*, Sevilla: Global Law Press.

SCHMITT, C. (2009): *Teoría de la Constitución*, 6ª reimpresión Madrid: Alianza Ed.

SERRANO GUIRADO, E. (1951): La Justicia Administrativa, *Revista de Administración Pública 6*.

SERRANO GUIRADO, E. (1953): El recurso contencioso-administrativo y el requisito de que la resolución cause estado, *Revista de Administración Pública 10*.

SOLOZÁBAL ECHEVARRÍA, J.J. (1981): Sobre el principio de la separación de poderes, *Revista de Estudios Políticos 24*.

VELASCO CABALLERO, F. (2014): Derecho público *más* Derecho privado, Madrid-Barcelona-Buenos Aires-Sao Paulo: Marcial Pons.

CONTROLE INTERNO DA ADMINISTRAÇÃO PÚBLICA: SUAS FACETAS E SEUS INIMIGOS

Thiago Marrara

1. Introdução: os controles em crise

Nunca antes na história desse país se miraram tantos holofotes aos controles do Estado e ao exercício das funções públicas. Apesar disso, a discussão contemporânea em voga não toma como seu eixo a necessidade de se imporem limites às ações e omissões administrativas. Controles existem e não há quem negue sua essencialidade. Seus mecanismos multiplicaram-se ao longo dos anos e obtiveram forte apoio e proteção no ordenamento jurídico. Não se trata mais de inventar novas técnicas ou instituições de controle, mas sim de aprimorá-las, de fazê-las funcionar, de impedir que a falência ou a inoperância de algumas delas não comprometam a eficiência doutras.

Exemplos vários ilustram a relevância do debate.

Comecemos pelo controle judicial do Estado. Apesar da dedicação e do esforço de um conjunto significativo de bons profissionais (com ou sem toga), o Judiciário não logra dar conta de seus processos mais simples por um motivo evidente: acúmulo de serviço e má gestão. Depois de reformas constitucionais, CNJ, metas e metas, novo Código de Processo Civil, a realidade continua ainda bastante aquém do desejável. Processos se acumulam aos montes e os que por sorte são julgados em prazo razoável, muitas vezes passam por exame superficial e nem sempre por quem tem a formação técnica e a investidura para redigir sentenças.

Quando o objeto da ação se relaciona com políticas públicas, então novas dificuldades despontam. Imperam os valores individuais sobre os coletivos, a falta de metodologia decisória, o desprezo pela profissão do administrador público, a ausência de um espírito comum acerca da própria função judiciária e a busca da justiça no caso concreto (isto é, somente a "microjustiça").

Se caminharmos rumo ao controle social, hoje amplamente consagrado na Constituição e na legislação administrativa, também encontraremos críticas. Referido controle torna-se cada dia mais frequente e juridicamente mandatório em inúmeros processos administrativos. No entanto, embora grandes avanços tenham ocorrido, na prática ainda são escassas as condições de cidadania, a cultura de diálogo democrático e aberto às diferenças, seja dentro da Administração, seja fora dela, sem contar o reduzido apoio técnico e financeiro a quem deseje se valer desses mecanismos.

Em inúmeras ocasiões, sobretudo nas esferas regulatórias mais complexas e tecnicizadas, não é raro que o controle social via mecanismos participativos se desvie e se distorça por força de estratégias de captura e pela utilização de associações, fundações ou cidadãos "laranjas". Suas bandeiras, formais e falsas, invocam a defesa dos interesses da coletividade, mas, na prática, esses entes pretensamente altruístas atuam diante do Estado de maneira dissimulada e em favor dos desejos e das vontades de agentes poderosos (desde grupos econômicos, passando por instituições religiosas, partidos políticos até organizações criminosas). Além de denegrir a imagem das verdadeiras entidades representativas de interesses coletivos e difusos da sociedade civil, entidades farsantes distorcem e sujam o controle social, deslegitimam-no e o enfraquecem.

O controle social da Administração Pública pela imprensa sofre de mal maior. Um dia se chegou a cogitar que ela se consolidaria como o quarto poder. À época, jamais se imaginava que grande parte dela se transformaria em marionete de partidos políticos, de direita e esquerda, de grupos religiosos, sexistas e de tantas outras segmentações. Hoje, infelizmente, o ofício de informar ainda não é visto como uma função pública. Informar é poder desmedido, muitas vezes exercido de modo abusivo, panfletário e irresponsável. Dá-se a possibilidade de distorcer, de inventar, de não se confirmarem informações nem de se ouvirem pessoas envolvidas em notícias supostamente relevantes. Dá-se a prerrogativa de uso de poderosos mecanismos midiáticos para fins de propaganda política disfarçada em benefício de grupos partidários, pinçando-se elementos de informação, acomodando-os em retalhos e acoplando-os a manchetes que ecoam o interesse de quem se quer beneficiar.

Como há bom tempo advertia Günter Püttner,[1] o controle social é seletivo, discriminatório, utilitarista. Ele age sobre as mais diversas entidades da administração pública de modo bastante variável. Alguns assuntos e certas entidades estão sempre sob a mira da coletividade e da imprensa. Outras não recebem qualquer atenção, sobretudo em áreas mais técnicas ou distantes do campo político. Assim, é possível que falhas administrativas mais graves quedem em segundo plano diante de falhas ou problemas menores, mas que geram maior retorno midiático ou clamor social.

Ao se tomar consciência dessas deficiências, irrompe a dúvida: existe um verdadeiro controle social do Estado pela imprensa ou a imprensa se tornou a filial dos partidos políticos e de certos grupos econômicos? Alongando-se as indagações: o direito de informar, mormente no seu papel de instrumento de controle do Estado, impõe um dever de informar de maneira neutra e imparcial ou não? Não por fuga, mas por vinculação ao título desse ensaio, deixam-se todas as várias inquirições que o tema suscita à reflexão solitária do leitor.

Aqui, o foco é outro. É preciso rumar em direção ao controle interno da Administração, decerto a modalidade mais tradicional de fiscalização e correção das ações e omissões do Estado moderno, e em relação ao qual indagações igualmente fascinantes despontam no horizonte. A Administração brasileira tem sido capaz de corrigir boa parte de seus próprios erros e ilegalidades? Os mecanismos de controle mostram-se efetivos ou representam uma mera ilusão? Se o controle interno funciona, qual será o motivo da judicialização de tantos temas administrativos e publicísticos? Se não funciona, por que o pagamos? Seus parcos resultados compensam seus custos à sociedade? Quais são os desafios e vícios que necessitam ser superados para se aprimorá-los? Dizendo de outro modo: quais são os inimigos do controle interno no Brasil?

Talvez algumas teses doutorais respondessem com bom fundamento parte dessas amplas indagações. Sem tempo e espaço para tanto, restringe-se o escopo maior desse ensaio à exclusiva reflexão sobre a última perquirição. Nela, os inimigos do controle interno denotam nada mais que

---

[1] Püttner, Günter. *Verwaltungslehre*, 3ª ed. Munique: Beck, 2000, p. 374.

suas falhas e deficiências. São elas que obstam o bom funcionamento das atividades de controle, mitigam sua efetividade, majoram seus custos e o tornam frágil e decepcionante em muitas situações. Mas quais são essas falhas e deficiências? Antes de se apresentá-las e debatê-las, há que se retomar certas definições fundamentais acerca do controle interno da Administração Pública, suas modalidades e outros conceitos que o entrecruzam.

2. Controle administrativo, controle interno e autotutela: definições e diferenças

Controlar provém do francês "contrerrole", cujos significados mais antigos equivalem a examinar, censurar, regrar ou organizar. A despeito de sua polissemia atual, pode-se tomar o verbo, em sentido predominante, como "ter algo sob domínio ou sob vigilância", como "verificar a regularidade de algo segundo critérios pré-definidos", inclusive de natureza jurídica.

Muito provavelmente em decorrência de seu caráter invasivo em relação à esfera de ação de seus destinatários, Günter Püttner oportunamente recorda que se recebe o controle como um incômodo, um símbolo da desconfiança, uma ameaça à própria independência do indivíduo e de algumas instituições. Daí também por que ele não necessariamente estimula a motivação funcional dos controlados, nem a melhoria do exercício de suas funções administrativas. Todavia, sua ausência – e isso também é certo – acarreta incentivos negativos à queda de profissionalismo e de produtividade.[2]

Em um primeiro momento, controle pressupõe conhecimento sobre uma situação ou realidade (controle de meio) ou sobre a consecução de um objetivo (controle de resultado). O conhecimento se origina da fiscalização, do acompanhamento, do monitoramento. Em um segundo momento, a partir da informação acerca do objeto controlado (situação ou resultado) e, por natural, da verificação de que algo se mostra insatisfatório, irregular ou fora de lugar imposto por critérios pré-determinados, o controle dá origem à correção, à reorientação, à reordenação, ao conserto mediante técnicas administrativas de convalidação, confirmação, anulação, revogação, cassação etc. Ele pode ocasionar, ainda, sanções negativas (punições disciplinares, penais etc.) ou positivas (como recompensa, premiação, bônus etc.), não obrigatoriamente determinadas pelo próprio controlador.

[2] Sobre o efeito negativo da ausência e da presença do controle administrativo, cf. PÜTTNER, Günter. *Verwaltungslehre*, 3ª ed. Munique: Beck, 2000, p. 339.

Tomando o dúplice aspecto do controle em conta, ao dissertar sobre o tema no direito administrativo, José dos Santos Carvalho Filho desdobra--o precisamente em ações de fiscalização e revisão. A primeira atividade "corresponde à observação que se faz quanto à legitimidade da ação estatal, vale dizer, se ela segue corretamente os parâmetros a que está jungida". A seu turno, a revisão ou correção visa a "alterar ou excluir determinada conduta administrativa por algum motivo a ser informado pelo administrado ou pela própria Administração".[3] Colocando-se em segundo plano as variações terminológicas, são exatamente essas as tarefas essenciais de qualquer do controle sobre o Estado: conhecer para corrigir.

Não basta para os fins desse ensaio apresentar simplesmente os elementos cruciais da atividade controladora. O apontamento dos inimigos do controle interno gerará mal-entendidos caso não se defina com clareza o que se entende por essa modalidade específica de controle e não se esclareça como ela se autonomiza perante conceitos próximos.

Não é raro que se utilizem as expressões "controle administrativo" e "controle interno" como sinônimos. É compreensível referida confusão por dois motivos: em primeiro lugar, ambas as expressões abarcam conteúdos que se entrelaçam; em segundo, ambas se originam de uma classificação dos tipos de controle conforme um critério subjetivo, guiado pela consideração da figura do controlador.

Ao se utilizar critérios subjetivos de classificação, ora se valorizam a natureza do controlador, ora seu posicionamento diante do controlado – esse sim o critério que dá origem ao chamado controle interno. Já no primeiro sentido mencionado, ou seja, à luz do critério da *natureza do órgão controlador*, separam-se o controle executado por órgãos com função jurisdicional; o controle realizado por órgãos com função legislativa primária; e o controle administrativo, a cargo de órgãos com função executória ordinária.

Daí não se deve extrair a conclusão de que o controle administrativo se limite aos entes do Poder Executivo. A função administrativa é comum aos três Poderes, ainda que se concentre nas entidades que formam o Executivo. Por conseguinte, o controle administrativo existe tanto neste Poder,

---

[3] CARVALHO FILHO, José dos Santos; MENEZES DE ALMEIDA, Fernando Dias. *Controle da Administração Pública e Responsabilidade do Estado*. São Paulo: RT, 2014 (tratado de direito administrativo, v. 7), p. 33.

quanto nos dois outros, como já bem reconheciam expoentes da doutrina nacional, como Hely Lopes Meirelles.[4] Exemplo disso se vislumbra dentro da Câmara dos Deputados, em que funciona a Ouvidora Parlamentar. Apesar do nome, ao referido órgão compete não apenas a função de controle de atividades legislativas típicas que ocorrem na casa, mas também de atividades administrativas internas. Já no Judiciário, muitas tarefas de controle administrativo cabem ao Conselho Nacional de Justiça, instituído pela Emenda Constitucional n. 45/2004, por ocasião da reforma judiciária.

De modo diverso, mas ainda tomando como base a categorização do controle conforme um critério subjetivo, agora pautado no posicionamento do agente ou órgão controlador, passa-se a diferenciar o controle externo do interno. Preleciona Maria Sylvia Zanella Di Pietro que o controle será interno ou externo conforme "decorra de órgão integrante ou não da própria estrutura em que se insere o órgão controlado. É interno o controle que cada um dos Poderes exerce sobre seus próprios atos e agentes. É externo o controle exercido por um dos Poderes sobre o outro; como também o controle da Administração Direta sobre a Indireta".[5]

O controle externo pressupõe que o órgão e o ente controlador estejam posicionados fora da entidade controlada. Há duas pessoas jurídicas: uma em posição de monitorado e outra em posição de fiscalizadora. Não há necessidade de dois Poderes envolvidos. Exatamente por isso se diz que o controle externo envolve tanto o desenvolvido por um Poder sobre outro, quanto o executado, no âmbito do Poder Executivo, pela Administração Direta em relação à Indireta que lhe esteja vinculada.

---

[4] Em artigo sobre o tema do controle, o jurista prelecionava "controle administrativo é todo aquele que o Executivo *e os órgãos de administração dos demais Poderes* exercem sobre suas próprias atividades, visando a mantê-las dentro da lei, segundo as necessidades do serviço e as exigências técnicas de sua realização, pelo que é um controle de legalidade, de conveniência e de eficiência. Sob esses três aspectos pode e deve operar-se o controle administrativo, para que a atividade pública atinja a sua finalidade, que é o pleno atendimento dos interesses coletivos a cargo da Administração em geral (...). Esses meios de controle podem ser preventivos, sucessivos ou corretivos. Pelos primeiros, estabelecem-se formalidades e exames prévios dos atos administrativos para adquirirem eficácia e operatividade; pelos segundos, acompanha-se a formação dos atos; pelos terceiros, corrigem-se os atos defeituosos ou ilegítimos". MEIRELLES, Hely Lopes. A Administração Pública e seus controles. Reproduzido em DI PIETRO, Maria Sylvia Zanella; SUNDFELD, Carlos Ari. *Controle da Administração, processo administrativo e responsabilidade do Estado* (coleção doutrinas essenciais: direito administrativo, v. III). São Paulo: Revista dos Tribunais, 2012, p. 69.

[5] DI PIETRO, Maria Sylvia Zanella. *Direito administrativo*, 27ª ed. São Paulo: Atlas, 2014, p. 810.

Nesse último caso, o controle externo ocorre na esfera de um único Poder e tradicionalmente se o denomina de tutela ou supervisão. Na lição de Alberto Ramon Real, a tutela configura um mecanismo de união das pessoas públicas por vinculação a um grande centro administrativo e político, o qual mantém a unidade do sistema pelo uso de autorizações, aprovações e recursos vários, com peculiaridades de acordo com cada direito positivo.[6]

A respeito da relação dessa modalidade com a classificação subjetiva do controle existe, contudo, divergência doutrinária. José dos Santos Carvalho Filho e Odete Medauar, por exemplo, nela enxergam uma forma de controle interno e não externo, embora não exista identidade entre a entidade controladora e a controlada.[7] *Data venia*, parece-nos mais adequado firmar o posicionamento de que o controle interno exige identidade institucional, enquanto o externo pressupõe a separação institucional, ainda que esta ocorra no âmbito de um mesmo Poder. Em igual sentido se manifesta a doutrina estrangeira. Günter Püttner, ao tratar da realidade alemã, explica que ao controle interno pertencem todos os mecanismos de controle que se encontrarem dentro de uma unidade administrativa (órgão ou entidade).[8]

Acentuar essa discussão não é importante para finalidades meramente classificatórias. Seus impactos jurídicos práticos mostram-se bastante significativos. Como as entidades administrativas são ou criadas ou autorizadas por lei específica, seus objetivos e tarefas emanam da vontade do povo, traduzida nos mandamentos desenhados pelo legislador. Isso significa que outra entidade estatal não detém poder para se arrogar à função de controladora externa por decisão própria. Para que seja válido e eficaz, o controle externo

---

[6] REAL, Alberto Ramon. El control de la administración. *Revista de Direito Público*, v. 32, 1974. Reproduzido em DI PIETRO, Maria Sylvia Zanella; SUNDFELD, Carlos Ari. *Controle da Administração, processo administrativo e responsabilidade do Estado* (coleção doutrinas essenciais: direito administrativo, v. III). São Paulo: Revista dos Tribunais, 2012, p. 29.

[7] CARVALHO FILHO, José dos Santos; MENEZES DE ALMEIDA, Fernando Dias. *Controle da Administração Pública e Responsabilidade do Estado*. São Paulo: RT, 2014 (tratado de direito administrativo, v. 7), p. 40. Odete Medauar também adota esse entendimento quando expõe que "o controle interno da Administração Pública é a fiscalização que a mesma exerce sobre os atos e atividades de seus órgãos *e das entidades descentralizadas que lhe estão vinculadas*" (g.n.). MEDAUAR, Odete. Controles internos da Administração Pública. *Revista da Faculdade de Direito da Universidade de São Paulo*, v. 84/85, 1989/1990, p. 41.

[8] PÜTTNER, Günter. *Verwaltungslehre*, 3ª ed. Munique: Beck, 2000, p. 349.

pressupõe autorizativo legal.[9] Do contrário, não estará a entidade controlada em dever de se submeter a controle por outra. Isso mostra que o padrão de legalidade aplicável para o controle externo é muito mais intenso que o aplicável ao interno, já que, neste, a criação dos instrumentos de controle se satisfaz com meras previsões normativas da própria entidade. Explique-se.

Quando se aborda a teoria do controle, é igualmente usual classificá-lo de acordo com o parâmetro que o guia e justifica, daí podendo-se diferenciar o controle jurídico, do financeiro, econômico, ideológico etc. Dentro do Estado, essencial, inerente e inevitável é o controle da legalidade administrativa. No modelo racional democrático, a máquina estatal não existe senão como a "empresa" do povo. É exatamente por isso que a Constituição impõe que qualquer entidade estatal seja autorizada ou criada por lei específica. A lei aqui representa a vontade do povo e as finalidades que ele estipula a cada entidade estatal. Ao longo da vida de toda e qualquer instituição pública, revela-se por isso fundamental o contínuo monitoramento das tarefas executadas para que sempre se a mantenha alinhada aos interesses da população e, por consequência, respeitosa à legalidade e minimamente dotada de legitimidade.

É por força desse raciocínio que se afirmou ser o controle interno, diferentemente do externo, independente de previsão explícita em lei. Como tarefa inerente e essencial a qualquer instituição pública, sua criação por ato normativo basta para lhe conferir legalidade e validade jurídica. Como esclarece José Cretella Júnior, "no direito público, a atividade autotutelar é incessante. Dela não pode a administração prescindir".[10] Para o autor, que toma controle interno e autotutela como sinônimos, a fiscalização e a vigilância se estendem tanto sobre os atos administrativos, quanto sobre contratos e sobre o patrimônio ou os bens estatais.[11] É essa imprescindibilidade do controle interno que o submete a limites menos rígidos de legalidade.

---

[9] Nesse sentido, Maria Sylvia Zanella DI Pietro aduz: "O controle sobre as entidades da Administração Indireta, também chamado de *tutela*, é um controle externo que só pode ser exercido nos limites estabelecidos em lei, sob pena de ofender a autonomia que lhes é assegurada pela lei que as instituiu. Esses limites dizem respeito aos *órgãos* encarregados do controle, aos *atos* de controle possíveis e aos *aspectos* sujeitos ao controle". DI PIETRO, Maria Sylvia Zanella. *Direito administrativo*, 27ª ed. São Paulo: Atlas, 2014, p. 811.

[10] CRETELLA JÚNIOR, José. Da autotutela administrativa. *Revista de Direito Administrativo*, v. 108, 1972, p. 48.

[11] CRETELLA JÚNIOR, José. Da autotutela administrativa. *Revista de Direito Administrativo*, v. 108, 1972, p. 54 e seguintes.

Em sua formatação, o controle interno é plural. Ao se aprofundar a aplicação do critério de posicionamento do órgão de controle até agora discutido, dentro do próprio controle interno será possível trabalhar outras distinções, incluindo a existente entre o controle interno hierárquico e o autocontrole. Odete Medauar adota essa classificação e preleciona que o hierárquico envolve a "verificação que os órgãos superiores realizam sobre os atos e atividades dos órgãos subordinados. Na estrutura hierarquizada da Administração Pública, com escalonamento de poderes, o controle exercido pelos superiores configura decorrência lógica".[12] Segundo Alberto Ramon Real, "o controle hierárquico é amplo, pois o superior possui o pleno domínio dos atos do subordinado e a princípio os pode substituir, revogar ou modificar como próprios, sem prejuízo dos poderes concorrentes de instrução ou direção da ação dos subordinados, do poder disciplinar etc.".[13] No direito alemão, Günter Püttner também menciona o controle pelo "Verwaltungsleiter" como controle hierárquico, mas destaca que ao superior se impõe somente a responsabilidade pelos atos dos subordinados diretos, encontrando, portanto, limites bem definidos.[14]

Já no autocontrole, tem-se a "fiscalização exercida pela própria autoridade que editou o ato, ou responsável pela atividade sobre sua atuação, ocorrendo espontaneamente ou mediante provocação".[15] Para tanto, a própria autoridade dispõe de poder para anular ou revogar seus atos, suprir suas omissões, corrigir irregularidades formais etc.

Não bastasse isso, tem se tornado cada vez mais frequente a estruturação, dentro de cada ente estatal, de órgãos especializados em controle interno e que agem paralelamente aos órgãos executórios. Desse modo, além do tradicional controle pelo órgão hierarquicamente superior e do autocontrole exercido pelas autoridades sobre seus próprios atos, contratos, processos administrativos e bens, é possível que se realizem atividades

---

[12] MEDAUAR, Odete. Controles internos da Administração Pública. *Revista da Faculdade de Direito da Universidade de São Paulo*, v. 84/85, 1989/1990, p. 43.
[13] REAL, Alberto Ramon. El control de la administración. *Revista de Direito Público*, v. 32, 1974. Reproduzido na coletânea DI PIETRO, Maria Sylvia Zanella; SUNDFELD, Carlos Ari. *Controle da Administração, processo administrativo e responsabilidade do Estado* (coleção doutrinas essenciais: direito administrativo, v. III). São Paulo: Revista dos Tribunais, 2012, p. 28.
[14] PÜTTNER, Günter. *Verwaltungslehre*, 3ª ed. Munique: Beck, 2000, p. 355.
[15] MEDAUAR, Odete. Controles internos da Administração Pública. *Revista da Faculdade de Direito da Universidade de São Paulo*, v. 84/85, 1989/1990, p. 43.

de controle prévio, concomitante ou posterior por órgãos especializados. As principais vantagens dessa terceira modalidade em confronto com as duas modalidades tradicionais de controle internos são de duas ordens. A primeira reside no maior distanciamento do controlador em relação às funções administrativas e às pessoas controladas; a segunda, no maior grau de tecnicidade e profissionalismo, uma vez que os órgãos especializados de controle interno assumem estrutura orgânica própria, composta geralmente por servidores dotados de expertise nessa função.

3. Inimigos do controle interno

Os avanços gerados pelas novas modalidades de controle interno paralelo e especializado (por ouvidorias, ombudsman, corregedorias internas etc.) não se revelaram suficientes para combater todos os inimigos do controle interno na atualidade brasileira. E inimigos, como se adiantou na introdução, nada mais são que deficiências e falhas responsáveis por tornar o controle da Administração Pública pouco efetivo em inúmeras situações.

Não constituem objetivos desse ensaio enumerar e abordar com exaustão todos eles, mas simplesmente refletir de maneira livre sobre cinco de seus exemplares, a saber: 1) a falta de especialização; 2) o reduzido distanciamento entre controlador e controlado; 3) o corporativismo; 4) a impunidade ou a insuficiência de sanções e 5) os custos associados ao controle interno.

4. Falta de especialização

Controlar pressupõe conhecer uma situação ou objeto e entendê-lo. Sem isso, não se controla ou, na melhor das hipóteses, controla-se muito mal. Caso o agente responsável pelo controle não compreenda tecnicamente o assunto ou matéria sob sua observação, dificilmente terá condições de avaliá-la de verdade para nela encontrar elementos de regularidade ou irregularidade. Isso revela uma regra geral básica: o controle demanda conhecimentos técnicos, embora nem sempre o controlador em si assuma o posto de executor da tarefa. Apenas para ilustrar, dificilmente será possível controlar com a devida qualidade as despesas de um órgão ou suas licitações sem noções de direito administrativo e contabilidade. Tampouco controlará a eficiência de serviços hospitalares aquele que não disponha de noções de administração e medicina; ou a qualidade de uma obra pública, sem conhecimentos de engenharia e/ou arquitetura.

Há que se aprofundar tal regra à luz das facetas do controle interno. Como se pontuou, esta modalidade se desdobra em três subtipos: o autocontrole exercido pela própria autoridade sobre seus atos; o controle hierárquico e o controle por órgãos especializados.

No autocontrole, o problema da especialidade técnica pode parecer menos relevante, já que cabe à autoridade com competência para executar a tomada de medidas a solução de eventuais falhas por ela mesma causada. No entanto, a especialização aqui assume extremo relevo, já que as deficiências nesse quesito geram um duplo efeito negativo. A uma, levam a autoridade a praticar, sem a devida consciência, atos irregulares ou ilícitos. A duas, ainda impedem que a autoridade identifique suas próprias falhas e as corrija.

No controle hierárquico e no controle especializado, o cenário se afigura problemático, mas por outros motivos. Neles, raramente os órgãos controladores detêm suficiente expertise técnica para fiscalizar as ações do controlado. Tome-se o exemplo de cursos e especializações pagas em universidades públicas. Deixando-se de lado a discussão acerca da constitucionalidade das cobranças, fato é que os órgãos universitários de hierarquia superior, geralmente compostos por acadêmicos, em geral desconhecem mandamentos de ordem contábil e, por isso, dificilmente se apegam a planilhas de custos e despesas, na qual se escondem as tentativas de desvios de recursos públicos ou superfaturamentos dolosos. É natural que, nessa situação, falta ao órgão controlador interno expertise, o que lhe impede de visualizar irregularidades e ilícitos cometidos por órgãos inferiores e, por conseguinte, de exercitar com a eficiência desejada a função de controle que lhe cabe.

No controle interno, sobretudo nas modalidades hierárquica e especializada, há que se elaborar soluções para superar a deficiência técnica do controlador. No âmbito do controle especializado, uma boa estratégia consiste em fixar um corpo de controladores selecionados entre agentes públicos com notória especialização nas tarefas e atividades centrais que se desenvolvem dentro da entidade pública. Outra alternativa que se vislumbra é a contratação de corpo técnico especializado por concurso público para ocupação de cargo ou emprego com autonomia plena em relação aos órgãos internos controlados. Em contraste, no controle hierárquico, mostra-se mais complexo aplicar soluções como as apontadas. No entanto, há caminhos outros igualmente adequados, incluindo a solicitação de elaboração de laudos ou pareceres por especialistas externos "ad hoc".

O primeiro desafio à construção de controles internos eficientes exige, portanto, que os controladores detenham conhecimentos técnicos aprofundados sobre aquilo que controlam ou que supram sua falta de expertise técnica por meio de manifestações encomendadas a colaboradores ou prestadores de serviços. Mas não é só isso.

Quando se ingressa na Administração Pública, tão importante quanto conhecimento técnico mostra-se o domínio do direito público ou do direito administrativo. Não basta ao controlador entender o que se passa e se certa tarefa foi executada de maneira adequada ou não do ponto de vista técnico. Cumpre-lhe dizer se objeto controlado está de acordo com o direito e os interesses públicos primários, inclusive com os objetivos institucionais da entidade estatal e com as demais regras jurídico-administrativas aplicáveis. Afinal, a vontade da Administração Pública se resume à vontade do povo expressa por meio de normas ou, como dizia Miguel Seabra Fagundes, "administrar é aplicar a lei de ofício".[16]

Em síntese, o primeiro grande desafio para se estruturar sistemas de controle interno eficientes reside na necessidade de se somar, nas mãos dos controladores, conhecimentos técnicos e conhecimentos jurídicos imprescindíveis à eficiência de suas ações de fiscalização e de correção de atos, contratos, processos irregulares ou ilícitos no âmbito da Administração Pública. É a falta desse conhecimento técnico híbrido que muitas vezes torna o controle interno, sobretudo o hierárquico, uma grande farsa. Os controladores fingem examinar o que os subordinados realizaram, mas, na prática, não detêm qualquer condição técnica para fazê-lo, o que os leva a aprovar, homologar ou chancelar ações incorretas, fraudulentas e até criminosas em alguns casos.

5. Baixo distanciamento entre controlador e controlado

Para se transformar um controle interno efetivo em realidade, é ingenuidade crer que a superação de deficiências técnicas baste. A Administração Pública, seja em suas tarefas executórias, seja nas funções de controle que lhe cabem, sofre forte influência, ora lícita, ora ilícita, de uma série de fatores, incluindo os de ordem política e econômica, assim como as influências pessoais derivadas de sentimentos, relações de amizade, cole-

---

[16] FAGUNDES, Miguel Seabra. *O controle dos atos administrativos pelo Poder Judiciário*, 5ª ed. Rio de Janeiro: Forense, 1979, p. 4.

guismo, inimizade, parentesco etc. Mesmo a administração burocratizada, como alerta Jacques Chevalier, não funciona de modo mecânico, previsível e coerente.[17] Reconhecer que, a despeito do princípio constitucional da legalidade e da impessoalidade, o ambiente administrativo jamais foi ou será neutro representa o primeiro passo para se entender a importância do isolamento, da autonomia ou do distanciamento entre controlador em relação ao controlado e seus poderes.

Nas situações em que a proximidade entre controlador é muito alta, como costuma ocorrer no controle interno hierárquico dentro de um mesmo órgão público (intraorgânico), as pressões desfavoráveis à ação efetiva do controlador aumentam de maneira diretamente proporcional. A razão para tanto é simples. Essas pressões derivam de eventuais articulações políticas manejadas contra o controlador, de seu medo frente a eventuais retaliações presentes ou futuras, de ameaças expressas e, não é de se descartar a hipótese, de reais danos físicos, morais ou profissionais.

É muito comum que isso ocorra em ambientes públicos nos quais as chefias são exercidas por um mandato pré-determinado, após o qual o chefe retorna à antiga função executória e aquele que antes era controlado, assume o posto de controlador, dentro de um mecanismo cíclico de alternância de papéis. Nessas situações de chefia rotativa, há forte estímulo para que o controle seja abafado por força do temor do chefe quanto às consequências futuras de suas ações de correção de irregularidades.

Outra situação imaginável em que o controle resta dificultado é aquela em que o controlador está em posição profissional inferior à dos controlados e, por conseguinte, depende dos próprios controlados para ascender

---

[17] Nas palavras do autor francês, "l'administration, même bureaucratisée, ne fonctionne jamais de manière aussi rigoureuse, 'machinique', avec cette parfaite cohérence et previsibilité des comportements; il faut tenir compte des facteurs personnels qui déterminent le comportement des agents, des hiérarchies parallèles et des stratifications qui influent sur la structure du pouvoir, des stratégies des acteurs et des arrangements en marge du système des rôles officiel. L'administration est un *systeme complexe*, dont l'organisation formelle n'épuise pas les potentialités". CHEVALIER, Jacques. *Science administrative*, 4a ed. Paris: PUF, 2007, p. 348. Em outro trecho, aduz o autor: "Les organisations, les entreprises, les administrations ne fonctionnent jamais, contrairement à certaines illusions webériennes ou tayloriennes, sur un mode purement 'rationnel', conformément à des règles impersonnelles et objectives. Toutes organisation est formée d'individus ayant leurs besoins et leurs motivations spécifiques, et dont les comportements ne peuvent être enfermés une fois pour toutes dans un cadre normative pré-établi", p. 359.

na carreira. Sob tais condições, o risco de represália ou de danos profissionais dissuade que o agente de menor hierarquia, a quem se atribui a função de controle interno, aponte vícios, falhas e ilegalidades cometidos por agentes de mais alta hierarquia, mas que circunstancialmente se submetem a controle. Exatamente por isso, em muitos regimentos internos, vincula-se as posições de chefia e de controle hierárquico aos que estão em degrau profissional mais elevado, reduzindo-se com isso os riscos de captura do controlador que existiriam no cenário anteriormente descrito.

Esses exemplos, muito corriqueiros na realidade da Administração Pública brasileira, evidenciam duas coisas: os poderes existentes dentro de uma instituição não se ligam necessariamente às posições jurídicas de chefia. Como explica Jacques Chevalier "o poder, dentro da administração como em qualquer organização, não se concentra apenas nas mãos do superior hierárquico, investido formalmente da autoridade".[18] Para além disso, os exemplos revelam que quanto mais o controlador estiver distante ou em posição de autonomia diante do controlado, mais difícil será ataca-lo, ameaça-lo ou captura-lo. Quanto maior a distância, mais ele estará imune à influência do controlado em termos físicos, morais e profissionais; mais autônoma, neutra e impessoal será a fiscalização e as possibilidade de descoberta de ilegalidades ou falhas. Por conseguinte, é concebível pressupor que a intensidade do controle e sua efetividade se elevem conforme aumenta o distanciamento funcional.

No âmbito do controle interno, uma boa solução aos problemas resultantes do baixo distanciamento entre controlador e controlado reside na constituição de órgãos especializados que acompanham o desenvolvimento das funções executórias da entidade estatal por monitoramento constante ou por provocação de cidadãos ou agentes públicos em casos específicos. Na Alemanha, a preferência por esses órgãos internos decorre do "princípio da separação da ação e do controle" e da "independência do controlador", princípio que também encontra guarida no âmbito da administração privada.[19]

---

[18] CHEVALIER, Jacques. *Science administrative*, 4a ed. Paris: PUF, 2007, p. 361.
[19] Nas palavras do autor alemão, "es hat sich in Deutschland das Prinzip der Trennung von Handlungs- umd Kontrollnstanzen in besonderem Masse durchgesetzt. Man traut eine wirkliche Kontrolle nur einer Instanz zu, die nicht am zu kontrollierenden Handeln beteiligt ist und deshalb die nötige Unabhängigkeit zur Kontrolle besitzt. Im Unternehmensrecht gibt es deshalb (seit 1884) eine strikte Trennung von Geschäftsführung (Vorstand) und Aufsicht (Aufsichtsrat)". PÜTTNER, Günter. *Verwaltungslehre*, 3ª ed. Munique: Beck, 2000, p. 346.

A existência dos órgãos especializados internos em cada instituição, como ouvidorias, corregedorias, comissões de ética etc., mitiga parte dos riscos relacionados às ações de controle e às denúncias ou reclamações por mau funcionamento dos serviços ou falha de qualquer outro gênero. Outra técnica igualmente relevante, e previamente mencionada, desenvolve-se pela associação das funções de controlador aos agentes em situação funcional mais avançada e, supostamente, mais independente.

A tendência à melhoria do controle pelo aumento do distanciamento e da imunidade do controlador sobre o controlado não é, porém, infinita. O distanciamento também ocasiona efeitos negativos e complicadores do próprio controle efetivo. O primeiro efeito consiste na maior dificuldade de se conhecer com exatidão e profundidade a realidade ou situação controlada, dada a baixa proximidade entre ela e o controlador-espectador. O distanciamento, nesse aspecto, facilita distorções da realidade controlada e, por isso, exige que os processos administrativos instrumentais do controle sejam muito bem instruídos, de sorte a evitar julgamentos distorcidos e incompatíveis com os fatos. O segundo efeito negativo se relaciona aos custos do controle. Quanto maior a instrução processual, maior o tempo e os esforços relacionados com a atividade de controle, fatores que elevam seus custos finais para a Administração Pública.

6. Corporativismo protetivo e imunizante

Outro grave impeditivo da execução efetiva de mecanismos de controle interno resulta do corporativismo[20] administrativo, simplificadamente entendido como um movimento de autoproteção dos interesses de classes profissionais dentro da Administração Pública e, em estágio mais avançado, de imunização recíproca de seus membros contra fatores desestabilizadores externos e manutenção de privilégios e benefícios, inclusive pelo sufocamento de instrumentos de controle interno capazes de afetá-los.

Como nem todas as entidades estatais dispõem de corpos neutros e especializados de controladores, é comum que as tarefas de controle interno se desenvolvam exclusivamente por meio de mecanismos de auto-

---

[20] Para um panorama histórico e político das várias significações do corporativismo e do Estado corporativista, cf. VIEIRA, Evaldo. *Autoritarismo e corporativismo no Brasil*, 3ª ed. São Paulo: Unesp, 2010, p. 19 e seguintes. A respeito de algumas estratégias corporativistas na Administração Pública, cf. as considerações de CHEVALIER, Jacques. *Science administrative*, 4a ed. Paris: PUF, 2007, p. 374 e seguintes.

controle e de controle hierárquico. O perigo que aí reside deriva do fato de que o controle interno hierárquico se mostra extremamente suscetível ao corporativismo nas entidades em que a composição profissional dos órgãos decisórios se destaca pela baixa heterogeneidade, sendo dominada por um grupo específico de profissionais.

É exatamente o caso das universidades públicas e do judiciário. Nas duas instituições estatais, a liderança numérica e política dos órgãos decisórios cabe a apenas um grupo profissional (docentes e juízes, respectivamente). Desse modo, outros grupos que por ventura participem da gestão pública e da tomada de decisões estratégicas e de controle dificilmente lograrão obter poder suficiente para quebrar ou mitigar o corporativismo da classe profissional dominante.

Em ambientes semelhantes, torna-se praticamente impossível o controle hierárquico efetivo de falhas ou ilegalidades cometidas por membros do grupo dominante, cuja correção naturalmente afetaria o sucesso na proteção dos interesses do coletivo. Mesmo que se consiga dar início ao controle por técnicas tradicionais de provocação (como a representação, as denúncias ou os recursos administrativos), ao final, serão os "representantes" do próprio grupo denunciado que decidirão ou, na pior hipótese, influenciarão de maneira significativa o controlador com o objetivo de prevenir efeitos negativos à categoria.

Mesmo nas hipóteses em que as decisões de controle hierárquico contra falhas ou ilegalidades cometidas pelo membro do grupo dominante não geram efeitos nocivos reflexos para o coletivo, mas somente efeitos individuais contra aquele que agiu irregularmente, ainda assim o corporativismo poderá mitigar o potencial de fiscalização e de correção de problemas administrativos. Isso se explica pela geração de laços intensos de reciprocidade. Quando o ambiente corporativo passa a funcionar não somente como um sistema de autoproteção de interesses coletivos, porém como um espaço de troca de favores entre seus membros e de manutenção de privilégios pessoais, baseado em um pacto de proteção recíproca ou de imunidade contra qualquer elemento de ataque externo, a colaboração recíproca dificultará inclusive o controle pontual, aparentemente inofensivo aos membros do grupo como um todo.

Diante dessa contaminação, o controle interno hierárquico e mesmo o autocontrole tendem a sucumbir. Não é por outro motivo que se tem valorizado a criação do chamado controle interno especializado, por órgão separado, autônomo e distanciado dos órgãos executórios. É verdade que mesmo esse tipo de solução, nas entidades em que o poder é monopolizado por um grupo profissional, não se afasta por completo da influência corporativista – aliás, o corporativismo pode contaminar o espaço dos controladores, de sorte a bloquear sua sujeição a outros controles de legalidade ou de qualidade. A despeito dos riscos, a criação do órgão especializado de controle interno com amplos poderes reforça de modo sensível os ataques externos necessários para quebrar o sistema de autoproteção ou de imunização recíproca.

7. Impunidade e insuficiências punitivas

A impunidade reinante na Administração Pública e as insuficiências punitivas por deformações institucionais e procedimentais ou falhas de gestão configuram outro inimigo do controle interno no Brasil. Antes de se ingressar no tema, duas advertências sobre essa afirmação inaugural não poderiam ser deixadas de lado sob pena de se induzirem graves mal-entendidos.

A uma, afasta-se desse ensaio qualquer premissa de que a honestidade e o respeito ao direito variam de modo diretamente proporcional à gravidade das sanções. Fosse assim, bastaria enrijecer o sistema punitivo para extirpar a corrupção e, por reflexo, inúmeros males da Administração Pública. A boa administração não se promove com sanções inútil ou imotivadamente severas, mas com sanções negativas justas e, em certas hipóteses, com sanções positivas ou premiais – modalidade ainda pouco valorizada no direito administrativo. Afasta-se daqui, portanto, qualquer posicionamento tendente a afirmar que o terror da sanção repressiva opere o milagre da prevenção geral.

A duas, há que se entender a impunidade e a insuficiência sancionatória que obstam o controle interno em termos práticos, não em sentido normativo. Melhor dizendo: é notório que o direito administrativo brasileiro oferece todas as armas jurídicas para se combater a má gestão pública. Estão aí a Lei de Improbidade, as normas disciplinares, os códigos de ética, os crimes de responsabilidade e os crimes contra a administração pública, além da própria Lei Anticorrupção, para provar que não faltam mecanismos jurídicos. Tampouco são necessários grandes ajustes ou aprimoramentos legais no arcabouço normativo existente. A impunidade e as insuficiências punitivas a que se faz menção são fáticas, reais, ocorrentes no mundo do ser, no quotidiano da Administração Pública.

As várias normas de controle interno, para serem levadas a sério, necessitam sair do papel, ganhar aplicação frequente, gerar algum tipo de consequência – justa por óbvio. É preciso, assim, que o direito positivo seja transformado em realidade, tarefa que demanda, porém, a observância de uma série de condições estruturais, procedimentais e humanas.

Em termos humanos ou pessoais, há que se investir em capacitação, em especialização e aprofundamento técnico das autoridades responsáveis pelo controle. Não se trata de tarefa fácil, na medida em que tais órgãos dependem de uma dupla expertise: a jurídico-administrativa ou financeira, conforme suas funções, e a técnica, útil para o controle de qualidade e eficiência de tarefas complexas exercidas pela Administração no âmbito de seus serviços, atividades de polícia, fomento e intervenção econômica. Não bastasse isso, não raro, joga-se a atividade de controle à execução, "ad hoc", de servidores sem qualquer experiência, o que naturalmente aniquila suas chances de sucesso.

Em adição, sob a perspectiva estrutural, mostra-se oportuno discutir certas modificações orgânicas que possam, como dito, garantir às autoridades controladoras um mínimo de autonomia para deflagrarem os processos devidos, conduzirem-nos sem pressões e aplicarem, quando for cabível, as medidas de correção, reparação e punição aos agentes públicos e privados responsáveis. Nesse sentido, extremamente relevante se mostra a profissionalização da função de controle e, quando possível, a consolidação de órgãos internos especializados, sustentados pelo trabalho de servidores estáveis, minimamente protegidos contra influências indevidas internas ou externas.

De outra parte, no plano procedimental, é preciso reordenar as normas condutoras dos processos administrativos precedentes das ações de controle no intuito de torná-los: 1) compreensíveis aos diferentes tipos de autoridade que o conduzem, sobretudo as "ad hoc"; 2) passíveis de fácil e rápida interpretação, em favor da previsibilidade e da segurança jurídica; 3) garantidores dos direitos processuais fundamentais do acusado e 4) marcados por um grau adequado de celeridade.

Para se atingir esse escopo, entre outras medidas, mostra-se imprescindível a adoção de um papel proativo pela advocacia pública de cada instituição. Há que se superar a mera visão reativa que marca a atuação desses órgãos e os limita tradicionalmente ao controle posterior dos processos de controle. Há que se deslocar a advocacia pública ao papel de protagonista da execução de boa parte das ferramentas de controle, de forma a evitar insuficiências da ação punitiva, a ampliar o grau de profissionalização do controle e, principalmente, a mitigar os riscos de questionamento administrativo e de judicialização que, muitas vezes, alimentam-se de deficiências formais das atividades de controle para ocasionar, ao final, impunidade indevida.

8. Custos do controle interno

Custo é termo alienígena para boa parte da ciência jurídica, a qual frequentemente ignora uma obviedade: o direito não é movido sem custos! As normas não saltam do texto legal e transformam-se em realidade sem intervenções naturais. Normas dependem de pessoas, de sua vontade, de sua interpretação, de seu desejo de aplica-las como se deve, de energia, de comportamentos. Tudo isso gera custos, gastos, despesas das mais variadas espécies. E se regressarmos ainda mais no processo jurídico, chegar-se-á a conclusão de que a própria existência das normas custa. A gênese normativa não ocorre gratuitamente, sem dor, sem tensões e conflitos – sem custos, portanto.

O exame do controle interno jamais escaparia a essa regra. Não há dúvida de que ele gera custos de muitas espécies, dentre os quais merecem destaque os financeiros, os humanos e os profissionais.

Comecemos pelo mais simples deles: os financeiros. Nesse particular, cumpre mais uma vez separar a situação do controle hierárquico e da autotutela, de um lado, em relação ao controle interno especializado, de outro. Nos dois primeiros, basicamente não existem grandes custos financeiros adicionais. Afinal, a autoridade que executa (no autocontrole) ou a autoridade que exerce chefia (no controle hierárquico) são as mesmas que realizam a fiscalização, a prevenção e a repressão. Não emergem custos funcionais extraordinários, nem custos organizacionais significativos. Essas autoridades existem naturalmente em toda entidade estatal e o controle faz parte de suas funções. Isso significa que o controle não ocasiona custos financeiros de organização, senão unicamente custos pontuais decorrentes das medidas corretivas em cada caso. Anular um edital ou revogar um ato administrativo pode exigir novo trabalho, novos processos e, portanto, novos gastos. Está aí a problemática financeira.

No controle interno especializado, por sua vez, a situação se torna mais complexa, pois além dos custos derivados das medidas corretivas em si, soma-se o custo da organização desses órgãos, da seleção e investidura de agentes públicos voltados unicamente para tais funções. Esse é um dos motivos a explicar por que nem sempre o controle especializado se mostra tão corriqueiro nas entidades públicas. Seus impactos financeiros mostram-se altos e nem sempre compensam os benefícios por ele gerados em termos de efetividade do controle interno.

Fora isso, todo controle traz consigo custos humanos, ou melhor, desvantagens, prejuízos, represálias, ameaças ao controlador, sem falar no trabalho adicional a ele gerado em muitas ocasiões. Nesse contexto, porém, a situação das modalidades de controle especializado diante do autocontrole e do controle hierárquico se invertem. Supõe-se que o especializado é menos custoso, uma vez que seus agentes se voltam exclusivamente à função de controle, gozando de mais autonomia, mais distanciamento e mais conhecimento técnico, o que lhes permite executar tais tarefas com mais eficiência.

De maneira inversa, nas modalidades de autocontrole e de controle hierárquico, os custos humanos das funções de controle aumentam por uma gama de razões. Em primeiro lugar, não existe um distanciamento tão significativo entre sujeito ativo e passivo, de modo que o controlador se submete a mais pressões, mais represálias e riscos de prejuízos em termos profissionais. Em segundo lugar, o exercício intensivo do controle ainda é capaz de gerar danos à reputação do controlador ou submetê-lo a hostilidades decorrentes da ação articulada e responsiva de grupos altamente corporativistas, cujos interesses coletivos venham a ser afrontados pelas medidas de controle interno ou que, mesmo na falta desse motivo, que atuam no sentido de proteger os interesses individuais de seus membros dentro de uma lógica de imunização recíproca.

Por esses e outros fatores, vencer os inimigos do controle interno significa vencer dificuldades financeiras e restrições orçamentárias de cada entidade estatal, além de superar restrições culturais a investimento fundamentais em atividades de controle efetivo. Mais que isso: a derrota desses inimigos depende da redução, ao máximo possível, dos custos pessoais do controlador, daí a necessidade de se lhe garantir tanto certa blindagem física, quanto a maior independência possível contra retaliações injustas em termos profissionais.

9. Conclusão

A abordagem doutrinária do controle interno da administração pública no Brasil frequentemente se concentra no exame dos institutos jurídicos e procedimentos que o viabilizam. Fala-se de recurso, de representação, de reclamação, de processo sancionador etc. Menciona-se ainda o papel das normas disciplinares, do controle hierárquico e da autotutela, com foco na tradicional diferenciação entre anulação e revogação.

De propósito, nesse ensaio, buscou-se um afastamento em relação a esse tipo de enfoque instrumental para se valorizar, em compensação, aspectos marcadamente contextuais. Como dito e repetido, os inimigos do controle interno nada mais são que deficiências e falhas que permeiam as entidades estatais e que, na prática, dificultam a atividade dos controladores e o sucesso dos mecanismos legais criados para o exercício dessa tarefa essencial ao Estado Democrático de Direito.

Reduzido distanciamento funcional entre controlador e controlado, baixa especialização técnica dos órgãos de controle, corporativismo, dificuldades na aplicação de sanções justas e alto grau de impunidade, além dos custos do próprio controle interno exemplificam alguns desses inimigos. Em comum, sua análise revela ao jurista que nem tudo no mundo se resolve com direito.

É verdade que o combate aos inimigos do controle exige algumas batalhas jurídicas, ou seja, reformas e renovações de institutos legais isolados. No entanto, mais que isso, impõem-se mudanças de ordem organizacional, profissionalização da gestão pública, investimentos em capacitação e educação, análise de custos, além do gerenciamento das indevidas influências econômicas, políticas e outras que não raro aniquilam a funcionalidade do controle interno. Exatamente por isso, pensar o controle interno para além dos limites fechados da ciência do direito administrativo desponta como um exercício teórico imprescindível para salvar sua significação e utilidade jurídica.

EL ESTABLECIMIENTO DE MECANISMOS DE CONTROL ADMINISTRATIVO PREVIO AL CONTROL JURISDICCIONAL CONTENCIOSO-ADMINISTRATIVO: RAZONES, PROBLEMAS Y DESAFÍOS

Mónica Domínguez Martín

1. La reforma de la Justicia administrativa: diagnóstico del problema

La Constitución Española de 1978 configura un completo sistema de garantías y mecanismos e instituciones de control de la actividad administrativa en torno a los arts. 24, 103 y 106, fundamentalmente. Este sistema, desarrollado en la legislación ordinaria, incluye los tradicionales instrumentos de autocontrol de la actividad administrativa, en los que la Administración ejerce el control sobre su propia actividad. Junto a estos mecanismos de control interno, se incluyen otros medios de control externo para garantizar el sometimiento pleno de la actuación administrativa al principio de legalidad y a la persecución del interés general, que imponen a la Administración el deber de no provocar litigios y de realizar activamente cuanto le sea posible para evitarlos[1].

Este modelo clásico de las garantías del administrado frente a la Administración hace tiempo que ha mostrado síntomas de no ser el adecuado para las necesidades de la sociedad actual[2]. Si la función tradicional de la

---

[1] Pérez Moreno, A., "Crisis de la participación administrativa", *Revista de Administración Pública*, núm. 119, 1989, pág. 39.
[2] Por todos, J. Tornos Más, "La situación actual del proceso contencioso-administrativo", *Revista de Administración Pública*, núm. 122, mayo-agosto 1990, págs. 103 a 130; J. Tornos Más,

justicia administrativa, en cumplimiento del "mandato constitucional de plena justiciabilidad del actuar administrativo"[3], es resolver el conflicto que enfrenta a un particular con la Administración, ésta función frecuentemente no se cumple. La respuesta judicial es lenta y no siempre del todo satisfactoria. Además, el administrado, en ocasiones, carece de remedios jurídicos para forzar una correcta y eficiente actuación de la Administración, sin llegar a plantear un litigio (o, incluso, planteándolo).[4] Ello conduce a que se busquen fórmulas que complementen los mecanismos garantistas ya existentes, concretamente la garantía jurisdiccional.

Al sistema de protección se le reprocha, fundamentalmente, su lentitud, que es atribuida al aumento de litigiosidad y conflictividad, unido al carácter expansivo del ámbito recurrible ante la Jurisdicción contencioso-administrativa[5]. Han sido tanto el Tribunal Europeo de Derechos Humanos (TEDH), como el propio Tribunal Constitucional español, los

"Medios complementarios a la resolución jurisdiccional de los conflictos administrativos", *Revista de Administración Pública*, núm. 136, enero-abril 1995, págs. 149 a 177; TRAYTER, J. M., "El arbitraje de Derecho Administrativo", *Revista Española de Administración Pública*, núm. 143, 1997, págs. 75 y ss. En defensa del sistema actual de recursos administrativos ver las razones expuestas por REQUENA LÓPEZ, T., "Crítica a la marginación de los recursos administrativos como alternativa no jurisdiccional para la resolución de pretensiones de Derecho Administrativo"en *Alternativas no jurisdiccionales en la resolución de pretensiones de Derecho Público, VI Jornadas de estudio del Gabinete Jurídico de la Junta de Andalucía*, Instituto Andaluz de Administración Pública, Junta de Andalucía, 2003, págs. 39 a 47.

[3] Enunciado por el Tribunal Constitucional a partir de los arts. 24.1 y 106.1 CE (STC 238/1992, FJ 6.1). Sobre el surgimiento de la justicia administrativa, por todos, GALLEGO ANABITARTE, A., *Poder y Derecho. Del Antiguo Régimen al Estado Constitucional en España. Siglos XVIII a XIX*, Marcial Pons, 2009; y GARCÍA DE ENTERRÍA, E., *Democracia, Ley e inmunidades del poder*, Cívitas, 2011, en concreto, "Capítulo II: La configuración del sistema de enjuiciamiento contencioso de la Administración", págs. 21y ss.; y *Democracia, jueces y control de la Administración*, Cívitas, 1995.

[4] J. TORNOS MÁS, "La situación actual del proceso contencioso-administrativo", *op. cit.*, pág. 105.

[5] Sobre el carácter expansivo del control jurisdiccional contencioso, GONZÁLEZ RIVAS, J. J., "Algunas reflexiones sobre la doctrina constitucional y su incidencia en el orden jurisdiccional contencioso-administrativo", en L. ARROYO JIMÉNEZ, M. BELADIEZ ROJO, C. ORTEGA CARBALLO y J. M. RODRÍGUEZ DE SANTIAGO (Coords.), *El juez del Derecho Administrativo. Libro Homenaje a Javier Delgado Barrio*, Marcial Pons-Consejo General del Poder Judicial-CIJA, 2015, pág. 336. La cláusula del art. 106.1 CE se hace efectiva primero, jurisprudencialmente, mediante la fijación de criterios por parte de la Sala Tercera del Tribunal Supremo y, después, a través de la regulación legal prevista en la Ley 29/1998, de la Jurisdicción Contencioso-administrativa.

encargados de concretar, en la medida de lo posible, la expresión "plazo razonable" (contenida en el art. 6.1 Convenio Europeo de Derechos Humanos) para dotar de tangibilidad al derecho a no padecer dilaciones indebidas. La jurisprudencia constitucional española ha acogido los criterios que el TEDH ha establecido para apreciar el grado de razonabilidad de las dilaciones, para concretar para cada caso el concepto indeterminado de "plazo razonable". Estos criterios, aunque no constituyen una lista cerrada, son los siguientes: la complejidad del litigio, la conducta de los litigantes, la conducta de las autoridades competentes y las consecuencias que del litigio presuntamente demorado se siguen para las partes[6].

Por ello, desde diferentes instancias, se plantea hacer más eficaz un determinado modelo de justicia administrativa y, además, precisar qué es aquello que se pide hoy a este modelo y que el mismo no puede dar. Resulta importante reflexionar sobre la capacidad de un sistema surgido hace dos siglos para resolver todos los conflictos en que está presente la Administración, creando al mismo tiempo las reglas necesarias para asegurar el funcionamiento de los poderes públicos de acuerdo con las demandas de la sociedad[7]. La búsqueda de eficacia y la necesidad de imprimir celeridad en la solución de los conflictos en los que es parte una Administración pública, debe conjugarse con la necesidad de control, con la existencia de formalidades y de transparencia y la atención a valores y principios que la Constitución impone a los poderes públicos[8].

---

[6] ORTEGA CARBALLO, C., "El derecho fundamental a no padecer dilaciones indebidas", en L. ARROYO JIMÉNEZ, M. BELADIEZ ROJO, C. ORTEGA CARBALLO y J. M. RODRÍGUEZ DE SANTIAGO (Coords.), *El juez del Derecho Administrativo. Libro Homenaje a Javier Delgado Barrio*, Marcial Pons-Consejo General del Poder Judicial-CIJA, 2015, págs. 415-416, recoge los principales pronunciamientos del Tribunal Constitucional sobre el derecho fundamental a no padecer dilaciones indebidas.

[7] TORNOS MÁS, J., "La situación actual...", *op. cit.*, 121, que sostiene que el nuevo marco en el que se sitúa la justicia administrativa puede definirse por el hecho de la implantación del Estado social de derecho y el reconocimiento del principio de eficacia junto al de legalidad. Las nuevas exigencia de la sociedad modifican el marco legal del funcionamiento de la Administración, y se modifica la relación Administración-ciudadano. La norma, a la que debe referirse el juez para enjuiciar la conducta administrativa, no es ya siempre el límite a la injerencia administrativa en la esfera del particular, sino el fundamento de una actuación de la que depende sea realidad el derecho del administrativo. El conflicto interés público-interés privado se diluye en muchas ocasiones, al oponerse dos intereses generales (pág. 122).

[8] ESCARTÍN ESCUDÉ, V., "El arbitraje y otros medios alternativos de resolución de conflictos en el Derecho Administrativo", *Revista Aragonesa de Administración Pública*, núm. 39-40, pág. 103.

En el ordenamiento jurídico español los controles administrativos internos lo constituyen los recursos administrativos, fundamentalmente, pero también mecanismos alternativos como los que se mencionan en nuestro ordenamiento en el art. 107.2 de la Ley 30/1992, de 30 de noviembre, de Régimen Jurídico de las Administraciones Públicas y del Procedimiento administrativo Común (en adelante LRJPAC), aún vigente, así como en el art. 112.2 de la recientemente aprobada Ley 39/2015, de 1 de octubre, del Procedimiento Administrativo Común de las Administraciones Públicas.

Los controles adinistrativos internos, por contraposición al control externo de la actividad administrativa monopolizado en la Jurisdicción contencioso-administrativa, se han demostrado ineficaces: 1º) Como mecanismos de corrección jurídica de la actividad administrativa; 2º) Como medios de compensación a los ciudadanos; y 3º) Consecuentemente, como filtro de los asuntos que alcanzan las instancias judiciales. Más allá del reconocimiento del derecho a la tutela judicial efectiva, ese fracaso de los mecanismos de control interno ha contribuido a la maximización de la tutela judicial. Este fenómeno, que es común en muchos países de Europa y Latinoamérica, ha fomentado la judicialización en términos cuantitativos (en número de casos), pero también cualitativos (en intensidad de control) de la actividad pública.

La judicialización del control de la Administración ha generado una preocupante sobrecarga de la justicia, contribuyendo a que ésta sea más lenta y, obviamente, más cara que la resolución de controversias residenciada en sede administrativa, sobre todo, si son exigibles tasas judiciales de acceso. Esto, además, puede generar también una elitización social, ya que un caro acceso a la justicia favorece a quienes gozan de mejores condiciones económicas. Es indudable que los gastos que supone intervenir en un proceso constituyen un grave obstáculo de acceso a la justicia, que pueden dar lugar a la imposibilidad de hacer efectivo el derecho a la tutela judicial que reconoce el art. 24 CE[9].

---

[9] Sobre las tasas y el coste de los procesos contencioso-administrativo, GONZÁLEZ PÉREZ, J., "El coste de los procesos como obstáculo del acceso a la justicia", en L. ARROYO JIMÉNEZ, M. BELADIEZ ROJO, C. ORTEGA CARBALLO y J. M. RODRÍGUEZ DE SANTIAGO (Coords.), *El juez del Derecho Administrativo. Libro Homenaje a Javier Delgado Barrio*, Marcial Pons-Consejo General del Poder Judicial-CIJA, 2015, pág. 403.

En el Informe de la Sección Especial para la Reforma de la Jurisdicción Contencioso-administrativa[10] se ponía de relieve la alta litigiosidad contenciosa en España[11], aunque se apuntaba que esa alta litigiosidad sólo en parte se debe al propio funcionamiento de la Jurisdicción contencioso-administrativa. Más relevante que esa razón es un deficiente funcionamiento de la Administración pública, que produce demasiadas resoluciones no conformes a Derecho (y buena prueba de ello es el abultado número de anulaciones en vía contenciosa). Y, por ello, en este Informe se proponían varias reformas para la mejor adecuación de la Administración al principio de legalidad. Una de ellas es la sustitución de los actuales recursos de alzada y reposición (que se revelan como poco eficaces), por recursos administrativos ante órganos colegiados independientes en el seno de la propia Administración[12].

---

[10] La Orden Ministerial de 11 de julio de 2012 crea una Sección Especial, en el Seno de la Comisión General de Codificación, para la reforma de la Ley 29/1998, de 13 de julio, reguladora de la Jurisdicción Contencioso-administrativa. El objetivo de esta reforma es la búsqueda de eficiencia en el funcionamiento de la Jurisdicción Contenciosa. El cometido de la Sección no es por tanto, una nueva ley reguladora del proceso contencioso-administrativo, alternativa a la actual Ley, sino su análisis y reforma en términos de eficiencia. Los trabajos de esta Comisión culminan con el "Informe explicativo y propuesta de anteproyecto de ley de eficiencia de la Jurisdicción contencioso-administrativo", Ministerio de Justicia, 2013.

[11] Como se muestra con los datos que se exponen en el apartado siguiente.

[12] VELASCO CABALLERO, F., "Los 'AdministrativeLawJudges' norteamericanos: imparcialidad administrativa y control judicial", *Editorial Boletín IDL-AUAM*, septiembre 2014, que recuerda que esta propuesta entronca con la experiencia británica de tribunales administrativos (sobre todo desde la reforma por medio de los Tribunals, Courts and Enforcement Act 2007).También en BRAIBANT SOURCE, G., "La jurisdicción administrativa en derecho comparado", *La Revue administrative*, 52e Année, No. 9, 1999, *Numero special 9: Histoire et perspectives de la juridiction administrative en France et en Amérique latine*; y, sobre todo, en GENN, H., "Tribunal Review of Administration Decision-Making", en RICHARDSON, G. (Ed.) y GEEN, H. (Ed.), *Administrative Law and Government Action: the Courts and Alterative Mechanism of Review*, Oxford: Oxford UniversityPress, 1994, trabajo que, desde una perspectiva teórica pero, sobre todo, empírica, expone las razones que justifican el enorme crecimiento de estos tribunales administrativos, el lugar que ocupan dentro del sistema británico de administración de justicia y, por último, sus limitaciones. ENDICOTT, T., *Administrative Law*, Oxford: Oxford University Press, 2015, (págs. 457-459, 477-481) realiza una advertencia sobre esta reforma de los *tribunals*, porque produce una judicialización del sistema que crea nuevas tensiones entre informalidad y legalidad: acerca más al modelo judicial propiamente dicho (en el método de designación de sus miembros, su independencia...), pero, al tiempo, pretende mantener procedimientos informales, como evitar o reducir ciertas formas de judicialización, especialmente la representación legal ante

Y ello a pesar del esfuerzo de las reformas legislativas llevadas a cabo desde finales del siglo pasado, que han ido perfeccionando el control de las actuaciones materiales y las omisiones administrativas con la ampliación del elenco de pretensiones ejercitables en vía judicial. Esta evolución ha tenido varios efectos. En primer lugar, ha trasladado al control de las actuaciones materiales e inactividades administrativas los problemas ya señalados en relación con el monopolio y maximización del control jurisdiccional: lentitud, altos costes, decisionismo judicial. Segundo, ha relegado a un discretísimo plano otras formas de control de la Administración como son las reclamaciones y las quejas (en todas sus manifestaciones, incluidas las que se realizan ante los defensores del ciudadano). Estos mecanismos de control, que evidentemente no se ajustan a la lógica revisora de la tutela restitutoria de la legalidad, han perdido toda relevancia práctica.

2. La situación de la Jurisdicción Contencioso-administrativa en España en datos

Veamos algunos datos que fundamentan las afirmaciones anteriores y que se recogen en el *Informe sobre la Justicia Administrativa 2015* del Centro de Investigación sobre Justicia Administrativa (CIJA-UAM)[13], cuyo punto de partida es la interpretación de la justicia administrativa como un fenómeno que trasciende los límites del control jurisdiccional clásico y que incorpora mecanismos alternativos de dirección y control de la actuación administrativa, tanto en el seno de la Administración como fuera de ella. Estos mecanismos utilizan parámetros que van más allá del mero control de legalidad para examinar, asimismo, la eficiencia de la actuación administrativa y lograr, de este modo, un adecuado equilibrio de los intereses en juego. En esta clave, los elementos que configuran *grosso modo* la justicia

los tribunales. La judicialización promueve la buena administración y el *dueprocess*, pero, al mismo tiempo (e irónicamente), promueve potencialmente escaparse de ambos principios.
[13] Centro de Investigación sobre Justicia Administrativa (CIJA), *Informe sobre la Justicia Administrativa 2015*, elaborado por Silvia Díez Sastre (directora), Alfonso Egea de Haro, César Martínez Sánchez y Fernando Pastor Merchante (http://cija-uam.org/wp-content/uploads/2015/03/Informe-sobre-la-Justicia-Administrativa-2015.pdf).La recopilación de los datos de funcionamiento de la Jurisdicción contencioso-administrativa que se muestran se apoyan fundamentalmente en la búsqueda y elaboración de la información estadística que el Consejo General del Poder Judicial (CGPJ) pone a disposición del público regularmente. En concreto, los datos de la actividad judicial comprenden,de manera general, el período 2003-2013.

administrativa son de tres tipos: mecanismos internos de control, mecanismos de control de carácter externo y la configuración de las normas que dirigen la actuación pública.

En términos comparados, el volumen de casos ingresados en la Jurisdicción Contencioso-Administrativa es muy inferior al del resto de jurisdicciones. La cifra de asuntos entrantes en 2013 (191.088) está algo por debajo de la que se registró en 2003 (202.536). Sin embargo, sufrió un ascenso muy destacado entre los años 2008 y 2010 superando los 300.000 asuntos nuevos. Este comportamiento de los niveles de litigiosidad podría estar vinculado a la evolución del ciclo económico, puesto que los máximos históricos se registraron en los años 2010 y 2011. En términos globales, la contribución de la Jurisdicción Contencioso-Administrativa al volumen total de litigiosidad en España ha representado un 3% durante el período de tiempo analizado. El ciclo económico negativo no altera esta distribución en el porcentaje relativo que representa cada jurisdicción sobre el total del volumen de actividad. Sólo la jurisdicción civil incrementa su contribución a los niveles de litigiosidad totalen los años 2009-2010 con valores superiores al 70%.

Para la realización de un examen más completo de esta información es útil acercarse al comportamiento de la Jurisdicción Contencioso-Administrativa en otros Estados similares. En este sentido, hay que tener en cuenta que el número de nuevos asuntos ha experimentado una notable variación en los últimos años. A nivel comparado, en Alemania se observa una tendencia descendente a lo largo del período considerado. En 2003 se registraron 475.494 nuevos asuntos y en 2013 únicamente 167.894 – todo ello sin computar los cerca de 42.000 asuntos de media que entraron en la jurisdicción financiera anualmente en ese periodo–. En Francia, por el contrario, la tendencia ha sido ascendente: entraron 153.967 asuntos nuevos en 2003, que ascendieron hasta los 216.020 en 2012. Si se tiene en cuenta la población y las circunstancias socio-económicas de estos países, el nivel de litigiosidad de la Jurisdicción Contencioso-Administrativaen España es elevado en comparación con Alemania. Pero es moderado si la comparación se realizacon Francia. Sin un análisis de los factores explicativos de la litigiosidad en los distintos contextos nacionales, la comparación en términos absolutos de estas cifras se ha de realizar con la debida cautela.

En relación con la tasa de resolución, la Jurisdicción Contencioso-Administrativa no se diferencia de manera destacada del resto de jurisdicciones.

La tasa de resolución se sitúa en valores en torno al 100% en todos los casos. Esto significa que el número de casos resueltos se aproxima al volumen de entrada de nuevos asuntos en un mismo año. No obstante, en la evolución de la Jurisdicción Contencioso-Administrativa se aprecian unos valores superiores al resto de jurisdicciones en el período 2012-2014, alcanzando un máximo histórico en los años 2012 y 2013, cuando el número de asuntos resueltos superó considerablemente al de asuntos ingresados.

Con relación a los niveles de pendencia se observan diferencias considerables entre el funcionamiento de la Jurisdicción Contencioso-Administrativa y el resto de jurisdicciones. La tasa de pendencia de la Jurisdicción Contencioso-Administrativa se sitúa históricamente en valores que duplican el promedio del resto de jurisdicciones. No obstante lo anterior, la diferencia entre la tasa de pendencia en la Jurisdicción Contencioso-Administrativa y el resto de jurisdicciones, esa distancia se ha ido reduciendo progresivamente y de manera notable a partir del año 2011.

Esta tendencia a la convergencia entre jurisdicciones se debe no sólo a la influencia de factores relacionados con la Jurisdicción Contencioso--Administrativa (ingreso de asuntos y tasa de resolución) sino también a un empeoramiento de la pendencia en la Jurisdicción Social a partir de 2011. En cualquier caso, la tasa de pendencia en la Jurisdicción Contencioso-Administrativa continúa siendo llamativamente más elevada que en el resto delas jurisdicciones en todo el periodo analizado. Desde 2007 está experimentando un progresivo descenso que se ha consolidado en los años 2012 y 2013. Una posible explicación a esta evolución es el efecto combinado de la reducción del número de asuntos entrantes, precisamente entre 2012 y 2013, así como el incremento en la tasa de resolución.

Finalmente, con relación a la tasa de congestión, se confirma cómo su evolución reproduce las características de la Jurisdicción Contencioso--Administrativa en relación con la pendencia y la tasa de resolución.

Los datos disponibles en torno al sentido de las resoluciones presentan similitudes y diferencias entre los distintos órganos jurisdiccionales respecto a los niveles de estimación. Los porcentajes de estimación presentan unos niveles superiores en el caso de los Juzgados de lo Contencioso-Administrativo con unos valores que oscilan entre el 40% y el 50% y una tendencia creciente desde el año 2010. Aunque no puede realizarse una valoración del porcentaje que representan estas estimaciones en relación con el volumen total de actuaciones administrativas, lo cierto es que estos niveles de estimación de asuntos en primera instancia parecen apuntar a la existencia de déficits en el funcionamiento de la Administración[14]. En el caso de los Juzgados Centrales de lo Contencioso-Administrativo, el porcentaje de sentencias estimatorias oscila entre el 25%y el 35% en el período considerado.

El principal resultado es la duración superior en los procesos de la Jurisdicción Contencioso-Administrativa respecto al resto de jurisdicciones. El promedio para la Jurisdicción Contencioso-Administrativa se sitúa por encima de los 500 días, salvo en 2014, cuando se reduce a 422,03 días. En los países de nuestro entorno la duración media es considerablemente inferior en la actualidad. Así, en Francia la media para el año 2012 se situaba en 302 días, reduciendo así los 572 días de media obtenida en 2003. Algo similar ha sucedido en Alemania, donde los procesos en la Jurisdicción Contencioso-Administrativa en 2003 se tramitaban en una media de 459 días en contraste con los 261 días que se registraron en 2013. Sin embargo, en este último caso los procesos ante la jurisdicción financiera tenían una media de 540 días entre 2005 y 2009.

Los altos niveles de pendencia y congestión en la Jurisdicción Contencioso-Administrativa pueden estar relacionados con esta duración tan dilatada en el tiempo de los procesos. Aunque es posible que otros factores, como la necesidad de especialización de los jueces y la complejidad del marco normativo en numerosos ámbitos de actividad administrativa contribuyan asimismo a explicar este aumento del tiempo de resolución de los litigios.

Conforme a los últimos datos disponibles del Consejo General del Poder Judicial (CGPJ), la inversión anual en justicia en el año 2013 ascendió a 3.602.872.765€, algo menos que la realizada en 2012 (3.741.557.747 €). El gasto público en el sistema de justicia en el caso de España presenta unos valores inferiores a los países de nuestro entorno, según los datos proporcionados por la Comisión Europea para la Eficiencia de la Justicia (CEPEJ). En términos del porcentaje que representa la justicia sobre el total del gasto público, España alcanza un 0,9% en el año 2012 frente a otros países de

---

[14] Aunque no pueden formularse hipótesis generales que expliquen esta situación para todas las Administraciones, se analizan algunos de los factores que pueden contribuir a esta situación en relación con los sectoresde actividad administrativa, objeto del estudio jurisprudencial realizado para este informe.

nuestro entorno con un mayor esfuerzo presupuestario (Alemania e Italia presentan un 1,5%, Reino Unido – incluyendo Inglaterra y Gales – alcanza un 1,8% y Francia un 1,9%). Con relación al PIB, el presupuesto anual dedicado al funcionamiento del sistema judicial (excluidos otros capítulos como asistencia jurídica gratuitao Ministerio Fiscal) presenta unos valores en los que España alcanza un 0,12% del PIB para 2012 a diferencia de Italia (0,17%), Reino Unido – Inglaterra y Gales – (0,14%) y Alemania (0,32%). Con relación al gasto público en asistencia jurídica gratuita, España dedica 0,8 euros por habitante frente a Italia (2,57), Alemania (4,29), Francia (5,6) y Reino Unido – Inglaterra y Gales – (41,55) en el año 2012. Finalmente, comparando el gasto público en el sistema de justicia, excluyendo la asistencia legal gratuita, España se sitúa en 31,6 euros por habitante, en contraste con Alemania (110 euros), Italia (74,1 euros), Francia (55,6%) o Reino Unido –Inglaterra y Gales – (54,9 euros).

A pesar de la elevada volatilidad de las cifras en torno a lalitigiosidad, la reforma operada por la Ley 10/2012, de 20 de noviembre, por la que se regulan determinadas tasas [15] en el ámbito de la Administraciónde Justicia y del Instituto Nacional de Toxicología y Ciencias Forenses, parece haber tenido un claro impacto sobre el nivel de litigiosidad, especialmente en la Jurisdicción Contencioso-Administrativa. De acuerdo con los datos del CGPJ la diferencia porcentual entre el nivel de asuntos esperados y los que efectivamente entraron en el año 2013 está entre un -14,9% en los asuntos de los Juzgados de lo Contencioso-Administrativo y un -19,7% en las Salas de los Tribunales Superiores de Justicia en asuntos de única instancia, en ambos casos sin incluir función pública. Es especialmente llamativo el efecto en los casos de actividad sancionadora, donde parece que el porcentaje de disminución de asuntos es de -36,3%. No obstante lo anterior, la volatilidad de las variables y el reducido período de tiempo analizado aconsejan una interpretación no concluyente de los datos.

En cuanto a la recaudación que se ha obtenido en la Jurisdicción Contencioso-Administrativa tras la implantación de las tasas, se aprecia una

---

[15] El informe del CGPJ sobre tasas judiciales (2005-2013) enmarcado en el Plan Nacional deEstadística Judicial está disponible al público en la web del CGPJ a 26 de febrero de 2015:http://stat.pnj.cgpj.es/infoe2/1005%20Tasas%20judiciales/TASAS%20EJERCICIO%20POTESTAD%20JURISDICIONAL%202005-2013.xlsx
Los datos que se manejan de 2014 se han obtenido de los informes de indicadores clave del conjunto de las jurisdicciones que se publican trimestralmente por el CGPJ.

tendencia ascendente. En 2008 se recaudaron 13.297.000 € y en 2011 se registraron 17.758.000 € en este concepto.

3. Propuestas de solución: los mecanismos de control interno

Los controles administrativos internos (en España, fundamentalmente, los tradicionales recursos administrativos), por contraposición al control externo monopolizado en el poder judicial, se han demostrado ineficaces como mecanismos de corrección de la actividad administrativa y de compensación de los ciudadanos afectados por actuaciones administrativas contrarias al ordenamiento jurídico. Pero es que, además, también se han demostrado ineficaces y, por ese mismo motivo, como filtro de los conflictos jurídicos que llegan a las instancias judiciales.

Desde otra perspectiva, y más allá de razones históricas y del reconocimiento del derecho a la tutela judicial efectiva, se puede decir que el fracaso de los mecanismos de control interno ha contribuido a la centralización del control de la Administración en sede judicial (judicialización) y, en definitiva, ha reforzado la maximización de la tutela judicial.

En la práctica, esas dos caras de la misma moneda han favorecido la masificación de la justicia y el incremento de tiempo y costes necesarios para acceder a una resolución que dirima un conflicto jurídico. Este fenómeno ni es nuevo, ni es original de España, pues desde luego es común tanto en todos los países de nuestro entorno europeo, así como también en Estados Unidos y Sudamérica[16].· Es muy relevante la experiencia de los Estados Unidos, dado que en ese país existen importantes resultados prácticos y se ha llevado a cabo una regulación global de estas técnicas, mediante la *Administrative Dispute Resolution Act* de 1990; norma cuya vigencia definitiva fue confirmada en 1996. Las Agencias Federales norteamericanas han sido las principales protagonistas en el impulso y desarrollo de estos procedimientos, que han sido muy positivamente utilizados en asuntos relativos a los contratos públicos, a la responsabilidad administrativa y a la protección del medio ambiente. De igual forma, muchas de las mira-

---

[16] Vid las afirmaciones al respecto del Presidente del Consejo de Estado de Francia, G. BRAIBANT SOURCE, G, *op. cit.*, págs.. 211-217.En general, sobre los mecanismos de control de la acción gubernamental y el impacto de los mecanismos alternativos de control, así como el rol constitucional que juega la revisión/control judicial en el sistema británico, RICHARDSON, G. (Ed.) y GEEN, H. (Ed.), *AdministrativeLaw and GovernmentAction: theCourts and AltervativeMechanism of Review*, Oxford: Oxford UniversityPress, 1994.

das en este ámbito se fijan en el ordenamiento francés, un ordenamiento europeo que ha inspirado sin duda nuestro Derecho Administrativo. Precisamente, el máximo responsable de la Justicia Administrativa en Francia, el Conseil d'État, elaboró en 1993 un informe titulado *Régler autrement les conflits: conciliation, transaction, arbitrage, en matière administrative*. A partir de ese importante documento, la doctrina científica ha propuesto distintas reformas legislativas orientadas a revitalizar el recurso administrativo previo, a mejorar la intervención del Médiateur de la République, y a la introducción de la conciliación, la transacción y el arbitraje en aquellas materias en que su uso resulta recomendable. Sin embargo, en los últimos años no han existido reformas legislativas que hayan impulsado claramente estas figuras[17].

Los problemas actuales de la justicia administrativa, que vienen de antiguo, han hecho surgir mecanismos alternativos a través de los cuales intentar resolver los conflictos que oponen a los administrados con la Administración o bien mediante los cuales corregir un incorrecto funcionamiento del aparato administrativo[18]. No se trata de eliminar o sustituir la justicia administrativa, sino de implantar técnicas complementarias para tratar de adecuar la actividad administrativa a criterios de eficacia[19]. Y, así, se ha planteado una reforma de los mecanismos de control interno. Desde diferentes perspectivas, se conciben los mecanismos de control interno como un sistema cuya operatividad está condicionada por la naturaleza de cada tipo de actuación administrativa y por la afección en la esfera jurí-

---

[17] Sobre la experiencia de estos dos países, DEL OLMO ALONSO, J., "Medios Alternativos de Resolución de Conflictos en Derecho Administrativo" (Tesis Doctoral). http://dspace.uah.es/dspace/handle/10017/2227.

[18] Sobre la introducción de estos mecanismos en la legislación reguladora del procedimiento administrativo y de la Jurisdicción Contencioso-administrativo, y sus relaciones con la "reserva de Jurisdicción", CAMPOS SÁNCHEZ-BORDONA, M., "Las alternativas a la Jurisdicción y la reserva judicial del control de la legalidad", en *Alternativas no jurisdiccionales en la resolución de pretensiones de Derecho Público, VI Jornadas de estudio del Gabinete Jurídico de la Junta de Andalucía*, Instituto Andaluz de Administración Pública, Junta de Andalucía, 2003, págs.. 5 a 21.

[19] TORNOS MÁS, J., "La situación actual...", *op. cit.*, 127, que ya en 1990 citaba, dentro de estos mecanismos complementarios a los siguientes: el Defensor del Pueblo, los órganos administrativos de resolución de conflictos, procedimientos de conciliación y participación. También con referencia al principio de eficacia, SÁNCHEZ MORÓN, M. *El control de las Administraciones Públicas y sus problemas*, Instituto de España, Espasa Calpe, Madrid 1991, pág. 154, que afirma la necesidad de buscar fórmulas complementarias o alternativas de composición para "poner a punto el sistema de control" de la actuación administrativa.

dica de los ciudadanos; en otras palabras, cada tipo de actividad administrativa reclama un mecanismo de control adaptado, si bien no excluyente. De forma ejemplificativa podría decirse que tanto sencillos mecanismos de resarcimiento como las quejas o las reclamaciones, como otros mecanismos alternativos de resolución de controversias (fundados en la participación y negociación de los destinatarios de la actuación administrativa), del mismo modo que el otorgamiento de una concepción renovada a los recursos administrativos (donde la independencia y la neutralidad del órgano decisor se alcen como criterios fundamentales), constituyen algunas de las bases para una sistematización de mecanismos previos de control que, sin ser lógicamente excluyentes del control judicial, se muestren tendencialmente determinantes de la innecesariedad (que no exclusión) del acceso a la jurisdicción.

Este planteamiento implica que la "justicia administrativa" incluye el impedimento de la generación de conflictos, pero también, en el caso de su surgimiento, el establecimiento de mecanismos de resolución eficaz y especializada, cuya competencia corresponda a órganos o entidades independientes e imparciales.

Debemos insistir en que con estas propuestas no se trata de quebrar el monopolio último del control de legalidad localizado en el poder judicial, sino de instrumentar medios de satisfacción y compensación de los ciudadanos perjudicados por una actuación formal o material, o por una omisión administrativa, que al no depender necesariamente de un pronunciamiento de un órgano jurisdiccional, contribuyan a la estructuración de un sistema de control eficaz en todas sus instancias. Esto, *a priori*, permitirá que se descargue la carga de trabajo del poder judicial, donde, a modo de principio, debería concentrarse tendencialmente la resolución de los casos más complejos. Se trata, en definitiva, de que el control acceda a todas las "fases del ciclo de las políticas públicas", para que: 1º) Se eviten conflictos jurídicos mediante la implementación de mecanismos participativos y negociales en los procesos de toma de decisiones que, aparte de contribuir a la legitimación de la Administración, sirvan para que el destinatario del acto, que ha participado deliberativa o concertadamente en la toma de la decisión, la acepte y cumpla; 2º) Que, cuando sea inevitable el conflicto, se zanje en la primera instancia posible, no necesariamente accediendo a lo que se pide, sino mediando, negociando pero, sobre todo, otorgando la competencia para resolver a órganos o entidades neutrales que justifiquen adecuadamente la decisión adoptada; 3º) Que las decisiones de la Administración sirvan como un proceso pedagógico del que se tomen medidas para evitar conflictos similares en el futuro; 4º) Que aun cuando no existan conflictos jurídicos, la Administración genere procesos de revisión o seguimiento de sus decisiones para controlar su eficacia y, en su caso, adaptar las decisiones futuras.

Como ya se ha sugerido, la articulación de este planteamiento se fundamenta en las amplias facultades administrativas para la organización, programación y diseño de mecanismos de control. Una Administración sólo es responsable si evita tomar decisiones contrarias a Derecho (la concepción del procedimiento administrativo como garantía de control y la labor pedagógica del seguimiento de las decisiones) y si, igualmente, modifica o elimina y, consecuentemente, adapta sus acciones y decisiones cuando se muestren contrarias al ordenamiento jurídico. Por otro lado, este planteamiento se basa, igualmente, en la idea de que la concepción constitucional de la Administración como organización al servicio del ciudadano también debe trasladarse al ejercicio de las facultades administrativas de control interno. Por este motivo, estos mecanismos deben promover la compensación adecuada del ciudadano (cuando, lógicamente, sus pretensiones sean conformes con el ordenamiento), entendiendo aquí por compensación un amplio elenco de formas de restitución y resarcimiento que deben procurar la conformidad o aceptación del reclamante de la decisión.

4. Mecanismos complementarios al sistema judicial

En este contexto, se han desarrollado diferentes mecanismos complementarios al sistema judicial para solucionar conflictos en Derecho Administrativo, y, especialmente, en las relaciones ciudadanos-Administración. Aunque existen también vías para prevenir litigios administrativos, las experiencias desarrolladas se han centrado más en los distintos mecanismos alternativos que contribuyen a resolver definitivamente las controversias administrativas: arbitraje, mediación, conciliación, transacción, vía administrativa de recursos ante órganos especializados e independientes, etc.

Estos mecanismos alternativos ocupan una posición intermedia respecto a los controles administrativos internos propiamente y los mecanismos de control externos jurisdiccionales. En ocasiones son mecanismos de control interno, cuando sea un órgano de la propia Administración controlada la que los utilice (como el caso del llamado "arbitraje administrativo"). Y, en otros casos, se trata de mecanismos de control externo, cuando quien lo ejerce es un tercero ajeno a la Administración controlada. Este es el caso del "arbitraje administrativo impropio", que es la fórmula arbitral que usualmente se utiliza en nuestro ordenamiento jurídico y que se configura como un mecanismo extrajudicial de resolución de conflictos en los que un tercero, ajeno a las partes e imparcial, resuelve la controversia dictando un laudo inimpugnable en vía judicial[20].

Se extiende la idea de que las técnicas alternativas de solución de conflictos permiten una solución rápida y especializada de la controversia, facilitan la cooperación y comunicación entre ciudadanos y Administración, y dan cumplimiento al principio constitucional de eficacia administrativa.

4.1. Arbitraje y otros medios alternativos de resolución de conflictos en el Derecho Administrativo

Desde tiempos inmemoriables se ha insistido en las bondades de las instituciones arbitrales como remedio contra los innegables retrasos en los procesos judiciales[21]. Y, así, desde que la vieja Ley de Enjuiciamiento Civil de 1881, en sus arts. 790 y ss., incorporase la doble institución del arbitraje y de la amigable composición, la legislación española ha contado siempre con fórmulas o medios de heterocomposición de conflictos[22]. En la legislación administrativa actual, el art. 107.2 LRJPAC, vigente aún (así como el art. 112.2 de la nueva Ley 39/2015, de 1 de octubre, del Procedi-

---

[20] ESCARTÍN ESCUDÉ, V., *op. cit.*, pág. 157-158, quien señala que esta figura encuentra un difícil acomodo en el ámbito ius-administrativo debido, primordialmente, a la exigencia constitucional derivada del art. 106.1 CE de sometimiento a un control pleno de toda la actividad administrativa por parte de juzgados y tribunales. Sin embargo, el arbitraje administrativo del art. 107.2 LRJPAC, aún vigente (y en el art. 112.2 de la nueva Ley 39/2015, de 1 de octubre), supone un mecanismo alternativo de resolución de conflictos mucho más adecuado al régimen jurídico exigible al sistema de garantías administrativas, aunando algunas de las ventajas que reportan el uso de la institución arbitral (mayor agilidad, flexibilidad procedimental, celeridad en la resolución del conflicto), con la posibilidad de revisar y recurrir tal decisión arbitral (lo que constituye, como se ha visto, el principal inconveniente del arbitraje administrativo impropio).

[21] Las ventajas de la institución arbitral aplicada al sistema administrativo en TRAYTER, J. M., "El arbitraje de Derecho Administrativo", *op. cit.*, págs. 76 y 77.

[22] BERMEJO VERA, J., "La fórmula extrajudicial como alternativa al proceso contencioso-administrativo", en *La justicia administrativa: libro homenaje al Prof. Dr. D. Ragael Entrena Cuesta*, Editorial Atelier, 2003, págs. 199-200.

miento Administrativo Común de las Administraciones Públicas) incluye las figuras sustitutivas de los mecanismos ordinarios de impugnación de la actividad administrativa al establecer que "las leyes[23] podrán sustituir el recurso de alzada, en supuestos o ámbitos sectoriales determinados, y cuando la especificidad de la materia así lo justifique, por otros procedimientos de impugnación, reclamación, conciliación, mediación y arbitraje, ante órganos colegiados o comisiones específicas no sometidas a instrucciones jerárquicas, con respeto a los principios, garantías y plazos que la presente Ley reconoce a los ciudadanos y a los interesados en todo procedimiento administrativo (...)"[24].

Este precepto tiene un carácter confuso al contemplar como mecanismos sustitutivos de los recursos de alzada (y reposición), sin la debida separación, tanto a los verdaderos procedimientos de impugnación y reclamación que finalizan con una decisión unilateral de la Administración, cuanto a otras figuras bien distintas que, sobre la base de la autocomposición (conciliación y mediación) o de la heterocomposición (arbitraje), culminan, respectivamente, con acuerdos pactados entre las partes o con laudos arbitrales. El precepto parece unificar todas estas figuras[25].

Aunque su desarrollo normativo y su utilización práctica continúan siendo marginales, en términos comparativos con los mecanismos tradicionales, los medios alternativos a las tradicionales formas de resolución unilateral administrativas pueden contribuir a una mayor eficacia del sistema de garantías administrativas y responden tanto a caracterizaciones

---

[23] Sobre el papel del legislador autonómico ver CARRETERO ESPINOSA DE LOS MONTEROS, C., "Competencia de las Comunidades Autónomas para la regulación de las alternativas no jurisdiccionales en la resolución de las pretensiones de Derecho Público"", en *Alternativas no jurisdiccionales en la resolución de pretensiones de Derecho Público, VI Jornadas de estudio del Gabinete Jurídico de la Junta de Andalucía*, Instituto Andaluz de Administración Pública, Junta de Andalucía, 2003, págs. 25 a 29.

[24] En todo caso, como recuerda BERMEJO VERA, J., op. cit., pág. 200, debe quedar claro que todas estas fórmulas de conciliación o arbitraje extrajudicial, y los intentos para el estalecimiento obligatorio de este tipo de fórmulas, chocan con la configuración constitucional del derecho a la tutela judicial efectiva.

[25] CAMPOS SÁNCHEZ-BORDONA, M., "Las alternativas a la Jurisdicción y la reserva judicial del control de la legalidad", *op. cit.*, pág. 19. Sobre la diferencia entre el arbitraje administrativo y las otras figuras afines, como mediación, trasacción, conciliación... ver TRAYTER, J. M., "El arbitraje de Derecho Administrativo", *op. cit.*, págs. 82 y 83.

autocompositivas, como heterocompositivas.[26]. Dentro de las autocompositivas, consideradas como de carácter unilateral, en las que la solución a la disputa proviene de la voluntad de una de las partes, podemos incluir al desestimiento, el allanamiento o la renuncia que ponga fin al conflicto, que están previstas tanto en el caso del procedimiento administrativo, como en el proceso jurisdiccional contencioso-administrativo (arts. 74 y 75 LJCA, art. 90 LRJPAC, aún vigente, y arts. 93 y 94 de la nueva Ley 39/2015, de 1 de octubre, del Procedimiento Administrativo Común de las Administraciones Públicas). A los efectos que aquí interesan, mucho más interés despiertan los mecanismos autocompositivos de carácter bilateral, por las que se consigue que las partes alcancen un acuerdo a través de recíprocas concesiones: transacción, la conciliación y la mediación[27].

La transacción tiene su respaldo en el Código civil, en los arts. 1809[28] y 1812, además de en la legislación administrativa. En concreto, en el art. 31 de la Ley 33/2003, de 3 de noviembre, de Patrimonio de las Administraciones Públicas, y en el art. 7.3 de la Ley 47/2003, de 26 de noviembre, General Presupuestaria, además del art. 77.1 de la Ley 29/1998, de 13 de julio, de la Jurisdicción Contencioso-administrativa (en adelante, LJCA). Y ello a pesar de las dudas de la admisibilidad de esta figura, dado el deber constitucional de que las Administraciones sirvan con objetividad al interés general, el carácter indisponible de las potestades administrativas y la estricta sujeción de la Administración al principio de legalidad[29].

A diferencia de la transacción, en la mediación y en la conciliación interviene un tercero, aunque lo hace sin que se le otorgue potestad de deci-

---

[26] ESCARTÍN ESCUDÉ, V., "El arbitraje y otros medios alternativos de resolución de conflictos...", op. cit., pág. 104. Ver también BERMEJO VERA, op. cit., págs. 202 y ss, cita experiencias concretas como las que se mueven en el ámbito de las llamadas "Administraciones independientes", los jurados provinciales de expropiación, las juntas aritrales de transportes, los mecanismos arbitrales de consumo, la Comisión Mediadora y Aritral de la Propiedad Intelectual, etc.

[27] ESCARTÍN ESCUDÉ, V., "El arbitraje y otros medios alternativos de resolución de conflictos...", op. cit., pág. 104

[28] Que define la transacción como un contrato por el que las partes dando, prometiendo o reteniendo alguna cosa, evitan la provocación de u pleito o ponen término al que había comenzado.

[29] ESCARTÍN ESCUDÉ, V., "El arbitraje y otros medios alternativos de resolución de conflictos...", op. cit., págs. 105-106; CAMPOS SÁNCHEZ-BORDONA, M., "Las alternativas a la Jurisdicción...", op. cit., págs.. 15 y ss.

sión, sino, simplemente, asistiendo a las partes en la *negociación* del acuerdo (conciliación) o, todo lo más, realizando recomendaciones o sugerencias a las partes para su resolución (mediación)[30]. La mediación no debe comportar una renuncia de la acción ante la jurisdicción porque, a diferencia de lo que acontece en el caso del arbitraje, el sometimiento de las partes al poder del mediador se produce al final del procedimiento, no antes. La mediación no implica equivalencia judicial sino, más bien, complementariedad ya que la tutela judicial efectiva, como principio y como derecho fundamental de la persona, no puede oponerse a la posibilidad de vías complementarias a la solución de conflictos. Igualmente, la mediación no trae consigo la existencia de áreas inmunes a la revisión judicial ni de espacios exentos del control de legalidad de los jueces y Tribunales. El control judicial es pleno, completo y total, de manera que la posibilidad de existencia de áreas opacas o exentas de control judicial es incompatible con un Estado que se define de Derecho[31].

En las técnicas de heterocomposición la finalización del conflicto se somete a la resolución de un tercero ajeno al mismo que actúa con objetividad, quedando obligadas las partes a cumplir dicha resolución. A diferencia de las fórmulas bilaterales de autocomposición, la decisión del tercero no busca, necesariamente, una solución intermedia que aproxime los intereses enfrentados, pudiendo adoptar una decisión que coincide plenamente con las pretensiones de una de las partes[32]. Dentro de estas figuras, el arbitraje

---

[30] ESCARTÍN ESCUDÉ, V., "El arbitraje y otros medios alternativos de resolución de conflictos...", op. cit., pág. 106; y TORNOS MÁS, J., "Medios complementarios...", op. cit., pág. 169.
[31] RODRÍGUEZ-ARANA MUÑOZ, J., "La mediación en el Derecho Administrativo", en *La mediación. Presente, pasado y futuro de una institución jurídica*, en J. RODRÍGUEZ-ARANA MUÑOZ y M. DE PRADO RODRÍGUEZ (Direc.), Universidad Complutense de Madrid, 2010, pág. 242. Este autor, en pág. 244, cita la Recomendación (2001) 9 del Comité de Ministros del Consejo de Europa, en la que el Consejo de Europa incorpora a la mediación al Derecho administrativo como uno de los modos alternativos de solución de los litigios entre las autoridades administrativas y las personas privadas. Sobre el ámbito en que puede desplegar su virtualidad operativa la mediación, la Recomendación incluye: controversias que se produzcan en el ámbito de las potestades discrecionales de la Administración Pública a través de criterios de legalidad y de oportunidad. En este sentido, también, TRAYTER, J. M., "El arbitraje de Derecho Administrativo", op. cit., pág. 92..
La Recomendación del Consejo de Europa también establece las características que deben distinguir la actuación del mediador.
[32] ESCARTÍN ESCUDÉ, V., "El arbitraje y otros medios alternativos de resolución de conflictos...", op. cit., págs. 107-108.

es el mecanismo de heterocomposición de carácter extrajurisdiccional más conocido, ha alcanzado una posición muy relevante dentro del sistema de garantías de la actuación administrativa[33], gozando de un buen nombre y creciente prestigio, que se caracteriza por los siguientes rasgos[34]:

- Es un mecanismos alternativo al proceso judicial[35] por el que las partes obtienen una decisión que pone fin al conflicto con todos los efectos de cosa juzgada y que sólo puede ser impugnada en sede judicial por motivos tasados de anulación y no por motivos de fondo o sustantivos.
- Es un mecanismo convencional y, por tanto, voluntario, requiriéndose la libre voluntad de las partes, que se plasma en el convenio arbitral, para su existencia legítima.
- Únicamente son susceptibles de arbitraje "las controversias sobre materias de libre disposición conforme a Derecho" (art. 2.1 Ley 60/2003, de 23 de diciembre, de Arbitraje).
- Es un mecanismo en el que interviene un tercero (árbitro, junta arbitral o institución especializada), que es independiente de las partes.

---

[33] Pérez Moreno, "Justicia administrativa y fórmulas alternativas", op. cit., pág. 179, propone un procedimiento especial para la aplicación del arbitraje administrativo alternativo. Sobre las características de este procedimiento, también, Trayter, J. M., "El arbitraje de Derecho Administrativo", op. cit., págs. 102-104.

[34] Escartín Escudé, V., "El arbitraje y otros medios alternativos de resolución de conflictos...", op. cit., págs. 101-102 y 108-109. El TC lo ha definido como un "mecanismo de heterocomposición de conflictos atribuido a uno o varios árbitros que constituye expresión de la libertad y de la autonomía de las partes, ligado, en todo caso, a una opción voluntaria" (SSTC 43 y 233/1988, 15/1989, 288/1993 y 174/1995, entre otras), o como "un equivalente jusrisdiccional, mediante el cual las partes pueden obtener los mismos objetivos que con la jurisdicción civil (esto es, la obtención de una decisión que ponga fin al conflicto con todos los efectos de la cosa juzgada)" (SSTC 15/1989 Y 62/1991). Ver también Campos Sánchez-Bordona, M., "Las alternativas a la Jurisdicción y la reserva judicial del control de la legalidad", op. cit., pág. 20; y Trayter, J. M., "El arbitraje de Derecho Administrativo", op. cit., págs. 80 y 81.

[35] La jurisprudencia del Tribunal Constitucional admite la compatibilidad el arbitraje con el derecho a la tutela judicial efectiva. Entre otras, SSTC 147/1995, 75/1996 y 176/1996. Sobre esta cuestión, Escartín Escudé, V., "El arbitraje y otros medios alternativos de resolución de conflictos...", op. cit., pág. 110.

4.2. Órganos administrativos de resolución de conflictos

Aquí ubicamos, claro está, el tradicional recurso administrativo como vía previa a la judicial para resolver un conflicto. En general, los recursos administrativos reciben una valoración negativa como trámite obligatorio previo a la interposición del recurso jurisdiccional[36]. Lo ideal hubiera sido configurarlo como un mecanismo de control no jerárquico, con un procedimiento no formalista, rápido y poco costoso.

Como ya se ha señalado al comienzo de este trabajo, en el Informe de la Sección Especial para la Reforma de la Jurisdicción Contencioso-administrativa se apuntaba que, en gran medida, esa alta litigiosidadse debe a un deficiente funcionamiento de la Administración pública, que produce demasiadas resoluciones no conformes a Derecho. Y, por ello, en este Informe se proponía la sustitución de los actuales recursos de alzada y reposición (que se revelan como poco eficaces), por recursos administrativos ante órganos colegiados independientes en el seno de la propia Administración. En España ya tenemos algunas experiencias destacadas en este sentido. En especial, la larga trayectoria de los tribunales económico administrativos y la más reciente de los tribunales de recursos contractuales.

En concreto, se tienen muy en cuenta experiencias de control interno de legalidad a través de órganos administrativos independientes, como los tribunales económico-administrativos o los tribunales especiales en materia de contratación. Según los datos de litigiosidad del Ministerio de Justicia, así como de las memorias anuales de los distintos tribunales económico-administrativos, resulta con claridad que la litigiosidad contenciosa en materia tributaria y de recaudación ejecutiva es relativametne reducida (en comparación con el número de resoluciones administrativas de esta clase). Esta reducida litigiosidad puede deberse a la existencia de un instrumento real y eficaz de control interno de la legalidad, las reclamaciones económico administrativas. Los tribunales económico-administrativos, en su conjunto, ofrecen una cifra total de 38 por 100 de reclamaciones estimadas. Esto es, las posibles infracciones en materia fiscal son sustancialmente corregidas por la propia Administración a través de los tribunales económico-administrativos, a diferencia de lo que sucede con los recursos administrativos ordinarios (alzada y reposición), que tradicionalmente

---

[36] J. TORNOS MÁS, "La situación actual...", op. cit., pág. 128.

resultan estériles para el control interno de legalidad[37]. Este modelo también se ha extendido a los tribunales especiales en materia de contratos y a los tribunales antidopaje.

El *Anteproyecto de Ley de Eficiencia de la Jurisdicción contencioso-administrativa de 2013*[38] regula y facilita la extensión de los órganos administrativos independientes para la resolución de los recursos administrativos, a través de la creación de la figura de las "comisiones administrativas independientes", que se introduce en el art. 107.5 LRJPAC. De aprobar esta nueva redacción que se da a la regulación básica estatal se autorizaría que los recursos de alzada y reposición se resuelvan por unos tribunales administrativos independientes. Y, directamente, el propio Anteproyecto Ley ya prevé ciertos ámbitos de competencia estatal en los que se introducen estas comisiones: tráfico, extranjería y asilo, y personal de la Administración General del Estado. No de forma casual, los ámbitos seleccionados son algunos en los que existe un más alto índice de litigiosidad.

La tentación de crear y extender este tipo de figuras a todo el ámbito de la actuación administrativa, se topa con algunas limitaciones que se han de tener en cuenta. La creación de una Administración más objetiva (imparcial) ha de ser compatible con el mandato, también constitucional, estatutario o legal, de que cada Administración se someta a la dirección política de un gobierno (art. 97 CE) y a la existencia de un ámbito de actuación discrecional. Esto requiere una distinción de los ámbitos funcionales donde la actividad administrativa resolutiva es reglada y subsuntiva (donde prima el mandato constitucional de objetividad) y aquellos otros ámbitos funcionales donde la actividad administrativa es conformadora, con más o menos campo para la ponderación de intereses y valoración de la realidad. En definitiva, la creación de este tipo de figuras tiene menos utilidad en materias con margen de verdadera discrecionalidad administrativa[39]. Habría que tener en cuenta, también, que se habría de asegurar

---

[37] VELASCO CABALLERO, F., "Tribunales económico-administrativos y justicia administrativa", en *LanHarremanak: Revista de relaciones laborales*, núm. 30, 2014 (I), págs. 32-51.

[38] MINISTERIO DE JUSTICIA (2013), Sección Especial para la Reforma de la Jurisdicción Contencioso-Administrativa, "Informe explicativo y propuesta de anteproyecto de ley de eficiencia de la Jurisdicción contencioso-administrativo".

[39] De igual forma, desde la experiencia británica de los tribunales administrativos, H. GENN, *op. cit.*, señala precisamente como una de las limitaciones de esta figura, al escaso papel que pueden jugar (y que deben jugar) en los ámbitos en los que la Administración goza de margen de libertad en la toma de decisiones.

la imparcialidad de los funcionarios decisores, manteniendo su estabilidad en el cargo[40].

Sin embargo, a pesar de la apuesta del legislador estatal en el *Anteproyecto de Ley de Eficiencia de la Jurisdicción contencioso-administrativa de 2013* por generalizar los órganos administrativos independientes para la resolución de los recursos administrativos, el modelo clásico de recursos se mantiene en la última reforma legislativa que se ha emprendido: la aprobación de la Ley 39/2015, de 1 de octubre, del Procedimiento Administrativo Común de las Administraciones Públicas. El título V ("de la revisión de los actos en vía administrativa") mantiene las mismas vías previstas en la 30/1992, de 26 de noviembre, permaneciendo, por tanto, la revisión de oficio y la tipología de recursos administrativos existentes hasta la fecha (alzada, potestativo de reposición y extraordinario de revisión). No obstante, cabe destacar como novedad la posibilidad de que cuando una Administración deba resolver una pluralidad de recursos administrativos que traigan causa de un mismo acto administrativo y se hubiera interpuesto un recurso judicial contra una resolución administrativa o contra el correspondiente acto presunto desestimatorio, el órgano administrativo podrá acordar la suspensión del plazo para resolver hasta que recaiga pronunciamiento judicial. De acuerdo con la voluntad de suprimir trámites que, lejos de constituir una ventaja para los administrados, suponen una carga que dificultaba el ejercicio de sus derechos, la ley no contempla ya las reclamaciones previas en vía civil y laboral, debido a la escasa utilidad práctica que han demostrado hasta la fecha y que, de este modo, quedan suprimidas.

Como novedad, se introducen, dentro de los principios generales sobre los recursos administrativos, en el artículo 116, las causas de inadmisión de los recursos. Éstas son similares a las previstas para los recursos contenciosos administrativos, incluyendo el supuesto de que el recurso carezca manifiestamente de fundamento, lo que, efectivamente, puede permitir aligerar el número de recursos interpuestos. En vía de recurso, y en trance de decidir sobre su admisibilidad, se impone un pronunciamiento restringido en orden a la apreciación de las causas de inadmisión, sobre todo la referida a la carencia manifiesta de fundamento, que, como su nombre indica, ha de ser palmaria y evidente, sin que pueda ser utilizada fuera de esos términos como mecanismo de desestimación anticipada del fondo, pues lo

---

[40] VELASCO CABALLERO, F., "Los 'AdministrativeLawJudges' norteamericanos...", op. cit.

contrario sería prejuzgar los elementos de juicio que pueden aportarse en el procedimiento, cuando, lejos de ello, se debe propiciar un criterio *pro actione* que supere interpretaciones formalistas de los motivos de inadmisión, como así ha declarado con reiteración el Tribunal Constitucional, y se desprende de la propia ley proyectada, que establece la posibilidad de subsanación y mejora de solicitudes defectuosas, así como la recalificación del recurso, con arreglo a lo establecido en el artículo 115.2[41].

Por tanto, aunque el Estado se enfrenta en estos momentos a una ambiosa reforma normativa de la legislación básica de las Administraciones Públicas, tanto en lo que se refiere a su régimen jurídico, como al procedimiento administrativo, lo hace sin abordar la reforma de los mecanismos de control y revisión de la actuación administrativa, manteniendo el modelo actual, a pesar de los problemas señalados y que los antecedentes parecían indicar que caminábamos hacia una reforma profunda del sistema. Con la aprobación de la Ley 39/2015 se pierde la oportunidad de dar respueta a problemas abiertos, y señalados por la jurisprudencia y la doctrina administrativista, como la motivación, el silencio, la terminación convencional, la transacción, la revisión de oficio, los recursos administrativos.... En definitiva, no hay cambios sustanciales en elementos centrales del procedimiento administrativo y de la revisión y control de la actuación administrativa.

5. Consideraciones finales

Se ha extendido la idea de que los controles administrativos internos resultan ineficaces como mecanismo de control y de corrección jurídica de la actividad administrativa, además de como medios de compensación de los ciudadanos que se ven amenazados o perjudicados por esa actuación púlica. Y, derivado de lo anterior, pierden virtualidad como mecanismo de filtro de los asuntos que alcanzan las instancias judiciales. El art. 106.1 CE somente a los Tribunales el control de la legalidad de la actuación administrativa, pero no preceptúa la modalidad, ni las características e intensidad del control. La exclusividad reconocida a los jueces y Tribunales para el ejercicio de la potestad jurisdiccional no es incompatible con el esta-

---

[41] Como se recuerda en el Informe del CONSEJO GENERAL DEL PODER JUDICIAL, de 5 de marzo de 2015, por el que se aprueba el *Informe sobre el Anteproyecto de Ley del Procedimiento Administrativo Comun de las Administraciones Publicas*.

blecimiento de otros mecanismos alternativos de control de la actuación administrativa[42].

¿Qué consecuencias/implicaciones tiene este fracaso de los controles administrativos internos? Además de la insatisfacción de los ciudadanos afectados, resulta que este fracaso contribuye a la maximización de la tutela judicial. De un lado, fomenta la judicialización en términos cuantitativos, en el número de casos que llegan a la Jurisdicción Contencioso-Administrativa. Pero también fomenta la judicialización en términos cualitativos, en relación con la intensidad del control sobre la actividad pública.

Para dar solución al problema de la judicialización, no se trata sólo, como se apunta desde una concepción excesivamente simplista de la situación, de dotar de mayores medios a la justicia o de incrementar la especialización; se trata, además, de que no es razonable que determinados conflictos (aquellos de menor relevancia por los intereses y derechos en juego, así como por su relevancia económica) den lugar al ejercicio de una acción judicial, no pudiendo solucionarse de forma rápida y eficaz en sede administrativa. Desde luego que esta afirmación no puede servir para excluir esa posibilidad, esto va de suyo, sino que debe servir para entender que los mecanismos de control de la Administración deberían, según el tipo de actuación administrativa, servir de sede adecuada para corregir la actuación de la Administración antes de generar un conflicto jurídico que requiera acudir a la tutela judicial. Sólo si la Administración actúa de este modo, podríamos decir que la programación de la actividad de la Administración estaría amparada en los parámetros de legalidad, eficacia y objetividad que exige la Constitución Española, así como los distintos Convenios internacionales.

Ello conduce a que se busquen fórmulas que complementen los mecanismos ya existentes. En especial, se ha desarrollado y fomentado la implantación de "tribunales administrativos" que, para que puedan estar a la altura de lo que se espera de ellos, han de gozar de una auténtica imparcialidad e independencia respecto de la Administración o Administraciones que pretenden controlar, así como de las partes, sin estar sometidos a instrucciones. Y, para ello, es determinante la regulación de cómo se ha llevar a cabo el nombramiento de sus miembros, que se ha de realizar con

[42] PÉREZ MORENO, A., "Justicia administrativa y fórmulas alternativas", en *La justicia administrativa: libro homenaje al Prof. Dr. D. Ragael Entrena Cuesta*, Editorial Atelier, 2003.

criterios de profesionalidad, no de confianza de la Administración correspondiente, por parte de un órgano de composición técnica, no política.

Las garantías de composición y funcionamiento interno de estos órganos son esenciales para asegurar que estas instancias satisfagan el principio de revisión plena y profunda de la actividad administrativa. Sólo así se puede concebir un control jusrsdiccional posterior más limitado. No tiene sentido emprender una reforma tan ambiciosa de los tribunales administrativos para, finalmente, mantener un control jurisdiccional tal cual se configura en la actualidad. El control administrativo no tendría que ser, conforme a esto, un mero trámite, supérfluo y prescindible, sino que, una vez que se consigue un control eficaz y pleno en vía administrativa, el control jurisdiccional tiene que aligerarse y descargar, así, al juez del contencioso-administrativo, siempre que se respete el derecho constitucional de la tutela judicial efectiva y el acceso a la justicia. Si se va un poco más allá incluso, en ese caso el recurso administrativo se podría establecer como obligatorio, porque es eficaz y permite el acceso a la justicia administrativa. Por supuesto, las fórmulas de "equivalencia jurisdiccional" no son alternativas a la justicia contenciosa, salvo que se lleve a cabo una reforma constitucional y del derecho a la tutela judicial efectiva, habilitando una reinterpretación del mismo. Sólo entonces podría el legislador imponer la obligatoriedad de las técnicas alternativas a la Jurisdicción[43].

Estas propuestas implican, es innegable, importantes reformas del modelo actual y pueden tener repercusiones "sistémicas". No hay que perder de vista que el sistema actual de garantías, presente en la LJCA, en la LRJPAC (aún vigente) y en la recién aprobada Ley 39/2015, de 1 de octubre, del Procedimiento Administrativo Común de las Administraciones Públicas, tiene la enorme ventaja que uniformiza el sistema de recursos en (casi) todos los ámbitos, lo que constituye una garantía de igualdad, seguri-

---

[43] BERMEJO VERA, J., op. cit., pág. 209. Para PÉREZ MORENO, A., "Justicia administrativa y fórmulas alternativas", en *La justicia administrativa: libro homenaje al Prof. Dr. D. Ragael Entrena Cuesta*, Editorial Atelier, 2003, pág. 177, el derecho fundamental del art. 24 CE es renunciable. Aunque se planteara la introducción del arbitraje alternativo a la Jurisdicción contencioso-administrativa en coordedanas más rígidas que las que rodea al arbitraje privado, por lo que parece razonable admitir que el legislador ordinario ordenara su incorporación con técnica jurídica adecuada al sistema de base jurisdiccional de la Constitución.
TRAYTER, J. M., "El arbitraje de Derecho Administrativo", op. cit., págs. 93-94, por su parte, mantiene que el arbitraje ha de tener necesariamente carácter alternativo u optativo y, consiguientemente, no debe suponer la exclusión del recurso administrativoordinario.

dad y previsibilidad, que es percibido por los ciudadanos. Por el contrario, extender, sin criterio, la creación de tribunales administrativos especiales podría crear una cierta inseguridad y falta de certidumbre[44].

Esta reflexión conecta con una consideración: los mecanismos de control interno conforman un sistema cuya operatividad está condicionada por la naturaleza de cada tipo de actuación administrativa en virtud de su incidencia en la esfera jurídica de los ciudadanos; en otras palabras, cada tipo de actividad administrativa reclama un mecanismo de control adaptado, si bien no excluyente[45]. Cabe plantear la formulación de mecanismos de control y satisfacción adecuados al tipo de actividad administrativa y a los efectos de la misma sobre los derechos e intereses de los ciudadanos. Es, en todo caso, recordemos, un sistema no excluyente, porque tanto las modernas Constituciones nacionales, como los distintos Convenios internacionales, imponen que la tutela judicial no puede ser impedida. Esto, sin embargo, no censura que la implementación de mecanismos de control interno permita evitar (insistimos, no impedir) el acceso a la justicia.

---

[44] PÉREZ MORENO, A., "Justicia administrativa y fórmulas alternativas", op. cit., págs.178, afirma que, con carácter general, deberían exclusrse de las fórmulas alternativas aquellas materias que, por su propia naturaleza, deberían reservarse a los controles administrativos o, en su caso, jurisdiccionales directos y planos. En concreto, cuestiones relativas a derechos fundamentales, potestades administrativas, valoraciones directas del interés general, sanciones y, en egeneral, el ejercicio de funciones de autoridad.

[45] Así, BERMEJO VERA, J., op. cit., pág. 209, hace también referencia al establecimiento más generalizado de fórmulas de "justicia sectorial" (no de jurisdicciones especiales) encomendada a órganos de composición mixta en los casos y por casusas tasadas.

CONTROLE SOCIAL DA ADMINISTRAÇÃO PÚBLICA: MECANISMOS JURÍDICOS DE ESTÍMULO À DIMENSÃO SOCIOPOLÍTICA DA GOVERNANÇA PÚBLICA

Irene Patrícia Nohara

Considerações Introdutórias
Diversas Administrações Públicas dos países ocidentais passaram no término do século XX por uma onda de transformação de suas estruturas burocráticas com base na *New Public Management* (Nova Gestão Pública), que influenciou o vocabulário da gestão pública com noções importadas da governança corporativa.

No Brasil, pode-se mencionar o Plano Diretor de Reforma do Aparelho do Estado (PDRAE) como documento oficial de implementação dos desígnios reformistas da década de noventa, tendo sido inspirado essencialmente nas ideias propagadas nas primeiras fases da *New Public Management*.

O objetivo do presente artigo, confeccionado para integrar a obra *Controle da Administração e Judicialização*, organizada pelos ilustres Thiago Marrara e Jorge Agudo González, é abordar o controle social da Administração Pública a partir dos mecanismos jurídicos de estímulo à dimensão sociopolítica da governança pública com foco nos desafios da participação cidadã no cenário contemporâneo.

Procurar-se-á alertar para o fato de que a última reforma administrativa acabou por alterar as dimensões *econômico-financeira* e *institucional-administrativa*, tendo sido dada, todavia, pouca ênfase à *dimensão sociopolítica* da gestão pública.

Foram tomadas medidas calcadas principalmente no ajuste fiscal da gestão pública, bem como na tentativa de reformulação da estrutura burocrática da Administração Pública. Com base no enxugamento da máquina administrativa, ocorreu um forte apelo à descentralização, na vertente de privatização, alicerçada no corte de custos (*cost less*).

O PDRAE prestigiou o controle de resultados, em detrimento do controle de procedimentos, opção esta que, conforme será exposto, além de não ter sido harmônica com as transformações contemporâneas à reforma, tem o potencial de enfraquecer as oportunidades de participação e, consequentemente, de controle social da Administração Pública. Será defendido que a substituição da *rule-based accountability* pela *performance-based accountability*, conforme propugnado pelo PDRAE, é proposta que não estimula, conforme será visto, o pleno desabrochar da cidadania.

Procurar-se-á expor os principais argumentos que se apresentam em favor da necessidade de desenvolvimento da dimensão sociopolítica da gestão pública bem como os instrumentos jurídicos que estimulam a intensificação da soberania popular no controle da *res publica*. Espera-se defender uma ideia de governança pública mais ampla do que o mero emprego de métodos inspirados na governança corporativa.

1. Impacto do vocabulário da governança corporativa na gestão pública

Com o ajuste fiscal da década de noventa, houve uma maior influência dos modelos de gestão da iniciativa privada, tidos por alguns como mais eficientes também para a administração pública. Um dos reflexos desta influência foi a propagação de soluções importadas da *governança corporativa*.

Esta é expressão intrinsecamente associada[1] à delegação de tarefas e ao controle engendrado pelo monitoramento. A partir do uso de métodos de governança corporativa objetivou-se, portanto, reduzir os riscos intrínsecos à delegação. Como nas organizações existem diversos profissionais especializados no desenvolvimento das atividades, a governança é um assunto de intensa complexidade.

Governança corporativa compreende, portanto, processos, políticas e regras que dizem respeito à forma de gestão das empresas em relação com

---

[1] Cf. NARDES, João Augusto Ribeiro; ALTOUNIAN, Cláudio Sarian; VIEIRA, Luis Afonso Gomes. *Governança pública*. Belo Horizonte: Fórum, 2014. p. 175.

os *stakeholders*, sendo estes os acionistas ou grupos apoiadores (segmentos interessados), para que haja, entre outros fatores, a responsabilização e o monitoramento das ações dos gestores.

Objetiva-se diminuir o conflito de interesses entre acionistas, fornecedores, clientes, financiadores e instituições reguladoras, rumo à eficiência da instituição. De acordo com o manual de governança do Tribunal de Contas da União, *governança corporativa* é definida como o:

sistema pelo qual as organizações são dirigidas e controladas (CARDBURY; ABNT NBR ISO/IEC 38500). Refere-se ao conjunto de mecanismos de convergência de interesses de atores direta e indiretamente impactados pelas atividades das organizações, mecanismos esses que protegem os investidores externos da expropriação pelos internos (gestores e acionistas controladores).[2]

São temas essenciais da governança corporativa: (1) a *accountability* ou prestação de contas; (2) a *compliance* ou responsabilidade corporativa, que se baseia num programa de integridade adotado pela empresa; (3) a equidade (*fairness*) na discussão dos interesses divergentes, sobretudo entre a alta gestão; e (4) a *disclosure* ou transparência.

Justamente por conta desta influência, tais conceitos permeiam atualmente as definições de diversos mecanismos do Direito Administrativo brasileiro. Por exemplo, a transparência, disciplinada pela Lei de Acesso à Informação, é cotejada em função do princípio da publicidade; a *compliance*, por sua vez, denominada de programa de integridade, é um dos assuntos regulamentados pela Lei Anticorrupção; e a *accountability* refere-se mais diretamente à prestação de contas, fator relevante do controle organizacional, tendo sido empregada no vocabulário do Plano Diretor de Reforma do Aparelho do Estado.

Ressalte-se que o vocabulário da governança corporativa passou a ser utilizado com maior intensidade a partir do momento em que os organismos financeiros internacionais passaram a fazer pressão para que as economias endividadas ajustassem seu modelo de governança como condição para financiamentos e empréstimos.

---

[2] BRASIL. Tribunal de Contas da União – TCU. *Governança Pública*: referencial básico de governança aplicável a órgãos e entidades da administração pública e ações indutoras de melhoria. Brasília: TCU/Secretaria de Planejamento, Governança e Gestão, 2014. p. 19.

O Banco Mundial amparou-se, a partir de 1991, no conceito de "boa governança", considerada como critério para empréstimo de recursos aos países em desenvolvimento. O crescimento do endividamento dos Estados, o descontrole inflacionário e o fim da era de crescimento econômico após os choques do petróleo, foram fatores que incentivaram o amparo nas ideias da *New Public Management*.

Nesta perspectiva, esclarece Matias Pereira que a concepção de governança do início dos anos 90 marca uma reorientação da trajetória do Banco Mundial com a priorização de questões como governabilidade e legitimidade, sendo focados os seguintes temas: "liberalização, desregulamentação e estabilização para questões de construção e reforma institucional, em particular nos países em desenvolvimento".[3]

A governança é associada, então, à gestão pública. Segundo expõe Luciana Ronconi, trata-se de um "tipo de arranjo institucional governamental que, ao articular as dimensões econômico-financeira, institucional-administrativa e sociopolítica e estabelecer parcerias com a sociedade civil e o mercado, busca soluções inovadoras para os problemas sociais".[4]

Adverte, todavia, Ronconi, que há distintas narrativas e significados que se construíram em torno da categoria da governança pública, os quais nem sempre são voltados para o desdobramento de um projeto político efetivamente democratizante. Para a autora, seria mais adequado que a governança incorporasse o projeto político de participação da sociedade civil, o que contribuiria para consolidação da democracia.

Acrescente-se, ainda, que, do ponto de vista crítico, se a concepção privatística de governança corporativa for simplesmente transplantada ao Poder Público, sem maiores adaptações, os gestores públicos poderão ser vistos da perspectiva de representantes dos "financiadores" do Estado, como, por exemplo, as instituições financeiras, bem como de investidores em projetos de infraestrutura e demais interessados (*stakeholders*), o que reacende uma dimensão patrimonialista (mais contemporânea, evidentemente) que nem sempre promove o aprofundamento democrático da vivência organizacional pública.

---

[3] World Bank, 1992, 1994, 1997. MATIAS-PEREIRA, José. A governança corporativa aplicada ao setor público brasileiro. *APGS*, Viçosa, v.2, n.1, p. 115, jan./mar. 2010.
[4] RONCONI, Luciana. Governança Pública: um desafio à democracia: *Emancipação*, Ponta Grossa, 11(1): 22, 2011. Matias-Pereira acrescenta ainda a consideração da dimensão ambiental.

Dada preocupação hodierna com a capacidade de desenvolvimento de um País integrado globalmente, há um reducionismo da noção de governança pública, sendo esta adstrita à potencialidade que o Poder Público tem para atração de investimentos, sobretudo em infraestrutura.

Daí porque os indicadores econômicos de crescimento de um País são frequentemente cotejados em conjunto com o conceito de "risco país". Tal noção é utilizada para países em desenvolvimento, como o Brasil, sendo um índice conhecido internacionalmente pela sigla EMBI+ (*Emerging Market Bond Index Plus*), que pretende indicar o grau de "perigo" que um país apresenta ao investidor estrangeiro (*stakeholder*).

O risco-país é calculado por agências de classificação de risco e bancos de investimentos, como o banco americano J. P. Morgan.[5] Quando a governança pública é exclusivamente pautada em índices de governança corporativa, sem maiores adaptações, há o perigo de estímulo à concepção de *dependência associada* do crescimento econômico do País.

Em suma, uma noção mais profunda de desenvolvimento deve refletir outros fatores para além da exclusiva consideração econômica do prisma dos "financiadores".[6] Logo, quando se fala em desenvolvimento, segundo expõe Gilberto Bercovici, além do aumento quantitativo do produto nacional, deve haver transformações estruturais socioeconômicas que importem melhoria qualitativa dos padrões de vida dos cidadãos, proporcionando elevação do bem-estar social.[7]

Para ilustrar tais ideias, pode-se mencionar que um processo equilibrado de desenvolvimento que promova o bem-estar social deve deixar de lado construir editais de licitação para contratação de construção e fornecimento de serviços tal qual um "aeroporto de Dubai", se o custo excessivo da *atualidade* da infraestrutura provocar externalidades que alijem significativa parcela dos futuros beneficiários dos serviços, ainda mais porque a noção de serviço público implica o objetivo de universalização para o preenchimento das necessidades da população.

---

[5] Risco-país, verbete disponível em: <http://www.portalbrasil.net/economia_riscopais.htm>. Acesso em: 26 abr. 2015.
[6] Ver. HACHEM, Daniel Wunder. A maximização dos direitos fundamentais econômicos e sociais pela via administrativa e a promoção do desenvolvimento. *Revista de Direitos Fundamentais e Democracia*, Curitiba, v. 13, nº 13, p. 382, jan./jun. 2013.
[7] BERCOVICI, Gilberto. *Constituição econômica e desenvolvimento*: uma leitura a partir da Constituição de 1988. São Paulo: Malheiros, 2005. p. 53.

Assim, apesar de ser comum o 'equívoco' de se associar modernização com desenvolvimento, como se fossem termos sinônimos, enfatiza Bercovici que: "quando não ocorre nenhuma transformação, seja social, seja no sistema produtivo, não se está diante de um processo de desenvolvimento, mas de simples modernização".[8]

O sucesso da governança pública, em termos de satisfação dos interesses públicos, do ponto de vista da democracia material, deve transcender a verificação da satisfação exclusiva de determinados grupos, sendo uma dimensão intrínseca ao Estado Democrático de Direito a soberania popular, conforme enfatizada no parágrafo único do art. 1º, da Constituição brasileira de 1988.

Por conseguinte, será visto que a fase inicial da *New Public Management*, que inspirou no Brasil a Reforma Administrativa dos anos 90, denominada de gerencialismo, não absorveu a dimensão sociopolítica das transformações que a própria *New Public Management* sofreu, sendo ainda controvertida a possibilidade de uma reforma alterar todo o perfil do papel do Estado, uma vez que este se encontra presente entre as opções estruturantes feitas pela Constituição da República, que acolheu um modelo de Estado Democrático de Direito.

2. *New Public Management*: do gerencialismo puro à *Public Service Orientation* (PSO)

No Brasil, o documento que anunciou a adesão explícita ao ideário da *New Public Management* foi o Plano Diretor de Reforma do Aparelho do Estado (PDRAE), apresentado ao ensejo da Reforma Administrativa da década de noventa. O plano objetivou substituir o modelo burocrático pelo gerencial, sendo este tido como mais adequado para solucionar o pretenso "esgotamento" daquele.

Segundo Abrúcio, o modelo gerencial baseou-se no chamado gerencialismo[9]. O discurso oficial associou a governança à "capacidade de governo do Estado", focando na estrutura burocrática estatal como causa da ineficiência na implementação das políticas públicas.[10]

---

[8] Idem. Ibidem.

[9] O gerencialismo teve inequívoca inspiração no ideário defendido pelos governos de Margareth Thatcher, na Inglaterra, e de Ronald Reagan, nos Estados Unidos. ABRÚCIO, Fernando Luiz. O impacto do modelo gerencial na administração pública. *Cadernos Enap*, Brasília, nº 10, p. 7, 1997.

[10] NOHARA, Irene Patrícia. *Reforma Administrativa e Burocracia*: impacto da eficiência na configuração do Direito Administrativo brasileiro. São Paulo: Atlas, 2012. p. 80.

O aparelho do Estado foi mapeado em quatro setores específicos, para os quais o plano tinha propostas de gestão diferenciadas.

Primeiro, falou-se em *Núcleo Estratégico*, ou seja, o governo *lato sensu*. Segundo o discurso oficial, trata-se do setor que define as leis e as políticas públicas e que cobra o seu cumprimento. Nele são tomadas as decisões estratégicas, correspondendo aos Poderes: Legislativo, Executivo e Judiciário (e Ministério Público, segundo o plano).

O *setor de atividades exclusivas* foi considerado aquele em que são prestados serviços que só o Estado pode realizar, pois são efetivados com base no poder extroverso, associado, pelo documento, ao poder de regulamentar, fiscalizar e fomentar.

O plano menciona, ainda, os *serviços não exclusivos*, correspondentes à atuação estatal simultânea com organizações públicas não estatais ou privadas, que produzem ganhos que não podem ser transformados em lucros, a exemplo das universidades, hospitais, centros de pesquisa e museus.

Por último, no rol dos quatro setores, o plano faz alusão ao *setor de produção de bens e serviços para o mercado*, ou seja, à área de atuação das empresas. Segundo enuncia, este setor compreende atividades econômicas voltadas para o lucro e que ainda permanecem no aparelho do Estado, como, por exemplo, as referentes à infraestrutura.

O PDRAE admitiu um misto de administração pública burocrática e gerencial apenas para o núcleo estratégico, que devia obedecer ao princípio da "efetividade", entendido como a capacidade de ver obedecidas e implementadas com segurança as decisões tomadas; já nos demais setores (*atividades exclusivas, não exclusivas* e *produção de bens e serviços para o mercado*) deveria ser adotado, segundo se planejou, o modelo gerencial, cujo paradigma é a "eficiência", tendo sido definida como "a busca de uma relação ótima entre qualidade e custo dos serviços colocados à disposição do público".[11]

Advirta-se que muitas das propostas do plano não foram implementadas ou foram executadas de forma diferente daquela inicialmente traçada. Por exemplo, um objetivo específico era transformar as autarquias e fundações que possuem poder de Estado (*atividades exclusivas*) em agências

---

[11] Plano Diretor de Reforma do Aparelho do Estado (PDRAE). Disponível em: <http://www.bresserpereira.org.br/Documents/MARE/PlanoDiretor/planodiretor.pdf>. Acesso em: 2 de maio de 2013. p. 43.

autônomas, administradas por *contratos de gestão*, para que os respectivos dirigentes tivessem ampla liberdade de gerir recursos humanos, materiais e financeiros colocados à sua disposição.

Apesar de o plano ter aberto o flanco ao movimento de agencificação no Brasil, as agências reguladoras foram engendradas como autarquias em regime especial, não se admitindo, ainda, delegação contratual de atividades desenvolvidas por poder extroverso do Estado, conforme amplamente reconhecido no Sistema de Justiça brasileiro.[12]

Um pouco mais bem sucedida, no entanto, foi a proposta feita para os serviços não exclusivos, para os quais se falou em "publicização", definida no plano como a transformação de fundações públicas em organizações sociais.[13] Segundo o plano, o controle das organizações sociais foi previsto para ser realizado pela sociedade, por meio de conselhos de administração.

Para os setores de produção de bens e serviços para o mercado, falou-se em privatização. Procurou-se limitar a ação do Estado às funções consideradas próprias, reservando, em princípio, os serviços não exclusivos para a propriedade pública não estatal e a produção de bens e serviços para o mercado, isto é, para a iniciativa privada.

Conforme analisa Emerson Gabardo, a positivação do princípio da eficiência pela Emenda Constitucional nº 19/98 deu-se em um contexto em que a preocupação principal, apesar do discurso do desempenho, era com a redução dos custos, dentro da visão do *work better* e *cost less* da *New Public Management*.

Segundo Gabardo, "os governos que se sucederam na tentativa de inculcar uma mentalidade gerencial, em momento algum se preocuparam com a valorização do aparato humano na Administração. Ao contrário, a grande preocupação está somente na sua redução remuneratória."[14]

As fases da *New Public Management*, de acordo com Abrúcio, podem ser dissociadas em: gerencialismo puro, consumerismo e *Public Service Orientation* (PSO). No Brasil, houve ênfase no gerencialismo puro, com alguns

---

[12] Um parâmetro relevante foi o infirmado na ADI 1717, de 2002, que afirma a indelegabilidade, a entidade privada, de atividade típica de Estado.

[13] Esta modelagem foi admitida pelo Supremo Tribunal Federal, não obstante as inúmeras críticas feitas por parcela dos administrativistas. Cf. resultado do julgamento da ADI 1923, em abril de 2015.

[14] GABARDO, Emerson. *Princípio constitucional da eficiência administrativa*. São Paulo: Dialética, 2002. p. 66-67.

"ingredientes" de consumerismo, pois se falava também em *competição administrada, controle de resultados* e orientação para o "cidadão-cliente".

Enfatiza Abrúcio que o ponto central do modelo gerencial puro é a busca da eficiência pela modificação das engrenagens do modelo weberiano. A burocracia tradicional, apelidada de *whitehall* pelos ingleses, foi definida como uma estrutura rígida e centralizada, em que o desempenho é avaliado tão somente em função da observância de regulamentos, processos administrativos e demais determinações éticas e legais.[15]

No modelo gerencial puro prevalecia, portanto, o ângulo economicista do "cortar custos" como fim último das reformas, bem como o desconhecimento da especificidade do setor público. A mesma crítica pode ser estendida ao projeto do PDRAE, uma vez que se objetivava desestatizar, cortar custos, além dos problemas técnicos da explicação dada aos setores do Estado.[16]

O PDRAE tinha até uma nova proposta de funções do Estado, uma vez que queria retrair a prestação direta dos serviços públicos e dar ênfase à função exclusivamente regulatória do Estado, no tocante aos serviços delegados.

Ocorre que o papel do Estado foi um debate inerente ao pacto constituinte, que gravitou em torno do modelo de Estado Democrático de Direito. Este incorporou o papel positivo de um Estado Social, dando ênfase ao cumprimento da democracia material, dentro de uma proposta que reconhecesse e incentivasse a soberania popular, com a presença de ingredientes de participação direta do povo na condução dos assuntos políticos. Também Emerson Gabardo, quando critica o discurso da subsidiariedade, adverte que o otimismo gerencial da época passou por cima dos compromissos constitucionais com a prestação dos direitos sociais.[17]

O consumerismo, por sua vez, foi uma fase da *New Public Management* em que a gestão se voltou à satisfação do público, tendo em vista o para-

---

[15] ABRÚCIO, Fernando Luiz. O impacto do modelo gerencial na administração pública. *Cadernos Enap*, Brasília, nº 10, p. 15, 1997. Tivemos oportunidade de discutir tal assunto, do ponto de vista crítico, também no artigo: Burocracia Reflexiva, da obra organizada por Thiago Marrara denominada *Direito Administrativo*: Transformações e Tendências. São Paulo: Almedina, 2014. p. 349-372.

[16] Com várias impropriedades técnicas em relação ao Direito Administrativo. Ver. NOHARA, Irene Patrícia. *Reforma Administrativa e Burocracia*. São Paulo: Atlas, 2012. p. 80-100.

[17] GABARDO, Emerson. *Interesse Público e Subsidiariedade*. Belo Horizonte: Fórum, 2009. p. 150-151.

digma do consumidor. Houve, então, o direcionamento da produção aos anseios dos consumidores. Observou Norman Flynn, por exemplo, que a diminuição dos custos poderia provocar a redução do nível da qualidade dos serviços em vez do aumento de produtividade.[18]

O aumento da concorrência e, consequentemente, do nível de exigência dos consumidores fez surgir no âmbito privado os métodos de qualidade total, que foram sendo também transferidos posteriormente à esfera pública.

O governo britânico adotou três medidas estratégicas para tornar a administração pública mais leve, ágil e competitiva: (a) a descentralização; (b) o incremento da competição entre organizações do setor público, a partir de um modelo de contratação baseado no pluralismo contratual (entre os setores público, privado e não lucrativo); e (c) o combate ao monopólio, para que os consumidores controlassem e avaliassem o serviço público a partir de um marco concorrencial.

Também no Brasil tais medidas repercutiram na gestão pública, pois houve o incremento da competição e entrada de novos *players* no setor público, o que se deu como decorrência da privatização. Contudo, a ideia do PDRAE de substituição do controle de procedimentos pelo de resultados, avaliados do prisma do "cidadão-cliente", está longe de ser uma noção equiparada à cidadania (considerada da perspectiva publicística).

Esta foi inclusive a principal crítica que a *Public Service Orientation* direcionou ao consumerismo, na transformação da própria *New Public Management*. O consumerismo pretendeu associar uma relação de consumo, do ponto de vista privatístico, ao *status* de cidadão do usuário de um serviço público, a partir da propagação de uma visão reducionista de *tax payer* (pagador de tributos).

3. Crítica à antidemocrática noção de "cidadão-cliente"
A noção de cidadão-cliente, própria do consumerismo, também estava no discurso do Plano Diretor do Aparelho do Estado. Segundo o documento, o "cidadão" é visto como:

> Contribuinte de impostos e como cliente dos seus serviços. Os resultados da ação do Estado são considerados bons não porque os processos adminis-

---

[18] Op. cit. p. 21.

trativos estão seguros, como quer a administração pública burocrática, mas porque as necessidades do cidadão-cliente estão sendo atendidas.[19]

O problema dessa visão é que ela equipara uma relação de consumo (na qual já que se paga por um serviço, há o direito de uma prestação satisfatória) com o *status* de cidadania. Esta não se restringe a uma relação privada, mas implica em influenciar a condução dos assuntos públicos, mediante participação ativa.

Cidadania significa erigir o cidadão ao papel de protagonista da transformação social[20] e não simplesmente restringi-lo à condição de destinatário de uma prestação pública, pois neste último caso a cidadania acaba sendo passiva.

O discurso do *tax payer* (pagador de tributos) significa a colonização do espaço público pela mentalidade privatística. Não é democrático achar, genericamente, que existem direitos simplesmente em função do fato de que alguém "paga" seus tributos e não em decorrência do seu *status* de cidadão, que deve ser reconhecido de forma igual (equitativa) para todos, independentemente da capacidade contributiva de cada qual.

Em vez de enxergar o cidadão da perspectiva de destinatário, alguém que recebe algo pronto e acabado, que foi desenvolvido a partir de decisões alheias, se o que se deseja é a intensificação de valores democráticos, as pessoas devem ser consideradas como sujeitos capazes de influenciar os rumos das políticas públicas ou dos procedimentos administrativos que irão afetar os interesses da coletividade.

Não se discorda, evidentemente, que um Estado mais eficiente e voltado ao atendimento dos usuários seja uma noção imprescindível à melhoria da prestação dos serviços públicos, diretamente ou por delegação, paga por tarifa, mas isso não é fator suficiente para qualificar um Estado como democrático, pois um Estado autoritário também pode supor que preenche, a partir de decisões tomadas "de cima", as necessidades de seu povo.

---

[19] Plano Diretor de Reforma do Aparelho do Estado (PDRAE). Disponível em: <http://www.bresserpereira.org.br/Documents/MARE/PlanoDiretor/planodiretor.pdf>. Acesso em: 2 de maio de 2013.

[20] Cf. NOHARA, Irene Patrícia. Reforma Administrativa para além do discurso do "Cidadão-Cliente". In. SCALQUETTE, Ana Cláudia Silva; SIQUEIRA NETO, José Francisco (Coord.); DUARTE, Clarice Seixas; MENEZES, Daniel Francisco Nagao (Org.). *60 Desafios do Direito*: Política, Democracia e Direito. São Paulo: Atlas, 2013. p. 43.

Segundo Ana Paula Paes de Paula, os governos que importaram a noção de modelo gerencial seguiram:

> o mesmo estilo tecnocrático de gestão e excesso de discricionariedade dos governos anteriores, cujas decisões estratégicas não se parametrizavam pelos procedimentos democráticos, e as elites tecnocráticas se eximiam de justificar suas ações. Nesse contexto, o controle social é idealizado, pois não há mecanismos para que esse controle ocorra, nem a transparência esperada.[21]

Também do ponto de vista da *Public Service Orientation* houve a crítica de que o conceito de consumidor não respondia ao problema da equidade, sendo este um conceito importante para a administração pública.

Se a noção de competição fosse estimulada em função da satisfação exclusiva dos "consumidores/clientes" dos serviços, constatou-se que os equipamentos sociais que não fossem bem avaliados iriam receber menos recursos, seus funcionários teriam menos incentivos financeiros, ficariam desmotivados, o que provocaria um círculo vicioso em detrimento dos usuários deste serviço.

Nem sempre se pode escolher pela utilização de outro serviço público. Outrossim, esclarece Abrucio[22], se os consumidores escolherem por determinados equipamentos, a tendência é que esses fiquem lotados, o que provoca também a perda da qualidade. Logo, alguns consumidores serão considerados "mais cidadãos" do que outros – o que interfere na noção de equidade.

Esses conceitos desenvolvidos do consumerismo não analisam os serviços públicos de um prisma coletivista, sendo poucas as reflexões acerca do impacto holístico da adoção de tal mentalidade no funcionamento global dos equipamentos públicos. Daí a pertinência da crítica engendrada dentro da própria *New Public Management*, tendo em vista as reflexões da PSO.

Também Calixto Salomão Filho analisa que, dada realidade mundial de crise e de crescente escassez, tendo em vista a ampliação do mercado consumidor em cerca de sete bilhões (estima-se que em 2050 seja atingido o número de nove bilhões), tal fenômeno provoca a necessidade de transformação da regulação no mercado, que antes era feita somente para organizar as trocas, ou seja, para aperfeiçoar o funcionamento das ativi-

---

[21] PAULA, Ana Paula Paes de. Administração Pública brasileira entre o gerencialismo e a gestão social. *RAE*, v. 45, n. 1, p. 43, jan./mar. 2005.
[22] Op. cit. p. 24.

dades econômicas em sentido estrito, mas que passa doravante a ser permeada por preocupações equitativas, focadas em medidas para se evitar a assimetria do mercado.

As agências preocupam-se cada vez mais com a promoção de condições isonômicas de concorrência, em função de fatores como: heterogeneidade de poderio econômico dos agentes; escassez de recursos, dentre eles, os recursos naturais; e necessidade de estímulo da disponibilidade de infraestrutura, com metas de ajuste fiscal para o Estado.

Para viabilizar tal análise por parte das agências que cumulam função de Poder Concedente, são utilizadas teorias como a *essencial facilities doctrine* (teoria de acesso a bens essenciais), com vistas a combater a desnecessidade de se duplicar uma rede ou a infraestrutura, como ocorre nas ferrovias. Neste caso, o *compartilhamento* acaba sendo apresentado como uma solução mais sustentável, inclusive para evitar a dominação do mercado, o que prejudica os consumidores/usuários do serviço.

Calixto Salomão Filho[23] menciona, ainda, o *acesso necessário* de alguns agentes (*players*/entrantes) para que haja o estabelecimento de *preços* em níveis concorrenciais, havendo formas mais 'descentralizadas' de se induzir o mercado neste âmbito. Em suma, a questão da eficiência dos setores, também no âmbito privado, passa a ser equacionada em função de fatores sociais de regulação, a depender das características do setor de mercado regulado.

Outro aspecto que deve ser ressaltado é a distinção que existe no tratamento do assunto em países do *Common Law*, que se utilizam de raciocínios mais privatísticos, em relação aos países que adotam um regime jurídico influenciado pelo sistema romano-germânico, em que há todo um regramento diferenciado dos princípios que regem os serviços públicos.

No Brasil, por exemplo, os serviços públicos obedecem a princípios próprios, sendo a noção de equidade geralmente debatida na igualdade ou generalidade dos usuários. Trata-se de decorrência do princípio da impessoalidade, pelo qual a prestação deve ser feita de forma igual, aberta ou indistinta, voltada à universalidade, uma vez que deve procurar atender à totalidade dos usuários, o que se relaciona também com a exigência de modicidade das tarifas.

Serviços públicos, segundo o art. 175 da Constituição, são atividades titularizadas pelo Estado, e mesmo que sua prestação seja delegada à ini-

---

[23] SALOMÃO FILHO, Calixto. *O novo direito societário*. 3. ed. São Paulo: Malheiros, 2006. p. 106.

ciativa privada, é, ainda, conforme determina o art. 174, atividade de planejamento determinante ao setor público. Significa dizer que o Poder Concedente irá engendrar como será a modelagem da delegação pensando em objetivos de promoção do desenvolvimento nacional, sendo a política tarifária estabelecida em relação aos fins públicos a serem alcançados.

Por conseguinte, muitos dos raciocínios extraídos do Código de Defesa do Consumidor funcionam às avessas nos serviços públicos, tendo em vista se tratar no Brasil de matéria de natureza diferente. Por exemplo, enquanto a regra geral aplicável às relações de consumo implica que o consumidor recebe pelo que ele paga, nos serviços públicos admite-se escalonamento de tarifação para que os usuários de maior poder aquisitivo subsidiem o consumo daqueles de menor poder aquisitivo, conforme conteúdo da Súmula nº 407/STJ, que determina ser "legítima a cobrança de tarifa de água fixada de acordo com as categorias de usuários e as faixas de consumo".

Além de ser, do ponto de vista jurídico, distinto o regime do serviço público em relação aos serviços ofertados livremente no mercado, não obstante aplicar-se para alguns casos também a disciplina do Código de Defesa do Consumidor aos serviços públicos, a equiparação do *status* de cidadania ao do consumo não deixa de ser um equivoco antidemocrático.

4. Desafios a serem enfrentados pela cidadania ativa

O acirramento da complexidade das questões públicas, com o desenvolvimento das sociedades contemporâneas, retirou do Poder Legislativo o protagonismo na formação da vontade racional. O debate acerca da "ingovernabilidade" e da "democracia volúvel" recrudesceu o questionamento da exclusividade do sistema político como local exclusivo de exercício da cidadania.

Logo, o cerne da governança pública passa a ser permeado, então, pela reflexão sobre a consolidação da democracia, na aproximação entre o Estado e as pautas de reinvindicação da sociedade civil. Abre-se, então, espaço à governança pública como *locus* de uma democracia que se exercita para além dos modelos exclusivamente representativos, havendo um destaque mais recente para a "participação do cidadão na gestão deliberativa das políticas públicas e dos processos decisórios".[24]

---

[24] RONCONI, Luciana. Governança Pública: um desafio à democracia. *Emancipação*, Ponta Grossa, 11 (1), p. 32, 2011.

No tocante à governança pública, a democracia implica em transparência (*disclosure*). Influenciada pela governança corporativa, conforme visto, também se menciona a *compliance*, sendo conhecida como programa de integridade que objetiva provocar a inserção de uma pauta de conduta ética de responsabilidade dos diversos atores empresariais e também políticos no contexto de interação entre Estado, mercado e sociedade civil.

Tais concepções foram aprofundadas no Brasil a partir da edição da Lei de Acesso à Informação (Lei nº 12.527/2011), bem como da Lei Anticorrupção (Lei nº 12.846/2013), sendo que a aplicação dos rigores das sanções desta última lei, a exemplo de elevadas multas[25] e publicação extraordinária da condenação, pode ser abrandada, entre outros aspectos, pela adoção de medidas de *compliance* inspiradas na governança corporativa.

Segundo defende Luciana Ronconi,[26] a governança pública desponta como um importante arranjo institucional para operacionalização dos princípios democráticos, pois ao reafirmar os valores da democracia, da cidadania e dos interesses públicos ela amplia os mecanismos de participação das instâncias de deliberação do Estado, incorporando ações transparentes e compartilhadas no campo de explicitação das disputas e dos conflitos.

Na Era da Informação, o conhecimento especializado é determinante para a tomada de decisões, sendo, contudo, distribuído de forma desigual, ou seja, nem todos os agentes sociais e empresariais detêm a mesma quantidade e qualidade de informações.

Na prática, enquanto alguns setores regulados possuem dados privilegiados e deles se utilizam para atingir seus interesses mais imediatos, outros segmentos ficam alijados e reféns de uma *racionalidade limitada*.

A assimetria de informações existente torna as agências alvo da chamada *captura regulatória* em que os setores regulados, por deterem informações mais técnicas e estratégicas, exercem pressão e acabam influenciando o conteúdo da regulação feita em detrimento dos interesses dos consumidores, dos usuários e, em sentido amplo, da cidadania supostamente "desinteressada", isto é, mais interessada nos benefícios "gerais" das medidas públicas.

---

[25] A multa pode chegar a 20% do faturamento bruto do último exercício ao início das investigações da prática de ato contra a Administração Pública.
[26] RONCONI, Luciana. Governança pública: um desafio à democracia. *Emancipação*, Ponta Grossa, 11 (1), p. 21, 2011.

Outros desafios a serem enfrentados, para além da captura regulatória, referem-se às culturas de discriminação identificadas por Kliksberg, que são aquelas que vertem preconceitos à camada popular desfavorecida. Partem, portanto, de uma "desqualificação silenciosa", manifestada por meio de posturas que desvalorizam segmentos sociais específicos, como, por exemplo, os negros, os indígenas, os homoafetivos e as mulheres, em função do "machismo"[27] que ainda tem acentuado vigor, não só, mas principalmente, em países latino-americanos.

Tais discriminações geram redução da autoestima das pessoas integrantes desses grupos, que acabam sendo comprometidas em sua aptidão para a participação aberta e, portanto, em condições de igualdade. Ora, o preconceito, principalmente o velado (que, justamente por ser silencioso, é blindado ao combate pela via discursiva), compromete o objetivo de integração social na ação comunicativa, pois provoca a reprodução da lógica de *assujeitamento* que determinados segmentos sociais enfrentam ou enfrentaram ao longo da história.

Também compromete o avanço da participação a tentação pelo "apoderamento do poder"[28], que reduz a possibilidade de compartilhamento do processo decisório com o povo por parte das autoridades políticas.

Neste particular, enfatiza Fábio Konder Comparato[29] que o desejo pelo poder é uma das maiores paixões humanas, cujo objeto é a posse ou uso e o gozo da posição de poder e não o resultado dessa posição, em termos de benefícios coletivos. Ele tende a corromper tanto os que exercem o poder, como os que dele se aproximam.

O Brasil não foge deste cenário apresentado por Kliksberg com relação à América Latina, mas não se pode dizer que a discriminação e a tentação pelo poder sejam problemas exclusivamente latino-americanos.

Outro fator que prejudica em particular o projeto de expansão da democracia material em países em desenvolvimento é a *desigualdade*. Esta é, para nós, a maior causa de prejuízo ao princípio participativo. A concentração

---

[27] Acréscimo nosso ao texto do autor.
[28] Apesar da cacofonia resultante da tradução literal do castelhano: *apoderamiento del poder*, o autor quer se referir ao fenômeno de ausência de propensão, por parte dos agentes políticos, ao compartilhamento do exercício do poder com o povo.
[29] COMPARATO, Fábio Konder. Reflexões desabusadas sobre o abuso do poder político. FIGUEIREDO, Marcelo; PONTES FILHO, Valmir (org.). *Estudos de Direito Público em Homenagem a Celso Antônio Bandeira de Mello*. São Paulo: Malheiros, 2006. p. 318.

do poder político e econômico nas mãos de uma elite provoca a subordinação dos interesses dos excluídos. Como, dentro da teoria da ação comunicativa, o diálogo ideal é aquele que se dá entre iguais ou entre aqueles que, ao menos, pretendem se igualar, é problemático falar (seriamente) em consensualidade em relações onde há assujeitamento.

5. Mecanismos jurídicos de participação sociopolítica na gestão pública

Uma vez expostos os obstáculos que prejudicam o projeto de expansão da cidadania presentes em Estados Democráticos de Direito em desenvolvimento, intenta-se expor quais são os mecanismos jurídicos que auxiliam no processo de intensificação do controle social, visto como expressão de participação política na gestão pública.

Tais mecanismos irão promover a participação cidadã na Administração Pública. Envolvem fatores que estimulam o desabrochar da dimensão sociopolítica na governança pública.

O primeiro aspecto que deve ser ressaltado de controle social na Administração Pública refere-se ao tipo de controle que se pode exercer nos processos administrativos no geral.

Antes de adentrar a esse ponto, deve-se primeiramente enfatizar o hiato que houve entre o discurso reformista da década de noventa e o movimento de criação das leis de processo administrativo. Enquanto o PDRAE considerava que havia um "esgotamento" do modelo burocrático, centrado em regras (*rule-based accountability*), sendo a solução do modelo gerencial substituir o controle de procedimentos pelo de resultado (desempenho), na busca da *performance-based accountatibility*, na época da edição do plano reformista sequer havia leis de processo administrativo no Brasil que estabelecessem critérios ou parâmetros genéricos de atuação das Administrações Públicas brasileiras.

Com exceção da lei de Sergipe, editada em 1996, no Brasil, incluindo o âmbito federal, as leis de processo administrativo surgiram no final da década de noventa, sobretudo de 1998 em diante.[30] A lei federal de processo administrativo, por exemplo, é de 1999.

Antes da edição das leis gerais de processo administrativo no Brasil, o processo moldava-se aos humores dos administradores públicos, a ditar

---

[30] NOHARA, Irene Patrícia; MARRARA, Thiago. *Processo Administrativo*: Lei nº 9.784/99 Comentada. São Paulo: Atlas, 2009. p. 1.

procedimentos *ad hoc*, agindo de forma arbitrária, ora se utilizando de processo civil, o que é equivocado, ora de princípios extraídos do processo penal, embebendo-se por vezes, ainda, nos costumes, praxes e tradições dos órgãos públicos.

Trata-se, portanto, de uma falácia a afirmação de que estávamos até então centrados num controle de procedimentos, baseados em regras. O estabelecimento de regras mais claras para os procedimentos administrativos só se deu em movimento contemporâneo à Reforma Administrativa e posterior, inclusive, à estruturação do Plano Diretor de Reforma do Aparelho do Estado, publicado na imprensa oficial em setembro de 1995.

Dito isto, relevante enfatizar quais foram os contributos da lei de processo administrativo para o controle social da Administração: a criação de regras e princípios de processo administrativo provoca o maior controle da Administração, pois se dá aos interessados a oportunidade de defenderem seus direitos; além disso, a lei procurou garantir a participação popular no *iter* de formação dos atos a partir da previsão, em caráter facultativo, da realização de audiência e de consulta pública.

As pessoas que se interessarem em influenciar as decisões administrativas no curso do processo em que haja a realização de audiências ou consultas públicas são consideradas participantes. Participante, segundo Thiago Marrara, é um *status* diferente do interessado.[31]

Tanto a consulta como a audiência pública são formas que viabilizam a participação dos cidadãos na instrução dos processos administrativos. Ambas envolvem o direito de informação, que é usufruído pelo administrado, que tem acesso aos dados constantes dos autos e às controvérsias suscitadas, e também pela Administração, que se beneficia das informações trazidas ao processo com a participação popular rumo a uma decisão mais consensual e, portanto, legítima.

Enquanto a consulta pública compreende a formulação de alegações escritas, a audiência pública ocorre por meio de debates orais (que são registrados), concentrados em sessões públicas. As duas asseguram ao participante o direito à obtenção de uma resposta fundamentada, cujos resultados devem ser apresentados com a indicação do procedimento adotado.

Além da possibilidade de realização de audiência pública e de consulta pública, o art. 33 da Lei de Processo Administrativo (Lei nº 9.784/99)

[31] Op. cit. p. 236, 242 e 246.

determina, ainda, que, em matéria relevante, podem ser estabelecidos outros meios de participação dos administrados, diretamente ou por meio de organizações e associações legalmente reconhecidas.

Do ponto de vista da transformação das práticas administrativas em função de uma proposta de aprofundamento da participação social, há, no Brasil, a teorização de Ana Paula Paes de Paula[32] acerca do modelo societal, como contraponto ao modelo gerencial. O modelo societal objetivou romper com a noção de Estado como protagonista exclusivo da gestão pública, como se público fosse sinônimo de estatal, empoderando a sociedade civil na participação da vida política do País.

Ressalte-se que apesar de o PDRAE ter mencionado o empoderamento da sociedade por uma suposta "publicização", que seria feita pela intensificação das parcerias entre setor público e sociedade civil de interesse público, ainda assim não se aprofundou na proposta de transformação do aparelho do Estado o princípio democrático, pois a ideia era dar um voto de confiança ao gestor para que ele e sua equipe apresentassem resultados favoráveis, flexibilizando daí os controles de meios para substituí-los por um controle de desempenho (*performance*).

Nos dizeres de Paes de Paula, o modelo gerencial foi participativo no âmbito do discurso, mas centralizador no que concerne ao processo decisório e à organização das instituições políticas, sem que houvesse uma preocupação mais efetiva com os canais de participação popular.[33]

O modelo societal procurou afirmar-se como um modelo de gestão alternativo ao gerencialismo, o que não aconteceu, por exemplo, com a *Public Service Orientation* (que critica o gerencialismo, mas se utiliza de seus conceitos). Segundo Paes de Paula, a reforma dos anos noventa se concentrou nas dimensões econômico-financeira e institucional-administrativa, sendo que o modelo societal objetiva focar nos problemas situados no âmago das relações entre Estado e sociedade, envolvendo os direitos dos cidadãos e sua participação na gestão.[34]

---

[32] PAULA, Ana Paula Paes de. Administração Pública brasileira entre o gerencialismo e a gestão social. *RAE*, v. 45, n. 1, p. 39, jan./mar. 2005.

[33] RONCONI, Luciana. Governança pública: um desafio à democracia. *Emancipação*, Ponta Grossa, 11 (1), p. 41, 2011.

[34] PAULA, Ana Paula Paes de. Administração Pública brasileira entre o gerencialismo e a gestão social. *RAE*, v. 45, n. 1, p. 40, jan./mar. 2005.

Enquanto projeto político, o modelo gerencial concentrou-se na eficiência administrativa e baseou-se no ajuste estrutural com base em recomendações dos organismos multilaterais internacionais, daí porque houve a adesão do gerencialismo à vertente da governança corporativa como paradigma exclusivo de governança pública; já o modelo societal enfatiza a participação social dentro de uma proposta que repense o modelo de desenvolvimento brasileiro, a estrutura do aparelho do Estado e o paradigma da gestão pública.

Também Luciana Ronconi apresenta reflexões sobre a necessidade de orientação da governança pública para os aspectos sociopolíticos. Segundo a autora, "o sistema de governança não deve restringir a participação à consulta, mas sim possibilitar um diálogo mais ativo com a sociedade".[35]

Explica Ronconi que:

> Governança pública, enquanto arranjo institucional democrático, pode criar espaços deliberativos de discussão, nos quais prevaleçam os princípios da inclusão, da publicidade, da igualdade participativa, do pluralismo, da autonomia e do bem comum.[36]

A dimensão sociopolítica questiona a prerrogativa do Executivo estatal de monopolizar a discussão e a formulação das políticas públicas, permitindo aos setores marginalizados participar da deliberação dos interesses públicos dentro de um espaço mais transparente.

Trata-se de lógica constante das seguintes experiências: Fóruns Temáticos, Conselhos Gestores e Orçamento Participativo, que efetivamente propiciam a infiltração no âmbito da gestão pública das demandas populares, diferentemente das audiências e consultas que geralmente são mais episódicas (apesar do contributo que indiscutivelmente representam).

Para tanto, faz-se necessário criar arranjos institucionais que possibilitem a participação nas esferas governamentais, sendo também imprescindível que sejam combatidas as restrições históricas que provocam o funcionamento autoritário da máquina estatal, dada tendência ao apoderamento do espaço público por grupos que atuam de forma patrimonialista.

Na governança pública, segundo proposta defendida por Ronconi, o cidadão não é visto como "cliente" do Estado, pois não se trata de alguém

---

[35] RONCONI, Luciana. Op. cit. p. 30.
[36] Op. cit. p. 32.

que faz apenas reivindicações ao Estado, mas de um sujeito que encontra, em condições de maior igualdade, novas formas de participação nas decisões.[37]

Evidentemente que não se desconsidera as tensões e ambiguidades existentes no seio das relações travadas entre Estado e sociedade, ou melhor: entre sociedade civil e sociedade política, mas a preocupação com mecanismos que assegurem o desabrochar da dimensão sociopolítica da governança pública busca a obtenção de consensos diante da consideração dos conflitos sociais existentes e de sua inclusão nos espaços públicos, o que promove um compartilhamento das decisões com inúmeros sujeitos sociais.

Do ponto de vista do controle judicial, uma vez que se criam mecanismos jurídicos, desde que vinculados,[38] que resguardem a participação da sociedade civil, se houver a desobediência de tal requisito, haverá a possibilidade de invalidação judicial da decisão arbitrária e ilegítima.[39]

Conclusões

A dimensão sociopolítica de descentralização não pode considerar o cidadão como um "cliente" dos serviços regulados pelo Estado. A gestão pública voltada para a cidadania ativa implica em aprofundar as situações de participação política na condução e no controle dos negócios públicos, para que ao cidadão seja reconhecido o *status* de sujeito ativo na construção do projeto de desenvolvimento que a Administração Pública se vê envolvida.

Tal noção é intrínseca ao Estado Democrático de Direito, que reconhece o princípio da soberania popular. Apesar dos obstáculos enfrentados pela participação popular, que não foram desconsiderados, ainda assim o artigo procurou apresentar os mecanismos jurídicos de participação social que representam não apenas um instrumento de controle da Administração

---

[37] Op. cit. p. 27.
[38] Se for de realização facultativa, não dá para exigir em juízo a realização, dada discricionariedade administrativa, como ocorre com o tratamento da lei de processo administrativo federal para as audiências e consultas públicas, mas há leis que as preveem em caráter obrigatório.
[39] Como se noticiou que no Rio de Janeiro houve indicação de membros do Detran em lugar que deveria ter sido ocupado por membros da sociedade civil, conforme regulamentação do Departamento Nacional de Trânsito. Disponível em: <http://odia.ig.com.br/noticia/rio-de-janeiro/2015-05-16/servidores-do-detran-julgam-multas-no-lugar-de-membros-da-sociedade.html>.

Pública, mas principalmente de garantia de modelagem das decisões do Estado por meio da cidadania ativa.

Ademais, do ponto de vista publicístico, a governança pública não pode simplesmente incorporar os valores e os discursos da governança corporativa, ignorando o sentido mais profundo da democracia. Na esfera pública deve-se transcender à exclusividade de preocupação das medidas em função de uma prestação de contas dos gestores aos *stakeholders*, vistos como financiadores, pois esta noção não ultrapassa fatores patrimonialistas nas relações estatais.

A preocupação com a dimensão sociopolítica, que se reflete em propostas encontradas no Brasil (a exemplo do modelo societal) e também nas críticas que o gerencialismo sofre no *Common Law* (haja vista a reviravolta da *New Public Management*, na discussão protagonizada pela *Public Service Orientation*), deve se voltar à criação de meios jurídicos para que a equidade seja um ingrediente incorporado ao controle interno.

Com os conselhos e as práticas de participação direta da sociedade civil no seio das organizações públicas, as reivindicações sociais são trazidas para dentro do espaço público. Em vez de se enxergar a pressão social como algo externo à organização administrativa, tal ideia procura trazer a discussão para dentro do cotidiano dos órgãos públicos, para que a Administração Pública atue de forma mais legítima.

Ainda haverá um longo caminho a ser trilhado para que o ingrediente da participação popular seja intensificado nas práticas da gestão pública, mas a sobrevivência da Constituição Cidadã, que enuncia o princípio da soberania popular, pode ser um indício de que, do ponto de vista jurídico, ainda há muitos elementos alicerçados na proposta de Estado Democrático de Direito aptos a amparar tal pretensão.

CONTROLE DA REGULAÇÃO NO BRASIL: NOVAS PERSPECTIVAS COM ÊNFASE EM RESULTADOS

Rodrigo Pagani de Souza

1. Introdução

Despontam no direito administrativo brasileiro da atualidade as ideias de *regulação econômica, política pública* e *controle de resultados*. Todas são ideias incorporadas mais recentemente à gramática deste ramo do Direito, sobretudo a partir da década de 1990 do século passado.[1]

Tendo assumido importância ímpar no Estado brasileiro, a atividade administrativa de regulação fica sujeita – como toda atividade administrativa – a controles de tipos variados. Pensando em controles de resultados, neste estudo observo que a legislação atinente à regulação econômica no Brasil, notadamente a que institui agências independentes para realizá-la, situa esta atividade como parte essencial de políticas públicas. Isto é um convite à análise da qualidade regulação (e até mesmo de sua validade) como instrumento para o alcance de metas ou resultados de política pública.

Esta macroperspectiva – da regulação como instrumento de política pública – abre outras tantas perspectivas para o controle da atividade regu-

---

[1] Carlos Ari Sundfeld e André Rosilho, na introdução à obra coletiva que recentemente coordenaram – *Direito da Regulação e Políticas Públicas*, São Paulo, Malheiros, 2015 – observam que "o direito da regulação econômica" e o "direito das políticas sociais" são "talvez os mais instigantes do mundo público na atualidade". E arrematam: "São direitos totalmente moldados pelos objetivos e conteúdos das políticas públicas que carregam, de modo que, para compreendê-los e bem aplicá-los, os profissionais jurídicos estão obrigados a considerar a perspectiva que importa: a funcional". *Op. cit.*, p. 11.

latória, e sua melhoria, no país. Destaco aqui aquelas que enfatizam a verificação da compatibilidade das medidas de regulação com os objetivos, metas e resultados da política pública a que estão a servir.

A ideia, em suma, é descrever algumas dessas frentes pelas quais vai ganhando força, no Direito brasileiro, o controle de resultados da atividade regulatória.

2. Regulação: nem formulação, nem execução direta de política pública

A atividade administrativa de regulação no Brasil tem sido confiada, em boa medida, às chamadas agências reguladoras independentes. Trata-se de atividade administrativa que, até pouco tempo, não era identificada dentre as grandes tarefas da gestão pública. Afirmava-se incumbir à administração pública, basicamente, a prestação de *serviços públicos* e o exercício de *poder de polícia* (ou *ordenação*) sobre as atividades privadas. Lembrava-se ainda, eventualmente, de suas incumbências de *fomento*. Regulação, porém, era função menos lembrada. Mas isso mudou radicalmente a partir da década de 90 do século passado.

Criaram-se as agências reguladoras independentes e, paulatinamente, tem se desenvolvido o chamado Direito da Regulação no país. Os que lidamos com o Direito Administrativo fomos compelidos a estudar e a entender a atividade administrativa de regulação, que veio para ficar.

Um conceito exato para essa figura, tal qual se apresenta no Brasil, ainda está em construção pela literatura jurídica dedicada ao tema. Mas um traço característico muito lembrado é o de que se cuida de atividade administrativa que envolve boa dose de produção de normas, naturalmente de caráter infralegal (visto ser a administração sujeita ao princípio de legalidade), atinentes tanto ao campo das atividades econômicas reservadas ao Estado ("serviços públicos") como ao daquelas próprias do setor privado (que se convencionou denominar de "atividades econômicas em sentido estrito"). Regular, assim, é em boa medida *normatizar*. Mais do que isso, é gerenciar, pela produção contínua de normas, interesses muitas vezes conflitantes, algo impossível de ser feito pela produção, única e exclusivamente, de uma lei geral.[2/3]

---

[2] Nesse sentido, Carlos Ari SUNDFELD identifica a regulação com uma espécie de "gerenciamento normativo de conflitos", por meio do qual o Estado "faz mais do que editar

A legislação instituidora de agências reguladoras independentes no país lhes tem reconhecido, efetivamente, competências normativas acerca de assuntos variados. Para regular, elas normatizam intensamente. O poder normativo das agências é fenômeno para o qual a comunidade jurídica brasileira esteve bastante atenta tão logo passou a ser assim reconhecido, com todas as letras, pelas primeiras leis instituidoras dessas autarquias especiais a partir da década de 1990.[4] De lá pra cá, outras tantas leis criadoras de novas agências seguiram a tendência de lhes reconhecer, de algum modo, ampla capacidade normativa como parte essencial da sua missão de regular.[5]

uma lei geral para vigorar por tempo indeterminado e depois cuidar dos conflitos individuais"; ao regular, o Estado intervém mais em prol de um determinado valor jurídico, "editando normas seguidamente, dando-lhes conteúdos cada vez menos gerais, tratando de temas sempre mais particulares". Nessa atividade de regulação estatal "necessita-se de verdadeiro planejamento, que incorpore essa massa de dados muito complexa, bem como do constante replanejamento. (...) Só o planejamento e seu gerenciamento constante e diário permitem a solução deste choque de interesses", a serem harmonizados ou arbitrados por meio da regulação. Por isso, aduz o autor: "Para harmonizar esses valores, é preciso um gerenciamento constante. E esse gerenciamento se faz pela contínua edição e substituição de normas e, a seguir, por sua aplicação concreta por um órgão administrativo, o qual deve, também, realizar atos de controle prévio." "Introdução às agências reguladoras", in: Carlos Ari Sundfeld (coor.), *Direito administrativo econômico*, São Paulo, Malheiros, 2000, pp. 29-30.

[3] Floriano de AZEVEDO MARQUES NETO, em sentido semelhante, descreve este gerenciamento como uma "composição de interesses", na qual considera o "equilíbrio" um fator fundamental: "A atividade de regulação pressupõe, a meu ver, a noção de equilíbrio. (...) Mais do que isso, o exercício da regulação importa, necessariamente, a composição de interesses enredados em um dado segmento da atividade econômica ou social, sem descurar nesta composição de interesses difusos, gerais ou titularizados por hipossuficientes, interesses estes necessariamente à cura da autoridade estatal.". "Regulação econômica e suas modulações", in: *Revista de Direito Público da Economia – RPDE*, Belo Horizonte, Fórum, a. 7, n. 28, out./dez. 2009, p. 28.

[4] Esse poder normativo chegou mesmo a ser desafiado na arena jurídica – ainda que o questionamento tenha vindo embebido de um significado político de oposição ao governo que inaugurou a instituição das agências independentes no país –, levando o Supremo Tribunal Federal (STF) a se pronunciar a respeito da sua constitucionalidade no setor de telecomunicações. Refiro-me ao julgamento da ADI-MC 1.668/DF, rel. Min. Marco Aurélio, j. 20/8/1998, em que a suprema corte reputou constitucionais poderes normativos conferidos à Agência Nacional de Telecomunicações – ANATEL pela Lei Geral de Telecom (Lei nº 9.472, de 16 de julho de 1997). Mais precisamente, a decisão, em sede de medida cautelar, deu a dispositivos da lei uma interpretação conforme a CF, fixando a exegese segundo a qual a competência da agência para expedir normas subordina-se aos preceitos legais e regulamentares pertinentes.

[5] Em um esforço de síntese acerca dos possíveis objetos desse poder normativo à luz da Constituição Federal, Fernando Dias MENEZES DE ALMEIDA conclui que "...às agências

Mas uma distinção parece ter se estabelecido, desde cedo, nas leis instituidoras das primeiras agências reguladoras independentes naquele período dos anos 90: a distinção entre *regulação* e *definição de política pública*.[6] Regular é tarefa desde cedo reconhecida como hierarquicamente subordinada a uma política pública definida, isto é, é tarefa de implementação e não de formulação de política.

Uma política pública, por essa perspectiva adotada já nas primeiras leis sobre agências reguladoras independentes, é formulada mediante atos normativos de hierarquia superior (a Constituição, a lei e o decreto, p.ex.), seguindo-se a sua implementação por distintos atos (e, eventualmente, contratos) de hierarquia inferior, alguns de caráter normativo (ou seja, de efeitos gerais e abstratos), como as resoluções normativas das diretorias das agências, e outros de cunho específico, como os meros atos administrativos e os contratos (de efeitos específicos e concretos), a exemplo das autorizações e outorgas para exploração de atividades econômicas a determinados sujeitos regulados. Atos normativos, meros atos administrativos ou contratos, constitutivos da chamada *regulação estatal*, encontram, por essa óptica, os seus fundamentos de validade em normas de hierarquia superior, como a lei e o decreto, definidoras de políticas públicas.

Dessa distinção resulta a ideia de que se regula, afinal, para fazer cumprir política pública. A atividade administrativa de regulação não tem sido prevista nas leis brasileiras para criar política pública, mas para fazê-la cumprir.

---

reguladoras, como de resto ao Estado em geral enquanto ente regulador, cabe um poder normativo que não se confunde com o legislativo, nem com o regulamentar. E sustenta que a "parcela de poder normativo inerente à regulação" envolve competências para: "(a) tratar de assuntos *interna corporis* do órgão regulador; (b) explicitar conceitos e definir parâmetros técnicos aplicáveis à matéria regulada; (c) editar atos infralegais e, nos casos em que couber regulamento [disciplina normativa via regulamento, é dizer, decreto], infraregulamentares, concretizando, assim, a previsão de normas superiores". "Considerações sobre a 'Regulação' no Direito Positivo Brasileiro", in: *Revista de Direito Público da Economia – RDPE*, Belo Horizonte, a. 3, n. 12, out./dez. 2005, p. 84.

[6] Após a compilação de vários conceitos de "política pública" encontráveis na crescente literatura jurídica sobre o tema, Odete MEDAUAR assim sintetiza o que considera o seu "denominador comum": ele se encontra "...no aspecto de sua condição de conjunto de atividades para elaborar e concretizar um programa de ação governamental, visando a obter resultados pretendidos". *Controle da administração pública*, 3ª. ed., São Paulo, Revista dos Tribunais, 2014, p. 231.

De outro lado, essa regulação administrativa se situa no campo da imposição ou estímulo ao cumprimento por terceiros (os agentes da iniciativa privada), do gerenciamento desse cumprimento, e não no da execução direta das atividades econômicas sujeitas à política pública. A execução direta dessas atividades – sejam elas serviços públicos delegados, sejam atividades econômicas em sentido estrito – fica a cargo dos agentes econômicos regulados. Entre os órgãos definidores de políticas públicas (o Poder Legislativo e a cúpula do Poder Executivo, esta por vezes auxiliada por órgãos colegiados) e os agentes executores (os agentes econômicos) existe a regulação, em larga medida a cargo das agências reguladoras.[7]

Nessa linha constata-se, por exemplo, que:

- a Lei 9.427/96 instituiu a Agência Nacional de Energia Elétrica – ANEEL para "regular as atividades produção, transmissão, distribuição e comercialização de energia elétrica", fazendo-o "em conformidade com as políticas e diretrizes do governo federal" (arts. 2º e 3º, I);
- a Lei 9.472/97 (Lei Geral de Telecomunicações) criou a Agência Nacional de Telecomunicações – ANATEL com a "função de órgão regulador das telecomunicações", incumbido de "implementar ... a política nacional de telecomunicações" (arts. 8º, *caput* e 19, I);
- a Lei 9.478/97 instituiu a Agência Nacional do Petróleo, Gás Natural e Biocombustíveis – ANP como "órgão regulador da indústria do petróleo, gás natural, seus derivados e bicombustíveis", incumbido de "implementar ... a política nacional de petróleo, gás natural e biocombustíveis, contida na política energética nacional ... com ênfase na garantia do suprimento de derivados de petróleo, gás natural e seus derivado, e de biocombustíveis, em todo o território nacional, e na proteção dos interesses dos consumidores quanto a preço, qualidade e oferta dos produtos (arts. 7º, *caput* e 8º, I);
- a Lei 9.782/99 criou a Agência Nacional de Vigilância Sanitária – ANVISA, com "a finalidade institucional" de "promover a prote-

---

[7] Fernando Dias MENEZES DE ALMEIDA, ainda a propósito do fenômeno da regulação no Brasil, aponta a existência de um novo modelo de organização administrativa no país "...que contempla mecanismos pelos quais o Estado fixa as diretrizes, estimula e controla a atuação dos agentes privados". *Op.cit.*, pp. 70-1.

ção da saúde da população, por intermédio do controle sanitário da produção e da comercialização de produtos e serviços submetidas à vigilância sanitária...", dotando-a da incumbência, entre outras, de "estabelecer normas, propor, acompanhar e executar as políticas ... de vigilância sanitária", deixando a definição do que chamou de "política nacional de vigilância sanitária" a cargo da União (arts. 2º, 6º e 7º, III);
- a Lei 9.961/2000 criou a Agência Nacional de Saúde Suplementar – ANS, como "órgão de regulação, normatização, controle e fiscalização das atividades que garantam a assistência suplementar à saúde", dotando-a da incumbência, entre outras, de "propor políticas e diretrizes gerais ao Conselho Nacional de Saúde Suplementar – Consu para a regulação do setor de saúde suplementar" (arts. 1º, *caput* e 4º, I);
- a Lei 9.984/2000 criou a Agência Nacional de Águas – ANA, com a "finalidade de implementar ... a Política Nacional de Recursos Hídricos...", dotada para tanto, entre outras, da incumbência de "disciplinar, em caráter normativo, a implementação, a operacionalização, o controle e a avaliação dos instrumentos da Política Nacional de Recursos Hídricos" (arts. 3º, *caput* e 4º, II);
- a Lei 10.233/2001 criou as Agências Nacionais dos Transportes Terrestre e Aquaviário – ANTT e ANTAQ, ambas com a incumbência de "regular ou supervisionar ... as atividades de prestação de serviços e de exploração da infra-estrutura de transportes, exercidas por terceiros...", fazendo-o de modo a "implementar, nas respectivas esferas de atuação, as políticas formuladas" por outros órgãos federais nela especificados (art. 20, I e II);
- a Medida Provisória 2.228-1/2001 criou a Agência Nacional do Cinema – ANCINE como "órgão de fomento, regulação e fiscalização da indústria cinematográfica e videofonográfica", dotado da atribuição, entre outras, de "executar a política nacional de fomento ao cinema..." (arts. 5º, *caput* e 7º, I); e
- a Lei 11.182/2005 criou a Agência Nacional de Aviação Civil – ANAC para "regular e fiscalizar as atividades de aviação civil e de infra-estrutura aeronáutica e aeroportuária", fazendo-o "nos termos das políticas estabelecidas pelos Poderes Executivo e Legislativo" e cumprindo-lhe, inclusive, "...observar e implementar as orienta-

ções, as diretrizes e políticas estabelecidas pelo governo federal..." (arts. 2º e 3º, *caput*).

Vê-se que as leis distinguem, efetivamente, o plano da definição de política pública e o plano da regulação, deixando este subordinado àquele. Os agentes econômicos responsáveis pela oferta de bens, serviços e infraestruturas de energia, telecomunicações, petróleo, gás e biocombustíveis, transportes terrestre e aquaviário e aviação civil, bem como os agentes econômicos dedicados à produção e comercialização sujeita à vigilância sanitária, à assistência suplementar à saúde, às indústrias cinematográfica e videofonográfica e, ainda, os que se utilizam de recursos hídricos, todos eles sofrem regulação estatal a cargo de agências reguladoras, sempre norteada pela política pública (ou pelo conjunto de políticas) do setor em que atuam.

São os agentes econômicos, portanto, que prestam os serviços públicos ou exercem as atividades econômicas em sentido estrito, constituindo todas elas (serviços e atividades em sentido estrito) objeto da regulação estatal, norteada por políticas públicas. Por isso é possível reconhecer que tais agentes executam, efetivamente, as políticas governamentais. As agências reguladoras o que fazem é ajudar, por meio do seu "gerenciamento normativo", a fazer com que os agentes cumpram a política; por essa óptica, as agências ficam responsáveis, no máximo, por uma execução indireta das políticas públicas, já que regulam comportamento alheio.

Logo, a atividade administrativa de regulação situa-se – e é isto o que importa frisar aqui – em um patamar intermediário, entre o patamar superior da política pública formulada e que lhe serve de fundamento e limite, e o patamar inferior da execução dessa política pelos agentes econômicos (que o fazem subordinados à regulação).

3. Regulação: parte essencial de políticas públicas contemporâneas

Parte essencial das políticas públicas é a articulação entre meios e fins. Assim reconhece a literatura jurídica que, mais e mais, tem se dedicado a identificar um conceito de política pública em Direito ou, ao menos, a compreender a função do Direito nas políticas públicas.

Nessa última vertente, Diogo R. COUTINHO observa que "...o arcabouço jurídico é capaz de delimitar metas ou objetivos de política pública – isto é, seus 'pontos de chegada'. O direito, nesse sentido, formaliza, ainda que de forma vaga, os objetivos que devam ser perseguidos programaticamente – distinguindo-os, assim, das meras intenções, recomendações ou diretrizes políticas".[8]

Carlos Ari SUNDFELD e André ROSILHO também identificam méritos na nova proposta de encarar o Direito pela perspectiva da ideia de "política pública": "Sob a ótica da ideia de políticas públicas, a tônica pode se deslocar de uma análise mais isolada da norma para outra na qual sejam levados em conta **os grandes objetivos perseguidos pelo Estado e a relação entre meios e fins**".[9] E, embora reconheçam que, de certa forma, "a preocupação com objetivos, meios e fins" sempre tenha estado presente no Direito, ela "parece, agora, ser de primeira grandeza – e não consequência lateral da aplicação da norma".[10] Por isso, a nova perspectiva é, para esses autores, efetivamente uma novidade. Também alertam, de modo eloquente, para ao fato de que "o Direito está no DNA das políticas públicas" (e têm razão), donde a importância de não se menosprezar o papel das normas jurídicas na sua formulação.

Maria Paula DALLARI BUCCI, precursora no estudo sistemático do tema entre os juristas, propõe o seguinte conceito de política pública, por ela cuidadosamente talhado e explicado: "Política pública é o programa de ação governamental que resulta de um processo ou conjunto de processos juridicamente regulados – processo eleitoral, processo de planejamento, processos de governo, processo orçamentário, processo legislativo, processo administrativo, processo judicial – visando **coordenar os meios à disposição do Estado e as atividades privadas, para a realização de objetivos socialmente relevantes e politicamente determinados**. Como tipo ideal, a política pública deve visar a **realização de objetivos definidos, expressando a seleção de prioridades, a reserva de meios necessários à sua consecução e o intervalo de tempo em que se espera o atingimento dos resultados**".[11]

---

[8] "O direito no desenvolvimento econômico", in: *Revista Brasileira de Direito Público – RBDP*, Belo Horizonte, Fórum, a. 10, n. 38, jul./set. 2012, p. 32. Em sentido semelhante vide, ainda, do mesmo autor, "O direito nas políticas públicas", in: Carlos Ari Sundfeld e Guilherme Jardim Jurksaitis (orgs.), São Paulo, Malheiros, 2015, pp. 466-7.

[9] "Direito e políticas públicas: dois mundos?", in: Carlos Ari Sundfeld e André Rosilho (orgs.), *Direito da regulação e políticas públicas*, São Paulo, Malheiros, 2014, pp. 46-7, grifos acrescentados.

[10] *Ibidem*, p. 47, nota de rodapé nº 1.

[11] "O conceito de política pública em direito", in: Maria Paula Dallari Bucci (org.), *Políticas públicas: reflexões sobre o conceito jurídico*, São Paulo, Saraiva, 2006, p. 39, negritos acrescentados.

Sobre os fins de política pública importa notar que a sua delimitação precisa – isto é, a dos objetivos e metas a atingir –, mediante adequado planejamento, é passo estruturante, realmente fundamental na formulação de políticas públicas, e o Direito tem muito a contribuir nessa delimitação. Ainda que grandes objetivos possam estar presentes na própria Constituição Federal, as leis e outras espécies normativas cumprem o importante papel de torná-los mais específicos, chegando-se mesmo à delimitação de metas bem concretas, que podem ser estipuladas unilateralmente pelo Poder Público (por vezes, mediante prévia oitiva dos interessados) ou de forma bilateral junto àqueles que serão responsáveis por persegui-las (por vezes também mediante prévia oitiva dos interessados, para além das partes contratantes).

Além disso, a formulação de políticas pública envolve a eleição dos meios pelos quais os objetivos fixados serão perseguidos. Diogo R. COUTINHO destaca o papel, também aqui importante, do Direito como definidor desses meios, ou "ferramentas", nas políticas públicas: "o estudo das diferentes possibilidades de modelagem jurídica de instituições e políticas públicas, a escolha dos instrumentos mais adequados (dados os fins a serem perseguidos), as formas de indução ou recompensa para certos comportamentos, o desenho de sanções, a escolha do tipo de norma a ser utilizada (mais ou menos flexível, mais ou menos perene, mais ou menos genérica) são exemplos que surgem quando o direito é instrumentalizado para pôr dada estratégia de ação pública em marcha. Desde este ponto de vista, o direito poderia ser metaforicamente descrito como uma 'caixa de ferramentas', que executa tarefas-meio conectadas a certos fins de forma mais ou menos efetiva, sendo o grau de efetividade, em parte, dependente da adequação dos meios escolhidos".[12]

A regulação estatal, como atividade de gerenciamento normativo de conflitos e interesses, é justamente uma das ferramentas empregadas neste processo de persecução de objetivos e metas de políticas públicas. Em verdade, ela tem se revelado parte essencial de inúmeras políticas públicas contemporâneas, visto ser inconcebível, como já assinalado, que uma lei –

Tal conceito já constitui, segundo a própria autora, uma evolução em relação à sua formulação original, feita na obra de sua autoria, *Direito administrativo e políticas públicas*.
[12] "O direito no desenvolvimento econômico", in: *Revista Brasileira de Direito Público – RBDP*, Belo Horizonte, Fórum, a. 10, n. 38, jul./set. 2012, p. 33.

sem um subsequente gerenciamento normativo de sua aplicação, normalmente atribuído a um órgão da administração pública – seja instrumento bastante, em sociedades complexas, de concretização de fins públicos.

Os objetivos das políticas públicas estão não raro fixados de maneira esparsa, em distintos textos normativos, desde a Constituição até as leis. Mas as metas, que os especificam, situam o seu alcance no tempo e lhes dão, assim, maior grau de concretude (por vezes se expressando em termos quantitativos ou percentuais), essas melhor se ajustam aos atos infralegais e, portanto, mais flexíveis.

A regulação, então, se põe a serviço desses objetivos e metas de políticas públicas.

Vale a reflexão, a seguir, sobre algumas normas legais que preveem a estipulação de metas em políticas públicas que envolvem regulação, servindo assim, tais metas, de norte a reguladores e regulados. São verdadeiros parâmetros de controle da compatibilidade de sua atuação com as políticas públicas governamentais.

4. Controle pela fixação de metas de políticas públicas

A Lei Geral de Telecomunicações prevê a edição, por decreto expedido mediante consulta pública, do "**plano geral de metas para a progressiva universalização do serviço prestado no regime público**" (art. 18, II).

A Lei da ANEEL foi alterada para passar a prever, entre as atribuições da agência, a de "estabelecer, para cumprimento por parte de cada concessionária e permissionária de serviço público de distribuição de energia elétrica, as metas a serem periodicamente alcançadas, visando a universalização do uso da energia elétrica" (art. 3º, XII). Também foi alterada, mais recentemente, de modo a prever que a execução pelos Estados e Distrito Federal de atividades delegadas será disciplinada por meio de "**contrato de metas**" firmado entre a ANEEL e a agência estadual ou distrital, que instrumentalizará, assim, um "**controle de resultado voltado para a eficiência da gestão**" (art. 20, 3º, I).

A Lei da ANS prevê que a administração da agência será regida por um "**contrato de gestão**", negociado entre seu Diretor-Presidente e o Ministro de Estado da Saúde e aprovado pelo Conselho de Saúde Suplementar, mediante o qual serão estabelecidos os "parâmetros" para sua "administração interna", bem assim os "indicadores que permitam avaliar, objetivamente, a sua atuação administrativa e o seu desempenho" (art. 14). A mesma lei dispõe, ainda, que o "descumprimento injustificado" dos "**objetivos e metas**" acordados no contrato de gestão implicará a dispensa do Diretor-Presidente, pelo Presidente da República, mediante solicitação do Ministro de Estado da Saúde (art. 15 c/c art. 8º, IV). Dessa maneira, embora a lei tenha assegurado, à ANS, "mandato fixo de seus dirigentes" como expressão da qualificada autonomia conferida à entidade reguladora, ela ao mesmo tempo admitiu esta quebra de mandato na hipótese de gestão administrativa que se apresente, injustificadamente, aquém das metas.

A Lei da ANVISA também dispõe que a administração daquela autarquia será regida por "**contrato de gestão**", também nesse caso negociado entre seu Diretor-Presidente e o Ministro da Saúde, só que ouvidos previamente os Ministros da Fazenda e do Planejamento, Orçamento e Gestão. O contrato deve servir de "instrumento de avaliação da atuação administrativa da autarquia e de seu desempenho", estabelecendo os "parâmetros" para sua "administração interna", bem como "os indicadores que permitam quantificar, objetivamente, a sua avaliação periódica" (art. 19). Seu "descumprimento injustificado" implicará a exoneração do Diretor-Presidente da agência, pelo Presidente da República, mediante solicitação do Ministro da Saúde (art. 20 c/c art. 12).

A Lei da ANCINE prevê a possibilidade de celebração de "**contrato de gestão**" entre aquela agência e o Ministério do Desenvolvimento, Indústria e Comércio Exterior, responsável por sua supervisão (art. 5º, 2º). Recentemente foi incluída, entre as competências da agência, a de "elaborar e tornar público **plano de trabalho como instrumento de avaliação da atuação administrativa do órgão e de seu desempenho**, estabelecendo os parâmetros para sua administração, bem como os indicadores que permitam quantificar, objetivamente, a sua avaliação periódica, inclusive com relação aos recursos aplicados em fomento à produção de audiovisual" (art. 7º, XIX).

A Lei da ANA, alterando a Lei da Política Nacional de Gestão de Recursos Hídricos (Lei 9.433/97), prevê a competência do Conselho Nacional de Recursos Hídricos para aprovar o **Plano Nacional de Recursos Hídricos**, acompanhar a sua execução e "**determinar as providências necessárias ao cumprimento de suas metas**". Prevê, também, a competência da ANA para regular e fiscalizar a prestação de "serviços públicos de irrigação", em regime de concessão, envolvendo corpos d'água de domínio da União, cabendo-lhe, inclusive, a disciplina, em caráter normativo, da prestação desses serviços, bem como a **"fixação de padrões de eficiência"** quando cabíveis (art. 4º, XIX).

A Lei da ANAC prevê, entre as competências da agência, a de "expedir normas e estabelecer **padrões mínimos de segurança de voo, de desempenho e eficiência**, a serem cumpridos pelas prestadoras de serviços aéreos e de infra-estrutura aeronáutica e aeroportuária, inclusive quanto a equipamentos, materiais, produtos e processos que utilizarem e serviços que prestarem" (art. 8º, XXX).

Acerca dos objetivos, metas e parâmetros de desempenho de elaboração prevista nessas leis, cumpre notar que existem diferentes instrumentos para sua elaboração – por vezes isso é feito unilateralmente (decreto ou, então, ato da agência reguladora), com ou sem oitiva dos sujeitos que serão vinculados às metas; noutras vezes isso é feito bilateralmente (contrato de metas, contrato de gestão), com ou sem oitiva prévia do sujeito que contratará ou mesmo de outro órgão ou agente público cuja opinião deverá ser levada em conta. Não apenas o procedimento e o instrumento pelo qual são fixadas as metas variam conforme os ditames legais, como as consequências do seu descumprimento (exoneração de dirigente da agência, aplicação de multa à prestadora do serviço regulado, entre outras).

Os destinatários das metas também são sujeitos distintos: ora a própria autoridade reguladora (na sua gestão administrativa interna, ou então na sua produção normativa com efeitos sobre terceiros), ora os agentes econômicos regulados (na sua prestação de serviços públicos, ou no desempenho de atividades econômicas em sentido estrito). Na última vertente desse último caso, isto é, diante de metas aplicáveis a sujeitos que exercem atividades econômicas em sentido estrito (no campo próprio da iniciativa privada, portanto) é importante ter presente o disposto no art. 174 da Constituição Federal, segundo o qual o planejamento dessas atividades será vinculante para o setor público, mas meramente indicativo para o setor privado.

O que pretendo destacar aqui é que nasce daí, da previsão dessas metas de políticas públicas na legislação brasileira, novas perspectivas para o controle da atividade administrativa de regulação no país. Afinal, controlar a atividade regulatória da administração pública significa, nalguma medida, verificar a sintonia entre a regulação e a política pública que pretende fazer cumprir. Ou, mais especificamente, entre a regulação e as metas que apontam o sentido da política governamental.

Não apenas os agentes regulados são obrigatoriamente postos, ou, conforme o caso, incentivados a se colocar em sintonia com as metas da política governamental, como as próprias entidades reguladoras sofrem exigências de uma atuação regulatória comprometida com o alcance das metas. Ora são metas dirigidas diretamente às entidades reguladoras, ora são metas dirigidas aos agentes econômicos regulados (como as de universalização do acesso a serviços de telecomunicações e de energia). Evidentemente, nesse último caso as metas servem, sobretudo, ao controle da atuação dos agentes regulados; porém, mesmo aí, a atividade regulatória estatal há também que se mostrar sensível às metas – não obstaculizando, incentivando e monitorando o seu cumprimento pelos agentes regulados e reprimindo, nos termos da legislação, o seu descumprimento.

É desafiadora essa proposta de articulação de políticas públicas em metas bem concretas, capazes de orientar reguladores e regulados, tal qual encampada pelas distintas normas legais consultadas. Mas, por desafiadora que seja, convém seja feita essa articulação, pois a não articulação suficiente entre fins e meios de política pública pode ser muito danosa.

Por exemplo, se a distinção entre os planos da política pública e da regulação parece clara em abstrato, na prática administrativa – ou mesmo no texto das próprias leis, quando não tão bem formuladas – eles frequentemente se misturam, tornando difícil identificar a quem compete o quê (definir política pública e regular). Por consequência, controlar o exercício da atividade regulatória torna-se tarefa inglória; afinal, se os parâmetros finalísticos estão obscuros, o que servirá de "bússola" para o gerenciamento de seu cumprimento? Estará aberta margem perigosa para abusos de poder ou invasões de competências no exercício de um controle sem parâmetros.

No setor de telecomunicações, o problema foi evitado por meio da clara estipulação, em lei, do que seja, juridicamente, "definir a política pública". Assim, a Lei Geral Telecomunicações elegeu os órgãos competentes para elaborar (a partir dos delineamentos constantes da própria lei) a política pública setorial (ou o conjunto de políticas para o setor). Além disso, previu os instrumentos para tanto, definiu os processos necessários e fixou algumas definições básicas quanto ao seu conteúdo. Finalmente, a lei também procurou dissociar com clareza este plano da elaboração da política, de um lado, do plano da regulação, de outro; ficando a regulação subordinada, evidentemente, à política pública.

Nesse sentido, a Lei Geral de Telecomunicações dispõe que a atividade de regulação da exploração dos serviços de telecomunicações, a cargo de um "órgão regulador" federal, se subordina às "políticas estabelecidas pelos Poderes Executivo e Legislativo" (art. 1º). Tem-se aí uma distinção importante, entre quem regula e quem estabelece as políticas públicas: a regulação está a cargo de um órgão regulador federal, a ANATEL, criada pela mesma lei à luz da previsão constitucional (CF, art. 21, XI); o estabelecimento das políticas para o setor está sob a incumbência dos Poderes Executivo e Legislativo.

E o que significa, exatamente, estabelecer "políticas governamentais de telecomunicações" (essa é a expressão mais completa, encontrada noutras passagens do mesmo diploma)?[13] A lei não se furtou a dizê-lo, definindo claramente as competências específicas que materializam a ideia. Nesse sentido ditou que "cabe ao Poder Executivo, observadas as disposições desta Lei, por meio de Decreto": "instituir ou eliminar a prestação de modalidade de serviço no regime público..."; "aprovar o plano geral de outorgas de serviço prestado no regime público"; "aprovar o plano geral de metas para a progressiva universalização do serviço prestado no regime público", já mencionado; e "autorizar a participação de empresa brasileira em organizações ou consórcios intergovernamentais destinados ao provimento de meios ou à prestação de serviços de telecomunicações" (art. 18, I a IV).

De outro lado, a lei definiu que compete à ANATEL "implementar, em sua esfera de atribuições, a política nacional de telecomunicações", como também já assinalado (art. 19, I).

Assim, da definição de políticas públicas para o setor de telecomunicações não restou uma ideia vaga ou imprecisa na lei setorial, que tivesse quiçá que ser esclarecida mediante outras normas de conteúdo e abrangência a definir, produzíveis talvez pelo Poder Executivo, talvez por outro órgão estatal. Longe de deixar a questão em aberto, a lei a delineou – a definição de política pública para as telecomunicações no Brasil – desde logo como atividade que se realizará mediante a expedição de decretos (exercício de poder regulamentar, portanto) pelo Presidente da República, cujo conteúdo ela desde logo também fixou (nas suas linhas gerais), valendo aqui o

---

[13] Lei 9.472/97, art. 22, III; e art. 35, I.

destaque para os sobreditos instrumentos de planejamento – plano geral de outorgas e plano de metas de universalização.[14]

Não apenas previu estes instrumentos de definição da política setorial, como definiu aspectos essenciais do seu processo de elaboração, conforme já mencionado.[15]

Enfim, pode parecer trivial ou de óbvia importância o que fez a Lei Geral de Telecomunicações, distinguindo claramente o plano da política pública e o da regulação, subordinando esse (o da regulação) àquele (o plano da política pública) e definindo, exatamente, o que significa juridicamente estabelecer a política pública. Mas isto não é trivial nas leis sobre regulação econômica, visto que frequentemente deixam dúvidas sobre como será – ou, quando menos, não são muito didáticas a respeito de como será – especificada e detalhada a política pública, ou quem e como irá fazê--lo, entre outros aspectos fundamentais.[16]

A falta de clareza acerca da política pública que norteará a regulação é fator de insegurança jurídica. Entendimento manifestado no famoso Parecer 51/2006, do Advogado-Geral da União, naquele que ficou conhecido como "Caso ANTAQ", sugere que um dos riscos é o da interferência indevida da cúpula do Poder Executivo (Chefe e Ministros de Estado) em

---

[14] Tanto é assim que a própria lei no seu art. 19, XXVIII, *in fine* reportou-se à "política do setor definida nos termos do artigo anterior", isto é, do art. 18, atinente às competências do Poder Executivo de regulamentação por decreto no setor. A definição da política setorial, portanto, é nitidamente algo que se faz pelo exercício de competências bem expressas e definidas na própria lei.

[15] Nesse sentido dispôs a Lei 9.472/97 que ao Conselho Diretor da agência compete "propor o estabelecimento e alteração das políticas governamentais de telecomunicações" (art. 22, III); e ao Conselho Consultivo da mesma agência "opinar, antes de seu encaminhamento ao Ministério das Comunicações, sobre o plano geral de outorgas, o plano geral de metas para universalização de serviços prestados no regime público e demais políticas governamentais de telecomunicações" (art. 35, I). À agência como um todo conferiu, ainda, competência para "elaborar e propor ao Presidente da República, por intermédio do Ministro de Estado das Comunicações, a adoção das medidas..." já referidas, que materializam a política pública setorial mediante decretos, "...submetendo previamente a consulta pública..." a maior parte delas (art. 19, III).

[16] A observação é válida, por exemplo, para a legislação própria do setor de energia elétrica, formada por uma conjunção de múltiplos diplomas normativos, que se sucederam no tempo em diversas reformas legislativas, tornando hoje difícil a identificação, no mosaico de normas resultante e intensamente cambiante, de qual, afinal, a política pública setorial em vigor e quais os instrumentos aptos a instrumentalizá-la.

assuntos tidos legalmente como da competência reservada a uma agência reguladora independente, a pretexto de ditarem "política pública" – tudo ao arrepio da lei. Deveras, o mencionado parecer fixou o entendimento de que cabe a interposição de "recurso hierárquico impróprio" contra decisões de agências reguladoras independentes nas hipóteses, entre outras nele aludidas, em que a decisão recorrida tenha contrariado "políticas públicas definidas para o setor regulado pela administração direta". Fundou tal conclusão na competência constitucional do Presidente da República para exercer, com o auxílio dos Ministros de Estado, "a direção superior da administração federal" (CF, art. 84, II).[17]

Ocorre que tal exercício, relativamente à administração indireta, só cabe na forma da lei, estando a administração como um todo (e, evidentemente, o Chefe do Executivo e os Ministros de Estado) sujeita ao princípio de legalidade (CF, art. 37, *caput*). Numa administração bastante descentralizada, complexa e policêntrica como a moderna, supor que caiba à cúpula

---

[17] Refiro-me ao parecer por meio do qual o Advogado-Geral da União adotou, nos termos do Despacho do Consultor-Geral da União 438/2006, o Parecer AGU/MS-04/2006, de 23 de maio de 2006, da lavra de Consultar da União, acerca de deliberação da ANTAQ e divergência havida quanto ao cabimento de "recurso hierárquico impróprio" de sua deliberação para o Ministério dos Transportes, responsável por supervisioná-la. Tendo recebido aprovação do Presidente da República, por despacho de 13/6/2006, este Parecer 51/2006 do Advogado--Geral da União passou a produzir efeitos normativos, nos termos da Lei Complementar 73/93 (Lei da AGU), para toda a administração pública federal. O entendimento manifestado pelo parecer aprovado, no que tange à questão do cabimento do recurso impróprio, foi assim ementado: "ASSUNTO: Porto de Salvador. Cobrança de taxa (THC2) pela entrega de contêineres aos demais recintos alfandegados. Decisão da ANTAQ pela ocorrência de indícios de exploração abusiva de posição dominante no mercado pelos operadores portuários e determinação de remessa da questão ao CADE. Recurso hierárquico contra a decisão da Agência Reguladora dirigido ao Ministério supervisor. Revisão da decisão da Agência. Definição acerca dos instrumentos da supervisão ministerial e da possibilidade de provimento de recurso hierárquico impróprio contra as decisões das agências reguladoras. (...) II – **Estão sujeitas à revisão ministerial (...), inclusive pela apresentação de recurso hierárquico impróprio, as decisões das agências reguladoras** referentes às suas atividades administrativas ou **que** ultrapassem os limites de suas competências materiais definidas em lei ou regulamento, ou, ainda, **violem as políticas públicas definidas para o setor regulado pela Administração direta.** III – Excepcionalmente, por ausente o instrumento da revisão administrativa ministerial, não pode ser provido recurso hierárquico impróprio dirigido aos Ministérios supervisores contra as decisões das agências reguladoras adotadas finalisticamente no estrito âmbito de suas competências regulatórias previstas em lei e que estejam adequadas às políticas públicas definidas para o setor".

do Poder Executivo avocar e decidir todo e qualquer assunto, mesmo em desrespeito à autonomia decisória legal e enfaticamente assegurada a uma agência reguladora, é um equívoco. A Constituição quer a referida direção superior, por óbvio, mas, no que tange à administração indireta, notadamente àquelas entidades legitimamente investidas em qualificada autonomia, tal direção – também chamada supervisão – deve ser exercida na forma prevista em lei, não contra a lei. Donde o descabimento de recursos hierárquicos ditos "impróprios" das decisões de agências reguladoras independentes para os Ministérios responsáveis por sua supervisão, mesmo sob a alegação de a decisão recorrida ter violado "política pública". Não foi esse, todavia, o entendimento que prevaleceu naquele parecer do Advogado-Geral da União.

Ainda que, no caso concreto então analisado, não se tenha vislumbrado efetiva violação de política pública pela decisão recorrida (uma decisão da ANTAQ acerca da cobrança de determinada tarifa portuária), fixou-se o entendimento, preliminarmente, pelo cabimento do recurso impróprio. Tal opinião – vinculante para toda a administração federal – abre as portas para futuros acolhimentos, por Ministros de Estado, de recursos administrativos contra decisões de agências reguladoras independentes.[18] É verdade que, de lá pra cá, não há notícias de que a perigosa "brecha" venha sendo utilizada, mas o fato é que ela foi aberta.

Precaução para evitar abusos nesse tipo de controle, enquanto perdurar a orientação normativa fixada pelo sobredito parecer, é a atenção àquilo em que consiste, exatamente, a política pública setorial. No caso do setor de telecomunicações, as normas legais o disseram com clareza: definir as políticas governamentais para o setor envolve a edição dos atos discriminados pela própria lei. Fica mais difícil, nesse caso, inventar pretexto de política pública para acolher recurso hierárquico impróprio contra decisão da agência reguladora independente, acolhimento esse que, antes, deveria ter sido negado, por significar uma interferência abusiva e ilegal no exercício das competências legais da agência.

---

[18] Curiosamente, a fundamentação da orientação normativa fixada pelo Parecer 51/2006 do Advogado-Geral da União sugere que a regra seja o cabimento do "recurso impróprio", sendo excepcional o não cabimento. Mas o impróprio, penso, não deveria ser admitido, muito menos como regra geral. O nome consagrado à medida já o diz – recurso "impróprio", isto é, medida excepcional, se tanto (embora, frise-se, a meu ver nem excepcionalmente ela teria cabimento por violar a lei).

Dos exemplos de normas a respeito de metas colhidos da legislação regulatória, também se verifica um punhado delas alusivas a metas próprias de "contratos de gestão" ou "de metas", celebrados entre a entidade ou autoridade reguladora e a autoridade ou órgão supervisor. A raiz desse tipo de acordo está na Constituição Federal. A Emenda 19/98, ao buscar promover a chamada Reforma Gerencial da administração pública brasileira,[19] calcada, entre outros, no valor da eficiência da máquina pública, incluiu no art. 37, *caput*, da Constituição o dever de observância ao "princípio de eficiência". Liga-se o objetivo de eficiência à técnica da fixação de "metas de desempenho", via contrato, cujo cumprimento seja aferível mediante "controles e critérios de avaliação de desempenho" também pré-estabelecidos, atribuindo-se como contrapartida, ao órgão ou entidade estatal que se comprometa com tais metas, a possibilidade de fruição de maior autonomia gerencial, orçamentária e financeira. É o que está previsto no § 8º do mesmo art. 37, também introduzida pela reforma citada: "A autonomia gerencial, orçamentária e financeira dos órgãos e entidades da administração direta e indireta poderá ser ampliada mediante contrato, a ser firmado entre seus administradores e o poder público, que tenha por objeto a fixação de metas de desempenho para o órgão ou entidade, cabendo à lei dispor sobre: I – o prazo de duração do contrato; II – os controles e critérios de avaliação de desempenho, direitos, obrigações e responsabilidade dos dirigentes; III – a remuneração do pessoal".

Alguns dos textos de lei citados acima, como se viu, são mais densos que outros no delineamento desse tipo de acordo, mas eles estão aí, constituindo nova frente de controle do desempenho das agências. De se notar, ainda, que as leis não se referem a eventual ampliação da autonomia dessas agências – que já é ampla – por força dos acordos, o que parece colocá-los, a rigor e na prática, menos alinhados com a proposta do § 8º do art. 37 da Constituição.

5. Análise dos potenciais efeitos da regulação como requisito de validade das decisões regulatórias

Ao lado da maior concatenação da regulação com metas de políticas públicas, outro movimento está em curso no Direito brasileiro. Cresce a

---

[19] A respeito da Reforma Gerencial e seus objetivos, *cf.* Luiz Carlos Bresser Pereira, *Reforma do Estado para a cidadania: a reforma gerencial brasileira na perspectiva internacional*, São Paulo, Ed. 34: Brasília, ENAP, 1998.

demanda por análises acerca do impacto da regulação estatal. Quais os custos e quais os benefícios a serem, possivelmente, por ela gerados? Quais os interesses as serem contemplados e quais os que serão contrariados? Quais os riscos por ela suscitados e como prevenir contra a sua concretização ou mitigar o seu impacto? São questões para as quais as chamadas técnicas de *avaliação de impacto regulatório* buscam oferecer respostas.

Reage-se, assim, contra a irracionalidade normativa na regulação estatal. Busca-se obter uma clara dimensão dos custos e dos benefícios gerados por cada medida regulatória.

Segundo Patrícia Rodrigues Pessôa Valente, uma das precursoras do estudo sistematizado do tema no Brasil, "...a avaliação de impacto regulatório – AIR é um procedimento ordenado de tomada de decisões no âmbito da atividade regulatória estatal, baseado no uso sistemático de análises sobre os possíveis efeitos de uma dada decisão. Apresenta como principais etapas a delimitação de objetivos e meios pretendidos pela decisão regulatória a ser tomada, o mapeamento dos prováveis impactos, a análise dos custos e benefícios da medida e o monitoramento dos efeitos após sua implementação".[20]

Cuida-se, assim, de realizar estudos prévios que, fazendo uma análise prospectiva, apontem cenários prováveis sobre o futuro impacto das normas de regulação setorial – no alcance dos resultados pretendidos, nos custos e benefícios para agentes regulados, usuários, os próprios reguladores e a sociedade como um todo.

Em última análise, tais estudos de impacto servem ao *planejamento* e à *motivação* de medidas regulatórias cogitadas. Caso adotadas e implementadas, as análises envolvem ainda o monitoramento dos seus efeitos e resultados efetivamente alcançados. O cotejo entre as metas estipuladas e os resultados alcançados pode resultar em aprimoramentos da regulação para que, futuramente, atinja maiores graus de eficiência e eficácia.

Abre-se a perspectiva, com a necessidade – que é real – de realização de estudos do gênero, para o exercício de uma regulação melhor planejada, fundamentada e, ao fim e ao cabo, mais responsável. Abre-se também, com

---

[20] *Avaliação de impacto regulatório: um instrumento à disposição do Estado*, Dissertação de Mestrado, Faculdade de Direito da Universidade de São Paulo, 2010, p. 29. Confira-se, ainda, a obra resultante do trabalho da dissertação, pela mesma autora: *Análise de impacto regulatório: uma ferramenta à disposição do Estado*, Belo Horizonte, Fórum, 2013.

a progressiva exigência clara e inequívoca desses estudos de impacto como requisito de validade de decisões regulatórias, a perspectiva de acentuação de uma nova tônica de controle da regulação econômica no Brasil, de cunho mais preventivo.

Cite-se, por exemplo, a Resolução de Diretoria Colegiada 52, de 10 de janeiro de 2013, da ANCINE, com alterações posteriores, que "dispõe sobre a elaboração de Análise de Impacto como requisito de admissibilidade para a deliberação de proposta de ato normativo pela Diretoria Colegiada". Sem entrar no mérito, aqui, do significado da medida no âmbito daquela agência e naquele específico contexto setorial, importa citá-la como ilustrativa da tendência de exigências nessa linha às entidades de regulação.

Em realidade, a sua introdução no Brasil remonta a projetos-piloto desencadeados no âmbito do governo federal com a edição do Decreto 6.062/2007, instituidor do "Programa de Fortalecimento da Capacidade Institucional para Gestão em Regulação – ProReg".

Recuando-se um pouco mais na história legislativa brasileira, pode-se encontrar no Decreto 4.176/2002, que regulamenta a Lei Complementar 95/98 (sobre a elaboração de leis e demais atos normativos no país), um questionário importante, fixado no seu Anexo I, sob o sugestivo título: "Questões que devem ser analisadas na elaboração de atos normativos no âmbito do Poder Executivo". Entre elas está a exigência de que a autoridade responsável indague: "12. Existe uma relação equilibrada entre custos e benefícios?" Não tenho notícias de que haja efetiva aderência das autoridades ao extenso questionário apresentado pela norma, muito menos de que eventuais respostas a esse questionário sejam compartilhadas com o público externo à administração pública. Mas a grande mudança advinda com as novas exigências de estudos de impacto regulatório está justamente em que, colocado o estudo e sua divulgação como requisito de validade do ato normativo a ser produzido pela agência reguladora, não haverá como esta se furtar às considerações sobre os impactos das normas que produz.

Por hora, mesmo à falta de muitas exigências peremptórias nesse sentido, já se vislumbram, por força do simples dever de motivação das decisões estatais, reclamos de que estudos de impacto sejam apresentados pelas agências reguladoras, compondo, assim, a justificativa para os seus atos de regulação.

Em suma, a regulação, quando vista como parte essencial de política pública, põe em evidência uma perspectiva de análise funcional das normas regulatórias, que privilegia a sua concatenação com os objetivos e metas da política pública a que serve de instrumento. Abrem-se as portas, assim, para novos mecanismos de controle da atividade administrativa de regulação, atentos a estes objetivos e metas que a norteiam.

Enfatizando-se sejam os resultados almejados, sejam os efetivamente alcançados, seja o cotejo entre uns e outros, encontram-se novas perspectivas para o controle da atividade administrativa de regulação. Ao fim e ao cabo exige-se regulação mais eficiente, suficientemente motivada e calibrada com os fins da política pública a que serve, ao mesmo tempo em que se procura evitar que ela própria – a regulação – seja confundida com a formulação de política pública.

CORREGEDORIAS: O CONTROLE DA FUNÇÃO ADMINISTRATIVA NOS DIFERENTES PODERES

Luis Manuel Fonseca Pires

Introdução

O tema que me foi atribuído nesta obra coletiva é o *controle da função administrativa nos diferentes Poderes*, mas um controle específico, o *correcional*. Cuidarei então da competência traçada aos órgãos administrativos em geral denominados "Corregedoria". São múltiplos. Dentro de cada Poder são diversos os órgãos criados com este fim – Corregedoria da Polícia, de Servidores Públicos, da Justiça, do Legislativo –, às vezes intimamente vinculados à estrutura organizacional de cada qual – a exemplo dos Conselhos de Ética do Poder Legislativo –, outros tantos com independência administrativa em relação aos órgãos e servidores correicionados – tal como ocorre, no Brasil, com o Conselho Nacional da Justiça, que enfeixa as suas atribuições de controle administrativo sobre todos os Tribunais e magistrados do país, e ainda em relação às atividades notariais e de registro.

A análise que opto por fazer não se circunscreve nas particulares competências legais de uma ou outra Corregedoria. Seria muito casuística. Pois ainda que haja sensível contribuição em abordagens que acolham a metodologia de estudos de casos, creio que este tema em especial, e com a particularidade de compor obra coletiva que integra a participação de acadêmicos de outras nacionalidades, deve enfrentar alguma problematização comum, universal, um dilema com identidade de relevância entre os Estados de Direito.

Escolho, portanto, cuidar da *ética* enquanto referência densificadora de significados da função administrativa e, por conseguinte, do papel da atividade correcional. Parto da premissa de que a ética e o direito comunicam-se, que em relação aos sentidos dos *deveres funcionais* dos agentes públicos – sejam eles agentes políticos, servidores públicos sob o regime estatutário ou contratados pelo regime jurídico das leis dos trabalhadores da iniciativa privada, ou mesmo colaboradores do Estado, como os concessionários de serviços públicos, ou quem investido precariamente em funções públicas –, encontra-se presente, dominante, uma *dimensão ética* a nortear o controle da função administrativa, pouco importa em qual Poder seja exercido.

Com este propósito em vista, quero encarecer a condição primeira da legitimidade do poder em qualquer Estado Democrático, qual seja, a estruturação de funções públicas vocacionadas a cumprir os ideais aspirados pela sociedade civil, o que conduz, necessariamente, à relação entre a ética e o direito. Pois entendo que há uma dimensão ética a nortear o exercício da função pública – por conseguinte, um guia para a atividade correcional. Por conseguinte, é preciso pensar a função administrativa em seu sentido orgânico – o que implica, acredito, na sua redefinição por uma perspectiva do imperativo ético.

1. Ética e Direito

Eduardo C. B. Bittar relaciona as principais semelhanças e diferenças entre direito e moral – e serve à reflexão entre direito e ética, bem se considere a moral e a ética como sinônimos, bem se as distinga para dizer que a primeira é objeto da segunda –:

> O direito possui como características: a heteronomia; a coercibilidade; a bilateralidade. O direito é atributivo da conduta humana. Heteronomia, coercibilidade e bilateralidade seriam as notas essenciais do direito, porque as obrigações jurídicas se formulam da comunidade para o indivíduo, e não o contrário, porque o descumprimento de comandos jurídicos pode ter como modo a aplicação de sanções, e mesmo o exercício do comando jurídico sob a força física, uma vez que o Estado monopoliza a violência, e, por fim, porque as relações jurídicas pressupõem ao menos a interação de dois sujeitos para existir e serem cumpridas. Unilateralidade, incoercibilidade e autonomia seriam as notas essenciais da moral, significando exatamente o oposto do indicado acima como característico do direito[1].

[1] BITTAR. Eduardo C. B. *Curso de Ética Jurídica*. 8ª ed. São Paulo: Saraiva, 2011, p. 58-89.

Mas a despeito das distinções, a clássica separação positivista fundada no pensamento de Hans Kelsen em sua *Teoria Pura do Direito* não mais se sustenta. Como afirma Eduardo C. B. Bittar:

> (...) só se pode afirmar que o direito se alimenta da moral, tem seu surgimento a partir da moral, e convive com a moral continuamente, enviando-lhe novos conceitos e normas, e recebendo novos conceitos e normas. A moral é, e deve sempre ser, o fim do direito. Com isso pode-se chegar à conclusão de que o direito sem moral, ou direito contrário às aspirações morais de uma comunidade, é puro arbítrio, e não direito[2].

Não há como ser diferente. Direito e ética relacionam-se, sim. Implicam-se, influenciam-se, comprometem-se. Pois sem se acolher o extremismo do positivismo sociológico encampado por Léon Duguit, ao menos em significativa parte é preciso dar-lhe razão ao dizer que há uma interdependência social – digo: um *pensar o outro*, um encontro consensual das teorias éticas junto ao Direito – porque:

> O homem vive em sociedade e só pode assim viver; a sociedade mantém-se apenas pela solidariedade que une seus indivíduos. Assim uma regra de conduta impõe-se ao homem social pelas próprias contingências contextuais, e esta regra pode formular-se do seguinte modo: não praticar nada que possa atentar contra a solidariedade social sob qualquer das suas formas e, a par com isso, realizar toda atividade propícia a desenvolvê-la organicamente[3].

A ética e o direito encontram-se em intersecções múltiplas. Não se pode desconsiderar, tal como adverte Arthur Kaufmann, que *"(...) o Direito está orientado a uma meta moral, já que, tanto a ordem jurídica proteja e garanta os direitos subjetivos do Homem, serve à auto-realização da personalidade moral"*[4].

A vinculação entre a ética e o direito conta, a despeito de respeitáveis opositores[5], com a adesão de renomados juristas[6] que, cada qual ao seu modo, evidenciam o que é natural ao indivíduo em sociedade: as normas

---

[2] Op. cit., p. 61.
[3] DUGUIT, Léon. *Fundamentos do Direito*. Trad. Márcio Pugliesi. São Paulo: Martin Claret, 2009, p. 45.
[4] In: VÁSZQUEZ, Rodolfo (compilador). *Derecho y Moral. Ensayos sobre um debate contemporáneo*. Barcelona: Gedisa, 1998, p. 57-58.
[5] Dentre eles, Eugenio Bulygin, Norbert Hoerster, Francisco Laporta e Ulises Schimill.
[6] A exemplo de Robert Alexy, Ernesto Garzón Valdés, Neil MacCormick e Javier Muguerza.

que prescrevem condutas e autorizam o uso da coerção em caso de descumprimento apenas se justificam enquanto instrumentos de realização da própria individualidade, do ser moral por excelência. Ilustro com Robert Alexy para quem há conexões necessárias tanto conceituais quanto normativas entre direito e moral[7]. Uma abordagem destas conexões diz respeito à distinção que formula e denomina sob dois tipos diferentes, *classificadora* e *qualificadora*. A conexão *classificadora* ocorre quando normas ou sistemas normativos não satisfazem certo critério moral, por razões conceituais ou normativas, e por isto não devem ser reputados nem normas nem sistemas jurídicos. A conexão *qualificadora* refere-se a normas ou sistemas jurídicos que apesar de igualmente não atenderem certo critério moral devem ser considerados, por razões conceituais ou normativas, normas ou sistemas jurídicos simplesmente defeituosos[8]. Neste quadrante é que se sobreleva em importância a noção de *pretensão à correção* apresentada por ele, pois sua dimensão é *classificadora*, logo, a sua violação implica recusar o próprio sistema jurídico[9]. Tanto as normas, decisões jurídicas e mesmo os sistemas jurídicos devem formular uma *pretensão à correção*. Não formulá-la, por sua relevância *classificadora*, significa negar-se o próprio sistema jurídico; formulá-la, mas não a cumprir projeta uma perspectiva *qualificadora* de tal sorte a fazer reconhecer o sistema como defeituoso. Em síntese, a *formulação de pretensão* de sistemas jurídicos apresenta uma dimensão *classificadora*, mas a *formulação de pretensão* de normas jurídicas e ainda a *satisfação* (realização) *da pretensão* tanto de normas quanto de sistemas jurídicos define-se como *qualificadora*.

A *tese da moral*, formulada por Robert Alexy, consiste em distinguir duas versões da tese de conexão necessária entre direito e moral, uma fraca, outra forte. A fraca afirma que há uma conexão necessária entre o direito e uma "moral qualquer", e a forte sustenta o vínculo entre o direito e a "moral correta". Num primeiro instante interessa a ele a versão fraca, a qual denomina *tese da moral*. Ao dizer o direito não se pode desconsiderar os significados desta "moral qualquer"[10].

[7] ALEXY, Robert. *Conceito e Validade do Direito*. Trad. Gercélia Batista de Oliveira Mendes. São Paulo: Martins Fontes, 2009, p. 27.
[8] Op. cit., p. 31.
[9] Op. cit., p. 41-42.
[10] Op. cit., p. 90-91. Posteriormente, cuida o autor da pretensão à correção vinculada ao direito sob a violação da moral correta diante de uma injustiça extrema.

2. Uma dimensão da ética jurídica: *o pensar o outro*

Um *encontro ético* das inúmeras correntes filosóficas que se envidam a entender a moral comum, em particular a moral pública (da participação em sociedade), é possível. Quase um *mínimo ético*, mas prefiro denominar de encontro, porque não é em relação ao conteúdo que me arvoro à pretensão de defini-la, mas sim ao que *em comum* tantas e variadas escolas posicionam-se, o *pensar o outro*, e de qual forma – e por que – este consenso ético reflete-se – e pode então ser coercitivamente exigido – pelo direito.

A possibilidade do conhecimento ético encontra fundamentos epistemológicos em variadas leituras. Segundo Johannes Hessen, a origem do conhecimento é explicada por teorizações distintas que podem ser agrupadas em um dos quatro grupos: racionalismo, empirismo, intelectualismo e apriorismo[11]. O racionalismo identifica no pensamento a principal fonte do conhecimento humano, e uma de suas clássicas expressões é o pensamento de Platão com a sua teoria das ideias inatas[12]; o empirismo extrai como única fonte do conhecimento humano a experiência; o intelectualismo promove uma mediação entre estes opostos: há juízos necessários com validade universal tanto em relação aos objetos ideais quanto aos reais, e a *"(...) consciência cognoscente lê na experiência, retira seus conceitos da experiência (...)"*[13]; o apriorismo, outra mediação entre o racionalismo e o empirismo, afirma que o conhecimento encontra-se em elementos *a priori*, não enquanto conteúdos, mas como formas do conhecimento que se preenchem pela experiência, e difere do intelectualismo, porque este *"(...) deriva os conceitos da experiência, enquanto o apriorismo rejeita essa derivação, atribuindo o fator racional não à experiência, mas à razão"*[14]. Ainda acresço um quinto grupo, o da linguagem e da semiótica, do qual se desenvolvem muitas outras proposições filosóficas a respeito do conhecimento ao longo do século XX.

Todas estas teorizações desdobram-se na ambiência ética. Discorre-se sobre a ética empírica, ética dos valores, ética deôntica, ética do discurso, mas o que me interessa particularizar desta ampla seara é o *encontro ético*, algo essencialmente comum quase à totalidade das abordagens filosóficas

---

[11] HESSEN, Johannes. *Teoria do conhecimento*. Tradução João Vergílio Gallerani Cuter. 2. ed. São Paulo: Martins Fontes, 2003, p. 47 e seguintes.
[12] PLATÃO. *A república*. Trad. J. Guinsburg. São Paulo: Perspectiva, 2006, Livro VII.
[13] HESSEN, Johannes. *Teoria do conhecimento*. (...), p. 60.
[14] Op. cit., p. 64.

possíveis a seu respeito. Um núcleo convergente às tão díspares formulações epistemológicas sobre a ética. Uma síntese conciliatória, não um *mínimo*, mas um *encontro ético* possível e suficiente ao menos à proposta deste estudo. Este encontro ético, em meio a tantas éticas em suas tão diversificadas decomposições analíticas, reside no propósito de *pensar o outro*. A alteridade, enfim, é o pressuposto primeiro de qualquer intenção de formulação de parâmetros éticos. Portanto, em meio às divergências, um consenso: a ética é a ciência do *pensar o outro*.

3. A função administrativa orgânica redefinida – paradigmas éticos e a atividade correcional

Tratar da função pública em sentido orgânico ou subjetivo pode provocar, em um primeiro contato com o tema, algum desconforto, afinal, é superado este critério, de há longa data, na definição da função administrativa, espécie de função pública. Então, se não mais se considera o critério orgânico ou subjetivo à elaboração da noção de função administrativa – e por muito mais razão, à função pública –, qual a pertinência de deter-se em sua análise?

É que o elemento orgânico, embora realmente não seja suficiente à qualificação de uma atividade como missão do Estado, integrante do espectro de tarefas identificadas como públicas, deveres estatais, em uma palavra, *funções*, por outro lado, creio ser possível recordá-lo para intumescer a *dimensão ética* do regime jurídico-administrativo em relação à *função correcional* exercida em todos os Poderes sobre os seus agentes.

Referir-se à função pública em sentido orgânico não significa, portanto, resgatar e aventurar-se a defender o insustentável – a definição de tarefas como públicas apenas em vista de quem as presta, isto é, função pública seria sinônimo de atuação direta do Estado –, mas sim destacar e, principalmente, *avançar* na definição da dimensão significativa da função pública *quando* se refere ao seu encarregado por excelência, o Estado. Seja como titular e prestador, ou bem como fiscalizador da tarefa delegada a particulares para a sua execução, ou como gestor da coisa pública, o que anelo é mais do que reafirmar o sentido de função pública, em destaque da função administrativa, mas ainda indicar, diante da Constituição Federal de 1988, ou de qualquer Constituição que afirme o Estado submetido ao Direito e à democracia, paradigmas semânticos que incorporam, e por isto exigem, o atendimento de normas éticas no exercício da função pública.

Sem aguardar qualquer nova reforma constitucional – pois absolutamente dispensável –, sem se esperar a edição de normas infraconstitucionais determinantes de novéis institutos jurídico-administrativos – porque igualmente desnecessários, ao menos na maioria dos casos –, o que propugno é a compreensão da *função administrativa orgânica ou subjetiva* identificada com paradigmas éticos pertinentes à Administração Pública. A função administrativa em seu sentido orgânico ou subjetivo, nesta abordagem que proponho, ao largo passa do sentido clássico atribuído à expressão – a simples identificação da missão pública porque resultante de um ato estatal –, mas se associa à relação imperativa com a ética.

Em outros termos, deve-se pensar a função correcional enquanto abertura principal à comunicação entre a ética e o direito, o que intumesce – na qualidade de principal elemento hermenêutico – os significados dos deveres funcionais dos agentes públicos em geral, e os limites e a legitimidade do poder no exercício da função pública.

As linhas diretrizes do Estado Social, desde o preâmbulo[15] da Constituição Federal, e ainda como um dos objetivos fundamentais da República Federativa do Brasil, reside no dever do Estado de construir uma sociedade livre, justa e solidária[16]. "Construir", verbo anunciado neste texto constitucional, deve comportar o quanto advertido por José Afonso da Silva:

> 'Construir', aí, tem sentido contextual preciso. Reconhece que a sociedade existente no momento da elaboração constitucional não era livre, nem justa, nem solidária. Portanto, é signo linguístico que impõe ao Estado a tarefa de construir não a sociedade – porque esta já existia –, mas a liberdade, a justiça e a solidariedade a ela referidas[17].

Só se "constrói" permanentemente – e seria mesmo ilusão ou ingenuidade crer que haveria algum nível suficiente do qual nada mais existiria a

---

[15] *Nós, representantes do povo brasileiro, reunidos em Assembléia Nacional Constituinte para instituir um Estado Democrático, destinado a assegurar o exercício dos direitos sociais e individuais, a liberdade, a segurança, o bem-estar, o desenvolvimento, a igualdade e a justiça como valores supremos de uma sociedade fraterna, pluralista e sem preconceitos, fundada na harmonia social e comprometida, na ordem interna e internacional, com a solução pacífica das controvérsias, promulgamos, sob a proteção de Deus, a seguinte Constituição da República Federativa do Brasil.*
[16] Art. 3º, I.
[17] SILVA, José Afonso da. *Comentário contextual à Constituição.* 3ª ed. São Paulo: Malheiros, 2007, em análise do art. 3º da Constituição Federal.

erigir, e mais grave ainda supor que a nossa sociedade pudesse ter alcançado algum patamar satisfatório – só se "constrói", repito, a liberdade, a igualdade e a fraternidade, ideários incondicionais de qualquer Estado Social e Democrático, se às normas constitucionais confere-se uma releitura perene com o compromisso constante com a eficácia das normas constitucionais de maneira a perlustrar horizontes mais amplos que permitam afirmar e ensanchar a cidadania como ideal ético-jurídico.

Nesta quadra, os órgãos de controle do Poder Público devem renovar e redimensionar, permanentemente, os arquétipos éticos necessários à legitimação dos poderes atribuídos ao Estado. A função administrativa, em seu sentido orgânico, quer dizer, em relação às atribuições originárias confiadas ao Estado, deve constantemente redefinir-se por paradigmas éticos a serem impostos às suas ações e ao comportamento pessoal dos seus agentes. A função administrativa sob o prisma orgânico implica o dever de a Administração Pública submeter-se à mutação evolutiva dos paradigmas éticos que compõem o regime jurídico-administrativo. Portanto, cumpre aos órgãos de controle a constante redefinição dos deveres atribuídos aos agentes públicos, esclarecer – de modo a cumprir com a segurança jurídica – os comportamentos a serem observados à realização das missões públicas com impessoalidade e eficiência. O enfoque subjetivo da função administrativa representa o compromisso com o diuturno progresso de significação – por consequência, de eficácia – das normas da Constituição de modo a permanentemente se expandir e enraizar-se a *presença da ética no direito,* em especial, *no alcance semântico das competências públicas confiadas aos seus agentes.*

Este evolver silencioso – sem a necessidade de modificação do texto constitucional, sendo mesmo dispensável o acréscimo de emendas, embora pudessem contribuir à persuasão retórica por novos argumentos –, este comprometimento evolutivo da representação da *ética* junto ao regime jurídico-administrativo desdobra-se do objetivo fundamental assumido expressamente pela República Federativa do Brasil de *construir* uma sociedade *cada vez mais* – daí, como visto acima, sobretudo nas lições de José Afonso da Silva, o sentido da palavra "construir" neste dispositivo – livre (mais livre), justa (mais justa) e solidária (muito mais solidária), o que exige, fundamentalmente, uma atuação eficaz dos órgãos de controle na estipulação de metas e sentidos dos deveres funcionais, e na fiscalização das violações cometidas.

A ética autorreferente – construída sob uma visão particular e em regra compensadora de frustrações – é claramente deficitária e comprometedora do ideal de justiça que reside na função pública. Pois o acrisolamento da consciência, a sua circunspecção, a equivocada impressão de que a ética pública define-se por um prisma solipso caracteriza a falta – o descumprimento do arquétipo ético – de *pensar o outro*. É relevante, evidente, o autoconhecimento, o estímulo ao pensamento crítico que se volta ciclicamente sobre as próprias ações. Mas não basta. É preciso compor a ética na função pública com o *olhar do outro*, da sociedade. Pois o agir em função pública acarreta o imperativo de posicionar-se por outra perspectiva para indagar o que – de quem *olha de fora* – ajusta-se a um *standard*, um *padrão objetivo* de comportamento de respeito ao titular do poder, o povo (art. 1º, parágrafo único, da Constituição Federal).

Cortesia, transparência, prudência, integridade profissional e pessoal, dignidade, honra, decoro, e notadamente probidade no trato da coisa pública são signos linguísticos, entre outros, cuja densidade normativa transcende as *impressões pessoais* de cada agente público a respeito do que se deve observar. A *perspectiva da sociedade* – o que define o *pensar o outro* – deve ser refletida com seriedade, dialogicamente pensada com os diversos atores sociais que permitem compreender os anseios e as críticas sobre o que é feito no exercício da função pública, pois apenas com esta abertura – saber ouvir – é possível traçar o conteúdo das posturas que compõem os deveres éticos da função administrativa e devem ser prescritos e fiscalizados pela atividade correcional.

O constructo de uma sociedade fraterna depende da observância de um planejamento ético no exercício da função pública, da revisão permanente das práticas públicas com a redescoberta de novos paradigmas impostos aos clássicos institutos jurídicos, a conscientização de deveres ético-profissionais que silenciosamente redefinem-se. Pois a *eficácia ética* das normas constitucionais no exercício da função administrativa deve, ininterrupta e persistentemente, *construir-se*, e para este fim das Corregedorias espera-se a orientação, educação e fiscalização das competências públicas.

COISA JULGADA ADMINISTRATIVA E SEU IMPACTO NO CONTROLE INTERNO E EXTERNO DA ADMINISTRAÇÃO PÚBLICA

Murillo Giordan Santos

1. Introdução

Este artigo tem como objetivo abordar as decorrências do reconhecimento da coisa julgada administrativa no controle da Administração Pública, em especial nas modalidades de controle interno e externo.

O caminho mais natural para essa empreitada parte da prévia análise dos institutos jurídicos envolvidos para a posterior comparação entre eles. Para tanto, o método comparativo foi amplamente utilizado. Devido à amplitude dos temas envolvidos, em particular o instituto do controle da Administração, optou-se por uma abordagem geral de suas modalidades interna e externa, no que o método dedutivo foi de grande valia.

Com isso, chegou-se à constatação de que o controle da Administração Pública é calcado em diversos parâmetros de atuação, cujo método de abordagem varia em função do agente controlador e dos objetivos do controle. Essa amplitude decorre da própria evolução do Estado de Direito.

Nessa esteira, a coisa julgada administrativa, aqui compreendida como a impossibilidade de reforma da decisão administrativa por parte da própria Administração Pública, será analisada como mais um parâmetro de controle para a Administração Pública, cujos efeitos variarão em suas modalidades interna e externa.

Será visto que, no controle interno, a coisa julgada administrativa opera como um limite negativo à atividade de autocontrole da Administração, limitando o seu poder de autotutela.

No controle externo, será constatada a inoperância de efeitos da coisa julgada administrativa devido à consagração da unidade jurisdicional no Brasil. Por essa mesma razão, será observado que, na verdade, é o controle externo que impacta a coisa julgada administrativa, operando como um meio de desconstituí-la.

Também será observada que essa desconstituição deverá ser operada por meio de processo administrativo em que sejam assegurados o contraditório e a ampla defesa, o que não deixa de ser um impacto na atividade de controle da Administração Pública, à medida que também limita o seu poder de autotutela.

2. Conceito, classificação, finalidades e efeitos do Controle sobre a Administração Pública

O objetivo deste tópico é identificar, dentro da amplitude dos estudos sobre o controle da Administração Pública, os seus aspectos mais diretamente relacionados com o fenômeno da coisa julgada administrativa. Para tanto, necessário se faz buscar o conceito de controle para poder identificar quais de seus tipos e finalidades se relacionam com a proposta deste estudo.

A noção de controle é inseparável da ideia e da origem de Estado de Direito, sendo possível afirmar que não há Estado de Direito se a Administração Pública não se submeter à lei. Para tanto, também devem existir instituições hábeis para garantir essa sujeição[1], exercendo o controle da conformidade da atuação estatal à lei.

O aumento do aparato burocrático do Estado fez com que diversos controles passassem a incidir sobre a Administração Pública. Quanto mais se ampliam as funções desta, maior a necessidade de fiscalizar a sua atuação.

Pela mesma razão, ampliaram-se os aspectos do controle da atividade administrativa. Em moldes clássicos, havia uma preocupação maior com o controle da legalidade e do mérito. Posteriormente, surgiram outros tipos de controle como o controle de eficiência e o controle de gestão[2].

Maria Sylvia Zanella di Pietro, citando as lições de Charles Debbasch, aponta aquelas que seriam as tendências atuais do controle da Adminis-

---

[1] DI PIETRO, Maria Sylvia Zanella. *Limites do controle externo da Administração Pública*: ainda é possível falar em discricionariedade administrativa? Disponível em <www.mariasylviadipietro.com.br>. Acesso em 31 mar. 2015.

[2] MEDAUAR, Odete. *Controle da Administração Pública*. 3. ed. São Paulo: RT, 2014, p. 17.

tração Pública: i) passagem de meios de *controles individuais* para *formas de ação coletiva sobre a Administração Pública*, por meio de associações de classe, partidos políticos e sindicatos; ii) passagem de métodos de *controles formais* para métodos de *controles mais informais*, tal como ocorre com o Ombudsman dos países escandinavos, que no Brasil recebe o paralelo do ouvidor geral; iii) passagem de uma ação exterior à Administração Pública (por meio do Poder Legislativo e do Poder Judiciário) para meios de *controle interno*, facilitando a proteção de direitos do cidadão sem a necessidade de ir a juízo[3].

Portanto, atualmente, coexistem diversos tipos de controle sobre a Administração Pública[4], o que permite que ele seja estudado e classificado sob diversos aspectos e critérios. Podemos, assim, falar em conceito de controle, suas finalidades, efeitos e classificação.

2.1. Conceito de controle da Administração Pública

A origem etimológica da palavra controle já apontava para a ideia de verificação de conformidade de certos atos a determinados parâmetros[5]. Atual-

---

[3] *Limites do controle externo da Administração Pública*: ainda é possível falar em discricionariedade administrativa?, op. cit.

[4] Sobre a multiplicidade dos controles atualmente aplicáveis à Administração Pública, convém transcrever as críticas de Floriano de Azevedo Marques Neto: "Nos últimos anos, assistiu-se a uma fragmentação do quadro normativo e institucional das atividades de controle, o que muitas vezes faz com que as competências sejam exercidas de maneira sobreposta e excessiva. Nem sempre, no entanto, a multiplicidade de controles gera eficiência, podendo mesmo, se exercido de maneira randômica e sobreposta, constituir entrave ao bom funcionamento da máquina estatal". Por essa razão é que esse autor aponta como um dos atuais desafios para o controle da Administração Pública brasileira "a eliminação de sobreposição de competências e de instrumentos de controle, a fim de que a multiplicidade de mecanismos de controle não acarrete a sobreposição e, com ela, a ineficiência" (MARQUES NETO, Floriano de Azevedo. *Os grandes desafios do controle da Administração Pública*. Fórum de Contratação e Gestão Pública FCGP, Belo Horizonte, ano 9, n. 100, abr. 2010. Disponível em: <http://www.bidforum.com.br/bid/PDI0006.aspx?pdiCntd=66621>. Acesso em: 28 ago. 2014.).

[5] Segundo Lafayette Pondé, o termo controle "vem do fato histórico do registro de um rol de atos jurídicos, exigido a partir de 1654, para efeito do pagamento de uma taxa: *c'est donc essentiellement opèrer lê rapprochement entre un rôle et un contrerôle, dont le contrôle est une contraction* (BERGERON, G. Fonctionnement de l'Etat – (Colin) 51,52). Daí, duas versões: a do direito francês, segundo a qual o controle implica o reexame de um ato, ou situação jurídica, e outra, a do direito inglês, no sentido de poder diretivo, vigilância, predomínio sobre uma atividade programada" (Controle dos atos da Administração Pública. *Revista de Informação Legislativa*: Brasília, a. 35, n. 139, jul./set. 1998, p. 132).

mente, os autores ainda visualizam no controle um caráter de "conferência", inerente à semântica do termo. Na acepção técnico-jurídica, isso significa a *verificação de adequabilidade da atuação administrativa com as matrizes estruturadas pelos princípios e regras estabelecidas por um determinado sistema jurídico*[6].

Após discorrer sobre a etimologia e sobre as diversas acepções do termo *controle*, Odete Medauar também identifica que a noção do controle incidente sobre a Administração Pública é a de *verificação da conformidade de uma atuação a determinados cânones*[7].

No entanto, conforme se passa a abordar no tópico seguinte, a amplitude conceitual do controle da Administração Pública pode fazer variar os seus efeitos de modo a implicar ou não na correção dos atos controlados.

2.2. Efeitos do controle da Administração Pública

É possível identificar uma concepção restrita e outra ampla de controle. A acepção restrita, além da verificação de adequação da atuação administrativa a um parâmetro, possibilita ao agente controlador a adoção de medida ou proposta em decorrência de juízo formado. Na acepção ampla, a verificação de conformidade independe de decisões que afetem, sob o ponto de vista jurídico, a decisão ou o agente[8].

Desse modo, os efeitos do controle exercido sobre a Administração Pública não implicam necessariamente a correção dos atos controlados[9], já que também podem implicar recomendação, orientação e cumprimento das próprias decisões administrativas.

No que se refere aos efeitos do controle, observa-se que a coisa julgada administrativa identifica-se mais com a sua noção ampla, já que nem sem-

---

[6] PIRES, Maria Coeli Simões; NOGUEIRA, Jean Alessandro Serra Cyrino. Controle da administração pública e tendências à luz do Estado Democrático de Direito. *Fórum Administrativo Direito Público FA*, Belo Horizonte, ano 4, n. 38, abr. 2004. Disponível em: <http://www.bidforum.com.br/bid/PDI0006.aspx?pdiCntd=4846>. Acesso em: 3 abr. 2015.

[7] *Controle da Administração Pública*, op. cit., p. 26.

[8] Idem, ibid, p. 32.

[9] Nota-se que alguns autores consideram que o controle da Administração Pública envolve a fiscalização e a correção dos atos ilegais (Nesse sentido: CARAVALHO FILHO, José dos Santos. *Manual de Direito Administrativo*. 25. ed. São Paulo: Atlas, 2012, p. 929; e DI PIETRO, Maria Sylvia Zanella. *Direito Administrativo*. 24. ed. São Paulo: Atlas, 2011, p. 736). No entanto, para os fins propostos por este trabalho, parece mais proveitosa a concepção ampla de controle, sobretudo se for considerada a possibilidade de recomendação e orientação em relação à atividade controlada ou dar execução a decisões administrativas.

pre ela implicará a necessidade de adoção de alguma medida que afete, do ponto de vista jurídico, a decisão ou o agente. Isso porque, como será visto posteriormente, a coisa julgada administrativa pode implicar um limite negativo à atividade de controle, sem que deixe de ser uma forma de fiscalização e de verificação da conformidade da atuação administrativa a um determinado parâmetro.

2.3. Finalidades do controle da Administração Pública

O controle da Administração Pública tem como finalidade a proteção do direito dos indivíduos, a melhora da atividade administrativa, o modo de atendimento do interesse público, a prevenção e o combate à corrupção[10]. Também podem ser acrescidos os seguintes objetivos: a defesa do patrimônio público, a adequada aplicação dos recursos públicos, o cumprimento das finalidades da atuação administrativa e a adstrição à legalidade[11].

Entre as finalidades do controle sobre a Administração Pública, percebe-se que a coisa julgada administrativa relaciona-se mais diretamente com a proteção dos direitos dos indivíduos, à medida que impede a sua revisão pela própria Administração Pública.

Embora ela também diga respeito aos demais aspectos do controle, como a melhora da atividade administrativa, o modo de atendimento do interesse público, a prevenção e o combate à corrupção, identifica-se de maneira mais incisiva com a proteção de direitos dos indivíduos, já que opera impedindo a desconstituição de atos garantidores de direitos.

Portanto, a atividade de controle da Administração Pública, ao considerar a coisa julgada administrativa, acrescenta às suas finalidades os objetivos específicos desse outro instituto como a proteção da confiança, a boa-fé e o reconhecimento de direitos dos administrados.

2.4. Classificação do controle da Administração Pública

Odete Medauar elenca diversas classificações de controle sobre a Administração Pública, elaboradas por diversos autores nacionais e estrangeiros. Ao final, formula a sua própria tipologia, diferenciando-a dos *modos de exercício da atividade do controlador*[12].

---

[10] MEDAUAR, *Controle da Administração Pública*. op. cit., p. 15-19.
[11] MARQUES NETO, *Os grandes desafios do controle da Administração Pública*, op. cit.
[12] *Controle da Administração Pública*. op. cit., p. 45.

Para tanto, a autora identifica a inoperância dos critérios calcados na separação dos poderes estatais, já que o controle efetuado por figuras não tradicionais, como o *Ombudsman*, e a importância adquirida pelo Ministério Público permitem cogitar acerca de controles não inseridos em nenhum dos três poderes.

Desse modo, ela fundamenta a sua classificação no critério do *agente controlador*, o que significa órgão, ente, instituição ou pessoa que exerce a atividade de controle sobre a Administração Pública. É a posição do agente controlador em relação à Administração que determinada a sua classificação: se ele está inserido na Administração, trata-se do *controle interno*; se o controlador não está inserido na estrutura da Administração, caracteriza-se o *controle externo*; considerando o controle em sentido amplo, ela também identifica o *controle extraorgânico ou controle social*, que seriam aqueles realizados pelo povo, pela imprensa etc.[13]

De fato, com o advento do Estado Democrático de Direito, calcado em um conjunto mais amplo de princípios, a concepção de controle, estruturada sobre os pilares da legalidade e da divisão do exercício do poder, torna-se insuficiente e passa a demandar a revisão de sua base de sustentação teórica para torná-lo coerente com o Estado pós-positivista[14].

Por essa razão, é que a classificação do controle sobre a Administração Pública calcada unicamente no critério da divisão dos poderes estatais, tal como tratado pela doutrina tradicional do direito administrativo[15], cedeu lugar para o critério da inserção do órgão de controle no aparato administrativo, o que torna possível classificá-lo em controle interno e controle externo.

De modo geral, a doutrina brasileira acata a classificação do controle da Administração Pública em controle externo e controle interno, tomando como referente a inserção ou não do órgão controlador no aparato administrativo[16].

---

[13] Ibid, p. 44-45.
[14] PIRES, Maria Coeli Simões; NOGUEIRA, Jean Alessandro Serra Cyrino. *Controle da administração pública e tendências à luz do Estado Democrático de Direito*. op. cit.
[15] Nesse sentido, cf. FAGUNDES, Miguel Seabra. *O controle dos atos administrativos pelo Poder Judiciário*. 3. ed. Rio de Janeiro: Forense, 1957, p. 121; e MEIRELLES, Hely Lopes. A Administração Pública e seus controles. Rio de Janeiro: *Revista de Direito Administrativo*, v. 114, out./dez. 1973, p. 23-33.
[16] Nesse sentido, cf. JUSTEN FILHO, Marçal. *Curso de Direito Administrativo*. 4. ed. São Paulo: Saraiva, 2009, p. 985-986; CARVALHO FILHO, José dos Santos. *Manual de Direito Administrativo*. 25. ed. São Paulo: Atlas, 2012, p. 931-932; DI PIETRO, Maria Sylvia Zanella.

Além disso, a diferenciação entre controle interno e controle externo decorre da própria Constituição Federal brasileira, que prevê o controle externo da Administração pelo Congresso Nacional com o auxílio do Tribunal de Contas em seu art. 71 e o controle interno de cada um dos poderes do Estado em seus arts. 70 e 74.

No presente estudo, serão consideradas as decorrências da caracterização da coisa julgada administrativa nos controles interno e externo da Administração Pública. O controle interno é o exercido por instituição, órgão, ente ou pessoa integrante da estrutura administrativa, incluindo institutos como recurso hierárquico, representação, reclamação, pedido de reconsideração etc. O controle externo, por oposição, é o exercido por instituição, órgão, ente ou pessoa exterior à estrutura da Administração Pública como o realizado pelo Tribunal de Contas, Poder Judiciário, Ministério Público, incluindo também o controle social e o controle exercido pelo povo.

3. Noção de coisa julgada administrativa

Desde já, deve-se ter em mente que a coisa julgada é um instituto de direito público, mais precisamente de direito constitucional[17]. Tal assertiva se deve ao fato de que a imutabilidade e a indiscutibilidade das decisões que ela representa não é um efeito natural e necessário das decisões estatais, mas sim uma opção de natureza política e social do legislador constituinte.

Prova disso é que a proteção da coisa julgada no direito brasileiro tem abrigo no art. 5º, XXXVI da Constituição Federal, segundo o qual *a lei não prejudicará o direito adquirido, o ato jurídico perfeito e a coisa julgada*.

Além disso, como acentua Enrico Tullio Liebman, em maior ou menor medida, a coisa julgada equivale à criação de uma declaração irrevogável[18].

Desse modo, sob o ponto de vista jurídico e conceitual, não haveria óbice à sua aplicação a outros ramos do Direito, entre eles, o direito administra-

---

Direito Administrativo. 24. ed. São Paulo: Atlas, 2011, p. 737; MELLO, Celso Antônio Bandeira de. *Curso de Direito Administrativo*. 27. ed. São Paulo: Malheiros, 2010, p. 937-938; ARAÚJO, Edmir Netto de. *Curso de Direito Administrativo*. São Paulo: Saraiva, 2014, p. 1115-1116; NOHARA, Irene Patrícia. *Direito Administrativo*. São Paulo: Atlas, 2011, p. 799-800.

[17] LIEBMAN, Enrico Tullio. *Eficácia e autoridade da sentença e outros escritos sobre a coisa julgada*. Trad. Alfredo Buzaid e Benvindo Aires. Rio de Janeiro: Forense, 1945, p. 51.

[18] *Eficácia e autoridade da sentença e outros escritos sobre a coisa julgada*, op. cit. p. 18.

tivo, já que seu objetivo maior é a pacificação das relações sociais, algo que é inerente ao próprio Direito.

No entanto, considerável parte da doutrina limita a sua ocorrência ao campo do processo judicial[19], excluindo-a do modo de agir administrativo devido ao entendimento de que a imutabilidade e a indiscutibilidade ínsitas à coisa julgada não se aplicariam aos atos e às decisões administrativas.

De fato, a imutabilidade e a indiscutibilidade estão positivadas pela lei processual[20] e seus respectivos conceitos são encontrados na doutrina processualista. A imutabilidade impede que o juiz posterior se pronuncie sobre ação já decidida por sentença transitada em julgado, enquanto a indiscutibilidade obriga o juiz posterior a decidir de acordo com o decidido pela sentença transitada em julgado[21].

No caso do direito positivo brasileiro, tais características não estariam presentes nos atos ou nas decisões administrativas, pois, em tese, a autoridade pública sempre poderia revogar tais atos e decisões ou poderia emitir um segundo ato que, mesmo sem revogar expressamente o ato anterior, o faça indiretamente. Isso porque a doutrina clássica brasileira considera que todo ato administrativo é por natureza revogável[22]. Tal entendimento demonstraria que os atos administrativos não são imutáveis.

---

[19] GRINOVER, Ada Pellegrini. A atividade administrativa em face do sistema constitucional. In: MORAES, Alexandre. *Os 20 anos da Constituição da República Federativa do Brasil*. São Paulo: Atlas, 2009, p. 52-53; MEIRELLES, Hely Lopes. *Direito administrativo brasileiro*. 36. ed. São Paulo: Malheiros, 2010, p. 714-715; LIEBMAN, Enrico Tullio. *Eficácia e autoridade da sentença e outros escritos sobre a coisa julgada*, op. cit. p. 118; GONZÁLEZ PEREZ, Jesus. La cosa juzgada en lo contencioso administrativo. Madrid: *Revista de Administración Pública*, n. 8, abr./jun., 1952, p. 69-70.

[20] Segundo o art. 467 do Código de Processo Civil de 1973, "denomina-se coisa julgada material a eficácia, que torna imutável e indiscutível a sentença, não mais sujeita a recurso ordinário ou extraordinário". O Código de Processo Civil de 2015 (Lei nº 13.105, de 16 de março de 2015), por sua vez, também faz uso da imutabilidade e da indiscutibilidade para definir a coisa julgada em seu art. 502: "denomina-se coisa julgada material a autoridade que torna imutável e indiscutível a decisão de mérito não mais sujeita a recurso". Acrescenta-se ainda que a sua definição também pode ser encontrada na Lei de Introdução ao Código Civil que, na verdade, é a Leis das Normas Gerais do Direito Brasileiro. Segundo o art. 6º, § 3º desse estatuto, "chama-se coisa julgada ou caso julgado a decisão judicial de que já não caiba recurso".

[21] MESQUITA, José Ignácio Botelho de. *Coisa julgada*. Rio de Janeiro: Forense, 2004, p. 12.

[22] CAVALCANTI, Temístocles Brandão. *Curso de direito administrativo*. 8. ed. Rio de Janeiro: Freitas Bastos, 1967, p. 56.

Outra grande objeção para a caracterização da coisa julgada no direito administrativo decorre do princípio da unidade de jurisdição consagrado pelo art. 5º, XXXV da Constituição Federal, segundo o qual *a lei não excluirá da apreciação do Poder Judiciário lesão ou ameaça a direito*. Por força desse princípio, os atos administrativos jamais se tornariam indiscutíveis, pois ao Poder Judiciário sempre seria possível modificá-los ao declará-los nulos.

Em razão dessas características, alguns autores identificam somente a aplicação da coisa julgada formal ao direito administrativo, afastando a aplicação da coisa julgada material[23].

Ainda assim, existem autores que negam até mesmo a aplicação da coisa julgada formal ao direito administrativo. É o caso de Liebman, para quem a coisa julgada formal e a coisa julgada material não são institutos diversos, mais sim dois aspectos inseparáveis de um mesmo instituto, o que faria com que sua aplicação aos atos administrativos lhe desnaturasse radicalmente[24].

Desse modo, a teoria da coisa julgada, tal como originariamente compreendida pelos processualistas, não poderia ser aplicada aos atos administrativos.

No entanto, como mencionado anteriormente, os valores albergados pela coisa julgada têm sede constitucional e se mostram necessários para pacificar relações jurídicas também fora do Poder Judiciário.

---

[23] Nesse sentido, é o entendimento de Maria Sylvia Zanella di Pietro: "No direito administrativo, pode-se afirmar que apenas é aceitável a coisa julgada formal, na medida em que o encerramento do processo, pelo não cabimento de novos recursos na via administrativa, torna imutável a sentença naquele específico processo administrativo. Mas não é possível falar em coisa julgada material, porque a decisão pode ser revista em outro processo e não adquire imutabilidade no sentido em que esta existe no processo judicial; a decisão não faz lei entre as partes" (Limites da utilização de princípios do processo judicial no processo administrativo. *Fórum Administrativo – FA*, Belo Horizonte, ano 13, n. 147, maio 2013. Disponível em: <http://www.bidforum.com.br/bid/PDI0006.aspx?pdiCntd=92908>. Acesso em: 13 jun. 2013). Na jurisprudência, também é possível encontrar precedente favorável a essa distinção: "[...] 1. Não pode o Tribunal "a quo" se abster do julgamento do mérito do mandado de segurança impetrado pela Recorrente, sob a alegação de que o conflito de competência já fora apreciado na esfera administrativa. 2. A coisa julgada administrativa é condição para provocação do Poder Judiciário, não fazendo, em definitivo, coisa julgada material, capaz de afastar o dever de apreciação do mérito do mandado de segurança. Precedentes da Corte. 3. Recurso provido" (STJ, 6ª Turma. ROMS 200101896828, Rel. Min. Paulo Medina, j. em 17/05/2005, DJ 05/09/2005 p. 489).

[24] *Eficácia e autoridade da sentença e outros escritos sobre a coisa julgada*, op. cit. p. 118.

Na verdade, as questões envolvidas na caracterização da coisa julgada, seja sob qual for a denominação que lhe for dada, estão presentes em toda a ordem jurídica e dizem respeito às leis, aos atos administrativos e aos negócios jurídicos. Assim, ainda que ela tenha sido cunhada pela doutrina processualistas, seria anticientífico esquecer que essa questão surge para todo ato jurídico, pois envolve nada menos do que a validade e a vigência das normas[25].

Naturalmente, a sua aplicação ao direito administrativo requer os devidos temperamentos e adaptações, não se tratando de uma mera transposição do direito processual. Daí, a necessidade de identificar os seus princípios, fundamentos, limites e características, o que permitiria construir uma *teoria da coisa julgada administrativa*.

Um dos pontos de partida dessa teoria seria a constatação de que, atualmente, a revogabilidade dos atos administrativos possui caráter mais restrito, fazendo com que existam situações em que a Administração Pública fique impossibilitada de desfazer ato anterior seu, tornando-o irretratável, ao menos para ela própria. Essa limitação à revogabilidade dos atos administrativos é uma decorrência da necessária proteção da boa-fé dos cidadãos, segurança jurídica e reconhecimento dos direitos dos administrados.

Os limites à revogação dos atos administrativos são reconhecidos, aliás, consagrados, pela jurisprudência dos tribunais brasileiros, de modo que o Supremo Tribunal Federal editou as Súmulas n°s. 346 e 473, cujos respectivos conteúdos foram positivados pelo art. 53 da Lei 9.784/1999.[26] Com isso, devem ser respeitados os direitos adquiridos ao se proceder a revogação.

Do mesmo modo, a possibilidade de revogação dos atos administrativos por parte da Administração Pública não pode decorrer de interpretação retroativa à lei, devendo-se compatibilizar com o princípio da segurança jurídica[27].

Alfredo R. Zuanich, ao analisar a jurisprudência da Suprema Corte argentina sobre o assunto, encontra diversos fundamentos para a ocorrên-

---

[25] LINARES, Juan Francisco. *Cosa juzgada administrativa en la jurisprudencia de la Corte Suprema de la Nación.* Buenos Aires: Guillermo Kraft, 1946, p. 48-49.

[26] NOHARA, Irene Patrícia; MARRARA, Thiago. *Processo administrativo federal:* Lei nº 9.784/99 comentada. São Paulo: Atlas, 2009, p. 339.

[27] LENZ, Carlos Eduardo Thompson Flores. Limites à revogação do ato administrativo. *Revista de Direito Público da Economia – RDPE*, Belo Horizonte, ano 10, n. 39, jul./set. 2012. Disponível em: <http://www.bidforum.com.br/bid/PDI0006.aspx?pdiCntd=81152>. Acesso em: 9 abr. 2015.

cia da coisa julgada administrativa em seu país e conclui que ela estará presente sempre que um ato administrativo for: unilateral, vinculado, regular, definitivo e reconhecer direitos subjetivos. Com isso, ele define a coisa julgada administrativa como a imutabilidade da decisão administrativa vinculada que declara ou estabelece um direito subjetivo perfeito[28].

No Brasil, a análise da jurisprudência dos tribunais também permite extrair alguns elementos caracterizadores da coisa julgada administrativa entre nós como a necessidade de envolver atos e decisões administrativas reconhecedores de direitos[29], excluindo os atos administrativos meramente enunciativos de direito como as certidões[30], bem como a sua presença em processos administrativos de natureza judicante[31].

---

[28] *La cosa juzgada en el derecho administrativo.* Buenos Aires: Perrot, 1952, p 82-86.

[29] PREVIDENCIÁRIO – RECURSO ESPECIAL – RECONHECIMENTO DE TEMPO DE SERVIÇO RURAL ANTERIOR AOS 14 ANOS DE IDADE – POSSIBILIDADE – RECONHECIMENTO PELA PRÓPRIA AUTARQUIA PREVIDENCIÁRIA. – No caso em exame, o período de atividade rural trabalhado pela autora em regime de economia familiar a partir dos 12 anos de idade (23.11.72 a 30.11.79) foi admitido pela autarquia previdenciária, consoante a carta de deferimento do pedido de averbação por tempo de serviço, emitida em 26.09.95 (fls. 29), constituindo ato perfeito e acabado, tornando-se irretratável perante a própria administração e criando direito subjetivo ao segurado, o que torna desnecessária outra forma de comprovação. Assim, estando conforme ao entendimento deste Tribunal, não se há de afrontar a coisa julgada administrativa, aplicando-se critério diverso daquele adotado quando da averbação. – Precedentes desta Corte. – Recurso conhecido, porém desprovido, reconhecendo-se o tempo de serviço trabalhado pela autora como rurícola, em regime de economia familiar, anterior aos 14 anos de idade (STJ, 5ª Turma. RESP 200300191646, Rel. Min. Jorge Scartezzini, j. em 07.10.2003, DJ 15/12/2003, p. 372).

[30] [...] 1 – As certidões são atos administrativos enunciativos, ou seja, a Administração apenas se limita a certificar ou a atestar um fato, sem se vincular ao seu enunciado. Assim, não se pode aproveitar período exercido pelo magistrado na advocacia, embasado na presunção de veracidade de certidão oriunda de outro Tribunal de Justiça da Federação se, instado a comprovar as devidas contribuições previdenciárias junto a Corte de origem, deixa de fazê-lo apenas alegando "coisa julgada administrativa". 2 – Na via processual constitucional do mandado de segurança, a liquidez e certeza do direito deve vir demonstrada *initio litis*, através da prova pré-constituída. A ausência, de um destes pressupostos, acarreta o indeferimento da pretensão. Inteligência do art. 8º, da Lei nº 1.533/51. 3 – Precedentes (RMS n°s 6.195/PR e 6.440/GO). 4 – Recurso conhecido, porém, desprovido (STJ, 5ª Turma. ROMS 199800011811, Rel. Min. Jorge Scartezzini, j. em 06.08.2012, DJ 28/10/2002, p. 328).

[31] "Recurso extraordinário conhecido e não provido. O ato administrativo é em geral, revogável. Mas a decisão do ministro, provendo ou confirmando julgamento do conselho de recursos da propriedade industrial, é irrevogável, pela sua natureza judicante, conceito de coisa julgada administrativa" (STF, RE 23830, Rel. Min. Antônio Villas Boas, j. em 13-11-1957).

Além disso, a coisa julgada administrativa decorre do reconhecimento de que a Administração Pública está jungida a regras que lhe impedem de alterar decisões anteriores, o que acontece diante da ocorrência de fenômenos diversos como a decadência, a preclusão, a irrevogabilidade de alguns atos administrativos, a teoria do fato consumado, a boa-fé, a proteção da confiança e dos atos vinculados que reconhecem direito subjetivo.

Convém ainda acrescentar que grande parte da atual doutrina brasileira sobre o direito administrativo consente com a existência da coisa julgada administrativa, fazendo as devidas distinções em relação à coisa julgada existente no direito processual[32].

Nesse sentido, entendemos precisa a definição de Diógenes Gasparini: *quando inexiste, no âmbito administrativo, possibilidade de reforma da decisão oferecida pela Administração Pública, está-se diante da coisa julgada administrativa*[33].

Portanto, a noção de coisa julgada administrativa que ora se apresenta não implica em mera transposição do conceito de coisa julgada do direito processual, mas sim de instituto próprio, cuja teoria no direito brasileiro ainda pende de construção.

Toma-se emprestada a expressão *coisa julgada*, de origem civilista, devido à falta de terminologia própria e mais precisa para se referir ao fenômeno da estabilidade dos atos e das decisões administrativas. Aliás, convém lembrar que o direito administrativo, de origem mais recente, tomou emprestada boa quantidade de normas e de princípios civilistas que foram por ele adaptados, transpostos ou utilizados diretamente[34].

Igualmente deve ser feito com a coisa julgada, cuja transposição e adaptação ao direito administrativo brasileiro devem dar origem a uma teoria da *coisa julgada administrativa*.

Para os fins propostos neste trabalho, é suficiente considerarmos a coisa julgada administrativa como a impossibilidade de alteração de um ato ou

---

[32] Nesse sentido cf. CAVALCANTI, *Curso de direito administrativo*, op. cit., p. 57; JUSTEN FILHO, *Curso de Direito Administrativo*, op. cit. p. 267-271; CARVALHO FILHO, *Manual de Direito Administrativo*, op. cit., p. 954; DI PIETRO, *Direito Administrativo*, op. cit., p. 746-747; MELLO, *Curso de Direito Administrativo*, op. cit., p. 459-461; ARAÚJO, *Curso de Direito Administrativo*, op. cit., p. 473-474; NOHARA, *Direito Administrativo*, op. cit., p. 808-809.

[33] GASPARINI, Diógenes. *Direito administrativo*. 16. ed. São Paulo: Saraiva, 2011, p. 1040.

[34] HAURIOU, André. A utilização em direito administrativo das regras e princípios do direito privado. Trad. Paulo da Mata Machado. Rio de Janeiro: *Revista de Direito Administrativo*, v. 1, n. 2, 1945, p. 469.

decisão administrativa por parte da própria Administração Pública, bem como os impactos que ela acarreta no controle interno e externo desta.

4. Coisa julgada administrativa no controle interno da Administração Pública

O controle interno da Administração Pública tem como objetivo corrigir os defeitos do seu funcionamento interno, aperfeiçoando-o ao interesse geral e reparando direitos ou interesses individuais que possam ter sido denegados ou preteridos em consequência de erro ou omissão na aplicação da lei[35].

O objetivo desse controle é manter a Administração Pública *dentro da lei, segundo as necessidades do serviço e as exigências técnicas de sua realização, pelo que é um controle de legalidade, de conveniência e de eficiência.* Desse modo, ele contribui para que a atividade pública atinja a sua finalidade, que é o pleno atendimento dos interesses coletivos a seu cargo[36].

Diversas são as formas de atuação do controle interno. Ele pode ser exercido de ofício ou por provocação; pode ser prévio, concomitante ou posterior; pode ser exercido pela Administração Direta sobre a Administração Indireta por meio da supervisão ministerial; pode ser exercido por órgãos externos incumbidos do julgamento dos recursos mediante tribunais administrativos; pode ser um controle correcional para a apuração de irregularidades funcionais.

Para tanto, o controle interno utiliza diversos instrumentos: autocontrole, que é aquele exercido pelo próprio agente responsável pela atividade controlada; controle hierárquico, que é aquele exercido pelos órgãos e autoridades superiores em relação aos seus subordinados; supervisão ou tutela, que é o controle da Administração Direta sobre a Administração Indireta por meio do ministério competente; inspeções, auditorias e correições; ouvidorias; pareceres vinculantes; e comissões de ética.

Os referidos instrumentos podem exercer o controle sob diversos critérios: legalidade, mérito, gestão, eficiência, economicidade, contábil-financeiro e ética[37].

---

[35] SEABRA FAGUNDES, *O controle dos atos administrativos pelo Poder Judiciário*, op. cit., p. 121.
[36] MEIRELLES, Hely Lopes. *A Administração Pública e seus controles*, op. cit., p. 25.
[37] As formas de controle interno citadas, seus instrumentos e modalidades foram extraídos da obra de Odete Medauar (*Controle da Administração Pública*. op. cit., p. 57-87).

Naturalmente, a abordagem de todas essas formas, instrumentos e modalidades de controle escaparia dos objetivos deste artigo, cujo escopo é analisar, de forma ampla, os impactos da coisa julgada administrativa no controle interno e externo da Administração Pública.

Dessa forma, o controle interno será aqui considerado como o conjunto de atos administrativos editados pela Administração Pública para a fiscalização de seus próprios órgãos e entidades.

Esses atos administrativos editados para o exercício da atividade de controle são, em grande medida, destinados ao exercício do poder-dever de autotutela administrativa. No entanto, esse dever de autotutela ficará limitado diante dos efeitos da coisa julgada administrativa.

Isso porque, se o ato ou a decisão administrativa sobre o qual incidirá o controle interno estiver acobertado pelos efeitos da coisa julgada administrativa, a Administração Pública estará diante de um possível limite de atuação ao seu dever de autotutela.

A edição de um novo ato ou de uma nova decisão administrativa para desfazer ato ou decisão anterior poderá esbarrar em eventual estabilidade alcançada pelos atos que se pretende desconstituir.

Daí, a constatação de que a coisa julgada administrativa implica um limite negativo para a Administração Pública realizar o controle interno.

Nota-se que esse limite ao controle interno alcança até mesmo os atos ilegais, que deixarão de ser anulados. Como bem observa Maria Sylvia Zanella Di Pietro em obra específica sobre o assunto, em hipóteses excepcionais, a anulação poderá deixar de ser feita quando, por exemplo, o prejuízo resultante da anulação for superior ao decorrente da manutenção do ato ilegal. Segundo essa professora, tal entendimento se apoia nos princípios da supremacia do interesse público, segurança jurídica e proteção da confiança e da boa-fé. Ela também recorda que a jurisprudência acolhe amplamente essa tese, citando como exemplos os casos de alunos que prestam vestibular com base em medida liminar cuja respectiva ação somente é julgada improcedente após terem cursado boa parte do curso. Ela também cita como exemplo o caso do *funcionário de fato*[38].

---

[38] O princípio da segurança jurídica diante do princípio da legalidade. In: MARRARA, Thiago. (Org.). *Princípios de Direito Administrativo*: legalidade, segurança jurídica, impessoalidade, publicidade, motivação, eficiência, moralidade, razoabilidade, interesse público. São Paulo: Atlas, 2002, p. 16-17.

Tal entendimento é consagrado por força do princípio da segurança jurídica e da proteção da confiança que, como visto anteriormente, servem de fundamento e justificativa para a ocorrência da coisa julgada administrativa.

Acrescenta-se que o Supremo Tribunal Federal (STF) também possui precedentes com a aplicação dessa tese a outras situações, como a concessão de uso de bens públicos[39].

Ainda assim, convém frisar que a ocorrência de coisa julgada administrativa diante de ato ilegal é excepcionalíssima, devendo, via de regra, prevalecer o poder-dever de autotutela da Administração Pública diante de ilegalidade[40].

Mais singela seria a hipótese de limite imposto pela coisa julgada administrativa ao controle interno da Administração Pública em razão do transcurso do prazo de decadência. Atualmente, essa matéria encontra-se regulada pelo art. 54 da Lei 9.784/1999, que disciplina o processo administrativo no âmbito da Administração Pública Federal: *o direito da Administração de anular os atos administrativos de que decorram efeitos favoráveis*

---

[39] Ato Administrativo. Terras públicas estaduais. Concessão de domínio para fins de colonização. Áreas superiores a dez mil hectares. Falta de autorização prévia do Senado Federal. Ofensa ao art. 156, § 2º, da Constituição Federal de 1946, incidente à data dos negócios jurídicos translativos de domínio. Inconstitucionalidade reconhecida. Nulidade não pronunciada. Atos celebrados há 53 anos. Boa-fé e confiança legítima dos adquirentes de lotes. Colonização que implicou, ao longo do tempo, criação de cidades, fixação de famílias, construção de hospitais, estradas, aeroportos, residências, estabelecimentos comerciais, industriais e de serviços, etc. Situação factual consolidada. Impossibilidade jurídica de anulação dos negócios, diante das consequências desastrosas que, do ponto de vista pessoal e socioeconômico, acarretaria. Aplicação dos princípios da segurança jurídica e da proteção à confiança legítima, como resultado da ponderação de valores constitucionais. Ação julgada improcedente, perante a singularidade do caso. Votos vencidos. Sob pena de ofensa aos princípios constitucionais da segurança jurídica e da proteção à confiança legítima, não podem ser anuladas, meio século depois, por falta de necessária autorização prévia do Legislativo, concessões de domínio de terras públicas, celebradas para fins de colonização, quando esta, sob absoluta boa-fé e convicção de validez dos negócios por parte dos adquirentes e sucessores, se consolidou, ao longo do tempo, com criação de cidades, fixação de famílias, construção de hospitais, estradas, aeroportos, residências, estabelecimentos comerciais, industriais e de serviços, etc. (STF, Pleno. ACO – Ação Cível Originária 79/MT, Rel. Min. Cezar Peluso, j. em 15/03/2012, D.O. 15.05.2012).

[40] Nesse sentido, cf.: Anulação de ato administrativo ilegal pela própria administração. Sem procedência a alegada coisa julgada administrativa (STF, RMS 8797/SP, Rel. Min. Vitor Nunes, j. em 08-08-1962).

para os destinatários decai em 5 (cinco) anos, contados da data em que foram praticados, salvo comprovada má-fé.

A regra transcrita decorre do princípio da segurança jurídica, também ele positivado pela referida Lei 9.784/1999, constituindo hipótese de configuração da coisa julgada administrativa em razão do transcurso do prazo de decadência.

Relevante notar que a lei limita a ocorrência da decadência para os atos administrativos de que decorram efeitos favoráveis para os destinatários, o que é coerente com a teoria da coisa julgada administrativa, que é condicionada ao reconhecimento de direitos subjetivos[41].

Por oposição, José dos Santos Carvalho Filho entende que, se o ato viciado não produz qualquer efeito ao destinatário, poderá a Administração corrigi-lo e substituí-lo por outro, desde que haja compatibilidade com o interesse público[42]. Isso significa que, se o ato administrativo ilegal negar ou deixar de reconhecer um direito subjetivo ao administrado, ele não estará acobertado pela decadência e poderá ser refeito pela própria Administração.

Em nosso sentir, o entendimento desse jurista é coerente com a noção de coisa julgada administrativa, que tem como um de seus fundamentos o reconhecimento de direitos dos cidadãos. Se o ato nulo é desfavorável ao cidadão, nada impede que ele seja substituído por outro que reconheça os direitos devidos, mesmo que decorrido o prazo decadencial de cinco anos estipulado pelo art. 54 da Lei 9.784/1999. Agindo dessa maneira, a Administração evitaria a litigiosidade judicial e contribuiria para a efetivação dos direitos dos administrados.

Nessa hipótese, não restaria consagrada a coisa julgada administrativa e tampouco um limite negativo para o controle interno da Administração.

---

[41] Celso Antonio Bandeira de Mello entende que a coisa julgada administrativa "diz respeito exclusivamente aos atos *ampliativos* da esfera jurídica dos administrados" (*Curso de Direito Administrativo*, op. cit., p. 459). Já Eduardo Stevanato Pereira de Souza e Guilherme Ferreira Gomes Luna entendem que a coisa julgada administrativa pode se estender a todas as espécies de decisões administrativas, ou seja, aquelas decisões decorrentes de um processo administrativo, sejam elas ampliativas ou restritivas de direitos (Considerações sobre a coisa julgada administrativa. In: VALIM, Rafael; OLIVEIRA, José Roberto Pimenta; DAL POZZO, Augusto Neves. (Orgs.). *Tratado sobre o princípio da segurança jurídica no direito administrativo*. Belo Horizonte: Fórum, 2013, p. 389).

[42] *Processo administrativo federal*: comentários à Lei nº 9.784/99. 5. ed. São Paulo: Atlas, 2013, p. 269.

Além de constituir um limite ao controle interno, a coisa julgada administrativa também poderá impactar essa modalidade de controle ao servir como referente para a ação administrativa futura, fazendo com que ela se aproxime da figura do precedente administrativo.

O precedente administrativo significa uma decisão anterior da Administração Pública que resolveu um caso análogo ao atual e que poderá influir na decisão administrativa a ser tomada, vinculando de alguma forma à Administração.

Essa noção estará presente na hora de controlar as decisões atuais, a fim de conferir a coerência dos critérios empregados para a solução do caso concreto[43], tendo em mente a aplicação dos princípios da igualdade e da proteção da confiança.

Nota-se que o precedente administrativo não implica vinculação absoluta da Administração às suas decisões anteriores, mas reforça o caráter cogente e definitivo das decisões pretéritas, que deverão servir de fundamento ou de elemento diálogo para as decisões futuras.

Com isso, as decisões da Administração acobertadas pelos efeitos da coisa julgada administrativa servirão de elemento de referência para atuação administrativa, de modo que a sua inobservância poderá implicar na atuação do controle interno e do controle externo, fazendo com que sejam observados os efeitos estabilizadores da coisa julgada administrativa, que serão tomados como precedente administrativo.

Desse modo, nota-se uma grande relação entre a coisa julgada administrativa e o precedente administrativo, que servirá de fundamento para o controle da atividade da Administração Pública.

5. Coisa julgada administrativa no controle externo da Administração Pública

Conforme mencionado no item 2 deste artigo, o controle externo da Administração Pública é aquele exercido por instituição, órgão, ente ou pessoa exterior à estrutura da Administração Pública como o realizado pelo Tribunal de Contas, Poder Judiciário, Ministério Público, incluindo também o controle social e o controle exercido pelo povo.

---

[43] Díez Sastre, Silvia. El precedente administrativo – concepto y efectos jurídicos. In: Valim, Rafael; Oliveira, José Roberto Pimenta; Dal Pozzo, Augusto Neves. (Orgs.). *Tratado sobre o princípio da segurança jurídica no direito administrativo*. Belo Horizonte: Fórum, 2013, p. 264-265.

O impacto da coisa julgada administrativa sobre a atuação dos agentes externos de controle é mais singelo devido à consagração da unidade de jurisdição no Brasil (art. 5º, XXXVI da Constituição Federal), o que legitima o questionamento judicial do ato administrativo imodificável. Desse modo, ainda que a Administração Pública esteja jungida à estabilização operada pela coisa julgada administrativa, agentes externos poderão promover o desfazimento judicial do ato *passado em julgado*.

Como bem observa Celso Antônio Bandeira de Mello, a definitividade da coisa julgada administrativa diz respeito somente à própria Administração, o que não impede que terceiros busquem a correção judicial do ato. Desse modo, seria possível que o atingido por decisão produtora de coisa julgada administrativa em favor de outrem e contrária às suas pretensões recorra ao Poder Judiciário para revisá-la, *v. g.*, sempre que cabível ação popular ou ação civil pública[44].

No caso dos agentes de controle externo, eles poderão pleitear a revisão judicial do ato acobertado pela coisa julgada administrativa caso ele seja contrário aos fins públicos, *v. g.*, por ferir a isonomia.

Portanto, de modo oposto ao que ocorre em relação ao controle interno, a coisa julgada administrativa não implica em limite de atuação ao controle externo da Administração Pública.

Ao contrário, a atuação do controle externo é que pode impactar a atuação da Administração Pública, obrigando-a a desconstituir o ato ou decisão *passada em julgado*. Seria o caso de o Tribunal de Contas, no exercício do controle externo, considerar ilegal ou ilegítimo ato acobertado pela coisa julgada administrativa, determinando a sua revisão pela Administração Pública.

Diante dessa determinação, deve a Administração, respeitado o contraditório e a ampla defesa, proceder à revisão desse ato até então acobertado pela coisa julgada administrativa.

A mesma situação pode ocorrer no âmbito do Poder Judiciário que, mediante provocação, pode determinar a cessação de ato ou conduta por ele considerada irregular, mas até então acobertada pela coisa julgada administrativa.

Nota-se que nessa situação a Administração Pública estaria impedida, por ato espontâneo seu, de alterar o ato em questão. Tal medida só teria se tornado possível devido à intervenção do órgão de controle externo.

---

[44] *Curso de Direito Administrativo*, op. cit., p. 459-460.

Nessa hipótese, a Administração não agiria no exercício da autotutela, mas sim por força de determinação de órgão de controle externo que determinou a revisão do ato concessivo de direito ao administrado[45]. Por essa razão, entendemos que nesse caso ocorre a *desconstituição* da coisa julgada administrativa por determinação do controle externo.

A desconstituição do ato administrativo em questão deverá ser efetuada por meio de processo administrativo precedido de contraditório e de ampla defesa, ainda que o interessado tenha participado da relação processual que deu origem à determinação de desfazimento.

Portanto, é vedada a edição de ato unilateral de autotutela para a desconstituição de ato administrativo por determinação do controle externo, devendo ser utilizado processo administrativo específico para esse propósito[46].

Desse modo, constata-se que a coisa julgada administrativa não impacta o controle externo da Administração. Ao contrário, é o controle externo que pode levar à desconstituição da coisa julgada administrativa.

6. Conclusões

Do que foi exposto, nota-se que há acentuada tendência de estabilização dos atos e das decisões da Administração Pública como decorrência da

---

[45] Entendimento contrário foi manifestado pela Superior Tribunal de Justiça (STJ) que, em caso semelhante, entendeu que o desfazimento do ato pela Administração em atendimento a determinação judicial constituiria exercício de autotutela: "[...] 2. O reenquadramento de servidores de nível médio para o nível superior viola os termos da Súmula 685/STF: *É inconstitucional toda modalidade de provimento que propicie ao servidor investir-se, sem prévia aprovação em concurso público destinado ao seu provimento, em cargo que não integra a carreira na qual anteriormente investido*. Precedente específico: RMS 43.451/PR, Rel. Ministro Humberto Martins, Segunda Turma, DJe 18.10.2013. 3. No caso, o reenquadramento foi deferido em 2010, tendo sobrevindo decisão judicial de indenização por desvio de função que declarou ilegal a sua situação funcional e determinou sua cessação. Assim, a partir de tal fato, Administração Pública iniciou atuação para revisão do reenquadramento, no qual o servidor peticionou (fls. 122-125) e, também, constituiu advogado (fl. 126); não há, portanto, falar em violação ao contraditório e à ampla defesa. 4. Os outros argumentos de nulidade – violação da coisa julgada administrativa e ao princípio da irredutibilidade de vencimentos – não se localizam, uma vez que o caso dos autos demonstra apenas o exercício da autotutela – inclusive com base em determinação judicial – em sintonia com o teor da Súmula 473/STF. Recurso ordinário improvido" (STJ, 2ª Turma. ROMS 201302835428, Rel. Min. Humberto Martins, j. em 25.02.2014, DJE 07/03/2014).

[46] Esse entendimento reforça a necessidade de revisão e de adaptação da Súmula n. 473 do STF à Constituição Federal de 1988.

consagração dos princípios de segurança jurídica, proteção da confiança e boa-fé, bem como da necessidade de reconhecimento e preservação dos direitos dos cidadãos.

Isso leva à necessidade de construção de uma teoria sobre todas as diversas formas de estabilização dos atos e das decisões administrativas, algo ainda pendente no direito administrativo brasileiro.

Essa teoria pode ser abrigada sob a expressão coisa julgada administrativa, tomada emprestada da coisa julgada do direito processual. Em que pese a base constitucional e os propósitos comuns às duas teorias, são institutos diversos, embora análogos.

No que diz respeito estritamente à coisa julgada administrativa, nota-se que as formas de estabilização por ela operadas causam reflexos no controle da Administração Pública, fazendo-o de forma diferente em seu aspecto interno e no seu aspecto externo.

Quanto ao controle interno, constata-se que a coisa julgada administrativa implica um limite negativo à atuação da Administração Pública, impedindo-a de exercer o seu poder de autotutela em relação aos atos alcançados pela estabilidade.

Esse impedimento decorre, como já mencionado, do respeito ao princípio da proteção da confiança e da boa-fé, gerando a garantia e o reconhecimento de direitos dos cidadãos.

Quanto ao controle externo, nota-se uma tendência inversa, já que a coisa julgada administrativa pouco influi sobre ele devido aos princípios da unidade de jurisdição vigente no Brasil. Por essa razão, é o controle externo que impacta a coisa julgada administrativa, fazendo até mesmo com que ela seja desconstituída.

O QUE SOBROU DA DISCRICIONARIEDADE ADMINISTRATIVA? REFLEXÕES SOBRE O CONTROLE DA ADMINISTRAÇÃO E A JUDICIALIZAÇÃO DAS POLÍTICAS PÚBLICAS

MARIA SYLVIA ZANELLA DI PIETRO

1. Da Discricionariedade Administrativa

Definimos discricionariedade administrativa como *"a faculdade que a lei confere à Administração para apreciar o caso concreto, segundo critérios de oportunidade e conveniência, e escolher uma dentre duas ou mais soluções, todas válidas perante o direito"*.[1]

Tradicionalmente se considera que os atos praticados no exercício de competência discricionária apresentam dois aspectos: *legalidade* e *mérito*. E também se afirma, no direito brasileiro, que o mérito diz respeito essencialmente ao binômio *"oportunidade e conveniência"*.

São conceitos assentes por muito tempo. O respeito ao mérito, ao aspecto político do ato, era visto como essencial ao próprio princípio da separação de poderes.

Diante disso, qual a razão para o título proposto?

Justifica-se o questionamento, porque a discricionariedade foi sendo reduzida e, paralelamente, foi sendo ampliado o controle da Administração, com redução da liberdade da Administração Pública decidir no caso concreto qual a melhor solução a adotar, segundo critérios de mérito.

---

[1] In: *Discricionariedade administrativa na Constituição de 1988*. 3 ed. São Paulo: Atlas, 2012, p. 62.

Segundo alguns, não mais é possível falar em mérito como limite ao controle pelo Poder Judiciário.[2]

2. A ideia de controle no Estado de Direito

O Estado de Direito estruturou-se na segunda etapa do Estado Moderno, em substituição ao chamado Estado de Polícia, próprio das monarquias absolutas. A diferença básica entre ambos está precisamente no fato de que, no Estado de Polícia, a atividade administrativa, concentrada em mãos do monarca e seus subordinados, não era submetida à observância da lei e ao controle judicial, enquanto no Estado de Direito essa submissão ocorre.

Pode-se afirmar que o Estado de Direito nasceu embasado nos princípios da *legalidade, igualdade* e *separação de poderes*, todos objetivando assegurar a proteção dos direitos individuais, não apenas nas relações entre particulares, mas também entre estes e o Estado.

A grande preocupação do Estado de Direito, em seu período inicial, era efetivamente a de proteger a liberdade do cidadão. Como consequência, ao Estado foi atribuída a missão apenas de proteger a propriedade e a liberdade dos indivíduos. A posição do Estado era fundamentalmente negativa, pois ele não devia ofender os direitos e liberdades inalienáveis do indivíduo, nem intervir na ordem econômica ou social.

Nas palavras de Manoel Gonçalves Ferreira Filho,[3] *"este Estado, em sua forma típica e original, caracteriza-se, primeiro, pelo reconhecimento de que o Poder é limitado por um Direito superior, que está fora de seu alcance mudar. Tal Direito, natural porque inerente à natureza do homem, constitui a fronteira que sua atuação legítima não pode ultrapassar. Visto do ângulo dos sujeitos (passivos) do Poder, esse Direito é um feixe de liberdades, que preexistem à sua declaração solene, e recobrem o campo da autonomia da conduta individual".*

Com a mesma preocupação de respeitar a liberdade do cidadão, o Estado de Direito incorporou a doutrina da separação de poderes. Montesquieu, em *L'Esprit des Lois*, ao afirmar a existência de três funções distintas, acrescenta que *"tudo estaria perdido se o mesmo homem ou o mesmo corpo dos príncipes, ou dos nobres ou do povo, exercesse esses três poderes".* Essa ideia aparece muito clara na Declaração dos Direitos do Homem e do Cidadão,

---

[2] Sobre o assunto, v. FARIA, Edimur Ferreira de. *Controle do mérito do ato administrativo pelo Poder Judiciário*. Belo Horizonte: Fórum, 2011.

[3] *Estado de Direito e Constituição*. São Paulo: Saraiva, 1988, p. 4.

de 1789, quando expressa, no item XVI, que *"toda sociedade na qual a garantia dos direitos não está assegurada, nem a separação dos poderes determinada, não tem Constituição"*.

O Poder Legislativo elabora a lei, que resulta da vontade geral do povo; o Poder Executivo, no exercício de sua função, submete-se à lei e, em caso de sua inobservância, sujeita-se ao controle pelo Poder Judiciário.

Com isso, já é possível deduzir que a ideia de Estado de Direito, desde suas origens, é inseparável da ideia de controle. Há Estado de Direito, não só quando a Administração Pública se submete à lei, mas também quando haja instituições hábeis para garantir essa sujeição à lei. Há que se lembrar que a Administração Pública se submete a um regime jurídico de direito público, caracterizado por dois aspectos opostos e conflitantes: de um lado, as prerrogativas de poder público, que lhe asseguram supremacia sobre o particular, nos limites postos pelo ordenamento jurídico; de outro lado, os direitos dos cidadãos, que têm que ser protegidos contra as ilegalidades, as arbitrariedades, os desmandos da Administração.

É por meio dos vários sistemas de controle da Administração Pública que se torna possível a sua submissão à lei, com respeito aos direitos individuais e coletivos. A finalidade do controle é a de garantir que a Administração atue em consonância com os princípios que lhe são impostos pelo ordenamento jurídico, como os da legalidade, moralidade, interesse público, publicidade, motivação, impessoalidade, economicidade, razoabilidade, segurança jurídica, atualmente com fundamento na Constituição, seja porque previstos expressamente, seja porque implícitos na própria concepção de Estado de Direito.

Daí a instituição de vários tipos de controle. Basicamente, pode-se dizer que a Administração Pública, no Brasil de hoje, sujeita-se ao *controle externo*, exercido pelos Poderes Judiciário e Legislativo, este último com auxílio do Tribunal de Contas, quando se trata de fiscalização financeira, contábil e orçamentária; e ao *controle interno*, exercido pela própria Administração Pública. Além disso, no sistema atual, atribui-se ao Ministério Público importantíssima função de controle da Administração Pública, não só pela sua competência para atuação na esfera criminal, mas também pela atribuição de proteger o patrimônio público e social, o meio ambiente e outros interesses difusos e coletivos (art. 129, III, da Constituição Federal), isto sem falar no seu relevante papel no controle da improbidade administrativa.

Embora o controle seja atribuição estatal, o administrado dele participa na medida em que pode e deve provocar o procedimento de controle, não apenas na defesa de seus direitos individuais, mas também na proteção do interesse coletivo. A Constituição outorga ao particular determinados instrumentos de ação a serem utilizados com essa finalidade, quer na esfera administrativa, quer na esfera judicial. Trata-se do chamado *controle popular* ou *controle social*, inerente à ideia de democracia participativa, incrementada com a Constituição de 1988, a partir da adoção do modelo do Estado de Direito Democrático, já a partir do preâmbulo e do artigo 1º.

3. Evolução do controle

A exigência de controle, especialmente pelo Poder Judiciário, embora inseparável da ideia de Estado de Direito (pois *legalidade* e *controle* são como o verso e o reverso da mesma moeda), passou por significativa evolução sempre no sentido de aumentar as modalidades e a própria complexidade do controle.

É evidente que os meios de controle idealizados para um Estado mínimo, que caracterizou a primeira fase do Estado de Direito (em que imperavam os ideais do liberalismo), tornaram-se inadequados ou insuficientes a partir do momento em que se instalou o chamado Estado Social, que atua nos mais variados setores da ordem econômica e social. O indivíduo, que antes não queria a atuação do Estado, passa a exigi-la. As relações entre Administração e administrado, que eram pouco frequentes no período do Estado de Direito liberal, multiplicam-se e tornam-se muito mais complexas. A sociedade quer subvenção, financiamento, escola, saúde, moradia, transporte; quer proteção do meio ambiente, do consumidor, do patrimônio histórico e artístico nacional e dos mais variados tipos de interesses difusos e coletivos.

Essa evolução não poderia deixar de refletir sobre o tema do controle. Aquelas modalidades idealizadas para um Estado mínimo tornaram-se inadequadas para um Estado que atua nos mais variados setores da sociedade.

A situação não é específica do Brasil. Charles Debbasch, que coordenou a publicação da obra *"Administration et Administrés en Europe"*,[4] apresenta uma introdução em que mostra as tendências, à época em que a escreveu (1984), do controle da Administração Pública:

---

[4] Paris: Centre National de La Recherche Scientifique, 1984.

a) Uma primeira, que consiste em passar de *meios de controle individuais* para *formas de ação coletiva sobre a Administração Pública*, mediante atuação de associações, partidos políticos, sindicatos, imprensa; especificamente no que diz respeito ao Poder Judiciário, a atuação coletiva substitui progressivamente a ação individual, tal como concebida no século XIX; no Brasil o direito de ação tende a se coletivizar, com a vantagem de obtenção de resultados uniformes para toda a coletividade que se encontra em igualdade de condições, favorecendo a observância do princípio da isonomia, além de desatravancar a Justiça do excesso de ações individualmente propostas, com idênticos objetivos e com o risco de resultados diversos.

b) Uma segunda evolução se traduz pela passagem dos métodos de *controle formais* para métodos de *controle mais informais*, com a criação de institutos como o Ombudsman dos países escandinavos, recebido, em outros países, inclusive no direito brasileiro, com a denominação de ouvidor geral, auditor geral ou defensor público.

c) A terceira tendência consiste em passar de uma *ação exterior à Administração* (pelo Legislativo ou Judiciário) para um *controle interno à Administração*, mediante a instituição de procedimentos variados que visam a agir sobre a Administração para proteger o administrado; daí a previsão de variadas formas de participação do cidadão: direito à informação, comunicação de documentos administrativos, exigência de motivação, participação em órgãos de gestão e de controle, e outros instrumentos que facilitam a proteção dos interesses dos administrados, sem necessidade de ir a juízo.

A essas três tendências – que hoje são mais do que tendências, porque já concretizadas e consolidadas – pode-se acrescentar mais uma: a de passar de um exame da *legalidade externa* do ato da Administração para o exame de uma *legalidade interna*. Época houve em que, sob influência do positivismo jurídico, não havia preocupação quanto ao conteúdo material da lei; obedecia-se à lei porque ela continha uma ordem; o Judiciário limitava-se a examinar se o ato da Administração era legal sob os aspectos da competência, forma e objeto. Com a passagem do Estado Social de Direito para o chamado Estado Democrático de Direito, consagrado na Constituição de 1988, passou a haver grande preocupação com princípios e valores contidos de forma expressa ou implícita na Constituição. Passou a haver preocupação com a lei em sentido material, com o seu conteúdo de justiça. Daí o controle passar a ser feito, não apenas em confronto com a lei, mas também diante da moralidade, economicidade, legitimidade, razoabilidade, proporcionalidade. Como grande parte dos princípios tem fundamento na própria Constituição, passou-se a falar em constitucionalização do direito administrativo. Melhor se diria, com relação ao tema ora desenvolvido, falar-se em *constitucionalização dos princípios do direito administrativo*.

A consequência é que, atualmente, falar em princípio da legalidade não significa mais falar em submissão à lei, em sentido formal, mas em submissão ao Direito. Algumas Constituições, como a alemã e a espanhola, contêm norma expressa exigindo da Administração submissão à *lei* e ao *direito*.

O exame da Constituição de 1988 revela que todas as tendências apontadas com relação ao controle estão presentes no direito brasileiro:

a) No título dos direitos e garantias fundamentais incluem-se não só os direitos individuais, como também os direitos coletivos.

b) No mesmo título, amplia-se a atuação coletiva de associações, entidades de classe, partidos políticos, sindicatos, dando-lhes legitimidade para agir (inclusive judicialmente) na defesa de interesses coletivos e difusos.

c) Acrescentam-se instrumentos que permitem maior controle do cidadão sobre a Administração Pública, como a previsão do direito à informação (art. 5º, XXXIII); do direito de denunciar irregularidades perante o Tribunal de Contas (art. 74, §2º); do direito de participar da gestão da seguridade social (art. 194, parágrafo único, VII); busca-se a transparência da Administração, com a exigência de motivação dos atos administrativos, amplamente reconhecida pela doutrina e jurisprudência; isto para mencionar apenas alguns instrumentos de participação popular no controle da Administração.

d) Imprime-se à lei um conteúdo material, com a previsão de princípios e valores, como os da segurança, bem-estar, desenvolvimento, igualdade, justiça (preâmbulo), da cidadania e dignidade da pessoa humana (art. 1º); da erradicação da pobreza e da marginalização, bem como redução das desigualdades sociais e regionais (art. 3º); da moralidade (arts. 5º, 37, *caput*, 85, inciso V); da economicidade (art. 70); da eficácia (art. 74); com isso, passou-se a entender que uma lei ou ato administrativo são eivados de inconstitucionalidade, não só quando ferem comandos contidos em dispositivos constitucionais, como também quando ofendem princípios e valores contidos, expressa ou implicitamente no texto constitucional;

e) Embora sem criar figura como a do Ombudsman, aproxima-se o administrado da Administração ao dar atribuições de recebimento de denúncias, queixas, representações, ao Tribunal de Contas (art. 74, § 2º) e às Comissões Parlamentares (art. 58, IV) e, principalmente, ao conferir ao Ministério Público as atribuições previstas nos artigos 127 e 129. Para muitos, o Ministério Público assumiu o papel de Ombudsman com poderes até mais amplos, de que este não dispõe, já que pode tomar iniciativas para realização do inquérito civil e propositura de ações judiciais na defesa de interesses difusos e coletivos.

Em 2007, o então Ministro do Planejamento (Paulo Bernardes) designou Comissão de Juristas para elaborar anteprojeto de Lei Orgânica da Administração Pública Federal.[5] Em 2009, a Comissão apresentou o anteprojeto de *"normas gerais sobre a Administração Pública direta e indireta, as entidades paraestatais e as de colaboração".*[6] Nesse anteprojeto, dedicou todo um capítulo ao tema do planejamento, articulação e controle das entidades estatais. Quanto ao controle, ficou expresso na Exposição de Motivos preparada pela Comissão que *"a partir do diagnóstico de que os mecanismos de controle existentes atualmente são marcadamente formais e custosos (ineficientes e ineficazes), tornou-se um grande desafio contemporâneo estruturar um sistema de controle capaz de, a um só tempo, ser eficiente, sem, no entanto, engessar a Administração ou inviabilizar o controle, tornando-o demasiadamente custoso e ineficaz".* Acrescenta a Exposição de Motivos que, *"tendo em vista e levando em conta o forte processo de mudança que o controle tem sofrido no direito comparado (em especial na União Europeia), as diretrizes gerais do controle, adotadas no anteprojeto, foram ditadas pela supressão de controles meramente formais ou cujo custo seja evidentemente superior ao risco (diretriz já constante do Decreto-lei 200/67), pelo fortalecimento do controle a posteriori (ao invés da vertente ex ante que predomina*

---

[5] Comissão constituída por sete professores de direito administrativo: Almiro do Couto e Silva, Carlos Ari Sundfeld, Floriano de Azevedo Marques Neto, Maria Coeli Simões Pires, Maria Sylvia Zanella Di Pietro, Paulo Eduardo Garrido Modesto e Sérgio de Andréa Ferreira.
[6] Esse projeto foi objeto de análise pelos seus autores, publicada em obra coletiva organizada por Paulo Modesto: *Nova organização administrativa brasileira*. 2ª ed. Belo Horizonte: Editora Fórum, 2010.

atualmente); pelo predomínio da verificação de resultados (ao invés do controle formal hoje prevalecente); pela simplificação dos procedimentos, erradicação de sobreposição de competências e instrumentos de controle (a fim de que a multiplicidade de mecanismos de controle não acarrete a sobreposição e, com ela, a ineficiência); pela obrigatoriedade dos órgãos ou entes de controle verificarem a existência de alternativas compatíveis com as finalidades de interesse público dos atos ou procedimentos que sejam por eles impugnados e pela responsabilização pessoal do agente que atuar com incúria, negligência ou improbidade (a responsabilização do próprio gestor)".

Se aprovado o anteprojeto, certamente haveria novos instrumentos de controle sobre a discricionariedade administrativa, especialmente pela possibilidade de controle de resultados e a verificação de alternativas mais compatíveis com as finalidades de interesse público.

4. Evolução da discricionariedade administrativa

Como visto, a discricionariedade envolve, para a Administração Pública, a possibilidade de opção entre duas ou mais alternativas, dentro dos limites estabelecidos em *lei*. Como o conceito de lei (e de legalidade) foi se ampliando com a evolução do Estado de Direito, a consequência inevitável foi a redução do âmbito da discricionariedade administrativa, acompanhada da ampliação do controle judicial. A paulatina ampliação do primeiro foi seguida da redução da segunda.

Vários fatores foram contribuindo para essa redução no decurso da evolução do Estado de Direito.

Pode-se mencionar, de um lado, a contribuição da jurisdição administrativa francesa, com a elaboração das *teorias do desvio de poder* e dos *motivos determinantes*. A primeira possibilitou ao Poder Judiciário o exame da *finalidade* objetivada pela Administração Pública com a prática do ato administrativo, para verificar se a autoridade que o praticou não usou de sua competência legal para atingir fins diversos dos que decorrem da lei. Com isso, introduziu-se um primeiro aspecto de moralidade no âmbito do direito administrativo, com a consequente redução da discricionariedade. O Judiciário, que se limitava ao exame da *competência,* da *forma* e do *objeto,* passou a apreciar a *finalidade,* que deixou de ser elemento meramente moral, livre de apreciação judicial, e passou a ser elemento de legalidade.

A *teoria dos motivos determinantes* também limitou a discricionariedade administrativa, na medida em que permitiu ao Judiciário examinar a legalidade dos *motivos* (pressupostos de fato e de direito) que levaram a Administração a praticar o ato. E esse exame dos motivos foi se dando no sentido de uma ampliação: de início, fazia-se apenas uma *constatação dos fatos*, para saber se existiram ou não; em um segundo momento, passou-se a examinar a *qualificação jurídica dos fatos* feita pela Administração, para verificar se os fatos ocorridos são de natureza a justificar a decisão, permitindo-se ao Judiciário entrar no exame das noções imprecisas ou *"conceitos jurídicos indeterminados"*; em uma terceira fase, passou-se a examinar a *adequação da decisão aos fatos*, pela aplicação dos princípios da *proporcionalidade dos meios aos fins*.[7]

Veja-se que essas duas teorias introduziram mais dois elementos no ato administrativo, além do *sujeito, objeto* e *forma*, que sempre caracterizaram os atos jurídicos na teoria geral do direito: o *motivo* e a *finalidade*.

No direito brasileiro, as duas teorias tiveram ampla aceitação.

O direito brasileiro também incorporou o conceito de *mérito*, desenvolvido principalmente por autores italianos, como limite à apreciação judicial dos atos administrativos. É provável que o autor que primeiro analisou o tema, no direito brasileiro, tenha sido Seabra Fagundes, em trabalho sobre o *"conceito de mérito administrativo"*,[8] relacionando-o com a discricionariedade e afastando a possibilidade de seu exame pelo Judiciário. Segundo o jurista, "*o mérito está no sentido político do ato administrativo. É o sentido dele em função das normas de boa administração, ou, noutras palavras, é o seu sentido como procedimento que atende ao interesse público e, ao mesmo tempo, o ajusta aos interesses privados, que toda medida administrativa tem de levar em conta. Por isso, exprime um juízo comparativo. Compreende os aspectos, nem sempre de fácil percepção, atinentes ao acerto, à justiça, utilidade, equidade, razoabilidade, moralidade etc. de cada procedimento administrativo*". Em nota a essa afirmação, o autor acrescenta que "*pressupondo o mérito do ato administrativo a possibilidade de opção, por parte do administrador, no que respeita ao sentido do ato – que poderá inspirar-se em diferentes razões de sorte a ter lugar num momento ou noutro, como poderá apresentar-se com este ou aquele objetivo – constitui fator apenas pertinente aos atos discricionários. Onde se trate de competência vinculada, sendo a atividade do administrador adstrita a um motivo único, predeterminado, cuja ocorrência material lhe*

---

[7] Sobre o assunto, v. VEDEL, Georges e DEVOLVÉ, Pierre. *Droit administratif*. Paris: Presses Universitaires, 1984, 97.
[8] FAGUNDES, Seabra. O conceito de mérito administrativo. In *Revista de Direito Administrativo* – RDA 23, p. 1-16.

cabe tão-somente constatar, e devendo ter o procedimento administrativo por objeto uma certa e determinada medida expressamente prevista pela lei, não há cogitar do mérito como um dos fatores integrantes do ato administrativo. Este se apresenta simplificado pela ausência de tal fator. E além de só pertinente aos atos praticados no exercício de competência discricionária, não constitui o mérito um fator essencial, nem autônomo na integração do ato administrativo. Não aparece com posição própria ao lado dos elementos essenciais (manifestação de vontade, motivo, objeto, finalidade e forma). Surge em conexão com o motivo e o objeto. Relaciona-se com eles. É um aspecto que lhes diz respeito. É uma maneira de considerá-los na prática do ato. É, em suma, o conteúdo discricionário deste".

O conceito foi adotado pela doutrina administrativa, passando a corresponder, resumidamente, ao binômio *oportunidade/conveniência*, ainda que o mérito possa abranger inúmeros outros aspectos, como razoabilidade, equidade e tantos outros apontados por Seabra Fagundes. Outros aspectos apontados pelo jurista e amplamente aceitos pela doutrina e jurisprudência, durante longos anos, diz respeito à existência do mérito apenas nos atos discricionários e ao fato de estar presente nos elementos *objeto* e *motivo* dos atos administrativos.

Assim é que prevaleceu durante décadas, sob influência principalmente do direito italiano, o entendimento de que o mérito, correspondendo aos aspectos discricionários do ato, ficaria excluído da apreciação judicial, chegando-se a afirmar que o exame do mérito pelo Poder Judiciário caracterizaria violação do princípio da separação de poderes.

Tais ideias não se congelaram no tempo. Elas foram aos poucos evoluindo como consequência da já referida ampliação do sentido do princípio da legalidade.

Com efeito, a partir principalmente da década de noventa, o direito administrativo brasileiro passou a sofrer influência do direito alemão, espanhol e português (fundamentalmente) no que diz respeito à aplicação da teoria dos *conceitos jurídicos indeterminados*. O emprego, nas normas legais, de termos com sentido indeterminado (como urgência, interesse público, moralidade, utilidade pública, perigo iminente, notório saber e tantos outros), que inicialmente era entendido como outorga de discricionariedade à Administração Pública, passou a ser visto de outra forma: tratando-se de *conceitos jurídicos* (já que empregados pelo legislador), eles são passíveis de *interpretação* e, portanto, abertos à apreciação pelo Poder Judiciário, como intérprete da lei em última instância. Daí a conhecida frase: *a discricionariedade administrativa começa quando termina o trabalho de interpretação*. Por outras palavras, a utilização de conceitos jurídicos indeterminados não pode, por si, servir de limite à apreciação pelo Poder Judiciário: a este cabe, primeiro, interpretar o conceito contido na norma, diante dos fatos concretos a ele submetidos. Se, pelo trabalho de interpretação, puder chegar a uma solução única que possa ser considerada válida, o juiz poderá invalidar a decisão administrativa que a contrarie.[9]

Aliás, a presença de conceitos jurídicos indeterminados nas normas legais não constitui característica exclusiva do direito administrativo. Tais conceitos existem em todos os ramos do direito sem que se negue ao juiz o poder (e o dever) de interpretá-los, até porque o juiz não pode deixar de dizer o direito no caso concreto, pela dificuldade de aplicação de noções imprecisas contidas na lei. No direito administrativo, o tema provocou grande controvérsia, exatamente pela identificação entre conceito jurídico indeterminado e discricionariedade administrativa. Hoje, é amplamente reconhecido o poder de *interpretação* de tais conceitos pelo Judiciário.

Contudo, não vamos ao ponto de defender que em nenhuma hipótese o emprego de termos indeterminados na norma envolve certa margem de apreciação para a Administração escolher a solução mais adequada. Especialmente os chamados *conceitos de valor* podem garantir à Administração a possibilidade de escolher a melhor solução diante de cada caso concreto. Se assim não fosse, estaríamos admitindo a possibilidade de o Judiciário substituir a Administração Pública, tomando decisões que o legislador outorgou a ela. Mas não há dúvida de que, em determinadas situações, os elementos de fato permitem, sem sombra de dúvida, a conclusão de que a Administração Pública não tinha senão uma opção. Por exemplo, os elementos de fato podem demonstrar que uma pessoa tem ou não tem notório saber jurídico; se uma pessoa tem mais merecimento do que outra para fins de promoção; se determinada medida é ou não urgente; se a alteração ou rescisão de um contrato atende ou não ao interesse público. Nesses casos, não há dúvida de que pode o Poder Judiciário corrigir a decisão administrativa tomada em descompasso com os fatos.

Alguns autores são mais rigorosos e entendem que tais conceitos não envolvem qualquer margem de discricionariedade; outros defendem que

---

[9] Sobre conceitos jurídicos indeterminados, mérito e distinção entre discricionariedade e interpretação, tratamos, de forma mais aprofundada, na mencionada obra *Discricionariedade Administrativa na Constituição de 1988*, 2001, p. 97-132.

a interpretação do conceito, aliada ao exame da matéria de fato em cada caso concreto, pode afastar ou não a discricionariedade. Esta é a posição que adotamos.

O fato é que, em decorrência do exame, pelo Poder Judiciário, dos conceitos jurídicos indeterminados, reduziu-se consideravelmente o conteúdo do chamado *mérito* do ato administrativo. Não é possível dizer, como querem alguns, que o mérito deixou de existir, sob pena de transformar-se a Administração Pública em mero robô de aplicação da lei. Não há dúvida de que, em inúmeras hipóteses, a própria lei continua a deixar certa margem de liberdade decisória para a autoridade administrativa. Vários exemplos de mérito podem ser mencionados: a revogação de ato discricionário e precário, como a autorização e a permissão de uso de bem público; a exoneração *ex officio* de servidor ocupante de cargo em comissão; a dispensa, sem justa causa, de servidor celetista; a alteração e a rescisão unilaterais de contratos administrativos; o deferimento ou indeferimento de determinados tipos de afastamento dos servidores públicos; a revogação do procedimento licitatório; a decisão sobre a execução direta ou indireta de serviços e obras; a revogação de licença para construir, por motivo de interesse público; e tantas outras hipóteses que podem ser facilmente extraídas do direito positivo.

Em todos esses exemplos, a Administração Pública tem certa margem de liberdade para escolher a melhor solução a ser adotada no caso concreto. Isto não significa que a sua escolha seja inteiramente livre. Ela está limitada pelo princípio da legalidade (considerado em seus sentidos amplo e restrito) e pela exigência de razoabilidade e motivação. Por maior que seja a margem de discricionariedade, como, por exemplo, na exoneração de servidor ocupante de cargo em comissão ou na dispensa, sem justa causa, de servidor celetista, existe a exigência de motivação. A motivação não pode limitar-se a indicar a norma legal em que se fundamenta o ato. É necessário que na motivação se contenham os elementos indispensáveis para controle da legalidade do ato, inclusive no que diz respeito aos limites da discricionariedade. É pela motivação que se verifica se o ato está ou não em consonância com a lei e com os princípios a que se submete a Administração Pública. Verificada essa conformidade, a escolha feita pela Administração insere-se no campo do mérito.

O que não pode mais o Judiciário fazer é alegar, *a priori*, que o termo indeterminado utilizado na lei envolve matéria de mérito e, portanto, aspecto discricionário vedado ao exame judicial. *O juiz tem, primeiro, que interpretar a norma diante do caso concreto a ele submetido. Só após essa interpretação é que poderá concluir se a norma outorgou ou não diferentes opções à Administração Pública. A existência de diferentes opções válidas perante o direito afasta a possibilidade de correção do ato administrativo que tenha adotado uma delas.*

O fato é que houve mais essa redução da discricionariedade administrativa, pelo reconhecimento de que o Poder Judiciário pode interpretar os chamados conceitos jurídicos indeterminados. Diante disso, fácil é concluir-se o quanto a inserção, no conceito de legalidade, de *princípios e valores* (expressos por termos indeterminados) contribuiu para reduzir a discricionariedade administrativa.

E ainda outro fator que contribuiu para essa redução: a superação da ideia de que o capítulo da ordem social da Constituição é constituído apenas por normas programáticas, dependentes, para sua aplicação, de medidas legislativas e administrativas. Os direitos sociais foram inseridos no Título dos direitos e garantias fundamentais. Dentre eles, o artigo 6º inclui a educação, a saúde, o trabalho, a moradia, o lazer, a segurança, a previdência social, a proteção à maternidade e à infância. Em consequência, o dever do Estado de garantir tais direitos não pode ficar indefinidamente dependendo de leis e providências administrativas. Daí o entendimento de que as normas constitucionais que garantem esses direitos têm que ter um mínimo de eficácia decorrente diretamente da Constituição. Esse é outro aspecto da constitucionalização do direito administrativo: a concretização dos direitos sociais deixou de depender inteiramente do direito administrativo (leis e atos administrativos), podendo ser garantida por decisões judiciais tomadas em casos concretos.

Como consequência, cresceram as ações judiciais em que cidadãos pleiteiam proteção à saúde (remédios, exames médicos, tratamentos), à educação, à infância. E o Judiciário vem manifestando a indisfarçável tendência de decidir pela procedência de tais ações, especialmente nas áreas da saúde e da educação. Os ônus financeiros impostos por essas decisões tomadas em casos individuais (e não em ações coletivas, como seria ideal) são de tal ordem que se pode afirmar que o Judiciário vem, indiretamente, interferindo em políticas públicas adotadas pelos Governos federal, estaduais e municipais.

Daí falar-se em *judicialização das políticas públicas* (porque o Judiciário nelas passa a interferir, direta ou indiretamente) e em *politização do Poder*

Judiciário (na medida em que a judicialização das políticas públicas leva o Judiciário a adentrar em aspectos antes vedados a sua apreciação).

Em resumo, estamos muito longe da discricionariedade entendida como poder político, própria do Estado de Polícia e herdada, parcialmente, no primeiro período do Estado de Direito. A discricionariedade, vista como poder jurídico (porque limitada pela lei) foi sofrendo reduções por vários fatores: pela inclusão dos atos normativos do Poder Executivo no conceito de legalidade; pela elaboração pretoriana da teoria do desvio de poder e da teoria dos motivos determinantes; pela chamada constitucionalização do direito administrativo, entendida no sentido da inclusão de princípios e valores no conceito de legalidade, em sentido amplo e como expansão dos efeitos da Constituição, em especial dos direitos fundamentais, sobre todo o ordenamento jurídico; pela interferência do Poder Judiciário nas políticas públicas, como decorrência de outro aspecto da constitucionalização do direito administrativo: o reconhecimento de um mínimo de efetividade às normas constitucionais que garantem os direitos sociais, como essenciais à dignidade da pessoa humana.

A consequência dessa redução da discricionariedade administrativa foi a ampliação do controle externo sobre os atos da Administração Pública. Especialmente o Poder Judiciário passou a examinar aspectos que antes eram vistos como integrantes do *mérito*.

5. Alguns paradoxos

Não obstante tenham se ampliado os limites à discricionariedade administrativa, houve, sob certos aspectos, uma tentativa de ampliá-la.

Em primeiro lugar, pela proposta, na década de noventa, de substituição da Administração Pública Burocrática pela chamada Administração Pública Gerencial. Esta exige maior autonomia dos dirigentes de órgãos e entidades que integram a administração pública direta e indireta. A ideia é ampliar a discricionariedade na tomada de decisões e, paralelamente, substituir os controles formais pelo controle de resultado. Para esse fim, foi idealizado o *contrato de gestão*, que encontra fundamento no artigo 37, § 8º, da Constituição (introduzido pela Emenda Constitucional nº 19/98). Por meio desse contrato, cujo objeto seria a fixação de metas de desempenho, a ideia seria a de aumentar a autonomia gerencial, orçamentária e financeira dos órgãos e entidades da administração direta e indireta. Fixadas as metas e outorgada maior autonomia para os dirigentes dos órgãos e entidades que celebrassem o contrato, a sua execução seria objeto de controle de resultados. Seria uma forma de contratualização do controle que implicaria: fixação de metas, ampliação da autonomia (discricionariedade) e controle de resultados.

Essa norma constitucional não foi ainda disciplinada, razão pela qual os poucos contratos de gestão que têm sido firmados não encontram fundamento para outorga de maior autonomia aos responsáveis pela sua execução.

No já referido anteprojeto de lei orgânica da Administração Pública Federal e dos entes de colaboração, apresentado em 2009, por comissão de juristas designada pelo então Ministro do Planejamento, foi dedicado um capítulo ao tema do *contrato de autonomia*, denominação considerada mais adequada do que contrato de gestão. No anteprojeto houve a preocupação em ampliar as flexibilidades e autonomias especiais gerenciais, orçamentárias e financeiras possíveis de serem outorgadas aos entes supervisionados por meio do contrato, que tem fundamento constitucional. A aprovação do anteprojeto, se ocorrer, tornará possível a melhor aplicação desse tipo de contrato. Por enquanto, a tão almejada autonomia não tem tido grande aplicação.

Outra tentativa de ampliação da discricionariedade ocorreu com o movimento de agencificação ocorrido no Brasil também a partir da década de noventa. Com a outorga de função normativa às agências, houve o que se pode chamar de administrativização da lei, com a abertura de maior espaço para que sejam preenchidas as lacunas da lei por atos normativos da Administração Pública, a partir de noções-quadro, diretrizes, conceitos jurídicos indeterminados contidos em lei.

Daí outra ampliação da *discricionariedade administrativa*, com a tentativa de fazer ressuscitar o instituto da discricionariedade técnica, também chamada de *imprópria*, exatamente por não envolver escolha de diferentes opções postas pelo legislador. Na discricionariedade técnica, a lei usa conceitos técnicos, cuja interpretação cabe a órgãos especializados. A discricionariedade pode existir abstratamente na lei, mas desaparece no momento de sua aplicação nos casos concretos, com base em manifestação de órgãos técnico.

6. Discricionariedade na definição de políticas públicas e o princípio da reserva do possível

6.1. Discricionariedade da Administração Pública e do legislador

Já foi ressaltado que a discricionariedade, usualmente referida em relação à Administração Pública, equivale à prerrogativa que a lei lhe outorga para optar, no caso concreto, entre duas ou mais alternativas válidas perante o direito. É a lei que deixa à Administração Pública o poder de decidir segundo critérios de oportunidade e conveniência, ou seja, segundo critérios de mérito.

Mas a discricionariedade também existe para o legislador, até de forma mais ampla do que a que se reconhece à Administração. Os únicos limites são os que decorrem da Constituição, de forma expressa ou implícita. Enquanto a discricionariedade da Administração é limitada pela Constituição e pelos mais variados tipos de normas legais e regulamentares, o legislador está limitado fundamentalmente pela Constituição.

6.2. Políticas públicas

Políticas públicas podem ser conceituadas como metas e instrumentos de ação que o poder público define para a consecução de interesses públicos que lhe incumbe proteger. Compreendem não só a definição das *metas*, das *diretrizes*, das *prioridades*, dos *planos de governo*, como também a escolha dos meios de atuação.

O tema das políticas públicas enreda-se com o da discricionariedade, porque diz respeito à *escolha do interesse público a atender*, dentre os vários agasalhados pelo ordenamento jurídico, bem como à *escolha das prioridades* e dos *meios de execução*.

Quais as prioridades? A saúde? A educação? As campanhas de vacinação? A criação de vagas em escolas, em creches, em hospitais?

A resposta a esses questionamentos envolve a discricionariedade do legislador, diante da Constituição, e da Administração Pública, diante do ordenamento jurídico positivo.

6.3. Reserva do possível

Trata-se de princípio oriundo do direito alemão. Significa que *os deveres estatais, impostos pelo direito positivo, devem ser cumpridos na medida em que o permitam os recursos públicos disponíveis*.

Justifica-se o princípio porque as políticas públicas são vistas como instrumento adequado para concretizar os direitos fundamentais previstos na Constituição, especialmente na área social. E os deveres impostos ao Estado são múltiplos. Os recursos públicos não existem em quantidade suficiente para atender a todos. Daí a *reserva do possível*.

A nossa Constituição de 1988 (seguindo a tendência que vinha desde a Constituição de 1934) adotou o modelo do Estado Social. Na realidade, trata-se de Estado que é de *Direito*, é *Social* e é *Democrático*.

É *Estado de Direito*, porque submete os poderes instituídos à observância da lei. É o modelo que se apoia nos princípios da *legalidade* e da *justicialidade* (controle judicial). O grande objetivo é o de proteger os direitos fundamentais do homem contra os abusos do poder.

É *Estado Social*, porque fundado no princípio da dignidade da pessoa humana e nos valores sociais do trabalho e da livre iniciativa. Veja-se o preâmbulo da Constituição, o seu artigo 3º, o artigo 6º e todo o capítulo da ordem social.

E é *Estado Democrático*, referido no preâmbulo da Constituição e no artigo 1º, porque é um modelo que exige *participação* da sociedade na gestão e no controle dos poderes instituídos; note-se que o preâmbulo fala em "*sociedade pluralista*", ou seja, em um tipo de sociedade em que têm que ser representados os interesses de todas as classes sociais. Também aqui foi grande a influência do direito alemão, que acabou por provocar duas grandes transformações no direito administrativo:

a) a *constitucionalização*, com a inserção, na Constituição, de inúmeras matérias que antes eram tratadas pela legislação ordinária, e com a expansão dos efeitos da Constituição sobre todo os ramos do direito, especialmente do direito administrativo;
b) o fortalecimento da *centralidade da pessoa humana*, cuja dignidade é colocada como um dos princípios fundantes do Estado de Direito (art. 1º, III, da Constituição), com repercussão em inúmeras matérias do direito administrativo e sobre a discricionariedade do Poder Público na fixação e implementação de políticas públicas.

Como se verá, tais transformações produziram consequências em matéria de interpretação da legislação pelo Poder Judiciário, com mais essa redução da discricionariedade administrativa.

Adotando o modelo de Estado de Direito Social e Democrático, a nossa Constituição é pródiga na proteção dos direitos fundamentais e na previsão de *direitos sociais*. Grande é o elenco do artigo 6º, ao estabelecer que são direitos sociais a educação, a saúde, a alimentação, o trabalho, a moradia, o lazer, a segurança, a previdência social, a proteção à maternidade e à infância, a assistência aos desamparados.

Sendo *direitos*, correspondem a *deveres* do Estado. Esses deveres são previstos no capítulo da ordem social, com as regras sobre saúde, educação, assistência, previdência, cultura etc.

Como são muitos os *direitos do cidadão*, também são muitos os *deveres do Estado*. A consequência inevitável é a de que acabam por se colocar em confronto, de um lado, o *dever* constitucional de atender às metas estabelecidas pela Constituição e, de outro lado, a *escassez dos recursos públicos* que seriam necessários para atender a esses direitos, de forma universal e adequada. Daí a *reserva do possível*: os deveres impostos ao Estado devem ser cumpridos na medida do possível, ou seja, na medida em que haja recursos públicos disponíveis. E daí a importância da definição das políticas públicas. Como não é possível satisfazer a todos os direitos sociais de toda a coletividade, as políticas públicas transformam-se no meio de que se serve – ou deveria servir-se – o governo para estabelecer as prioridades.

7. Papel dos órgãos de controle

Surge então o difícil problema de tentar estabelecer critérios para a definição de políticas públicas: quais as escolhas que melhor atendem às metas constitucionais? Podem os órgãos de controle interferir nas escolhas feitas pelo legislador ao definir as metas constantes do plano plurianual e distribuir de forma diferente os recursos previstos na lei orçamentária? Podem interferir nas escolhas feitas pela Administração Pública, no uso da competência discricionária que lhe é outorgada?

Rigorosamente, diante do princípio da separação de poderes, não podem os órgãos de controle interferir naquilo que a definição das políticas públicas envolver aspecto de discricionariedade legislativa ou administrativa. O cumprimento das metas constitucionais exige *planejamento* e exige *destinação orçamentária de recursos públicos*. Estes são finitos. Não existem em quantidade suficiente para atender a todos os direitos nas áreas social e econômica. Essa definição está fora das atribuições constitucionais dos órgãos de controle. Estes devem corrigir as ilegalidades e inconstitucionalidades, mas não podem, rigorosamente, substituir as escolhas feitas pelos Poderes competentes.

Quando falamos em órgãos de controle estamos pensando nos órgãos que exercem o *controle interno* previsto no artigo 74 da Constituição; no *controle externo*, exercido pelo Legislativo com o auxílio do Tribunal de Contas; e no controle judicial, muitas vezes provocado pelo Ministério Público, que também atua como órgão de controle. Isto sem falar no controle exercido pela própria sociedade e pelos cidadãos, na defesa dos seus interesses individuais e coletivos.

Hoje existe a tendência dos órgãos de controle de querer participar da *gestão* da coisa pública. Eles não querem *controlar*, no sentido de fiscalizar, apontar e corrigir ilegalidades. Eles querem controlar, no sentido de mandar, de participar das decisões políticas do legislador e da Administração Pública.

E isto vem ocorrendo com base em ferramentas que encontram o seu fundamento na própria Constituição. É aqui que entram os temas da *constitucionalização* e, intimamente relacionado com ela, a ideia de *centralidade da pessoa humana*. Ambas influenciadas pelo direito alemão.

A constitucionalidade envolve dois aspectos: *a)* a incorporação, na Constituição, de matérias antes tratadas na legislação infraconstitucional e que produziu enorme ampliação do princípio da legalidade e considerável redução da discricionariedade; hoje, a legalidade abrange não só as normas legais, os atos legislativos propriamente ditos, mas também os valores e princípios inseridos na Constituição; a expansão dos efeitos das normas constitucionais, especialmente as pertinentes aos direitos fundamentais, a todo o ordenamento jurídico.

Na Constituição alemã, o artigo 20, III, determina que "o poder legislativo está vinculado à ordem constitucional; os poderes executivo e judicial obedecem à *lei e ao direito*".

Ressalte-se que a nossa Constituição é rica em *valores* (referidos já no preâmbulo) e em *princípios*. Por exemplo: a fiscalização financeira e orçamentária a cargo do Tribunal de Contas e dos órgãos de controle interno abrange, não só a legalidade, mas também a *legitimidade* e a *economicidade* (art. 70). Além disso, o artigo 74, ao falar do controle interno, fala em *legalidade, avaliação dos resultados, eficácia* e *eficiência* da gestão orçamentária, financeira e patrimonial.

O artigo 74 dá aos órgãos de controle interno e, em consequência, ao Tribunal de Contas, competência para controlar alguns dos instrumentos de definição das políticas públicas: avaliar o cumprimento das *metas previstas no plano plurianual*, a execução dos *planos de governo* e dos orçamentos da União; bem como comprovar a *legalidade* e avaliar os *resultados quanto* à *eficácia e eficiência* da gestão orçamentária, financeira e patrimonial nos órgãos e entidades da administração federal.

Existem três importantes instrumentos de definição e implementação das políticas públicas previstos no artigo 165 da Constituição Federal: o plano plurianual; a lei de diretrizes orçamentárias; os orçamentos anuais.

A verificação do cumprimento desses instrumentos fica a cargo dos órgãos de controle interno e externo encarregados da fiscalização financeira e orçamentária. Eles podem, em caso de descumprimento, decidir pela ilegalidade das despesas, desaprovar contas, aplicar penalidades.

O outro aspecto da constitucionalização – expansão das normas pertinentes aos direitos fundamentais a todo o ordenamento jurídico – levou à ideia de *centralidade da pessoa humana* – também influenciada pelo direito alemão. De um lado, pelo artigo 1º da Lei Fundamental de Bonn, de 1949, que coloca a *dignidade da pessoa humana* como direito intangível que deve ser respeitado pelo poder público; e determina que os direitos fundamentais discriminados no mesmo dispositivo constituem *direito diretamente aplicável para os poderes legislativo, executivo e judiciário*.

Isto levou o Tribunal Constitucional da Alemanha a entender que as normas constitucionais que protegem os direitos fundamentais podem ser aplicadas diretamente pelo Judiciário, mesmo sem a existência de lei.

No Brasil, o princípio da dignidade da pessoa humana é colocado logo no artigo 1º como um dos princípios fundantes da República e do Estado Democrático de Direito. E colocou os direitos fundamentais logo no início da Constituição.

Em decorrência disso, a interferência do Judiciário nas políticas públicas vai ganhando adeptos, sob o argumento de que, ao fazê-lo, não está invadindo matéria de outros Poderes do Estado, nem a discricionariedade que lhes é própria, porque está fazendo o papel de intérprete da Constituição. O Judiciário está garantindo o núcleo essencial dos direitos fundamentais ou o mínimo existencial indispensável à dignidade da pessoa humana. Em resumo, o Judiciário não estaria analisando aspectos de discricionariedade, mas fazendo cumprir a Constituição.

Abandona-se a ideia de que as normas consagradoras de direitos sociais são meramente programáticas. Advoga-se que, em se tratando de mínimo existencial, as normas constitucionais têm eficácia imediata, não dependendo de medidas legislativas ou executivas para a sua implementação.

Com isso, vem ocorrendo o fenômeno da judicializacão das políticas ou de politização do Poder Judiciário.

Genericamente, pode-se falar em dois tipos de ações judiciais que vêm sendo propostas com vistas a essa judicialização das políticas públicas:

a) As *ações coletivas* interpostas pelo Ministério Público para obter do Judiciário a imposição de prestações positivas dirigidas às autoridades, para obrigá-las a prestar determinado serviço ou a realizar determinada obra (exemplo da construção de rodovia); nesse tipo de ação, é mais fácil de invocar o princípio da reserva do possível. Normalmente o custo elevado das prestações solicitadas torna mais fácil comprovar a inexistência de recursos. O Ministério Público também utiliza muito os termos de ajustamento de conduta – TAC, para interferir nas decisões administrativas, especialmente no âmbito dos Municípios.

b) As *ações individuais*, principalmente nas áreas da educação e saúde, pleiteando vagas em escolas ou creches, ou pagamento de cirurgia, de prótese, de medicamentos etc.

A interferência nas políticas públicas, nesse caso, não é direta, porque se trata de defender direitos individuais à saúde e à educação. Nesses casos, o Judiciário é avesso ao princípio da reserva do possível, talvez por não ter uma visão global do volume de gastos que essas ações acarretam para o poder público. E também porque, em grande parte dos casos, o princípio é invocado sem maiores fundamentações ou comprovações de sua aplicabilidade no caso concreto, e como instrumento de defesa das pessoas jurídicas acionadas.

O que preocupa, no momento, pela dimensão que vem tomando, é a quantidade de ações individuais em que se pleiteiam medicamentos, exames ou tratamentos médicos, vagas em creches ou escolas. Embora não haja *interferência direta* nas políticas públicas, na prática se verifica uma *interferência indireta*, provocada pela grande quantidade de ações desse tipo. O custo global das prestações positivas assim obtidas é de tal ordem que acaba por praticamente obrigar o administrador público a destinar, para esse fim, verbas que estariam previstas no orçamento para atender a outros objetivos. Por exemplo, a construção de hospitais ou postos de saúde (que atendem ao mínimo existencial de toda uma coletividade) pode ficar frustrada pela necessidade de dar cumprimento às decisões judiciais proferidas em casos concretos. Como se verifica, corrige-se, parcialmente, uma omissão do poder público, beneficiando o cidadão que recorre ao Judiciário, mas se produz um mal maior para a coletividade que fica privada da implementação de determinada política pública que viria em benefício de todos. O mérito desse tipo de ação talvez seja o de pressionar o poder público na adoção de medidas corretivas de sua omissão. No entanto, é preciso ter em mente que a outorga do direito a uma pequena parcela da população afronta o princípio da isonomia, além de prejudicar (e não favorecer) a implementação de políticas públicas. Não há dúvida de que as consequências negativas da multiplicação desse tipo de ação recomendam o máximo de cautela no reconhecimento do direito.

Em situações como essas, a Administração Pública, na qualidade de ré, costuma invocar o princípio da reserva do possível, nem sempre aceito pelo Poder Judiciário, já que se trata de atender a direito fundamental, analisado no caso concreto, para cujo cumprimento se torna necessária, muitas vezes, a alocação de verba orçamentária de uma dotação para outra.

É relevante observar que, quando o Judiciário concede benefícios individuais – que acabam por interferir em políticas públicas fixadas e implementadas pelos demais Poderes – ele caminha em areias movediças. Todos os fundamentos em que se baseiam os defensores do controle judicial decorrem de *conceitos jurídicos indeterminados*, como dignidade da pessoa humana, núcleo essencial dos direitos fundamentais, mínimo existencial, razoabilidade, proporcionalidade. Não há critérios objetivos que permitam definir, com precisão, o que é essencial para que se garanta a dignidade da pessoa humana, ou em que consiste o núcleo essencial dos direitos fundamentais ou o mínimo existencial. E mesmo esse mínimo pode estar fora do alcance do poder público, pela limitação dos recursos financeiros. Não é por outra razão que o cumprimento das metas constitucionais exige planejamento. Também não é por outra razão que não se pode fugir inteiramente ao caráter programático das normas constitucionais inseridas no capítulo da ordem social e econômica. É preciso, inclusive, conhecer um pouco mais as condições sociais de quem pleiteia para não cometer a injustiça de prestar socorro público a quem dele não necessita e deixar à míngua aquele que depende inteiramente da ajuda de terceiros.

Por isso mesmo, o tratamento da matéria deve ser o mesmo que se adota com relação aos conceitos jurídicos indeterminados: *o Judiciário somente pode atuar em zonas de certeza positiva ou negativa*. E deve analisar com muita cautela os pedidos formulados, seja quanto à matéria de fato em que se fundamentam, seja quanto à razoabilidade em relação ao fim que se pretende alcançar. A observância do princípio da razoabilidade, inclusive quanto ao aspecto da proporcionalidade, é obrigatória e impõe os seguintes questionamentos pelo magistrado: a medida solicitada é realmente necessária para o fim pretendido? Ela é adequada? Ela é proporcional? Não existem outros meios menos onerosos para os cofres públicos? A matéria de fato em que se fundamenta o pedido está devidamente comprovada? É possível atender aos pedidos liminarmente, sem maior exame da matéria de fato?

Hoje, a motivação constitui exigência constitucional que o Judiciário deve observar em *"todos os julgamentos"*, conforme norma contida no artigo 93, IX, da Constituição. *Motivação* exige conhecimento adequado, não só do direito aplicável, mas também dos *fatos* sobre os quais tem que decidir. Especialmente na área da saúde, em que atuam verdadeiras máfias envolvendo laboratórios, médicos, hospitais, advogados, é preciso que a outorga de liminares seja devidamente fundamentada em fatos comprovados, se possível com base em manifestação de peritos da área médica.

Em contato com juízes, foram-me relatados alguns casos que justificam a cautela e maior pesquisa sobre a matéria de fato: um juiz, para dar cumprimento a uma receita médica, determinou a compra de medicação que, depois, ele veio a saber que se tratava de remédio para queda de cabelo. Outro estava preocupado porque soube que, a cada vez que se determinava a abertura de vaga em creche, uma criança que estava há longo tempo na fila de espera, era preterida para dar lugar àquela que foi beneficiada por ordem judicial.

Na realidade, o que se verifica na atuação judicial, é que o Poder Judiciário incorporou, sem quaisquer limitações, a tese de que as normas constitucionais referentes aos direitos sociais devem ter efetividade decorrente diretamente da Constituição, sem levar em consideração o que seja *núcleo essencial* ou o *mínimo existencial* e sem qualquer preocupação com os efeitos danosos que sua atuação vem provocando em relação à distribuição dos recursos orçamentários e em relação ao interesse coletivo. Essa atuação está provocando considerável desequilíbrio na distribuição dos recursos públicos. Se existem os planos plurianuais, as leis de diretrizes orçamentárias e as leis orçamentárias, é porque há necessidade de definição das metas a serem atingidas. Se essa distribuição é feita de maneira incorreta ou inconstitucional, devem ser utilizados os meios jurídicos adequados para corrigi-la. Não é possível que o Poder Judiciário, por meio de liminares concedidas em ações judiciais individualmente propostas em milhares de casos, provoque considerável desequilíbrio nas contas públicas, atingindo, por meios indiretos, aquilo que o constituinte quis evitar: a distribuição indiscriminada dos recursos públicos.

Se existe inércia da Administração Pública na consecução dos seus deveres na área social, o ideal é que essa inércia seja corrigida por ações coletivas, que produzam efeitos *erga omnes* e, portanto, beneficiem a toda a coletividade que se encontra em igualdade de situações, com observância, inclusive, do princípio da justiça distributiva.

O grande risco da concessão judicial indiscriminada na área dos direitos sociais é que o *summum jus* (concessão de um direito individual mal investigado) se transforme em *summa injuria* (interesse coletivo desprotegido). Isto sem falar que o juiz se substitui ao Legislativo e ao Executivo na implementação de políticas públicas, concentrando em suas mãos uma parcela de cada um dos três Poderes do Estado, com sérios riscos para o Estado de Direito e para a segurança jurídica.

CONTROLE JUDICIAL E O PRINCÍPIO DA EFICIÊNCIA ADMINISTRATIVA NO BRASIL

EMERSON GABARDO

1. Abrangência do princípio da eficiência administrativa
A partir de uma interpretação constitucional do princípio da eficiência administrativa, se denota descartada a hipótese de resumi-lo a uma verificação econômica da relação custo-benefício. Já é notório que a ordem jurídico-social posta na Constituição de 1988 impede tal interpretação. Ademais, diferentemente de outros países, no Brasil, a eficácia é apenas um aspecto da eficiência. Eficácia implica a obtenção com êxito do resultado almejado. Eficiência é mais que isso, pois implica não só a obtenção do resultado almejado, mas que ele seja alcançado da melhor forma possível – da forma ótima.

Deve-se considerar, primeiramente, a peculiaridade ontológica do princípio da eficiência, que tem como ponto nuclear o ideal de que o agente público está obrigado a agir tendo como parâmetro o "ato ótimo". Obviamente este ótimo deve ser entendido no sentido mais abrangente possível, de forma a representar um ideal de "qualificação" estrutural e funcional.[1] Mas, para não se alongar muito na questão terminológica, cumpre salientar que englobam a eficiência vários outros conceitos afins, tais como a eficácia, a efetividade, a racionalização, a produtividade, a economicidade e

---

[1] DALLARI, Adílson Abreu. Administração Pública no Estado de Direito. *Revista Trimestral de Direito Público*. São Paulo: Malheiros, nº 5, 1994, p. 39.

a celeridade. Tudo isso, tomando-se como ponto de partida um "sentido jurídico", ou seja, capaz de produzir, no mínimo, os efeitos de: *a)* orientação teleológica do legislador; *b)* orientação teleológica do administrador; *c)* alinhamento da interpretação de regras constitucionais e infraconstitucionais; e *d)* integração de lacunas.[2] Deve ser reconhecido, ainda, que a eficiência, na medida em que consta do artigo 37, *caput*, da Constituição Federal, trata-se de um princípio formal do Estado democrático de Direito no Brasil. Neste sentido, merecem destaque as considerações de Onofre Alves Batista Junior.[3]

E ainda, a eficiência compreende os já tradicionais princípios do bom andamento e da boa administração,[4] embora Celso Antônio Bandeira de Mello prefira o caminho inverso ao afirmar: "Finalmente, anote-se que este princípio da eficiência é uma faceta de um princípio mais amplo já superiormente tratado, de há muito, no Direito Italiano: o princípio da 'boa administração'."[5] O que não significa que a Administração seja uma mera "boa executora", pois o ideal de eficiência ou boa administração representa a formalização jurídica de um interesse público geral definido politicamente e que é retroalimentado pela existência de uma estrutura pública organizacional.[6] Interesse público que deve ser pautado pelos direitos fundamentais, como destaca Bruno Santos Cunha, ao tecer uma interessante fundamentação de ligação entre boa administração e eficiência administrativa.[7]

---

[2] MARRARA, Thiago. Breve introito: por que ainda falar de princípios? In: MARRARA, Thiago (Org.). *Princípios de Direito Administrativo*. São Paulo: Atlas, 2012, p. xvi.

[3] BATISTA JUNIOR, Onofre Batista. *Princípio constitucional da eficiência administrativa*. Belo Horizonte: Fórum, 2012, p. 100 e ss.

[4] O primeiro consagrado na tradicional doutrina italiana; o segundo, na mais recente doutrina espanhola. Cf.: ANDREANI, Antonio. *Il principio costituzionale di buon andamento della pubblica amministrazione*. Padova: CEDAM, 1979. E, ainda: MUÑOZ, Jaime Rodríguez-Arana. *Direito fundamental à boa administração pública*. Tradução de Daniel Wunder Hachem. Belo Horizonte: Fórum, 2012.

[5] MELLO, Celso Antonio Bandeira de. *Curso de Direito Administrativo*. 31 ed., São Paulo: Malheiros, 2014, p. 126.

[6] ALFONSO, Luciano Parejo. *Eficacia y Administración – tres estudios*. Madrid: Instituto Nacional de Administración Publica, 1995, p. 126.

[7] CUNHA, Bruno Santos. O princípio da eficiência e o direito fundamental à boa administração. In: MARRARA, Thiago (Org.). *Princípios de Direito Administrativo*. São Paulo: Atlas, 2012, p. 382 e ss.

Deve ser esclarecido que existem duas acepções básicas para o termo "administração". Primeiro, em um sentido lato, seria toda "atividade humana desenvolvida para alcançar determinados fins"; atividade esta cujos meios, precisam ser regrados, ordenados e encaminhados a um objetivo. Em outro sentido, a Administração é "a atividade do Estado para realizar seus fins".[8] Desse modo, é importante a comparação entre o princípio da eficiência e o princípio do bom andamento ou da boa organização (característico do Direito italiano), e o da boa administração (como comumente expresso na doutrina portuguesa e espanhola). Todavia, podem ser afirmadas distinções, pois o primeiro enfocaria tanto a organização quanto a procedimentalização funcional, enquanto o segundo se restringiria a esta última.[9] Na interpretação de Guido Landi, Giusepe Potenza e Vittorio Italia, o bom andamento é representado pela imposição de controles à Administração (o interno, para a avaliação orgânica e o externo, enfocado na gestão e nos resultados, ligados à ideia de eficiência).[10] Na interpretação de Jaime Rodriguez-Arana, a ideia de boa administração é mais abrangente e, dessa forma, *"aspira a colocar en el centro del sistema a la persona y sus derechos fundamentales."*[11]

A eficiência, portanto, ainda que um conceito indeterminado, representaria um universo contido no princípio do bom andamento ou no da boa administração, que, por serem mais amplos, compreenderiam também o próprio bom senso na definição de objetivos e na programação, além da busca pela maior responsabilização, coordenação e especialização funcionais (questão estrutural);[12] tudo tendo-se em vista a dignidade da pessoa humana, como aliás, é a proposta de Romeu Felipe Bacellar filho.[13]

---

[8] MENEGALE, J. Guimarães. *Direito Administrativo e Ciência da Administração*. 2 ed., Rio de Janeiro: Borsoi, v. 1, 1950, p. 41.
[9] Assim prescreve o artigo 97 da constituição italiana: *"I pubblici uffici sono organizzati disponizioni di legge, in modo che siano assicurati il buon andamento e l'imparzialità dell'amministrazione."*
[10] LANDI, Guido, POTENZA, Giuseppe e ITALIA, Vittorio. *Manuale di Diritto Amministrativo*. 11 ed., Milão: Dott. A. Giuffrè, 1999.
[11] MUÑOZ, Jaime Rodriguez-Arana. *El buen gobierno y la buena administración de instituciones públicas*. Navarra: Thomson-Aranzadi, 2006, p. 34.
[12] Ênfase esta, na esfera organizacional, uma clara influência da doutrina norte-americana no direito italiano. Cf.: HARRIS, Joseph. *Dinamica della Pubblica Amministrazione nello Estato contemporaneo*. Bolonha: Zanichelli, 1957.
[13] BACELLAR FILHO, Romeu Felipe. *Processo administrativo disciplinar*. 3. ed., São Paulo: Saraiva, 2012, p. 21.

Para alguns autores, inclusive, como Luigi Galanteria e Massimo Stipo, não há interesse na distinção, restando o "tradicional" princípio da boa administração positivado na Constituição italiana como o princípio do bom andamento.[14]

Na mesma linha, pode ser observada a doutrina espanhola, conforme aponta Manuel Alvarez Rico, ao admitir a possibilidade de identificação de eficiência e boa administração com o dever de adequação entre meios e fins administrativos. Pondera o autor que *"este deber de adecuación de los medios a los fines supone, por otra parte, la exigencia de conseguir un determinado standard de calidad en la acción y que ésta se produzca dentro de un tiempo determinado (deber de puntualidad), como elementos integrantes de la acción administrativa, convirtiendo a eficacia en un requisito del acto administrativo y de la actividad administrativa en general."* [15]

De qualquer forma, a tradição brasileira, inspirada de forma genérica na doutrina europeia, até mesmo antes da constitucionalização do princípio, assevera a equivalência entre os três conceitos afins. Por exemplo, Diógenes Gasparini, Hely Lopes Meirelles[16] e Adílson Abreu Dallari,[17] há muito, estudavam o então o "dever de eficiência", que, traduzido do princípio do bom andamento ou boa administração, significa a realização rápida, responsável, maximizada, abrangente e perfeita da atividade, evitando-se gastos além dos necessários, dentro da adequada estrutura institucional.[18]

---

[14] GALATERIA, Luigi e STIPO, Massimo. *Manuale di Diritto Amministrativo*. 2 ed., Torino: UTET, 1995, p. 230 [tradução livre]. Deve ser ressaltado que se optou por abordar o assunto pelo pensamento mais recente do direito italiano. Todavia, para uma abordagem mais tradicional, ver: FALZONE, Guido. *Il dovere di buona amministrazione*. Milão: Giufrè, 1953.

[15] RICO, Manuel Alvarez. *Principios constitucionales de organización de las administraciones públicas*. 2 ed., Madrid: Dykinson, 1997, p. 160.

[16] Segundo o autor: "Dever de eficiência é o que se impõe a todo agente público de realizar suas atribuições com presteza, perfeição e rendimento funcional. É o mais moderno princípio da função administrativa, que já não se contenta em ser desempenhada apenas com legalidade, exigindo resultados positivos para o serviço público e satisfatório atendimento das necessidades da comunidade e de seus membros." Cf.: MEIRELLES, Hely Lopes. *Direito Administrativo Brasileiro*. 21 ed., São Paulo: Malheiros, 1996, p. 90.

[17] DALLARI, Adílson Abreu. Administração Pública no Estado de Direito. *Op. cit.*, p. 39.

[18] GASPARINI, Diógenes. *Direito Administrativo*. 3 ed., São Paulo: Saraiva, 1993, p. 53.

2. A eficiência na organização pública e no procedimento no administrativo brasileiro

O princípio da eficiência pode ser subdividido em princípios específicos a fim de ser concretizado. Em meados do século XX, na lição introdutória do Curso de Especialização em Ciência da Administração da Universidade de Bolonha, o professor norte-americano Joseph P. Harris ensinava que devem ser recordados princípios de organização ligados ao ideal de eficiência e boa administração, dos quais é interessante apontar alguns, como: o "princípio do escalonamento do pessoal" (que facilita a programação, a coordenação e a especialização, a fim de "obter um resultado eficiente e uma máxima utilização do pessoal e dos meios a disposição"); o "princípio da base funcional" (que afirma a necessidade de estruturação da organização tendo em vista a função que ela se propõe realizar); o "princípio da divisão das atividades consultivas e executivas" (pois a atividade consultiva é de grande importância para a organização, nas atividades de escutar, conciliar, assistir e opinar, sem que exista relação hierárquica com a executiva, cujas funções são planejamento, controle, produção técnica, etc.); o "princípio da unidade de comando" (deve-se saber exatamente de quem é a autoridade final de comando, bem como a responsabilidade inerente ao exercício da função); o "princípio da definição clara de funções" (que produz maior senso de unidade e maior coordenação, pois uma organização eficiente requer clareza, precisão e boa definição de atribuições); e, ainda, cabe mencionar o "princípio da especialização" (que implica uma correta atribuição de funções a quem possa realizá-las da melhor forma, por ser mais experto).[19]

Em termos estritamente dogmáticos, a Lei Federal nº 9.784, de 29 de janeiro de 1998, foi promulgada justamente com o intuito de garantir a efetividade destes princípios específicos. Portanto, tanto serve como liame entre a função de garantia e a função de eficiência do procedimento, quanto como inspiração ao administrador e ao juiz. Egon Bockmann Moreira destaca alguns requisitos para que seja possível traçar o que seria um procedimento administrativo eficiente. Em termos sintéticos e didáticos eles poderiam assim ser traduzidos: 1) celeridade (através do cumprimento de prazos, da impossibilidade de omissão, da recusa à procrastinação, do

---

[19] HARRIS, Joseph P. *Dinamica della Pubblica Amministrazione nello Estato contemporâneo.* Op. cit., p. 33 e ss.

cumprimento do dever de impulsão de ofício, do indeferimento de provas impertinentes ou desnecessárias e da proteção de situações de urgência); 2) simplicidade (através da adoção da forma específica mais adequada, da cautela com informalismos – na medida em que geram insegurança –, da redução de procedimentos sem importância substancial, da utilização de novas tecnologias, e, finalmente, da tentativa de ampliação da capacidade de compreensão do cidadão, especialmente evitando-se que seja necessário o apoio técnico profissional); 3) predefinição da finalidade (por intermédio da coerência entre os meios e os fins da atuação administrativa, da precisão quanto ao objeto a ser tratado, da especificidade nas interpretações, etc.); 4) economicidade processual (pela maximização da utilização da estrutura administrativa, evitando-se repetições desnecessárias ou inúteis, aproveitando-se os atos – particularmente através da convalidação –, e enaltecendo a ideia de instrumentalidade das formas); e 5) efetividade (o resultado do procedimento deve ser, além de pertinente ao interesse público, útil ao interessado e respaldado pelas garantias constitucionais em sua formação).[20]

Não é uma utopia, portanto, a exigência de harmonização entre eficiência e garantismo, desde que a interpretação jurídica realizada tenha origem no sistema constitucional do Estado Social. A eficiência não está no enfraquecimento da lei ou do procedimento, mas no seu aprimoramento e valorização. Especialmente no processo administrativo (qualificado, então, pelo contraditório), tornam-se de grande importância alguns meios de colaboração no sentido de incrementação da eficiência, tais como: a garantia do direito à informação, a facilitação da vista dos autos, a correta intimação dos atos (com ciência da sua motivação), o fornecimento de fotocópias autenticadas, a publicidade efetiva e não meramente formal (bem como a manutenção do sigilo, no caso na pendência de processo disciplinar), a cautela da emissão de certidões (bem como na sua numeração a fim de evitar-se a duplicidade), e, de forma contundente, a impossibilidade da aplicação de efeito retroativo à mudança de orientação na interpretação legal. Em suma, a eficiência liga-se fortemente com os deveres de boa-fé governamental, razoabilidade/proporcionalidade na ação administrativa (como defende de forma apropriada Elena Buoso).[21]

---

[20] MOREIRA, Egon Bockmann. *Processo administrativo – princípios constitucionais e a Lei 9.784/99.* 4. ed., São Paulo: Malheiros, 2010, p. 209 e ss.

[21] BUOSO, Elena. *Proporzionalità, efficienza e accordi nell'attività amministrativa.* Milano: CEDAM, 2012.

Devido à natureza constitucional do princípio da eficiência e à sua imbricação necessária com a função garantística, a atuação contrária (ineficiente) não pode ser considerada válida, sendo, por consequência lógica, passível de anulação. Todavia, é imperioso ressaltar que ao lado do dever de anulação de um ato ineficiente está a obrigatoriedade de convalidação, quando presentes os pressupostos para tanto. E é possível ir além. Conforme explica João Batista Gomes Moreira, "o princípio da confiança legítima vem consagrado no direito alemão e baseia-se no critério das esperanças fundadas em promessas firmes feitas pelo Estado, as quais devem ser respeitadas mesmo que ainda não constituam direito subjetivo ou adquirido ou ter reparadas as consequências, anormais e especiais, de sua abrupta frustração."[22] Como defende Weida Zancaner, "o princípio da legalidade visa a que a ordem jurídica seja restaurada, mas não estabelece que a ordem jurídica deva ser restaurada pela extinção do ato inválido. Há duas formas de recompor a ordem jurídica violada, em razão dos atos inválidos, quais sejam, a invalidação e a convalidação".[23] Dessa forma, somente através da razoabilidade, torna-se possível saber se a exigência inerente ao interesse público impõe uma ou outra forma de restauração jurídica do processo como um todo, da fase processual ou dos atos isolados, que se suspeita estejam maculados com o vício de ineficiência.

Na busca de um equilíbrio entre eficiência e garantia, há um fator, ainda, que não raras vezes é analisado de forma dissociada do procedimento, mas que a ele é fundamental: o agente público. Não é possível tornar eficiente um procedimento, se não há investimento nas pessoas que praticam os atos. De forma perspicaz, Cármen Lúcia Antunes Rocha percebeu tal nuança, resumindo a relação existente entre os sujeitos ativos e o objeto administrativo através deles manifestado: "a pessoa jurídica estatal atua exatamente por meio desses agentes. São eles que constituem os nervos e veias que fazem com que a criação humana, que é a pessoa de direito, aja, adote comportamentos e seja responsabilizada nos limites da lei; enfim, é o agente público que dá vida à pessoa jurídica pública."[24]

---

[22] MOREIRA, João Batista Gomes. *Direito Administrativo: da rigidez autoritária à flexibilidade democrática*. Belo Horizonte: Fórum, 2005, p. 272.

[23] ZANCANER, Weida. *Da convalidação e da invalidação dos atos administrativos*. 2 ed., São Paulo: Malheiros, 2001, p. 56.

[24] ROCHA, Cármen Lúcia Antunes. *Princípios constitucionais dos servidores públicos*. São Paulo: Saraiva, 1999, p. 57.

Preliminarmente, deve ser ponderado que a prescrição de metas objetivas, a maquiagem da máquina estatal ou a estipulação de prêmios de caráter simbólico não se prestam a estimular a atividade do agente público, se este encontrar-se mal-remunerado. A satisfação pessoal do agente através de uma contraprestação econômica condigna com sua função é o primeiro requisito de eficiência do procedimento administrativo.

Já o segundo pressuposto é, aí sim, a responsabilização específica pela atuação ineficiente. Os demais incentivos e cobranças devem ser implementados, mas jamais perderão seu caráter suplementar. A grande falha da burocracia estatal brasileira foi, no último quartel de século, a geração de um *status* de desproporcionalidade na remuneração de pessoal. Estipêndios de um lado excessivos e de outro insuficientes possibilitaram o advento de críticas múltiplas, por um lado vindas da sociedade, indignada com privilégios realmente existentes, e de outro, da esmagadora maioria dos servidores, que vê, ano após ano, sua remuneração ser cada vez mais condensada. Pior ainda é quando o privilégio é dado a um Poder que é o último receptáculo das esperanças populares: o Judiciário (como no caso do auxílio-moradia).

Este fato incitou a ampliação do descrédito cultural hoje vivenciado pelo serviço público. Ou seja, a clivagem entre o procedimento e os agentes que o realizavam propiciou a autonomização formal do mecanismo burocrático, a ponto de fazê-lo parecer inadequado à satisfação do interesse público e, portanto, passível de substituição por uma sistemática cuja principiologia diverge fortemente do regime jurídico administrativo. Daí a preferência, largamente manifestada na contemporaneidade, pela estrutura flexível-convencional (de caráter gerencial) em detrimento da rígida-procedimental (de caráter burocrático).[25] Contudo, não é adotando técnicas de maquilagem gerencial que se propiciará a satisfação e qualificação do servidor, tão necessárias à realização do procedimento eficiente.

3. O princípio da eficiência entre boa administração e razoabilidade

A tradicional teoria dos atos administrativos divide-os em vinculados (que não deixam qualquer margem de apreciação subjetiva pelo agente, obrigando-o a agir de tal ou qual forma em função da realização fenome-

---

[25] NOHARA, Irene. *Reforma administrativa e burocracia: impacto da eficiência na configuração do Direito administrativo brasileiro.* São Paulo: Atlas, 2012.

nológica de determinados pressupostos legais) e discricionários (cuja atuação do agente não estaria de forma completamente descrita na lei, por consequência, restando margem de intelecção subjetiva). Esta divisão, de extrema problematicidade, vem prestando-se como fundamento para a não apreciação judicial de uma imensa gama de atos administrativos.[26]

A atuação cujos pressupostos e consequências legais são de fácil verificação no ordenamento carecem de maior discussão, pois são notoriamente controláveis. No espaço da vinculação, a importância do princípio da eficiência é aplacada pela preponderância dos princípios da legalidade e da finalidade.[27] Sendo assim, é notadamente no campo da discricionariedade que a inclusão expressa do princípio da eficiência, vem, no bojo de uma hermenêutica mais adequada, ultrapassar as barreiras da impossibilidade de sindicabilidade total dos atos administrativos.

Ponto chave inerente à formatação do princípio da eficiência administrativa é a sua relação com a atuação discricionária do administrador público. Particularmente no que diz respeito ao importantíssimo tema do controle judicial, tão caro ao Direito Administrativo brasileiro, torna-se premente a imbricação entre as questões da gestão, eficiência, discrição e controle, pois, como rememora Adílson Abreu Dallari: "Na gestão empresarial pode ocorrer coincidência entre o administrador e o dono. Na administração pública isso nunca ocorre; o administrador público é sempre um gestor de coisa alheia, pois o dono do interesse público é a coletividade".[28]

Certamente que afirmar a possibilidade de controle judicial da atuação discricionária do agente público através da avaliação do cumprimento do princípio da eficiência pode ser considerado algo impossível – verdadeira

---

[26] Segundo Germana de Oliveira Moraes, a discricionariedade "nunca deixou, entretanto, de ser vista, por alguns, tradicionalmente como a barreira para a sindicabilidade dos atos administrativos pelo Poder Judiciário, estigma que ainda a acompanha inclusive em modernas compreensões teóricas da categoria. Conforme averba Assmann, até agora a discricionariedade vem sendo definida como o âmbito no qual a Administração pode decidir autonomamente sem vincular-se a parâmetros jurídicos." Cf.: MORAES, Germana de Oliveira. *Controle jurisdicional da administração pública*. São Paulo: Dialética, 1999, p. 28.

[27] Concorda-se, portanto, com a conclusão de Marcelo Harger: "Os atos vinculados normalmente não são afetados pelo princípio da eficiência. É que, nesses casos, a lei já determina qual a única solução possível para o atingimento do interesse público. A solução ótima, nesses casos, já está prevista em lei." Cf.: HARGER, Marcelo. Reflexões iniciais sobre o princípio da eficiência. *Boletim de Direito Administrativo*. São Paulo: NDJ, dez., 1999.

[28] DALLARI, Adílson Abreu. Administração Pública no Estado de Direito. *Op. cit.*, p. 35.

utopia. Devido às raízes históricas do controle judicial no Estado Moderno, que remontam à desconfiança dos revolucionários franceses em relação ao Poder Judiciário, mesmo sistema de jurisdição única acabou por restringir a sindicabilidade do ato administrativo. Todavia, esta realidade vem alterando-se paulatinamente.[29]

Como lembra Manoel de Oliveira Franco Sobrinho, para muitos, a realidade parecia distante quanto à possibilidade de exame da moralidade administrativa.[30] A recusa à consideração da moralidade como requisito de validade do ato administrativo foi posição presente na doutrina e jurisprudência de até bem pouco tempo atrás, embora hoje já não mais se discuta a pertinência de tal controle (não somente em função da expressão constitucional do princípio, mas também da maturação doutrinária relacionada ao tema). Parece que no tocante à eficiência, a tendência de concretização do princípio se repete.

Torna-se mais clara a real possibilidade de controle quando é analisada a íntima ligação entre o princípio da eficiência e os demais princípios constitucionais da Administração Pública. O liame entre tais princípios se dá através de um princípio constitucional, que apesar de implícito, segundo Bandeira de Mello, é o mais importante: a finalidade pública.[31] O conteúdo jurídico do princípio da finalidade não possui grande controvérsia na doutrina. Em uma acepção ampla, a finalidade se refere à exigência de um resultado de acordo com o interesse público genericamente considerado; em uma conotação restrita, reporta-se ao resultado exigido explícita ou implicitamente pela lei específica que rege o caso concreto. De todo modo, apresenta-se insofismável que a atuação do administrador, em todos os atos de gestão, sejam de caráter político ou propriamente administrativo, deve respaldar-se por uma finalidade pública condicionada pela lei.

---

[29] BACELLAR FILHO, Romeu Felipe. Breves reflexões sobre a jurisdição administrativa: uma perspectiva de Direito Comparado. *Revista de Direito Administrativo*. Rio de Janeiro: Renovar, jan./mar., 1998.
[30] Em uma passagem de sua obra clássica o autor pondera: "Dirão alguns administrativistas menos avisados que não passa de utopia qualquer tipo de controle do ato administrativo no tocante ao exame da moralidade". FRANCO SOBRINHO, Manoel de Oliveira. *O controle da moralidade administrativa*. São Paulo: Saraiva, 1974, p. 20.
[31] MELLO, Celso Antônio Bandeira de. *Discricionariedade e controle jurisdicional*. 2 ed., São Paulo: Malheiros, 1998, p. 36 e 45.

Poder-se-ia alegar, entretanto, que alguma discussão reside sobre o sentido em que é entendido o princípio da legalidade como norteador da finalidade. Vários autores, entre os quais Maria Sylvia Zanella di Pietro,[32] entendem que o mesmo deve ser interpretado em sentido amplo, congregando o Direito como um todo. Nessa linha é que se configura o "Princípio da Juridicidade", segundo ressalta Cármen Lúcia Antunes Rocha,[33] ou ainda, Eduardo Soto Kloss.[34] Adotando posição contrária, explica Romeu Felipe Bacellar Filho que é mais adequado afirmar o controle jurisdicional da Administração pelo princípio da legalidade em sentido estrito, e, separadamente, pelos demais princípios e regras extraídos do sistema constitucional.[35] Ressalvada esta dicotomia hermenêutica, é possível aglutinar as noções (que em seu conteúdo não discrepam) a partir do posicionamento de Diogo de Figueiredo Moreira Neto, para quem a atuação administrativa, notadamente discricionária, deve ser controlada pela legalidade e pela legitimidade (cuja justaposição decorre do necessário atendimento ao interesse público).[36]

No tocante à atuação discricionária, a finalidade é, portanto, um condicionante direto, cuja essência está delimitada pela legitimidade do ato. Legitimidade esta que implica uma adequação do agir administrativo em conformidade com os princípios, entre os quais, o da eficiência. Não seria coerente ser admitido que um ato administrativo ineficiente atingiu a finalidade legal na amplitude de sentido exigida pelo sistema constitucional.

Nesta linha de raciocínio, seria possível, ainda, refletir se o princípio da eficiência não coincide com o princípio da finalidade; afinal, ambos objetivam o cumprimento ótimo do interesse público para além da legalidade

---

[32] PIETRO, Maria Sylvia Zanella di. *Discricionariedade Administrativa na Constituição de 1988*. São Paulo: Atlas, 1991, p. 97.

[33] ROCHA, Cármen Lúcia Antunes. *Princípios constitucionais da administração pública*. Belo Horizonte: Del Rey, 1994, p. 83 e ss.

[34] KLOSS, Eduardo Soto. *El principio de juridicidad*. Santiago: Jurídica de Chile, 1996.

[35] "A adoção do sentido restrito do princípio da legalidade é exigência da própria Constituição de 1988. O primeiro argumento é de ordem lógica. Ora, se o princípio da legalidade pretendesse abarcar a própria vinculação constitucional da atividade administrativa seria inútil e totalmente despido de sentido a afirmação de outros princípios constitucionais da Administração Pública. Afinal, o que sobraria para os demais?" Cf.: BACELLAR FILHO, Romeu Felipe. *Processo administrativo disciplinar. Op. cit.*, p. 166.

[36] MOREIRA NETO, Diogo de Figueiredo. *Legitimidade e discricionariedade – novas reflexões sobre os limites e controle da discricionariedade*. 2 ed., Rio de Janeiro: Forense, 1991, p. 15.

estrita. Sem dúvida, a aproximação é grande, mas não há coincidência. A relação é de recíproco condicionamento, entre princípios estanques, que devem, ambos, submeter-se ao controle jurisdicional. Segundo Moreira Neto, "a discricionariedade não pode ser um pretexto para decisões ineficientes, assim consideradas as que atendam deficientemente ao interesse público definido na finalidade da lei".[37] Este condicionamento entre o respeito à finalidade e o atendimento à eficiência é melhor apreendido quando é ampliado o universo de avaliação rumo à razoabilidade e à moralidade.

Através do dever de boa administração são ligados de forma íntima a eficiência, a moralidade e a razoabilidade – ademais, tal dever também consiste direito fundamental para os cidadãos.[38] No tocante a este assunto, é preciso recorrer novamente à doutrina de Celso A. Bandeira de Mello, quando pondera sobre a razoabilidade como limite ao controle da discricionariedade. Assim como nem sempre é possível afirmar que um ato é "objetivamente reputável como incorreto", muitas vezes denotar-se-ão ausentes as condições de avaliação da eficiência da atuação. Na prática administrativa podem apresentar-se tanto situações em que há certeza absoluta, quanto em que há dúvida (neste último caso, admite-se mais de uma hipótese como razoável). Sendo assim, em uma situação real, se o administrador agir de uma forma razoável (ainda que existindo outra também razoável, embora divergente), não é possível reputar ilegítimo o ato.[39] Observe-se que, aqui, não se está tratando do princípio da razoabilidade.

Mas, na sequência deste raciocínio, poderia emergir a seguinte pergunta: qual é, então, a relação entre eficiência e razoabilidade? Moreira Neto entende que o ato ineficiente viola o princípio da razoabilidade, pois tal atuação igualaria a "boa administração" à "má administração".[40] Merece registro o abrandamento que o autor faz de sua proposta, quando assevera que somente a "violação grosseira" da eficiência caracterizaria a irrazoabilidade.[41]

---

[37] MOREIRA NETO, Diogo de Figueiredo. *Legitimidade e discricionariedade – novas reflexões sobre os limites e controle da discricionariedade. Op. cit.*, p. 55.

[38] MUÑOZ, Jaime Rodriguez-Arana. *O direito fundamental à boa administração pública*. Tradução de Daniel Wunder Hachem. Belo Horizonte: Fórum, 2012.

[39] MELLO, Celso Antônio Bandeira de. *Discricionariedade e controle jurisdicional. Op. cit.*, p. 23.

[40] MOREIRA NETO, Diogo de Figueiredo. *Legitimidade e discricionariedade – novas reflexões sobre os limites e controle da discricionariedade. Op. cit.*, p. 57.

[41] Segundo Cármen Lúcia Antunes Rocha, "por razoabilidade administrativa se há de entender, pois, a exigência, na conduta administrativa, de uma razão suficiente, justa e adequada, fundada em norma jurídica e amparada em uma necessidade social específica,

Todavia, embora na prática talvez as consequências fossem as mesmas, melhor é o raciocínio que pode ser extraído a partir da doutrina de Bandeira de Mello, para quem a necessária atuação ótima implica mais que uma atuação razoável, uma atuação proporcional.[42] Assim, é possível compreender que um ato pode ser razoável, porém ineficiente, embora sempre que seja eficiente, será razoável.

Já quando se fala em duas ou mais possibilidades razoáveis, não se está fazendo referência do "princípio da razoabilidade", mas sim averiguando logicamente a possibilidade de duas respostas igualmente admissíveis no tocante à eficiência (ou qualquer outro requisito de validade a ser considerado). Todavia, o assunto é controvertido, notadamente pela possível carga de subjetividade que a noção possui. Afinal, dentro da ideia típica de uma atuação razoável ou proporcional há sempre uma carga axiológica inafastável.[43] Na doutrina italiana, por exemplo, Elena Buosso chega até mesmo a unir a eficiência e a proporcionalidade, como um princípio mesmo princípio jurídico: "*il principio di proporcionalità-efficienza*".[44]

No direito brasileiro, todavia, parece possível ainda supor como diversos os princípios da razoabilidade/proporcionalidade e eficiência (dependendo, portanto, da compreensão que se tenha de cada princípio). Como já explicado, pode-se defender que o princípio da eficiência ultrapassa os limites do princípio da razoabilidade na medida em que implica uma maior exigência, decorrente do cumprimento do princípio da finalidade, que impõe não somente uma atuação suficiente (razoável/racional), mas sim ótima (a melhor possível). Ou seja, entre duas opções que observem o princípio da razoabilidade, deve o administrador optar pela mais eficiente.

Nesse sentido, o Judiciário ultrapassa a mera averiguação da existência de "desvio de poder" para dirimir a possibilidade de uma atuação inconveniente ou inoportuna, quando assim puderem ser categorizadas. Todavia,

que identifique a validade de determinada prática estatal. A coerência entre a demanda social e a resposta administrativa deve demonstrar a justeza da aplicação da norma jurídica pela pessoa estatal, e nisto repousa a razoabilidade do comportamento da Administração Pública." Cf.: ROCHA, Cármen Lúcia Antunes. *Princípios constitucionais da Administração Pública. Op. cit.*, p. 113.

[42] MELLO, Celso Antônio Bandeira de. *Discricionariedade e controle jurisdicional. Op. cit.*, p. 32.

[43] MALDONADO, Marco Aurélio González. *La proporcinalidad como estructura argumentativa de ponderación: un análisis crítico*. México: Novum, 2011, p. 105 e ss.

[44] BUOSSO, Elena. *Proporcionalità, efficienza e accordi nell'attività amministrativa*. Milano: CEDAM, 2012, p. 111.

isso não implica em interferência na atividade administrativa por meio de escolhas a serem reputadas ao Judiciário, pois o sua atuação será apenas negativa para o caso dos atos discricionários. Os atributos de conveniência e oportunidade não mais podem escapar do controle jurisdicional. O Poder Judiciário pode realizar juízo de compatibilidade entre o mérito do ato e o sistema constitucional como um todo (princípio da juridicidade ou da legalidade em sentido amplo).[45] Aliás, a clássica ideia que que é vedado ao Judiciário o controle do mérito dos atos administrativos não passa de uma tradição sem respaldo na história legislativa brasileira. É uma teoria que passou de autor para autor, de decisão para decisão, mais reforçando um preconceito do que efetivamente traduzindo uma norma compatível com o sistema jurídico nacional (cujo princípio da jurisdição una não comporta exceções).

4. O controle judicial da busca pelo ponto ótimo pela Administração Pública

Para Celso A. Bandeira de Mello, não existe a figura do "ato discricionário", pois a discricionariedade residiria no exercício da função através da competência legal atribuída. Sendo assim, "quando a lei regula discricionariamente uma dada situação, ela o faz deste modo exatamente porque não aceita do administrador outra conduta que não seja aquela capaz de satisfazer excelentemente a finalidade legal".[46] Igualmente, Cármen Lúcia A. Rocha explica que no passado os administrativistas eram muitos ligados à noção de "ato discricionário", mas a partir de um certo momento, passou-se a preferir a expressão "poder discricionário", embora, segundo a autora, também esta seja uma noção contestável.[47] Sobre o assunto, João Féder esclarece que "a grande maioria dos analistas políticos reconhece que no Estado contemporâneo o governante não dispõe de poder discricionário, uma vez que todo governante está sujeito ao império da lei". Dessa forma, na medida em que não há discrição, não há poder, no sentido de "poder livre-arbítrio" – *ex propia autoritate*.[48]

---

[45] ROCHA, Cármen Lúcia Antunes. *Princípios constitucionais da administração pública. Op. cit.*, p. 119.
[46] MELLO, Celso Antônio Bandeira de. *Discricionariedade e controle jurisdicional. Op. cit.*, p. 32.
[47] ROCHA, Cármen Lúcia Antunes. *Princípios constitucionais da Administração Pública. Op. cit.*, p. 117.
[48] FÉDER, João. *O Estado sem poder.* São Paulo: Max Limonad, 1997, p. 72.

Torna-se, então, perfeitamente justificável a expressão de Bandeira de Mello, que opta por entender existente um "dever discricionário".[49] E é justamente a partir desta noção que pode ser admitido, ou melhor, exigido, o controle de eficiência da atividade administrativa. Entendimento este já presente na doutrina espanhola, como aponta Manuel Alvarez Rico, ao verificar que mesmo a análise exaustiva da legalidade dos atos administrativos não consegue promover um controle adequado da Administração, fazendo-se necessária uma nova forma de controle da atuação administrativa. Assim pondera o autor: *"Es preciso, además, tener en cuenta que el campo del control de la actividad administrativa en general y de la organizativa en concreto, se há ido dilatando poco a poco y comprende, en la actualidad, no sólo el control clásico de legalidad sino el de eficacia y oportunidad."* [50]

O potencial jurídico do princípio da eficiência, notadamente após sua constitucionalização, é capaz de reverter o posicionamento dos Tribunais Superiores no sentido de que não é possível ao Judiciário controlar a eficiência do ato administrativo. Cada vez mais, a partir da positivação expressa do princípio, haverá a possibilidade da análise pelo Judiciário de questões antes afastadas pela jurisprudência.

Não é demais repetir que isso sempre fora possível a partir da adoção do regime republicano, mas o Judiciário, em uma interpretação restritiva, não promovia o controle de eficiência. Com exceção de alguns julgados antológicos, como é o caso da decisão proferida no mandado de segurança nº 2.201/DF, de 7 de janeiro de 1954, que afastou o diretor do Colégio Franklin Roosevelt, exclusivamente em razão de sua ineficiência, o Supremo Tribunal Federal reiteradamente inadmite o controle da eficiência, justificando-se a partir do princípio da independência dos poderes. Esta visão acabou por fazer predominar na jurisprudência o entendimento de que o Administrador é livre para agir segundo a sua vontade, quando a lei não o vincula de forma rígida. Diogo de F. Moreira Neto levanta-se contra tal assertiva propondo que "não existe liberdade em nenhum grau de decisão política".[51]

---

[49] MELLO, Celso Antônio Bandeira de. *Discricionariedade e controle jurisdicional. Op. cit.*, p. 17.
[50] RICO, Manuel Alvarez. *Principios constitucionales de organización de las administraciones públicas. Op. cit.*, p. 178.
[51] MOREIRA NETO, Diogo de Figueiredo. *Legitimidade e discricionariedade – novas reflexões sobre os limites e controle da discricionariedade. Op. cit.*, p. 9.

Todavia, em linha diversa, França entende ser vedado ao Poder Judiciário controlar integralmente a eficiência da atividade administrativa, pois cada Poder teria a função de autocontrole. O autor propõe que, na apreciação dos critérios técnicos indicados pela autoridade administrativa, o juiz necessariamente terá que recorrer a técnicos e especialistas para aferir, tão somente, sua legalidade, seu respeito à isonomia e sua compatibilidade ética, jamais, sua eficiência para fins de invalidação.[52] Para justificar sua posição, utiliza-se de um argumento caracteristicamente neoliberal, questionando ironicamente quem teria que dizer se a Administração atendeu às expectativas sociais: o Juiz ou cidadão. Em assim o fazendo, o autor confunde a "atenção à finalidade pública legal" (que obviamente deve ser verificada pelo Poder Judiciário), com o "atendimento de expectativas sociais", a partir de uma clara mentalidade pragmática. Tal posição não parece ser a mais acertada. O juiz, quando provocado, e a partir de argumentos técnicos claros, não precisa restringir-se a análise de legalidade, podendo discernir sobre a atenção à eficiência, até porque este princípio funciona como critério de legitimidade do atos da Administração.[53]

Como assevera Weida Zancaner, "uma coisa é detectar discrição em uma norma abstrata, outra é verificar se a discrição não se esvai quando da aplicação da norma ao caso concreto".[54] Porque somente assim o ordenamento pode alcançar o eficiente, ou na expressão que prefere Bandeira de Mello, "o ótimo".[55] Por este motivo, torna-se absolutamente plausível a possibilidade de controle jurisdicional da eficiência da atuação administrativa, cuja participação dos cidadãos, das entidades de classe e das organizações não-governamentais pode ser crucial, inclusive no tocante à fiscalização das políticas públicas.

Germana de Oliveira Moraes lembra com propriedade que o princípio da separação dos poderes deve ser compatibilizado com o princípio da inafastabilidade da tutela jurisdicional.[56] Tal compatibilização somente pode ser realizada através de uma ponderação baseada no ideal de legiti-

---

[52] FRANÇA. Vladimir da Rocha. Eficiência administrativa na Constituição Federal. *Revista de Direito Administrativo*. n. 220. Rio de Janeiro: Renovar, abr./jun., 2000, p. 173.
[53] PESSOA, Robertônio Santos. *Curso de Direito Administrativo Moderno*. Brasília: Consulex, 2000, p. 86.
[54] ZANCANER, Weida. *Da convalidação e da invalidação dos atos administrativos*. Op. cit., p. 54.
[55] MELLO, Celso Antônio Bandeira de. *Discricionariedade e controle jurisdicional*. Op. cit., p. 32.
[56] MORAES, Germana de Oliveira. *Controle jurisdicional da administração pública*. Op. cit., p. 11.

midade do poder. E na atualidade, a legitimação material do poder político do Estado está intimamente ligada à ampliação dos controles e não à sua recusa ou restrição. O que não inibe a existência de abuso – ao contrário, este já é um problema recorrente no Brasil: a exasperação do Judiciário, que muitas vezes se coloca na posição de salvador da pátria (tornando-se, inclusive, um Poder tão midiático quando o Executivo e o Legislativo). A insegurança fruto do ativismo contemporâneo e da precariedade da motivação fundada em princípios é sem dúvida um forte efeito colateral das conquistas da década de 1990.

Mas no momento não parece haver alternativa. Frente à excessiva autoexaltação do Poder Executivo e à constante perda de credibilidade do Poder Legislativo, resta a busca por um Poder Judiciário presente no controle do atendimento ao interesse público primário extraído da Carta Magna, que exige um Estado de Bem-estar social eficiente; ou seja, um Estado interventor que se compromete com a justiça social e com uma ideia forte de igualdade material.[57] Neste contexto, é possível concluir que inúmeras possibilidades de implicação prática do princípio da eficiência na organização e na atividade administrativas poderiam ser elencadas. No entanto, alguns pontos têm relevância central na seara da teoria da organização e atividade administrativas, notadamente a partir da Reforma Administrativa brasileira de 1998, que fomentou o surgimento de novos temas e discussões. Cabe à doutrina e à jurisprudência, com o tempo, e com muita cautela, delinear cada vez mais as facetas do princípio da eficiência e, notadamente sua relação com o princípio da supremacia do interesse público.[58]

---

[57] ZOCKUN, Carolina Zancaner. *Da intervenção do Estado no domínio social*. São Paulo: Malheiros, 2009.
[58] HACHEM, Daniel Wunder. *Princípio constitucional da supremacia do interesse publico*. Belo Horizonte: Fórum, 2011.

CONTROLE JUDICIAL DO SILÊNCIO ADMINISTRATIVO E A ATRIBUIÇÃO DE EFEITOS POSITIVOS COMO ALTERNATIVA À JUDICIALIZAÇÃO

Daniel Wunder Hachem

1. Introdução

Pretende-se neste trabalho examinar o fenômeno da demora da Administração Pública em decidir, no marco de um processo administrativo, pedidos formulados pelos cidadãos, verificando no sistema normativo brasileiro possíveis formas de correção desse problema, seja pela via do controle judicial, seja por meio de soluções alternativas à judicialização.

O ordenamento jurídico pátrio não fornece uma regra geral de interpretação dos efeitos do silêncio da Administração em responder a um requerimento que lhe haja sido dirigido. Em determinadas hipóteses, a lei confere à inércia administrativa efeitos denegatórios do pedido; em outras, atribui-lhe efeitos positivos. Contudo, em determinados casos sensíveis – como aqueles que envolvem a reivindicação de direitos sociais – é preciso buscar na ordem constitucional uma solução a essa problemática que seja favorável ao cidadão, levando-se em conta o elevado grau de fundamentalidade desses direitos, a íntima conexão entre a sua tutela e a realização da dignidade da pessoa humana e a aplicabilidade imediata das normas que os veiculam.

Nesse sentido, propõe-se neste artigo investigar: (i) o significado jurídico do direito à razoável duração do processo administrativo no que diz respeito ao dever da Administração Pública de emitir decisão expressa; (ii) as origens do instituto do silêncio administrativo e os prejuízos que a atribuição de efeitos negativos causa aos cidadãos; (iii) a possibilidade de controle judicial do silêncio administrativo; (iv) os argumentos contrários e favoráveis à adoção de efeitos positivos ao silêncio administrativo; (v) a possibilidade de se reconhecer no Direito brasileiro, *de lege ferenda*, a produção de efeitos positivos nos casos em que a Administração Pública deixar de resolver em prazo razoável os processos administrativos de reivindicação de direitos fundamentais sociais.

2. O dever de decidir o processo administrativo em prazo *razoável* pode exigir uma resolução anterior ao prazo *legal*

Uma vez deflagrado o processo administrativo pelo cidadão, a Administração Pública se encontrará submetida ao *dever de decidir em prazo razoável*, deliberando pelo atendimento ou não do pedido formulado, a depender do respaldo do pleito no ordenamento jurídico. Cuidando-se de uma demanda de cunho prestacional, será consequência da obrigação de resolver o dever de *dar execução* à decisão administrativa, pois de nada adianta o Estado reconhecer o direito ao cidadão, produzindo no mundo jurídico um ato administrativo em seu favor, e deixar de materializar no mundo dos fatos a sua pretensão juridicamente protegida.

É pouco mais que evidente a sujeição do Poder Público à obrigação de dar ao cidadão uma resposta expressa às suas demandas que forem deduzidas por meio de um processo administrativo. O art. 48 da Lei nº 9.784/99 (Lei de Processo Administrativo Federal) diz o óbvio ao estabelecer que "a Administração tem o dever de explicitamente emitir decisão nos processos administrativos e sobre solicitações ou reclamações, em matéria de sua competência". O problema surge quando ela não cumpre esse dever mais do que elementar, ou, ainda, quando o faz dentro de um lapso temporal desarrazoado, constrangendo o cidadão a esperar meses ou até anos para receber uma resposta administrativa ao seu requerimento.[1] No caso

---

[1] A afirmação não é exagerada. Há inúmeros casos julgados pelo Superior Tribunal de Justiça em que a Administração levou cerca de cinco anos ou mais para decidir o processo. Entre outros, ver: BRASIL. Superior Tribunal de Justiça. Mandado de Segurança nº 13.728/DF. Relator Min. Marco Aurélio Bellizze. Terceira Seção. Julgado em 23.11.2011. DJe 08.02.2012; BRASIL. Superior Tribunal de Justiça. Recurso Especial nº 690.811/RS. Relator Min. José Delgado. Primeira Turma. Julgado em 28.06.2005. DJ 19.12.2005; BRASIL. Superior Tribunal

de processos que envolvem a tutela de direitos sociais, são ainda mais gritantes os efeitos nefastos oriundos da demora do Estado em atender à pretensão formulada pela via administrativa, pois os pleitos dizem respeito a necessidades indispensáveis à proteção e promoção da dignidade da pessoa humana. Daí a importância de se conceber adequadamente o significado da noção de "prazo razoável" e as consequências jurídicas desencadeadas pelo silêncio da Administração.

A Constituição brasileira assegura ao cidadão, em seu art. 5º, LXXVIII, o direito fundamental à razoável duração dos processos administrativos e judiciais e aos meios que garantam a celeridade de sua tramitação.[2] Sua incorporação expressa ao rol de direitos fundamentais do Título II, feita através da Emenda Constitucional nº 45/2004, é emblemática em um Estado como o brasileiro, no qual a Administração Pública não raro se permite "silenciar ou prolongar *ad infinitum* a tomada de decisões".[3] Tanto demora a resolução do pedido do particular que muitas vezes "em vez de pão, entrega-se uma pedra".[4] O conteúdo jurídico do direito à razoável duração se traduz no dever, imposto ao Poder Público, de dar uma tramitação célere ao processo administrativo, sem delongas ou paralisações injustificáveis, exarando a sua decisão dentro do mais curto espaço de tempo possível.

Por força do art. 5º, §1º da Constituição brasileira,[5] esse direito se aplica *imediatamente* sobre a atividade administrativa, de sorte que, para ser exi-

---

de Justiça. Recurso Especial nº 531.349/RS. Relator Min. José Delgado. Primeira Turma. Julgado em 03.06.2004. DJ 09.08.2004; BRASIL. Superior Tribunal de Justiça. Mandado de Segurança nº 13.545/DF. Relatora Min. Maria Thereza de Assis Moura. Terceira Seção. Julgado em 29.10.2008. DJe 07.11.2008; BRASIL. Superior Tribunal de Justiça. Mandado de Segurança nº 12.376/DF. Relator Min. Herman Benjamin. Primeira Seção. Julgado em 28.03.2007. DJe 01.09.2008.

[2] Constituição da República Federativa do Brasil (1988): "Art. 5º. (...) LXXVIII – a todos, no âmbito judicial e administrativo, são assegurados a razoável duração do processo e os meios que garantam a celeridade de sua tramitação".

[3] MEDAUAR, Odete. O princípio da razoável duração do processo administrativo. In: MEDAUAR, Odete; SCHIRATO, Vitor Rhein (Orgs.). Atuais rumos do processo administrativo. São Paulo: Revista dos Tribunais, 2010. p. 99.

[4] NIETO, Alejandro. La inactividad de la Administración y el recurso contencioso-administrativo. Revista de Administración Pública, nº 37, Madrid, Centro de Estudios Constitucionales, p. 75-126, ene./abr. 1962. p. 122.

[5] Constituição da República Federativa do Brasil (1988): "Art. 5º. (...) § 1º. As normas definidoras dos direitos e garantias fundamentais têm aplicação imediata".

gível uma resposta ao pedido administrativo dentro de um prazo razoável, de nada importa a inexistência de lei específica prevendo o prazo dentro do qual a Administração deverá proferir decisão. O que obriga o Poder Público a resolver o expediente em tempo razoável é a Constituição e não a lei, que apenas regulamenta os contornos do conteúdo desse direito fundamental já constitucionalmente assegurado.

Perceba-se que o tema da *aplicabilidade imediata* do direito à razoável duração processual ganha relevância em um Estado federal, como é o caso do Brasil, em que cada unidade da Federação – União, Estados, Distrito Federal e Municípios[6] – possui autonomia para editar leis sobre processo administrativo. Diversas entidades federativas estaduais e municipais não possuem leis a respeito desse assunto. Em tais casos, o prazo legal para a Administração decidir o processo será aquele previsto no art. 49 da Lei de Processo Administrativo Federal (Lei nº 9.784/99), de trinta dias após a instrução do feito, prorrogável por igual período em casos expressamente motivados. Não se trata de uma aplicação *subsidiária* desse dispositivo aos âmbitos estadual e municipal, pois a lei mencionada se destina somente à Administração Pública federal.[7] O prazo se aplica por *analogia*, servindo o referido dispositivo como um parâmetro para dar concretude ao direito fundamental à razoável duração do processo em razão da ausência de lei regendo o tema na entidade estadual ou municipal. Havendo lei própria do

---

[6] A posição dos Municípios dentro da Federação brasileira é capítulo polêmico no Direito Constitucional brasileiro. Para uma visão crítica da temática, conferir: ALMEIDA, Fernando Dias Menezes de. Crítica ao tratamento constitucional do Município como ente da Federação brasileira. Revista de Direito Constitucional e Internacional, nº 68, São Paulo, Revista dos Tribunais, p. 76-85, jul./set. 2009. Ver, do mesmo autor: ALMEIDA, Fernando Dias Menezes de. A fraca intensidade federativa na relação dos entes políticos no Brasil. Revista Brasileira de Estudos Constitucionais, nº 19, Belo Horizonte, Fórum, p. 93101, jul./set. 2011. José Afonso da Silva nega aos Municípios a condição de autêntica *entidade federativa*, sustentando que "o que a Constituição de 1988 consagrou foi a configuração do Município como componente da Federação apenas". SILVA, José Afonso da. O regime constitucional dos Municípios. A&C – Revista de Direito Administrativo & Constitucional, nº 42, Belo Horizonte, Fórum, p. 13-26, out./dez. 2010. p. 14. Ao revés, defendendo o reconhecimento do Município como entidade federativa no constitucionalismo brasileiro atual: FERRARI, Regina Maria Macedo Nery. Direito Municipal. 3. ed. São Paulo: Revista dos Tribunais, 2012.

[7] ALMEIDA, Fernando Dias Menezes de. Competências legislativas e analogia – Breve ensaio a partir de decisões judiciais sobre a aplicação do art. 54 da Lei n. 9.784/99. Revista da Faculdade de Direito da Universidade de São Paulo, nº 102, São Paulo, Universidade de São Paulo, p. 357-370, jan./dez. 2007. p. 363.

ente federativo que disponha de modo diverso, o prazo para decidir deverá ser aquele indicado no respectivo diploma legal, *desde que seja de fato razoável*. Não pode o legislador estipular um prazo demasiadamente alargado para a Administração decidir os processos administrativos, sob pena de inconstitucionalidade, por afrontar o direito fundamental inscrito no art. 5º, LXXVIII da Constituição Federal.

Questão capital é saber se prazo *razoável* é sinônimo de prazo *legal*. Caso a Administração resolva o processo administrativo dentro do prazo legalmente fixado, terá ela necessariamente atendido ao direito fundamental do cidadão à razoável duração processual? E se o pedido tiver sido apresentado por um enfermo em estado emergencial, que precisasse de internação imediata em Unidade de Terapia Intensiva (UTI) ou do fornecimento urgente de um medicamento para a sua sobrevivência, será razoável aguardar um prazo legal de trinta dias ou mais? A resposta a essa indagação é crucial em termos de direitos fundamentais sociais, pois a partir dela se poderá aferir se a demora administrativa em satisfazer o direito, ainda que não seja ilícita por não haver decorrido o prazo *legal*, é ou não inconstitucional por descumprimento do direito a uma duração *razoável* do processo.

Prazo *razoável* e prazo *legal* não são expressões sinônimas. Sob o prisma jurídico, elas não se referem à mesma coisa. Do contrário, a previsão do art. 5º, LXXVIII da Constituição seria absolutamente inútil na esfera administrativa, na qual o dever da Administração de respeitar os prazos *legais* é mais do que óbvio. Se ela não tivesse esse dever, o legislador não teria fixado prazo algum. E se o Poder Público tem a obrigação de decidir dentro do prazo da lei, o cidadão tem o direito de exigi-lo. Logo, não haveria razão para se falar em um direito fundamental, de nível constitucional, a uma razoável duração dos processos administrativos, que nada acrescentaria à órbita jurídica do cidadão, visto que os próprios dispositivos legais já lhe asseguram o direito a que a Administração aja dentro do prazo *legal*.

Uma interpretação empobrecida dos direitos fundamentais diria que o art. 5º, LXXVIII da Constituição dirige-se apenas ao juiz, que na maior parte das vezes não tem prazo legal para agir, e ao legislador, para que crie mecanismos de aceleração temporal da duração dos processos administrativos e judiciais, como por exemplo a fixação de prazos para a sua tramitação e conclusão. Não seria destinado, assim, à Administração, a quem incumbiria apenas respeitar a *legalidade estrita* e agir em conformidade com os prazos já traçados pelo legislador.

Essa racionalidade colide com a lógica que permeia o presente estudo. Defende-se aqui que os direitos fundamentais, por força do art. 5º, §1º da Constituição, incidem *direta e imediatamente* sobre a atividade administrativa e não apenas sobre as funções legislativa e jurisdicional. Eles não se aplicam aos entes administrativos somente na medida de sua regulamentação legal. E por isso, a Administração está antes de tudo obrigada a cumprir o direito fundamental à *razoável* duração do processo, e apenas secundariamente compelida a cumprir o prazo fixado na lei. Entender de forma diferente implicaria aceitar que apenas a lei em sentido formal vincula a função administrativa, não recaindo sobre ela os efeitos jurídicos do art. 5º, LXXVIII da Constituição. Significa, portanto, que se o prazo razoável para atender *eficazmente* ao direito do cidadão for mais curto do que o lapso temporal legalmente previsto para sua decisão, o Poder Público se verá obrigado a resolver o processo *antes do prazo legal*, para não incorrer em inconstitucionalidade por transgressão a um direito fundamental.[8]

A noção de prazo *razoável* agrega um *plus* à ideia de prazo legal. Este último é o *prazo máximo* para que a Administração Pública decida o processo administrativo. É o termo final, após o qual sua conduta ingressará no terreno da ilicitude. Quando o legislador prevê esse prazo, ele está considerando a generalidade das situações, de modo que o termo estabelecido pela lei poderá se afigurar inadequado para atender satisfatoriamente determinados reclamos de caráter urgente. As circunstâncias fáticas do caso concreto podem vir a impor o dever constitucional de decidir *anteriormente ao prazo legal* para que seja proporcionada ao indivíduo uma *tutela administrativa efetiva* do seu direito, a qual se tornaria inócua se o Poder Público pudesse dispor de todo o prazo legalmente fixado para resolver a demanda.[9] Sendo assim, uma interpretação sistemática do art. 5º, LXXVIII com o §1º do mesmo artigo conduz à conclusão de que o direito fundamental à tutela administrativa efetiva impõe ao Estado a obrigação de emitir

---

[8] É evidente que aqui se está considerando que quem deu causa à demora foi o próprio Estado, não havendo que se falar em violação à obrigação de decidir em prazo razoável quando a paralisação do feito houver sido provocada pelo próprio particular interessado.

[9] A propósito dos critérios sugeridos pela Corte Interamericana de Direitos Humanos para a valoração, em cada caso, da razoabilidade do prazo para resolver o processo, ver: DAMSKY, Isaac Augusto. Derechos humanos y mecanismos de interdicción de la morosidad administrativa: una nueva legitimidad. A&C – Revista de Direito Administrativo & Constitucional, nº 52, Belo Horizonte, p. 77-101, abr./jun. 2013. p. 94-99.

decisão nos processos administrativos em prazo razoável, que na situação concreta poderá se configurar *antes do decurso do prazo legal*, haja vista que a Administração não se subordina apenas a lei formal, mas também à Constituição, que lhe exige a resolução do caso dentro de um período razoável.

Essa dissociação semântica entre prazo *razoável* e prazo *legal* leva alguns autores a reconhecerem um "princípio da *relatividade* dos prazos e termos legais", deduzido do princípio da razoabilidade, segundo o qual a noção de prazo *razoável* relativizaria os prazos legais tanto para mais quanto para menos. Defendem, assim, que o prazo dentro do qual a Administração se verá juridicamente compelida a decidir um processo para não incorrer em antijuridicidade poderá ser *inferior* ao da lei, em casos de urgência, ou *superior* ao da lei, quando circunstâncias materiais intransponíveis impedirem a resolução dentro do prazo da lei.

É o caso de Marcos Gómez Puente, que após sustentar essa posição chega a indagar: "mas então, se é a razoabilidade o que impera na hora de determinar o tempo do cumprimento, de que serve prever legal ou regulamentarmente um prazo para resolver?". A resposta por ele dada a essa questão é a de que o marco temporal normativamente estabelecido serve como um padrão, isto é, um parâmetro para verificar no caso concreto se o lapso temporal transcorrido para decidir foi ou não razoável. Entende o autor que o prazo assinalado na lei ou no regulamento goza de presunção *juris tantum* de razoabilidade, a qual pode ser afastada tanto pelo indivíduo interessado, que pretenda sustentar a sua irrazoabilidade naquele caso concreto, quanto pela Administração, que busque afastar a antijuridicidade de sua inação demonstrando que as circunstâncias a impediram de resolver o feito dentro do prazo legal, que seria desarrazoado para aquela situação.[10]

Tal posicionamento parece equivocado. Ele enfraquece a posição jurídica do cidadão, por flexibilizar demasiadamente sua garantia de que, ao menos dentro do marco temporal legalmente demarcado, a Administração será obrigada a decidir o seu processo. A resposta à indagação suscitada por Gómez Puente a propósito da funcionalidade do estabelecimento de prazos legais para o Estado decidir os requerimentos que lhe são apresentados (diante da incidência do princípio da razoabilidade) há de ser a

---

[10] GÓMEZ PUENTE, Marcos. La inactividad de la Administración. 3. ed. Navarra: Aranzadi, 2002. p. 508-509.

seguinte: os termos fixados pela lei para a Administração resolver os processos administrativos servem para conferir uma garantia ao indivíduo, constituindo um período *máximo* dentro do qual seu pedido haverá necessariamente de ser apreciado, mas que poderá ser encurtado face à urgência e à possibilidade de perecimento de sua pretensão jurídica, de forma que o seu descumprimento – seja ele coincidente com o prazo legal, seja ele um prazo *inferior* ao da lei e aferível no caso concreto – tornará antijurídica a passividade administrativa.

Assim, a Constituição dirige à Administração o *dever de decidir os processos administrativos dentro de um prazo razoável – após o qual o silêncio estatal se tornará inconstitucional – que, a depender das peculiaridades do caso concreto, poderá se configurar: (i) antes do lapso temporal legalmente previsto para a resolução dos requerimentos; ou (ii) no máximo, dentro do prazo legal.*

Uma vez ultrapassado sem resposta o prazo de que dispõe a Administração para decidir o processo administrativo deflagrado pelo titular do direito postulado, restará configurado o seu silêncio, postura que se revela inconstitucional por agredir o art. 5º, LXXVIII da Lei Fundamental. Impende analisar, então, quais serão os efeitos produzidos por essa conduta administrativa antijurídica.

3. Origens do silêncio administrativo e de seus efeitos negativos

A primeira consideração que deve ser acentuada sobre o tema no qual agora se adentra é diferenciação entre *silêncio da Administração*, situação meramente fática verificada nos casos que o ente administrativo demora a responder uma demanda que lhe fora proposta, e o *silêncio administrativo*, instituto jurídico que se configura quando reunidos certos requisitos e enseja determinados efeitos jurídicos.

O silêncio administrativo nasce no século XIX como uma técnica jurídica voltada a resolver o problema do caráter revisor da jurisdição contencioso-administrativa. O modelo francês de justiça administrativa, posteriormente importado por outros Estados, atribuía à jurisdição uma função meramente *revisora* da legalidade dos atos praticados pela Administração. Por conta dos diversos privilégios e prerrogativas de que desfrutava o Poder Público e diante do chamado princípio da separação entre as autoridades administrativas e jurisdicionais, não competia ao juiz administrativo condenar o Poder Executivo a agir desta ou daquela maneira, nem impor-lhe medidas coercitivas para forçá-lo a atuar de determinada forma (*v.g., astreintes*). Seu papel se limitava a declarar a conformidade ou não dos atos administrativos com a lei.[11]

Essa natureza restrita conferida à função jurisdicional gerava um óbice ao cidadão quando a ilegalidade da Administração decorria de sua omissão. Isso porque, sendo apenas revisora a competência do juiz administrativo, uma das condições de admissibilidade da demanda era a existência de um *ato prévio* praticado pelo Estado, contra o qual se insurgisse o jurisdicionado pela via do recurso contencioso-administrativo.[12] Inexistindo um ato formal emitido pela Administração, fechavam-se as portas da tutela jurisdicional, pois se entendia que nada havia para ser revisado e o particular quedava em situação de desamparo.[13] Lembre-se que o sistema de garantias desenvolvido no período oitocentista seguia a lógica de um Estado Liberal, no qual a preocupação dos indivíduos era com as *ações agressivas* do Poder Público e não contra as suas *omissões transgressoras* de direitos assegurados pelo sistema normativo, tema que só vem a adquirir maior importância no modelo do Estado Social de Direito.[14]

Naquele momento histórico, em razão dos dogmas sobre os quais se erigiam as relações entre os Poderes Públicos, mais fácil do que tentar relativizar as prerrogativas de que gozava a Administração perante a jurisdição foi inventar, de maneira fictícia, um artifício que fizesse as vezes de um ato, passível de ser objeto de reclamação quando a ilegalidade adviesse da omissão administrativa em decidir o requerimento (e não de um autêntico ato comissivo por ela praticado). É nesse cenário que surge o *silêncio admi-*

---

[11] Observe-se, nessa linha, o que afirmava Joseph Barthélemy em artigo publicado no ano de 1912: "a execução forçosa da obrigação de fazer suporia uma apreciação de elementos de oportunidade que não se poderia largar nas mãos do juiz (...). As únicas sanções jurídicas que o Direito Público comina à obrigação de fazer a cargo da Administração são: 1º) a anulação dos atos contrários a essa obrigação; 2º) uma reparação pecuniária". BARTHÉLEMY, Joseph. Sur l'obligation de faire ou de ne pas faire et son execution forcée dans le droit public. Revue du Droit Public et de la Science Politique en France et à l'étranger, XXIXᵉ année, nº 3, Paris, M. Giard & E. Brière Libraires-Éditeurs, p. 505-540, jui./sep. 1912. p. 511.

[12] GARCÍA-TREVIJANO GARNICA, Ernesto. El silencio administrativo en la nueva Ley de Régimen Jurídico de las Administraciones Públicas y del Procedimiento Administrativo Común. Madrid: Civitas, 1994. p. 22.

[13] RODRÍGUEZ-ARANA MUÑOZ, Jaime. El silencio administrativo. La Ley: Revista Jurídica Española de Doctrina, Jurisprudencia y Bibliografía, año 1999, nº 3, Madrid, La Ley, p. 2123-2124, mayo./jun. 1999. p. 2123.

[14] MUÑOZ, Guillermo Andrés. Demandas por omisión. AeDP: Actualidad en el Derecho Público, nº 9, Buenos Aires, Ad-Hoc, p. 149-154, ene./abr. 1999. p. 150.

nistrativo, figura arquitetada inicialmente como um fato ao qual o Direito outorga efeitos jurídicos equivalentes aos de uma decisão expressa denegatória, com vistas a possibilitar o acesso do cidadão à via jurisdicional para a busca da tutela de seu direito.[15] Veja-se que, em sua concepção original, o silêncio administrativo *negativo* é pensado como um instrumento *favorável* ao particular, pois a sua previsão legal permitia aquilo que antes lhe era negado: interpor um recurso perante a justiça administrativa em face de um comportamento omissivo ilícito da Administração que lhe causasse agravo.[16]

O fundamento que levou o Direito Administrativo francês[17] a atribuir sentido *negativo* e não *positivo* ao silêncio administrativo deriva, segundo Gastón Jèze, de "uma razão de ordem prática. Em geral, é menos grave manter o *status quo* do que se permitir a criação de uma situação nova".[18] A técnica foi incorporada por diversos ordenamentos, tendo adquirido grande relevo em países como a Espanha[19] e a Argentina.[20] Porém, a

[15] GARRIDO FALLA, Fernando. La llamada doctrina del silencio administrativo. Revista de Administración Pública, nº 16, Madrid, Centro de Estudios Constitucionales, p. 85-116, ene./abr. 1955. p. 92.
[16] GONZÁLEZ PÉREZ, Jesús. El silencio administrativo y los interesados que no incoaran el procedimiento administrativo. Revista de Administración Pública, nº 68, Madrid, Centro de Estudios Constitucionales, p. 235-246, may./ago. 1972. p. 235; MUÑOZ, Guillermo Andrés. Silencio de la Administración y plazos de caducidad. Buenos Aires: Astrea, 1982. p. 114; GRECCO, Carlos M. Sobre el silencio de la Administración. In: MUÑOZ, Guillermo Andrés; _____. Fragmentos y testimonios del Derecho Administrativo. Buenos Aires: Ad-Hoc, 1999. p. 267-268.
[17] Sobre o silêncio administrativo no Direito francês, conferir: GOUTTENOIRE, René. Le silence de l'Administration. Paris, 1932. 248 f. Thèse (Doctorat en Droit) – Faculté de Droit, Université de Paris; LAVEISSIÈRE, Jean. Le silence de l'Administration. Bordeaux, 1979. 618 f. Thèse (Doctorat en Droit) – Faculté de Droit, des Sciences Sociales et Politiques, Université de Bordeaux I. Para uma perspectiva mais atual, ver: MORENO MOLINA, Ángel Manuel. El régimen del silencio de la Administración en Francia. In: PAREJO ALFONSO, Luciano (Dir.). El silencio en la actividad de la Administración Pública. Valencia: Tirant lo Blanch, 2011. p. 33-68.
[18] JÈZE, Gastón. Essai d'une théorie général de l'abstention en Droit Public. Revue du Droit Public et de la Science Politique en France et à l'étranger, XII^c année, nº 22, Paris, V. Giard & E. Brière Libraires-Éditeurs, p. 764-785, 1905. p. 776.
[19] Entre outras obras monográficas que se dedicam especificamente ao tema, ver: GUILLÉN PÉREZ, María Eugenia. El silencio administrativo: el control judicial de la inactividad administrativa. Colex, 1996; AGUADO Y CUDOLÀ, Vinçenç. Silencio administrativo e inactividad: límites y técnicas alternativas. Madrid: Marcial Pons, 2001; GÓMEZ PUENTE, Marcos. La inactividad de la Administración... *Op. Cit.*; GARCÍA-TREVIJANO GARNICA, Ernesto. El silencio administrativo... *Op. Cit.*

solução de outorgar consequências denegatórias à inércia administrativa em resolver os processos que lhe eram submetidos, que inicialmente parecia benéfica ao particular interessado pelo fato de abrir as vias à jurisdição, começou a ser encarada como algo pernicioso, que no fim das contas favorecia muito mais à Administração do que ao cidadão. Ao longo do século XX, os sistemas de Direito positivo passaram a criar leis específicas conferindo efeitos *positivos* ao silêncio da Administração em determinados setores de atuação administrativa, chegando em alguns casos – como no Direito espanhol[21] – a transformar essa consequência em uma regra geral, provocando no âmbito doutrinário a necessidade de teorizar mais aprofundadamente sobre a temática para operacionalizar adequadamente o instituto.

4. O caráter patológico do silêncio administrativo e os prejuízos causados ao cidadão pela atribuição de efeitos negativos

O *silêncio administrativo*, sob o prisma do Direito, corresponde a um fato ao qual a ordem jurídica pode vir a emprestar efeitos distintos *(negativos* ou *positivos)* e que se configura no marco de um processo administrativo, nos casos em que a Administração Pública descumpre o seu dever de proferir

---

[20] Conferir: CASSAGNE, Juan Carlos. Las vicisitudes del silencio administrativo. Estudios de Derecho Administrativo, nº 1, Montevideo, La Ley Uruguay, p. 65-78, 2010; GRECCO, Carlos M. Sobre el silencio de la Administración... *Op. Cit.*; MUÑOZ, Guillermo Andrés. Silencio de la Administración y plazos de caducidad... *Op. Cit.*; LISA, Federico José. El silencio de la administración en el procedimiento administrativo. A&C – Revista de Direito Administrativo & Constitucional, nº 44, Belo Horizonte, Fórum, p. 41-58, abr./jun. 2011; BIBILONI, Homero M. Una nueva perspectiva para considerar el silencio administrativo. A&C – Revista de Direito Administrativo & Constitucional, nº 54, Belo Horizonte, Fórum, p. 45-66, out./dez. 2013; DAMSKY, Isaac Augusto. Derechos humanos y mecanismos de interdicción de la morosidad administrativa: una nueva legitimidad... *Op. Cit.*; SOTELO DE ANDREAU, Mirta G. El silencio da la Administración. In: AAVV. Procedimiento Administrativo. Jornadas Organizadas por la Universidad Austral – Facultad de Derecho. Buenos Aires: Editorial Ciencias de la Administración – División Estudios Administrativo, 1998. p. 48-58.

[21] Para um histórico detalhado da legislação espanhola sobre o tema, ver: GÓMEZ PUENTE, Marcos. La inactividad de la Administración... *Op. Cit.*, p. 577-737; GUILLÉN PÉREZ, María Eugenia. El silencio administrativo... *Op. Cit.*, p. 27 *et seq.* Uma análise mais atualizada, com recentes alterações normativas legais, comunitárias e jurisprudenciais pode ser encontrada em: GARCÍA PÉREZ, Marta. El régimen jurídico del silencio administrativo en España. Revista Trimestral de Direito Público, nº 58, São Paulo, Malheiros, p. 23-57, 2013. e GARCÍA PÉREZ, Marta. El silencio administrativo tras la sentencia del Tribunal Supremo de 28 de enero de 2009. Anuario da Facultade de Dereito da Universidade da Coruña, nº 14, A Coruña, Universidade da Coruña, p. 421-439, 2010.

uma decisão expressa dentro do prazo que a lei lhe assinala para fazê-lo. O fenômeno consiste, portanto, em um comportamento *ilícito* do Estado no exercício de sua função administrativa, ao deixar de obedecer tempestivamente à imposição legal de ditar uma resolução em um processo submetido à sua apreciação. É essencial sublinhar esse caráter *patológico* do silêncio,[22] para que não se venha a pensar, inadvertidamente, que o sistema normativo institucionaliza essa técnica com o fito de demitir a Administração de sua obrigação de resolver explicitamente os expedientes administrativos.[23] O dever de decidir, a rigor, afasta qualquer possibilidade de silêncio administrativo. Admiti-lo como categoria jurídica regular das funções administrativas significaria aceitar a infração à ordem constitucional e legal, a ponto de alguns autores sustentarem que a sua institucionalização revela-se como um "verdadeiro escândalo no Estado de Direito".[24] É lógico, nessa linha, que a sua criação não franqueia de modo algum a "utilização descarada do silêncio para a Administração não resolver".[25]

Boa parte dos autores distingue a natureza jurídica dos resultados produzidos pelo silêncio *negativo* e pelo silêncio *positivo*. Costuma-se dizer que o primeiro retrata um *fato* que acarreta uma *ficção legal*, consistente em uma presunção de negativa do pedido administrativo com fins estritamente processuais, destinada a permitir a impugnação judicial da inércia estatal, não se tratando, assim, de um *ato tácito* da Administração.[26] Representa

---

[22] RODRÍGUEZ-ARANA MUÑOZ, Jaime. El silencio administrativo. La Ley: Revista Jurídica Española de Doctrina, Jurisprudencia y Bibliografía, año 1999, nº 3, Madrid, La Ley, p. 2123-2124, mayo./jun. 1999. p. 2123; LISA, Federico José. El silencio de la administración en el procedimiento administrativo... *Op. Cit.*, p. 46.

[23] Para Juan Antonio Bolea Foradada, a qualificação do silêncio negativo "não pode ser outra senão a de um mal – possivelmente endêmico – cujo único tratamento eficaz seria o de sua extirpação definitiva". BOLEA FORADADA, Juan Antonio. El retraso de la Administración y el silencio administrativo. Revista de Administración Pública, nº 51, Madrid, Centro de Estudios Constitucionales, p. 303-318, sep./dic. 1966. p. 304.

[24] SÁINZ DE ROBLES RODRÍGUEZ, Federico Carlos. El llamado "silencio administrativo": un escandalo en el Estado de Derecho. In: MARTÍN-RETORTILLO BAQUER, Lorenzo (Coord.). La protección jurídica del ciudadano (procedimiento administrativo y garantía jurisdiccional): estudios en homenaje al Profesor Jesús González Pérez. Madrid: Civitas, 1993. p. 621-623.

[25] GARCÍA DE ENTERRÍA, Eduardo. Sobre silencio administrativo y recurso contencioso. Revista de Administración Pública, nº 47, Madrid, Centro de Estudios Constitucionales, p. 207-228, may./ago. 1965. p. 215.

[26] GARRIDO FALLA, Fernando. La llamada doctrina del silencio administrativo... *Op. Cit.*, p. 92; GARCÍA DE ENTERRÍA, Eduardo. Sobre silencio administrativo y recurso contencioso...

uma modalidade anômala de término do processo administrativo. Por seu turno, o silêncio *positivo* provoca o surgimento de um autêntico *ato administrativo*, que assim deve ser encarado para todos os efeitos, a despeito de seu caráter *presumido* e não expresso,[27] sendo reputado uma forma regular de conclusão do feito.[28] Antes de se identificar qual dessas soluções (ou quais delas) encontram respaldo no Direito positivo brasileiro, especialmente nos casos de processos reivindicatórios da tutela de direitos fundamentais sociais, importa discutir sucintamente sobre as funcionalidades, conveniências e vicissitudes de cada uma delas.[29]

No que toca ao silêncio *negativo*, viu-se que a justificativa para a sua previsão repousava sobre o caráter revisor da jurisdição contencioso-administrativa, que não permitia ao cidadão afetado pela inação estatal recorrer ao juiz para corrigi-la. O que daí se constata é que essa modalidade de silêncio não era uma saída para solucionar o problema da falta de resposta ao processo na via *administrativa*, mas sim uma garantia *jurisdicional*.[30] Sua função nunca foi resolver o problema da passividade administrativa de forma célere ao cidadão, trazendo-lhe um benefício direto que o eximisse de buscar outros meios de satisfazer o seu direito. Pelo contrário: ela sempre serviu para habilitar a postergação do problema à arena judicial. O decurso do prazo legalmente fixado, gerador dos efeitos negativos, não isenta a Administração do dever de resolver, pois sua resolução fornece garantia ao particular. O descumprimento da obrigação de decidir não

Op. Cit., p. 211-212; GRECCO, Carlos M. Sobre el silencio de la Administración... *Op. Cit.*, p. 265; GUILLÉN PÉREZ, María Eugenia. El silencio administrativo... *Op. Cit.*, p. 64-65.

[27] GONZÁLEZ PÉREZ, Jesús. El silencio administrativo y los interesados que no incoaran el procedimiento administrativo... *Op. Cit.*, p. 242; GARCÍA-TREVIJANO GARNICA, Ernesto. El silencio administrativo... *Op. Cit.*, p. 24; GRECCO, Carlos M. Sobre el silencio de la Administración... *Op. Cit.*, p. 274.

[28] RODRÍGUEZ-ARANA MUÑOZ, Jaime. El silencio administrativo y los actos tácitos o presuntos. Revista del Poder Judicial, nº 53, Madrid, Consejo General del Poder Judicial, p. 309-324, ene./mar. 1999. p. 323.

[29] A análise dos prós e contras da técnica do silêncio positivo tratada na Lei de Processo Administrativo alemã é realizada por: MARRARA, Thiago. A "autorização fictícia" no direito administrativo. Revista de Direito Administrativo, nº 251, Rio de Janeiro, Fundação Getúlio Vargas, p. 201-211, maio/ago. 2009.

[30] BAÑO LEÓN, José Maria. El silencio administrativo: notas sobre una regulación anacrónica. In: SOSA WAGNER, Francisco (Coord.). El Derecho Administrativo en el umbral del siglo XXI: Homenaje al Profesor Dr. D. Ramón Martín Mateo. t. I. Valencia: Tirant lo Blanch, 2000. p. 1345.

elimina a sua vigência.[31] Caso a demanda judicial tenha sido proposta com o escopo específico de condenar o Poder Público a dar uma resposta ao pedido administrativo e, antes do seu julgamento, for proferida a decisão expressa, o processo perderá o seu objeto e deverá ser extinto.

Tal racionalidade poderia ser benéfica nos países em que a jurisdição encarregada de julgar as ações que envolvem a Administração ostentava essa função restritíssima de apenas rever os atos do Estado, sem poder condená-lo a uma obrigação de fazer ou lançar mão de provimentos jurisdicionais de ordem mandamental ou executiva. Não é, porém, o caso brasileiro, que conta com um equipado sistema processual para controlar judicialmente os comportamentos administrativos, sejam eles comissivos ou omissivos, de forma preventiva ou repressiva, individual ou coletiva, mediante sentenças declaratórias, constitutivas, condenatórias, mandamentais ou executivas, visando à obtenção de qualquer uma das tutelas do direito material (inibitória, de remoção do ilícito, específica, ressarcitória na forma específica ou ressarcitória pelo equivalente pecuniário).[32] Por esse motivo, reconhecer no Direito pátrio efeitos negativos ao silêncio administrativo *para fins processuais* é o mesmo que nada, pois com essa consequência ou sem ela o descumprimento do prazo legal pela Administração já autoriza o juiz, com bastante tranquilidade, a condená-la a resolver explicitamente o processo administrativo, sob pena de sofrer a aplicação dos diversos meios coercitivos dispostos da legislação processual civil. Em solo nacional, o instituto não seria um remédio, tal como se pretendia em sua gênese, mas sim um placebo, imprestável para curar a patologia da inatividade administrativa.

Frente a todas as incumbências que competem à Administração contemporânea, de agir eficazmente, intervir nas relações sociais para a promoção da justiça material, servir ao interesse público estampado no ordenamento jurídico, a atribuição de consequências denegatórias ao seu

---

[31] PAREJO ALFONSO, Luciano. El silencio administrativo en la Ley de Régimen Jurídico de las Administraciones Públicas y del Procedimiento Administrativo Común. In: MARTÍN-RETORTILLO BAQUER, Lorenzo (Coord.). La protección jurídica del ciudadano (procedimiento administrativo y garantía jurisdiccional): estudios en homenaje al Profesor Jesús González Pérez. Madrid: Civitas, 1993. p. 564; 570; GRECCO, Carlos M. Sobre el silencio de la Administración... *Op. Cit.*, p. 267.

[32] Ver: MARINONI, Luiz Guilherme. Técnica processual e tutela dos direitos. São Paulo: Revista dos Tribunais, 2004.

silêncio "aparece como uma grave incongruência, como um curioso sem sentido".[33] Há que se concordar com Alejandro Nieto, segundo o qual "o ordenamento jurídico não pode consentir que a Administração, com o torpe arbítrio de não atuar, burle as garantias legais em prejuízo acumulado do interesse público, da confiança que nela depositaram os cidadãos e, enfim, do patrimônio jurídico destes".[34] No sistema jurídico brasileiro, o reconhecimento de efeitos negativos ao silêncio administrativo não tem nada de garantista aos indivíduos. Ao revés: manifesta-se como uma solução bastante confortável concedida à Administração para deixar de obedecer às suas obrigações.[35]

No caso da tutela administrativa dos direitos fundamentais sociais, essa natureza nociva do silêncio negativo se mostra ainda mais notória: ele opera como uma decisão que, *in dubio*, resolve em prol da pessoa jurídica estatal e em detrimento da dignidade da pessoa humana. Ou seja: entre o interesse *público* (primário, da coletividade, composta por seres humanos) e o interesse *privado* (secundário, exclusivamente pessoal do ente estatal), o que prevalece é o segundo, violando o princípio constitucional da supremacia do interesse público (desde que bem compreendido o seu sentido).[36]

Essa solução é extremamente prejudicial aos direitos humanos, uma vez que: (i) ao invés de gerar uma sanção drástica à conduta ilícita e omissiva da Administração, ela *funciona paradoxalmente como um prêmio à infração cometida pelo Poder Público,*[37] que não será prontamente obrigado a despender um centavo do erário para satisfazer o direito do cidadão, ao menos até que sobrevenha (e *se* sobrevier) uma ordem judicial; (ii) permite que *o Estado se exima do dever de motivar os seus atos*, aceitação absolutamente inconstitucional e ilegal,[38] notadamente quando são afetados direitos e inte-

---

[33] MUÑOZ, Guillermo Andrés. Silencio de la Administración y plazos de caducidad... Op. Cit., p. 62-63.
[34] NIETO, Alejandro. La inactividad material de la Administración: veinticinco años después. Documentación Administrativa, nº 208, Madrid, Instituto Nacional de Administración Pública, p. 11-64, 1986. p. 26.
[35] BAÑO LEÓN, José Maria. El silencio administrativo... Op. Cit., p. 1343.
[36] Ver sobre o tema: HACHEM, Daniel Wunder. Princípio constitucional da supremacia do interesse público. Belo Horizonte: Fórum, 2011.
[37] MUÑOZ, Guillermo Andrés. Silencio de la Administración y plazos de caducidad... Op. Cit., p. 62.
[38] PIRES, Luis Manuel Fonseca. Regime jurídico das licenças. São Paulo: Quartier Latin, 2006. p. 174.

resses do cidadão, diante da violação à previsão expressa do art. 50, I da Lei nº 9.784/99 e ao princípio da motivação, dedutível do princípio da publicidade inscrito no art. 37, *caput* da Constituição; (iii) gera *um ônus enorme para o interessado*, que se verá obrigado a enfrentar a hercúlea batalha de ingressar na arena do Poder Judiciário, encarando obstáculos burocráticos e financeiros para obter a tutela de um direito que a Constituição lhe reconhece e que a Administração lhe deveria conceder espontaneamente.

5. O controle judicial do silêncio administrativo no Direito brasileiro e a responsabilidade civil do Estado pelos danos dele decorrentes

No Brasil, a questão da ausência de decisão explícita do Poder Público dentro do lapso temporal fixado em lei para resolver o processo administrativo pode ser explicada sucintamente da seguinte forma:

(i) não há uma regra geral que disponha sobre o significado jurídico do silêncio da Administração, podendo o tema ser regulado pelas legislações próprias de cada ente federativo (sejam elas gerais ou específicas para determinadas atividades estatais);

(ii) se a lei *conferir expressamente* efeitos positivos ou negativos ao silêncio, eles deverão ser observados, e, se não o forem, o interessado poderá exigir judicialmente o seu cumprimento;

(iii) se a lei *não estipular expressamente* as suas consequências jurídicas (se negativas, de indeferimento, ou positivas, de acolhimento), a única forma usualmente indicada pela doutrina para solucionar o problema é recorrer ao Poder Judiciário, que está autorizado a corrigir não apenas condutas antijurídicas comissivas, mas também omissivas;

(iv) nesse último caso:

(iv.i) sendo a competência *vinculada*, o juiz poderá substituir a decisão administrativa por um provimento jurisdicional que outorgue ao cidadão o bem da vida por ele pretendido, seja condenando o Estado a fazê-lo diretamente, seja obrigando-o a custear a satisfação do direito a ser atendida por um particular, quando a primeira opção não for possível;

(iv.ii) sendo a competência *discricionária*, caberá ao juiz assinalar prazo para forçar a Administração a exercer o seu juízo discricionário e prolatar a decisão expressa que mais se ajuste ao interesse público,[39] podendo empregar medidas coercitivas de natureza mandamental[40] (*v.g.*, imposição de multa diária, decretação de prisão por crime de desobediência,[41] etc.) para garantir a observância de ordem judicial.

Quanto a essa explicação, algumas observações devem ser levadas em consideração. A *primeira* delas, já referida anteriormente, consiste na identificação do marco temporal a partir do qual surge o direito subjetivo do cidadão a uma decisão expressa da Administração – e que irá, então, permitir-lhe acionar o Poder Judiciário para controlar o silêncio administrativo. Conforme visto no tópico 2 deste estudo, o direito fundamental tutelado pela Constituição brasileira investe os seus titulares na posição jurídica de exigir uma decisão em *prazo razoável* (art. 5º, LXXVIII, CF), que não coincide necessariamente com o *prazo legal* fixado para a Administração resolver o processo. Este último deve ser encarado como o *prazo máximo* que o legislador estabeleceu como limite ao razoável. Porém, a situação concreta pode vir a exigir um prazo mais curto para a apreciação do pedido administrativo, diante das circunstâncias emergenciais que venham a afetá-lo.

Dessa primeira consideração depreende-se que o direito subjetivo do cidadão a uma decisão administrativa expressa, que resolva explicitamente sobre a procedência ou não do seu requerimento, poderá surgir: (i) quando a Administração Pública descumprir o *prazo legal* para decidir o pedido administrativo; (ii) antes do transcurso do prazo legal previsto para a Administração proferir decisão expressa, nas hipóteses em que as circunstâncias do caso concreto evidenciarem tratar-se de questão urgente, cujo *prazo razoável* para resolução demonstre-se inferior àquele fixado pelo

---

[39] MELLO, Celso Antônio Bandeira de. Curso de Direito Administrativo. 30. ed. São Paulo: Malheiros, 2013. p. 420; FERRARI, Regina Maria Macedo Nery. O silêncio da Administração Pública. A&C – Revista de Direito Administrativo & Constitucional, nº 52, Belo Horizonte, Fórum, p. 55-75, abr./jun. 2013. p. 73.

[40] A propósito dos meios admitidos no Direito Processual Civil brasileiro, ver: TALAMINI, Eduardo. Tutela relativa aos deveres de fazer e de não fazer: CPC, art. 461; CDC, art. 84. São Paulo: Revista dos Tribunais, 2001. e MARINONI, Luiz Guilherme; ARENHART, Sérgio Cruz. Execução. São Paulo: Revista dos Tribunais, 2007.

[41] Sobre a polêmica a respeito do cabimento dessa medida, conhecida como *contempt of court*, ver: GOUVÊA, Marcos Maselli. O controle judicial das omissões administrativas: novas perspectivas de implementação dos direitos prestacionais. Rio de Janeiro: Forense, 2003. p. 393-301.

legislador. Em ambas as situações o Poder Judiciário pode ser provocado para obrigar a Administração a exarar decisão expressa em relação ao pleito deduzido pelo cidadão.

A *segunda* observação diz respeito ao conteúdo do provimento jurisdicional que se postula nos casos de controle judicial do silêncio administrativo. A caracterização jurídica desse fenômeno – o silêncio administrativo – pressupõe a existência de uma conduta omissiva ilícita da Administração Pública: o descumprimento do seu dever jurídico de decidir expressamente um processo administrativo, seja no prazo *legal*, seja em um prazo *razoável*. Isso quer dizer que se o objeto da ação judicial é o controle do silêncio administrativo – comportamento inativo antijurídico no qual incorreu a Administração – *o lapso temporal de que dispunha o ente administrativo para resolver o expediente já se esgotou e ele já adentrou o terreno da ilicitude* (e da inconstitucionalidade, por violação ao direito fundamental à razoável duração do processo). Logo, o conteúdo da sentença (ou acórdão) que irá julgar a demanda judicial proposta não poderá ser uma ordem fixando *ainda mais prazo* para o Poder Público apreciar o pedido administrativo, tal como já fez o Superior Tribunal de Justiça em situação na qual se constatou que a Administração estava por mais de seis anos (!) sem decidir um recurso administrativo, e ainda assim a Corte entendeu por bem conceder mais trinta dias, prorrogáveis por mais trinta (!) para que a questão fosse resolvida pelo ente administrativo.[42] Decisões judiciais dessa natureza representam verdadeiro contrassenso.

---

[42] Confira-se a ementa da decisão: "MANDADO DE SEGURANÇA. ANISTIA POLÍTICA. CONCESSÃO PARCIAL DOS PEDIDOS FORMULADOS À COMISSÃO DE ANISTIA. INTERPOSIÇÃO DE RECURSO ADMINISTRATIVO. AUSÊNCIA DE RESPOSTA. *FIXAÇÃO DE PRAZO RAZOÁVEL PARA QUE SEJA PROFERIDA DECISÃO.* APLICAÇÃO SUBSIDIÁRIA DA LEI N. 9.784/1999. 1. Conforme reiterados pronunciamentos da Terceira Seção do Superior Tribunal de Justiça, não é lícito à Administração Pública prorrogar indefinidamente a duração de seus processos, pois é direito do administrado ter seus requerimentos apreciados em tempo razoável, nos termos do ar. 5º, LXXVIII, da Constituição. 2. Caso em que, desde a data da interposição do recurso administrativo contra a portaria de anistia, transcorreram mais de seis anos, sem que tenha sido proferida decisão pelo Ministro de Estado da Justiça. 3. Na ausência de previsão, da Lei n. 10.559/2002, de prazo para o julgamento dos recursos administrativos interpostos pelos anistiados políticos, devem ser aplicados, subsidiariamente, os prazos definidos na Lei n. 9.784/1999. Precedentes. 4. *Segurança concedida para determinar ao Ministro de Estado da Justiça que julgue o recurso do impetrante, no prazo de trinta dias, admitida a prorrogação por igual período, desde que devidamente justificada*". BRASIL.

Ora, não é razoável supor que diante de uma prática administrativa antijurídica desse jaez o Poder Judiciário possa conceder uma segunda chance à Administração Pública, abrindo-lhe ainda mais prazo – além do *razoável*, além do *fixado por lei* – para decidir expressamente o pedido que lhe fora dirigido. Admitir esse tipo de solução judicial implicaria desprezar solenemente o caráter jurídico-normativo do direito fundamental à razoável duração do processo administrativo. Seria o mesmo que dizer: "o cidadão tem direito a ter seus pedidos apreciados pela Administração dentro de um prazo razoável, que será – no máximo – aquele fixado pela lei; contudo, se ela o descumprir, paciência... caberá ao juiz ignorar que esse lapso já foi descumprido e emprestar-lhe mais prazo, igual ao fixado pelo legislador, para que só então sua omissão seja considerada antijurídica, eis que agora ela terá violado ordem judicial". Tal raciocínio é inaceitável.

Assim, se a lei estabelece que o prazo legal para decidir o processo é de trinta dias prorrogáveis por mais trinta (ou seja, sessenta), mas após o seu decurso aceita-se que o Judiciário possa lhe assinalar novamente o mesmo prazo (mais sessenta dias), o direito do indivíduo a uma resolução expressa em até sessenta dias, que lhe é textualmente assegurado no plano normativo, resultará ilusório (pois será de cento e vinte e não de sessenta dias). Os órgãos e entidades administrativos são obrigados a cumprir prazos para decidir os requerimentos formulados pelos cidadãos por força direta da Constituição e das leis, independentemente da existência de ordem judicial determinando o seu cumprimento.

Com essa segunda observação pretende-se deixar claro que, independentemente da espécie de competência administrativa que deveria ter sido exercida e que não foi (se *vinculada* ou *discricionária*), as ações judiciais de controle do silêncio administrativo devem resultar em uma ordem mandamental que imponha à Administração Pública o dever de decidir *imediatamente* o processo que se encontra pendente de apreciação, sob pena de incidência de multa diária (ou outras medidas de cunho coercitivo), sem a necessidade de assinalar novo prazo igual àquele fixado pelo legislador, uma vez que este já haverá sido descumprido. Caso se trate de omissão no exercício de competência *vinculada*, o autor da demanda poderá escolher entre duas alternativas: (i) um provimento judicial que ordene à Admi-

---

Superior Tribunal de Justiça. Mandado de Segurança n. 13.728/DF. Rel. Ministro Marco Aurélio Bellizze. Terceira Seção. Julgado em 23.11.2011. DJe 08.02.2012.

nistração que decida de plano o pedido administrativo; ou, se preferir: (ii) uma ordem jurisdicional que lhe conceda o direito anteriormente postulado na via administrativa, já que por se tratar de uma competência vinculada o ente administrativo não poderá optar por lhe negar o pleito. Nessa última situação, caberá ao juiz proferir uma sentença que condene o Poder Público a assegurar diretamente a pretensão ao interessado ou, se isso não for possível, prolatar uma decisão que imponha ao Estado o dever de custear a realização do direito do jurisdicionado por outro sujeito privado.

Uma *terceira* observação a ser feita consiste na espécie de ação judicial cabível para realizar o controle judicial do silêncio administrativo. Não há dúvidas de que poderá o autor ajuizar uma ação de procedimento ordinário com pedido de antecipação de tutela, quando lhe parecer necessária a produção de provas no curso da demanda ou quando pretender cumular, na mesma ação, um pedido de reparação pelos danos causados pela omissão da Administração em decidir o processo administrativo (conforme se verá a seguir, na *quarta* observação). Contudo, quando o objetivo principal for a obtenção de uma ordem mandamental para determinar à Administração que decida imediatamente o pedido administrativo diante do decurso do prazo legalmente fixado para tanto, a melhor medida processual a ser adotada será o mandado de segurança. Basta que o impetrante seja capaz de comprovar documentalmente que formulou um pedido para a Administração Pública e que já decorreu o prazo legalmente fixado para a obtenção de uma decisão expressa, sem que tenha havido resposta ao pleito.

Como se sabe, o mandado de segurança é previsto no art. 5º, LXIX da Constituição Federal como uma garantia fundamental do cidadão, destinado a "proteger direito líquido e certo, não amparado por habeas-corpus ou habeas-data, quando o responsável pela ilegalidade ou abuso de poder for autoridade pública ou agente de pessoa jurídica no exercício de atribuições do Poder Público". Na mesma linha dispõe o art. 1º da Lei nº 12.016/09, que disciplina o instituto no âmbito infraconstitucional. Tanto a doutrina quanto a jurisprudência brasileiras pacificaram o entendimento de que é cabível o mandado de segurança nos casos de omissão administrativa. Consoante aduz Sérgio Ferraz: "Com referência ao ato omissivo, com felicidade pronunciou-se o Superior Tribunal de Justiça, sendo Relator o Min. Peçanha Martins, no MS 1.212 (DJU 24.2.1992, p. 1.847): 'Configura-se o ato omissivo pela recusa da autoridade em praticá-lo. *A falta de resposta a requerimento que lhe foi dirigido, seja concedendo ou negando o pedido*

em prazo razoável, caracteriza a omissão da autoridade apontada como coatora'".[43]
Na mesma linha já sustentava Hely Lopes Meirelles: "equiparam-se a atos de autoridade as omissões administrativas das quais possa resultar lesão a direito subjetivo da parte, ensejando mandado de segurança para compelir a Administração a pronunciar-se sobre o requerido pelo impetrante".[44] Some-se a isso o fato de que o Supremo Tribunal Federal já reconheceu expressamente, na Súmula nº 429, o cabimento de mandado de segurança em face de comportamento omissivo de autoridade pública.

A *quarta* observação relativa ao controle judicial do silêncio administrativo é a de que o Poder Judiciário poderá proporcionar ao cidadão vítima da omissão estatal não apenas uma tutela específica, garantindo a realização do seu direito ameaçado pela demora da Administração Pública em satisfazê-lo, mas também uma tutela ressarcitória, cabível nas hipóteses em que o silêncio administrativo tiver gerado danos àquele que deduziu um pedido na via administrativa e não o teve apreciado dentro do prazo de resolução a que tinha direito. Isto é: em uma mesma ação é possível demandar, cumulativamente, que a Administração resolva o processo administrativo, outorgue o direito pleiteado e ainda seja condenada a reparar os prejuízos provocados pela sua omissão em decidir o pedido dentro do prazo.

O direito à reparação por danos decorrentes do silêncio administrativo restará configurado sempre que estiverem reunidos os pressupostos da responsabilidade civil objetiva do Estado, dedutíveis do art. 37, §6º da Constituição Federal: (i) o *descumprimento, por parte do Poder Público, de um dever jurídico específico de agir* (no caso, o dever de proferir decisão expressa no processo administrativo dentro do prazo); (ii) a ocorrência de um *dano, de cunho moral ou material,* sofrido por aquele que formulou o pedido administrativo não apreciado tempestivamente; (iii) a existência de um *nexo de causalidade* entre a omissão administrativa e o dano sofrido, capaz de demonstrar que a ocorrência do prejuízo foi uma consequência da demora da Administração em decidir o requerimento. Se a Administração não apreciou o pleito dentro do prazo legal ou de um prazo razoável e a sua demora causou um dano ao cidadão, é irrelevante a causa da demora em resolver o processo (isto é, se ela foi negligente ou não): o pre-

---

[43] FERRAZ, Sérgio. Mandado de segurança. São Paulo: Malheiros, 2006. p. 139.
[44] MEIRELLES, Hely Lopes; WALD, Arnoldo; MENDES, Gilmar Ferreira. Mandado de segurança e ações constitucionais. 34. ed. São Paulo: Malheiros, 2012. p. 35.

juízo obrigatoriamente deverá ser reparado, já que a *culpa* não é requisito para configurar o dever de ressarcir os danos por tratar-se de hipótese de responsabilidade objetiva do Estado.

É importante sublinhar que a *antijuridicidade* da conduta administrativa não se confunde com a *culpabilidade*. A *antijuridicidade* diz respeito à contrariedade do comportamento ao ordenamento jurídico, que é o que ocorrerá quando a Administração descumprir o prazo *razoável* para decidir o processo, exigido pelo art. 5º, LXXVIII da Constituição (que poderá coincidir com o prazo legal ou ser menor do que ele, se as circunstâncias assim o exigirem). A *culpabilidade* relaciona-se à possibilidade de, naquele caso concreto, adotar uma conduta diversa, fato que a torna reprovável perante o Direito e merecedora de uma sanção jurídica, e que na situação sob análise não se configurará se a Administração puder comprovar que era materialmente impossível decidir dentro do prazo legalmente fixado, por falta de recursos financeiros, de servidores na repartição, de quantidade excessiva de processos, ou seja qual motivo for.

A omissão do ente administrativo caracterizada pelo descumprimento do prazo máximo da lei para resolver o processo sempre será uma conduta *antijurídica*, porque violadora do Direito, mas não necessariamente *culpável*, pois em alguns casos não haverá a possibilidade de adotar comportamento diverso. Essa distinção reveste-se de transcendental importância, vez que se o sistema normativo em questão estipular que a responsabilidade estatal em casos de omissão é *subjetiva*, a inexistência de *culpa* exime o Estado de reparar os danos causados por sua inação, mas se for acolhido o regime da responsabilidade *objetiva*, como ocorre no Direito brasileiro, a possibilidade ou não de praticar um comportamento diverso será irrelevante e o Poder Público se verá obrigado a ressarcir os prejuízos provocados por sua inércia, seja ela *culposa* ou não.

Em relação ao direito a uma indenização por demora da Administração em apreciar processos administrativos, o Superior Tribunal de Justiça já o reconheceu em diversos acórdãos que envolviam o direito à concessão de aposentadoria. São situações em que o servidor público requer a sua aposentação e o Estado ultrapassa um período razoável para decidir o pleito. Vale citar como exemplos as seguintes decisões:

      ADMINISTRATIVO. APOSENTADORIA. ATRASO NA CONCESSÃO. INDENIZAÇÃO. PRINCÍPIOS CONSTITUCIONAIS. ART. 49 DA LEI

Nº 9.784/99. DIVERGÊNCIA JURISPRUDENCIAL NÃO DEMONSTRADA. SÚMULA 13/STJ.

1. Ao processo administrativo devem ser aplicados os princípios constitucionais insculpidos no artigo 37 da Carta Magna.

2. É dever da Administração Pública pautar seus atos dentro dos princípios constitucionais, notadamente pelo princípio da eficiência, que se concretiza também pelo cumprimento dos prazos legalmente determinados.

3. Não demonstrados óbices que justifiquem a demora na concessão da aposentadoria requerida pela servidora, restam malferidos os princípios constitucionais elencados no artigo 37 da Carta Magna.

4. Legítimo o pagamento de indenização, em razão da injustificada demora na concessão da aposentadoria.

5. No caso, como a lei fixa prazo para a Administração Pública examinar o requerimento de aposentadoria, o descumprimento desse prazo impõe ao administrador competente o dever de justificar o retardamento, o que gera uma inversão do ônus probatório a favor do administrado. Assim, cabe ao Estado-Administração justificar o retardo na concessão do benefício. Se não o faz, há presunção de culpa, que justifica a indenização proporcional ao prejuízo experimentado pelo administrado.

6. "A divergência entre julgados do mesmo tribunal não enseja recurso especial".

7. Recurso especial conhecido em parte e provido.[45]

ADMINISTRATIVO. RESPONSABILIDADE CIVIL DO ESTADO. DEMORA INJUSTIFICÁVEL DO ESTADO EM DEFERIR PEDIDO DE APOSENTADORIA.

1. Comete ato ilícito, por omissão, a administração pública que, sem apresentar qualquer motivo justificador, demora 10 (dez) meses e 18 (dezoito) dias para deferir pedido de aposentadoria de servidor público. Inexistência de qualquer diligência determinada para firmação de convencimento. Péssimo funcionamento do serviço, atuando com atraso injustificável.

2. Servidor público que, em face de inércia estatal, mesmo possuindo o direito à aposentadoria, é obrigado a trabalhar por 10 (dez) meses e 18 (dezoito) dias.

---

[45] BRASIL. Superior Tribunal de Justiça. Recurso Especial n. 1044158/MS. Rel. Ministro Castro Meira. Segunda Turma. Julgado em 27.05.2008. DJe 06.06.2008.

3. Responsabilidade Civil que se reconhece e indenização deferida.
4. Precedente da Segunda Turma deste STJ (...).
5. Precedente, ainda, da Segunda Turma (...).
6. Recurso não-provido.[46]

Cumpre notar que nessas decisões o Superior Tribunal de Justiça adotou, ainda que implicitamente, a posição segundo a qual a responsabilidade do Estado por omissão é *subjetiva*, eis que nos acórdãos há referências a "atraso injustificável" e à inexistência de "óbices que justifiquem a demora". Adotando um raciocínio *a contrario sensu*, significa que, caso houvesse justificativas para o retardamento em apreciar o pedido de aposentadoria que fossem suficientes para afastar a negligência (culpa) da Administração, aparentemente a Corte entenderia que a indenização não seria devida. Por mais que se discorde desse entendimento (necessidade de negligência para configurar a responsabilidade do Estado) pelos motivos anteriormente apontados, deve-se reconhecer o mérito de tais decisões ao admitirem que, por força do princípio constitucional da eficiência administrativa, a demora da Administração em apreciar os processos que lhe são submetidos pode ensejar o dever de reparar os prejuízos ocasionados por conta do seu silêncio antijurídico.

6. A atribuição de efeitos positivos ao silêncio administrativo como alternativa à judicialização: argumentos favoráveis e contrários

Diante das deficiências expostas no tópico 4 a respeito da técnica do silêncio ensejador de efeitos negativos, passa a ser colocada em xeque a sua condição de alternativa realmente favorável ao indivíduo. Em países como a Espanha, por exemplo, o instituto do silêncio negativo entra em crise quando se dissipam as causas que justificaram a sua origem – marcadamente: o caráter meramente revisor da jurisdição contencioso-administrativa.[47] Começa a entrar em cena o silêncio *positivo*, com a introdução, no plano legislativo, de normas que atribuem à falta de decisão estatal tempestiva no processo administrativo efeitos equivalentes aos produzidos por um ato de deferimento do pedido. Vale dizer: passado o lapso temporal

---

[46] BRASIL. Superior Tribunal de Justiça. Recurso Especial n. 983.659/MS. Rel. Ministro José Delgado. Primeira Turma. Julgado em 12.02.2008. DJe 06.03.2008.
[47] BAÑO LEÓN, José Maria. El silencio administrativo... *Op. Cit.*, p. 1343.

fixado em lei para a Administração resolver o feito, considera-se deferido o pleito do particular, como uma técnica alternativa voltada a solucionar o problema sem ter de recorrer à judicialização.

A Lei nº 4/1999 do Reino da Espanha estabelece como regra geral o silêncio *positivo*, determinando que o silêncio se opera automaticamente a partir do momento em que transcorre *in albis* o prazo legalmente previsto para o ente administrativo decidir expressamente. Essa espécie de silêncio gera um ato administrativo presumido. De acordo com a lei, se a Administração Pública deliberar posteriormente por exarar decisão no processo, ela só poderá fazê-lo para confirmar a concessão da petição, não podendo praticar um ato denegatório naquele mesmo processo.[48] É diferente do que ocorre com o silêncio *negativo*, que se trata simplesmente de uma ficção legal que habilita o particular a propor uma medida judicial, de modo que se a Administração, *a posteriori*, vier a cumprir a sua obrigação de resolver o processo, ela não estará vinculada ao efeito denegatório que se atribuiu à sua omissão e poderá deferir o requerimento.[49]

O regime jurídico do silêncio *positivo* difere daquele conferido ao silêncio *negativo*, ostentando algumas peculiaridades. Primeiramente, para que se desencadeiem os efeitos positivos, é necessário que a pretensão deduzida pelo cidadão encontre amparo no ordenamento jurídico, não sendo admitido o deferimento presumido de pleitos ilícitos ou inconstitucionais.[50] Isto é: não há silêncio positivo *contra legem*. Além disso, a lei espanhola impõe a obrigação de a Administração publicizar e manter atualizadas as relações de processos administrativos com a indicação dos seus prazos máximos de duração e dos efeitos que serão produzidos pelo silêncio administrativo (pois embora a regra geral seja a do silêncio positivo, em casos previstos por normas legais ou de Direito Comunitário as consequências poderão ser denegatórias). Recai também sobre o Poder Público, por força da Lei nº 4/1999, o dever de informar o cidadão interessado sobre esses dados

---

[48] O legislador, nesse ponto, acompanhou posições doutrinárias que já defendiam anteriormente essa medida para as hipóteses de silêncio positivo, como é o caso de: GARCÍA DE ENTERRÍA, Eduardo. Sobre silencio administrativo y recurso contencioso... *Op. Cit.*, p. 224.
[49] RODRÍGUEZ-ARANA MUÑOZ, Jaime. El silencio administrativo y los actos tácitos o presuntos... *Op. Cit.*, p. 313-314.
[50] RODRÍGUEZ-ARANA MUÑOZ, Jaime; SENDÍN GARCÍA, Miguel Ángel. El procedimiento administrativo en España. Revista Argentina del Régimen de la Administración Pública, año XXXIV, nº 409, Buenos Aires, Ediciones RAP, p. 155-176, oct. 2012. p. 164.

(prazo máximo legalmente traçado e consequências do silêncio no seu processo em concreto).[51]

O silêncio positivo logicamente não se opera se a demora da Administração em decidir o processo decorrer de causas provocadas pelo próprio peticionário.[52] Porém, caso a inércia seja devida exclusivamente ao Estado, o ato presumido produzirá seus efeitos a partir do instante em que vencer o prazo temporal de que dispunha o Poder Público para resolver expressamente o expediente, e o seu decurso sem resposta poderá, de acordo com o que dispõe a lei espanhola, ser comprovado mediante qualquer prova admitida em Direito.[53]

Como o silêncio positivo faz nascer um ato administrativo propriamente dito – o qual, embora presumido, enseja as mesmas consequências dos atos expressos – cujo conteúdo amplia a esfera jurídica do cidadão, para extingui-lo a Administração se depara com os mesmos limites antepostos ao desfazimento dos atos administrativos expressos garantidores de direitos (*v.g.*, dever de instaurar previamente processo administrativo, assegurando ao interessado o exercício dos direitos ao contraditório e à ampla defesa). Caso edite posteriormente ato de conteúdo contrário ao produzido pelo silêncio, estará revogando o ato presumido anteriormente configurado, submetendo-se, portanto, às restrições que o sistema normativo fixa para esse tipo de prática. A lei, nesse ponto, incorporou o entendimento externado por autores como Eduardo García de Enterría, que muito antes da promulgação desse diploma já defendia que "a Administração não pode em nenhuma de suas esferas desconhecer, contradizer, nem alterar, mediante a emanação de um ato posterior expresso, a situação jurídica consolidada ao amparo do tácito originário", pelo fato de que o "conjunto de faculdades que para o administrado derivam das autorizações *ex lege* que ele [ato tácito] implica gozam de idênticas garantias de estabilidade e permanência que se houvessem sido outorgadas de modo explícito".[54]

---

[51] RODRÍGUEZ-ARANA MUÑOZ, Jaime. El silencio administrativo y los actos tácitos o presuntos... *Op. Cit.*, p. 320.
[52] GRECCO, Carlos M. Sobre el silencio de la Administración... *Op. Cit.*, p. 284.
[53] GARCÍA PÉREZ, Marta. El régimen jurídico del silencio administrativo en España... *Op. Cit.*, p. 43.
[54] GARCÍA DE ENTERRÍA, Eduardo. Sobre silencio administrativo y recurso contencioso... *Op. Cit.*, p. 226; Na mesma esteira: GARCÍA-TREVIJANO GARNICA, Ernesto. El silencio administrativo... *Op. Cit.*, p. 24.

Observados os traços gerais que regem o silêncio *positivo* em um sistema que o acolhe como regra geral, cumpre verificar os prós e contras dessa decisão tomada pelo legislador espanhol. O objetivo de se atribuir efeitos positivos ao silêncio consiste em fomentar uma Administração mais ágil, eficaz e eficiente, apta a responder às demandas dos cidadãos. Para Jaime Rodríguez-Arana Muñoz, esse artifício "é dinamizador da atividade administrativa e coadjuva convenientemente a que a Administração cumpra com a obrigação de resolver".[55] Ele acaba por incentivar o Poder Público a resolver de modo expresso e dentro do prazo legal para evitar que o particular seja legitimado pelo transcurso do tempo a exercitar os seus direitos sem o aval explícito do Estado.[56] Parece não haver dúvidas de que o silêncio positivo é a alternativa que mais beneficia o cidadão,[57] porque muito embora em alguns casos ela não resolva inteiramente o problema da inatividade, conforme se verá a seguir, quando se trata da fruição de um direito que dependa apenas de uma declaração ou licença da Administração a criação de um ato presumido em decorrência do silêncio será extremamente favorável ao indivíduo.

Há, de outra parte, argumentos contrários ao acolhimento do silêncio positivo como regra geral em um ordenamento jurídico. O primeiro defeito que se costuma relacionar a essa técnica diz com os riscos que ela pode acarretar ao interesse público. Aduzem alguns autores que, sendo produzidos efeitos *ex lege* de outorga de direitos sem decisão expressa do Estado, "a vontade da Administração seria substituída, por força da lei, pela vontade de um particular. Desta sorte a gestão da coisa pública, em caso de apatia ou passividade administrativa, quedaria à mercê dos particulares. A pretensão mais disparatada e prejudicial poderia converter-se em ato administrativo em virtude da doutrina do silêncio".[58] Juan Alfonso Santamaría Pastor chega a afirmar que o silêncio positivo "se apresenta como um con-

---

[55] RODRÍGUEZ-ARANA MUÑOZ, Jaime. El silencio administrativo y los actos tácitos o presuntos... *Op. Cit.*, p. 315-318.
[56] GARCÍA-TREVIJANO GARNICA, Ernesto. El silencio administrativo... *Op. Cit.*, p. 23.
[57] BOLEA FORADADA, Juan Antonio. El retraso de la Administración y el silencio administrativo... *Op. Cit.*, p. 311.
[58] BOQUERA OLIVER, José María. Algunas dificultades de la actual regulación del silencio administrativo. Revista de Administración Pública, nº 30, Madrid, Centro de Estudios Constitucionales, p. 85-194, sep./dic. 1959. p. 91.

vite ao caos social".[59] Na mesma senda, Fernando Garrido Falla entendia ser algo indiscutível que tal solução "é logicamente absurda e que, ademais, pode conduzir a prejuízos irreparáveis para a Administração Pública", pois bastará "a negligência ou falta de zelo dos funcionários administrativos para que os particulares se convertam em administradores; qualquer petição, inclusive a mais absurda, de um particular, pode converter-se em um título jurídico a seu favor, pelo só fato de que um prazo transcorreu".[60]

Tal argumento sugere, portanto, que o artifício do silêncio positivo produz uma tensão entre interesse público e interesse privado que nem sempre acaba bem resolvida. Parte da doutrina aponta existirem situações em que o silêncio positivo pode produzir resultados nefastos, notadamente quanto às atividades que dependem apenas de uma autorização do Poder Público e cuja prática venha a se desenvolver sem a necessária fiscalização estatal, ofendendo bens juridicamente protegidos (*v.g.*, meio-ambiente) e direitos de terceiros (*v.g.*, processos competitivos ou concorrenciais).[61] É nesse sentido que Luciano Parejo Alfonso se refere ao silêncio *positivo* como uma aporia, já que a Administração, que deveria ser a responsável por decidir *previamente* a respeito da compatibilidade do pleito do particular com o interesse público (que a ela incumbe tutelar), converte-se em uma mera controladora ou revisora de atos produzidos automaticamente por força da lei, cabendo-lhe eliminar a situação criada em contrariedade ao interesse geral. A solução propiciaria, assim, a prevalência do interesse privado em detrimento do público, em prejuízo à coletividade.[62]

Uma segunda alegação refratária à atribuição de efeitos positivos ao silêncio é a de que nem mesmo para o particular a medida seria benéfica, por colocá-lo em uma situação de grave insegurança jurídica, já que ele ficaria sempre na dúvida a respeito da coincidência entre o seu juízo sobre

---

[59] SANTAMARÍA PASTOR, Juan Alfonso. Silencio positivo: una primera reflexión sobre las posibilidades de revitalizar una técnica casi olvidada. Documentación Administrativa, nº 208, Madrid, Instituto Nacional de Administración Pública, p. 107-120, 1986. p. 110.

[60] GARRIDO FALLA, Fernando. La llamada doctrina del silencio administrativo... *Op. Cit.*, p. 99.

[61] AGUADO Y CUDOLÀ, Vincenç. Silencio administrativo e inactividad... *Op. Cit.*, p. 135; 427-428.

[62] PAREJO ALFONSO, Luciano. El silencio administrativo, especialmente el de sentido estimatorio, como aporía. Apuntes de una posible vía de superación. In: PAREJO ALFONSO, Luciano (Dir.). El silencio en la actividad de la Administración Pública. Valencia: Tirant lo Blanch, 2011. p. 24.

a legalidade do seu pedido e a opinião da Administração Pública a esse respeito. É a posição de Santamaría Pastor, para quem o silêncio positivo, de feição enganosamente mais benéfica que o negativo, transforma-se em "uma armadilha gigantesca, que converte o cidadão submetido a ela em um ser em condição bastante pior que os restantes, sujeitos à fórmula do silêncio negativo", pelo fato de que, embora esse último não conceda nada ao postulante, "tampouco o outorga o silêncio positivo, na medida em que a qualquer momento pode recair validamente uma resolução denegatória". Entende o autor que enquanto no caso do silêncio negativo o particular que não obteve a resposta pode recorrer aos tribunais, nas hipóteses de silêncio positivo ele é afetado por uma "altíssima dose de insegurança", porquanto não saberá se depois a Administração Pública manterá o ato presumido ou não.[63]

A terceira razão que, para alguns, desaconselharia a adoção do sistema de silêncio positivo seria a sua escassa utilidade. Costuma-se dizer que o silêncio positivo é solução de pouca eficácia prática no que tange às atividades prestacionais da Administração Pública, pois de nada adianta presumir-se o reconhecimento do direito se o Estado não o executa e não fornece ao particular as prestações materiais de que ele necessita.[64] O cidadão não teria como obrigar o Poder Público a cumprir a determinação constante do ato presumido,[65] e então se veria impelido a propor uma ação de conhecimento (e não de execução) perante a jurisdição para obter a sua tutela, de nada adiantando a outorga tácita do direito sem a previsão de meios para assegurar sua satisfação. Seria, então, um caso de silêncio negativo disfarçado, vez que embora se afirmasse positivo, obrigaria o titular do direito a buscar a sua proteção no âmbito jurisdicional tal como se os efeitos do silêncio fossem denegatórios.[66]

Importa verificar se tais argumentos são procedentes ou, se ao revés, são insuficientes para afastar a adoção da técnica do silêncio positivo em matéria de processos administrativos que envolvem a tutela de direitos fundamentais sociais.

---

[63] SANTAMARÍA PASTOR, Juan Alfonso. Silencio positivo... *Op. Cit.*, p. 112.
[64] MORA ESPINOZA, Álvaro Enrique. El deber de hacer de la Administración: supuestos de inactividad material y su tratamiento jurisdiccional. San José: IJSA, 2009. p. 137.
[65] GARRIDO FALLA, Fernando. La llamada doctrina del silencio administrativo... *Op. Cit.*, p. 99; BOQUERA OLIVER, José María. Algunas dificultades de la actual regulación del silencio administrativo... *Op. Cit.*, p. 92.
[66] AGUADO Y CUDOLÀ, Vincenç. Silencio administrativo e inactividad... *Op. Cit.*, p. 355.

7. Uma proposta de reconhecimento de efeitos positivos ao silêncio administrativo como saída para evitar a judicialização: o exemplo dos processos administrativos reivindicatórios de direitos sociais

Vistas as diversas questões que envolvem os efeitos do silêncio da Administração em responder dentro do prazo legal as demandas que lhe são formuladas, impende verificar qual a solução a ser empregada no Direito brasileiro quando se estiver em jogo um processo administrativo reivindicatório de tutela de direitos fundamentais sociais, tentando-se evitar o caminho da judicialização.

Como se disse anteriormente, não há no Direito positivo brasileiro uma norma que atribua, de forma geral a todas as Administrações Públicas, efeitos positivos ou negativos ao silêncio. O que existem são leis específicas que adotam uma ou outra solução para atividades setorizadas do Poder Público, nas esferas federal, estadual e municipal. Remete-se aqui ao estudo elaborado por André Saddy, que explorou inúmeros casos de legislações vigentes no Brasil que regem o tema e parece tratar-se atualmente da investigação mais abrangente acerca do assunto.[67] Diante disso, importa saber se a busca da tutela judicial é a única saída que resta ao particular nos casos em que se configura o silêncio administrativo sem que a lei discipline os seus efeitos, e a Administração deixa de satisfazer o direito fundamental social postulado sem que disso possam ser extraídas consequências em favor do seu titular. Em outras palavras: será que é possível propor, *de lege ferenda*, alguma solução suscetível de prestigiar o direito à tutela administrativa efetiva dos direitos fundamentais sociais nas situações em que se opera o silêncio administrativo ou não haverá alternativa ao cidadão senão submeter-se ao martírio de bater às portas do Poder Judiciário?

A doutrina não pode resignar-se com a falta de clareza ou atuação inadequada do legislador. Está, no rol de suas missões, a tarefa de revirar o ordenamento jurídico até encontrar as alternativas mais ampliativas dos direitos fundamentais do cidadão, abrindo caminhos para a jurisprudência e servindo de inspiração para o próprio Poder Legislativo rever a tratativa de algumas questões, para que elas se afinem ao princípio da dignidade da pessoa humana e aos demais princípios fundamentais da República. Vale-se aqui da constatação de Alejandro Nieto, quando observa que "a árvore

---

[67] SADDY, André. Efeitos jurídicos do silêncio positivo no direito administrativo brasileiro. Revista Brasileira de Direito Público, nº 25, Belo Horizonte, Fórum, p. 45-80, abr./jun. 2009.

jurídica está sobrecarregada – e às vezes asfixiada – de ramos mortos, que o tradicionalismo impede de eliminar. Em todas as direções obstruem o caminho velhos mitos vazios de conteúdo". Em tais casos, é de costume a doutrina criticar a forma como determinado assunto foi (ou deixou de ser) disciplinado e lamentar com um suspiro que nada possa ser feito a respeito, porque algum dogma emperra a adoção de solução diversa.[68]

Talvez se esteja vivenciando essa situação no Brasil no que tange à temática do silêncio administrativo. Não há um autor que festeje o impasse causado pela ausência de decisão tempestiva e célere em um processo administrativo iniciado pelo particular. Todos lastimam a existência de tais situações. Mas em geral – salvo exceções, como é o caso de Romeu Felipe Bacellar Filho[69] – recusam a ideia de que possam ser deduzidos efeitos positivos do silêncio da Administração em hipóteses em que a lei não os preveja explicitamente. Nunca é demais lembrar que a técnica do silêncio administrativo, ainda que com efeitos negativos, nasceu em alguns países no ambiente doutrinário – daí ser chamada, por vezes, de "doutrina do silêncio administrativo"[70] – para só depois vir a ser introduzida formalmente na legislação.

Quiçá a resposta a esse problema não resida na lei, mas em paragens superiores do sistema normativo, como nos direitos fundamentais assegurados pela Constituição e nos direitos humanos albergados nos tratados internacionais, cujo teor axiológico faz espargir uma eficácia irradiante a toda a ordem jurídica, condicionando e guiando a interpretação dos Poderes Públicos na aplicação das normas constitucionais, legais e administrativas. Calha trazer à baila as palavras de Eduardo García de Enterría, quando adverte que confundir ordenamento jurídico com lei formal "equivale a incorrer em um positivismo superado e olvidar que o jurídico não se encerra e circunscreve às disposições escritas, mas se estende aos princípios e à normatividade imanente à natureza das instituições". E por isso, o Direito Administrativo e seu sistema de garantias "não pode evoluir por saltos legislativos, mas sim pela lúcida e constante obra de uma jurisprudência com espírito criador, crente e entusiasta em seu próprio

---

[68] NIETO, Alejandro. La inactividad de la Administración y el recurso contencioso-administrativo... *Op. Cit.*, p. 77-78; 82.
[69] BACELLAR FILHO, Romeu Felipe. Direito Administrativo e o Novo Código Civil. Belo Horizonte: Fórum, 2007. p. 138-139. A posição do autor será apresentada mais adiante.
[70] GARRIDO FALLA, Fernando. La llamada doctrina del silencio administrativo... *Op. Cit.*

labor", do qual muitas vezes depende "a sociedade atual e a causa da Justiça e do Direito".[71]

Não há duvidas de que o silêncio da Administração configura uma infração jurídica por omissão. O problema está em identificar qual é a *consequência jurídica* que deve ser cominada a essa espécie de ilícito administrativo. A sanção disciplinar ao agente omisso é imprescindível, mas totalmente insuficiente, uma vez que ela ocorre fora da relação jurídica na qual foi praticada a infração.[72] Há que se procurar outras implicações que não premiem a Administração (tal como o faz o silêncio negativo) e que sejam favoráveis ao particular prejudicado. E a busca por esses efeitos jurídicos não deve ser realizada de forma isolada a partir da leitura de um ou outro dispositivo legal específico. Ela deve ser feita mediante uma interpretação sistemática de todo o ordenamento constitucional e infraconstitucional.[73]

A resposta para essa problemática deve ser perquirida nos princípios jurídicos que incidem sobre a atividade administrativa, somados à resposta que o sistema expressamente dá ao descumprimento dos prazos legais pelos particulares. Qual é o efeito jurídico atribuído à inércia do indivíduo em impugnar judicialmente, dentro do prazo legal, as violações à sua esfera jurídica praticadas pela Administração? A prescrição do seu direito de corrigi-las mediante a propositura de ação judicial. Seu silêncio equivale a um *consentimento* que, transcorrido o lapso temporal legalmente fixado, não poderá mais ser revisto.[74] Cuida-se, como se vê, de uma sanção jurídica gravíssima. Dessa forma, os prazos não podem ser obrigatórios só para os particulares: eles também devem sê-lo para a Administração.[75]

Recorde-se aqui, na esteira do que ressalta Jaime Rodríguez-Arana Muñoz, que a inatividade administrativa é o maior obstáculo para a efetivação dos direitos fundamentais no Estado Social de Direito, que reclama atuações prestacionais da Administração Pública.[76] Portanto, o silêncio do

---

[71] GARCÍA DE ENTERRÍA, Eduardo. Sobre silencio administrativo y recurso contencioso... *Op. Cit.*, p. 216.
[72] MUÑOZ, Guillermo Andrés. Silencio de la Administración y plazos de caducidad... *Op. Cit.*, p. 74.
[73] MUÑOZ, Guillermo Andrés. *Idem*, p. 74-75.
[74] GRECCO, Carlos M. Sobre el silencio de la Administración... *Op. Cit.*, p. 266-267.
[75] MUÑOZ, Guillermo Andrés. Silencio de la Administración y plazos de caducidad... *Op. Cit.*, p. 66.
[76] RODRÍGUEZ-ARANA MUÑOZ, Jaime. El silencio administrativo y los actos tácitos o presuntos... *Op. Cit.*, p. 310.

Poder Público no marco de um processo administrativo fere letalmente a integridade jurídica de direitos fundamentais cuja tutela é requerida perante a Administração.[77] Não se trata de situação de menor importância. Muito pelo contrário: representa a espécie de comportamento que mais deslegitima o exercício do poder político em um Estado de Direito que se pretenda social e democrático. Cuida-se de conduta imoral, lesiva à boa-fé do cidadão, traidora da confiança por ele depositada na Administração, contrária aos princípios da eficiência e da segurança jurídica que norteiam a atividade administrativa, enfim, afrontosa aos pilares constitucionais mais elementares que oferecem sustentação à própria existência do Estado.

Se a Administração agiu fora dos trilhos da lei e o cidadão pretende prosseguir caminhando sobre eles, singrando o caminho por ela traçado para satisfazer um direito fundamental, por qual razão se justificaria proteger a inércia antijurídica do Estado e torturar o direito do cidadão à certeza jurídica, negando-lhe a concessão de sua pretensão como decorrência da inatividade administrativa? Lembre-se que antes da promulgação da Lei nº 9.784/99 autoras como Weida Zancaner[78] e Angela Cassia Costaldello[79] já defendiam de *lege ferenda* a solução jurídica da manutenção dos atos *ilegais* ampliativos de direitos, baseadas nos princípios da segurança jurídica e da boa-fé, medida que acabou sendo contemplada pelo legislador. Do mesmo modo, pode-se sustentar a concessão de efeitos positivos ao silêncio em matéria de direitos fundamentais sociais, ainda que sem previsão legal expressa. E o prazo logicamente tem que ser mais curto do que 5 anos, uma vez que esse grande elasticimento se justifica no caso da decadência da pretensão anulatória porque se trata de estabilizar uma situação contrária ao Direito, ao passo que na hipótese em questão se trata de uma situação respaldada pelo sistema normativo. Para identificar o início da produção de efeitos positivos, deverá ser considerado o prazo legalmente previsto para a Administração decidir. Tratando-se de ente federativo que

---

[77] LISA, Federico José. El silencio de la administración en el procedimiento administrativo... *Op. Cit.*, p. 44.
[78] ZANCANER, Weida. Da Convalidação e da Invalidação dos Atos Administrativos. 3. ed. São Paulo: Malheiros, 2008. A primeira edição da obra é de 1990.
[79] COSTALDELLO, Angela Cassia. A invalidez dos atos administrativos e uma construção teórica frente ao princípio da estrita legalidade e da boa-fé. Curitiba, 1998. 164 f. Tese (Doutorado) – Programa de Pós-Graduação em Direito, Universidade Federal do Paraná.

não possua lei versando sobre a matéria, aplicar-se-á analogicamente o prazo de trinta dias a partir da instrução do processo, estampado no art. 49 da Lei nº 9.784/99.

Por todas essas razões, embora haja no Direito Processual brasileiro remédios processuais de cunho judicial para combater o silêncio administrativo, parece ser necessário construir soluções que homenageiem o direito fundamental à tutela administrativa efetiva. O referido direito confere ao cidadão o direito de *receber da Administração Pública, em prazo razoável, uma tutela efetiva – espontânea, integral e igualitária – dos seus direitos.* Se ele for transgredido, não sendo proporcionada a proteção espontânea e em prazo razoável da sua esfera jurídica, é preciso formular mecanismos que possam favorecer a tutela dos direitos do cidadão sem a necessidade de lançar mão dos instrumentos judiciais. Há situações de inatividade administrativa, como se verá logo mais, que não terão como ser completamente resolvidas sem o recurso ao Poder Judiciário. Entretanto, há outras hipóteses em que a tutela do direito fundamental poderia ser concedida se ao silêncio administrativo fossem conferidos efeitos positivos, consistentes na concessão do direito requerido pelo peticionário.

Nessa linha, a proposta aqui defendida é a de que *por força dos direitos fundamentais à razoável duração do processo e à tutela administrativa efetiva, bem como dos princípios constitucionais da aplicabilidade imediata dos direitos fundamentais e da eficiência administrativa, deverão ser reconhecidos efeitos positivos ao silêncio da Administração em apreciar, dentro do prazo legal, pedidos cuja apreciação seja necessária ao exercício de direitos fundamentais sociais, desde que observados os seguintes requisitos: (i) tratar-se de uma pretensão jurídica jusfundamental à qual o ordenamento jurídico confira dimensão subjetiva, autorizando a sua exigibilidade perante o Estado; (ii) apresentar-se petição formulada de forma congruente, com toda a documentação pertinente e dirigida ao órgão competente; (iii) terem sido observados, pelo interessado, os trâmites legalmente previstos.*

Mencionem-se dois exemplos ligados ao direito fundamental à moradia. O primeiro deles consiste no pedido de concessão de licença urbanística edilícia, deduzido pelo indivíduo em face da Administração Pública municipal para a construção de sua habitação. Enquanto perdurar o silêncio do órgão municipal competente para apreciar o requerimento, o cidadão se verá impedido de exercer plenamente o seu direito social à moradia. Caso inexista lei municipal atribuindo efeitos ao silêncio em tais situações, seria muito favorável ao postulante o reconhecimento de efeitos positivos à falta de resposta estatal.[80] Eles se operariam a partir do dia seguinte ao término do prazo legal fixado pela legislação municipal para a Administração resolver o processo, ou, caso tampouco exista a previsão legal desse prazo, seria aplicável por analogia o prazo de trinta dias após a instrução do feito, estipulado pelo art. 49 da Lei nº 9.784/99. A aceitação desse entendimento pouparia o indivíduo de ter que propor ação judicial para ver satisfeito o seu direito à obtenção da licença para construir, essencial à fruição do seu direito fundamental à moradia.

Outra hipótese seria a de um requerimento de concessão de uso especial de bem público para fins de moradia, consagrada pela Medida Provisória nº 2.220/01. A família que se encontrasse morando irregularmente em um imóvel público e preenchesse as condições exigidas pelo art. 1º do mencionado diploma normativo apresentaria o pedido à Administração e aguardaria a sua apreciação. A própria Medida Provisória nº 2.220/01 fixa no art. 6º, §1º um prazo para que seja prolatada a decisão: doze meses, contados da data do protocolo. Sem entrar aqui no mérito da duvidosa constitucionalidade do dispositivo que estabelece esse prazo, que parece malferir o direito fundamental à razoável duração do processo administrativo (art. 5º, LXXVIII, da Constituição), uma vez ultrapassado esse extensíssimo lapso temporal o direito a uma tutela administrativa efetiva impõe o reconhecimento de efeitos positivos ao silêncio da Administração, havendo de ser considerado deferido o pleito do particular e outorgada a concessão de uso especial para fins de moradia. O particular, demonstrando documentalmente o protocolo do seu pedido instruído com todos os documentos necessários, poderá ter acesso a serviços públicos de fornecimento de energia elétrica, abastecimento de água potável, esgotamento sanitário, telefonia fixa, entre outros, pois será titular de um titulo jurídico – conferido tacitamente – que regulariza a sua posse do imóvel.

Em que pese a posição de parcela da doutrina de que só se podem emprestar efeitos positivos ao silêncio em hipóteses expressa e taxativa-

---

[80] Sobre o tema, ver: PIRES, Luis Manuel Fonseca. Licenças urbanísticas e o silêncio administrativo: as tutelas judiciais possíveis diante da omissão da Administração Pública. Fórum de Direito Urbano e Ambiental, nº 28, Belo Horizonte, Fórum, p. 3474-3484, jul./ago. 2006; FORTINI, Cristiana; DANIEL, Felipe Alexandre Santa Anna Mucci. O silêncio administrativo: consequências jurídicas no Direito Urbanístico e em matéria de aquisição de estabilidade pelo servidor. Fórum Administrativo, nº 64, Belo Horizonte, Fórum, p. 7394-7402, jun. 2006.

mente previstas por lei,[81] entende-se que na atual quadra do constitucionalismo essa consequência jurídica pode ser arrancada diretamente da Constituição *em determinados casos,* como nos que envolvem os direitos fundamentais sociais. Não se está aqui sustentando que a regra geral no Direito brasileiro, mesmo à ausência de lei, seja ou deva ser a do silêncio positivo. São pertinentes a esse respeito as considerações tecidas por Luciano Parejo Alfonso, para quem a generalização ou universalização do silêncio positivo o transforma em um "caminho sem saída", porque ao reduzir a ação administrativa em um sistema binário que resolva qualquer hipótese mediante o recurso ao "sim"/"não" acaba por eliminar outras vias adequadas "para o tratamento da complexa, heterogênea e proteica matéria administrativa".[82] O autor, após criticar a adoção generalizada da técnica do silêncio positivo na Espanha (mas não a sua existência), sugere que o ideal seria aplicá-la só em casos excepcionais taxativamente previstos pela lei formal, relativos a matérias específicas cujas características permitam predeterminar no plano normativo qual a melhor resolução para a tensão entre interesse geral e interesse particular. Isso ocorrerá, segundo o autor, quando se tratar de uma posição jurídica na qual a ordem constitucional investe o cidadão – como os direitos fundamentais – e nos âmbitos de intervenção administrativa rigorosamente vinculada (situações que se esgotam no modelo de aplicação da norma pela via da subsunção ao caso concreto).[83]

É claro que o ideal seria que o legislador brasileiro previsse o reconhecimento de efeitos positivos ao silêncio administrativo em caso de pedidos envolvendo a tutela de direitos fundamentais sociais. A solução propiciaria uma segurança jurídica muito maior para o cidadão e portanto esse seria o caminho mais acertado. O que não parece, no entanto, é que a doutrina deva conformar-se com a falta de uma medida legal dessa ordem e continuar aceitando que *para o cidadão* o descumprimento do prazo é *fatal,* sendo sancionado com a impossibilidade de ulterior reivindicação do seu direito, e *para a Administração* ele é meramente *indicativo,* sendo presenteado com

---

[81] BOQUERA OLIVER, José María. Algunas dificultades de la actual regulación del silencio administrativo... *Op. Cit.,* p. 95; 98; GRECCO, Carlos M. Sobre el silencio de la Administración... *Op. Cit.,* p. 264; GARRIDO FALLA, Fernando. La llamada doctrina del silencio administrativo... *Op. Cit.,* p. 88.

[82] PAREJO ALFONSO, Luciano. El silencio administrativo, especialmente el de sentido estimatorio, como aporía. Apuntes de una posible vía de superación... *Op. Cit.,* p. 25.

[83] PAREJO ALFONSO, Luciano. *Idem,* p. 29-30.

uma negativa tácita que exime o Poder Público até dos deveres legais de motivar a rejeição da pretensão e de ditar resolução expressa. Essa forma de encarar o problema é inaceitável em um Estado Social e Democrático de Direito.

A doutrina do Direito Administrativo já vem se insurgindo contra o reconhecimento de efeitos negativos e não positivos ao silêncio administrativo, nos casos de petições formuladas pelos particulares. De acordo com Romeu Felipe Bacellar Filho, nas hipóteses em que a competência administrativa para conceder ou não o direito é *vinculada*, "o silêncio da Administração deve adquirir um sentido positivo, ou seja, implicar concordância porque não há alternativa para o poder público a não ser a de praticar o ato administrativo nos moldes da lei". Aduz então o autor: "em se tratando da omissão de atos administrativos vinculados, defende-se que o cidadão/administrado possa exercer diretamente o direito subjetivo mesmo sem pronunciamento jurisdicional".[84] Sérgio Ferraz e Adílson Abreu Dallari também manifestam preferência pela atribuição de consequências positivas à omissão em decidir o processo: "o silêncio da Administração deve ter o sentido de decisão favorável ao interessado, dado que não se podem presumir nem a má-fé nem a ilicitude da postulação".[85]

Certamente surgirão posições contrárias à que aqui se sustenta. Foram vistos acima os argumentos avessos à técnica do silêncio positivo. Poderia alguém afirmar que reconhecer efeitos positivos ao silêncio administrativo geraria uma grave insegurança jurídica. Ocorre que quando se faz o contrário, conferindo-lhe efeitos negativos, a segurança que se proporciona é em favor de uma Administração infratora,[86] que descumpriu o seu dever de decidir dentro do prazo legalmente assinalado para fazê-lo, em detri-

---

[84] BACELLAR FILHO, Romeu Felipe. Direito Administrativo e o Novo Código Civil. Belo Horizonte: Fórum, 2007. p. 138-139.
[85] FERRAZ, Sérgio; DALLARI, Adilson Abreu. Processo Administrativo. 3. ed. São Paulo: Malheiros, 2012. p. 67. Os autores, embora apontem por sua opinião pessoal no sentido de que a lei deveria ter conferido expressamente efeitos positivos ao silêncio administrativo, afirmam que "como não o fez, princípios vários (dentre eles, o do formalismo, o da finalidade, o da legalidade, o da indisponibilidade do interesse público) dificultam (ressalvada a hipótese de *atos vinculados*, quando a vontade e/ou o juízo administrativos são fatais decorrências das etapas precedentes que os conformam) que se dê ao silêncio essa consequência (que é a que preferimos)". FERRAZ, Sérgio; DALLARI, Adilson Abreu. *Idem*, p. 66.
[86] MUÑOZ, Guillermo Andrés. Silencio de la Administración y plazos de caducidad... *Op. Cit.*, p. 84.

mento da segurança jurídica do cidadão que formulou adequadamente o seu pedido e titulariza um direito fundamental, cuja satisfação se encontra na dependência de uma decisão administrativa que nunca chega. É muito maior a incerteza do particular que não recebe resposta à sua petição do que a sua insegurança de não saber se, uma vez produzido o silêncio, posteriormente a Administração irá cassar o seu direito.

O argumento *ad terrorem* segundo o qual o silêncio positivo geraria um "caos social"[87] e compactuaria com a concessão tácita de "qualquer petição, inclusive a mais absurda"[88] tampouco procede. Só será considerado outorgado o direito, mercê da produção de efeitos positivos do silêncio, quando o pedido estiver ancorado no ordenamento jurídico, tal como ocorre no Direito Administrativo espanhol por expressa previsão legal. Deverá tratar-se de uma *pretensão jurídica jusfundamental*, cuja dimensão subjetiva autorize a sua *exigibilidade* perante o Estado. Se o particular entender que ostenta o direito, começar a exercitá-lo e a Administração posteriormente verificar que a sua pretensão não procedia, ela haverá de anular os efeitos jurídicos desencadeados pelos atos do indivíduo que acreditava, inadvertidamente, estar autorizado para exercer o seu direito. A situação será similar à que ocorre – e como se sabe, acontece o tempo todo – quando a pessoa, sem ter obtido a autorização do Poder Público, passa a desempenhar ilicitamente uma atividade que dela dependia.

Há que se lembrar, sobre esse aspecto, que tamanho é o problema de se deixar o cidadão em uma situação de incerteza permanente que o legislador chegou a positivar a norma segundo a qual o decurso do tempo, para assegurar a certeza jurídica ao indivíduo, chega a fazer decair o direito da Administração de desfazer seus próprios atos, ainda que eivados de nulidade (art. 54 da Lei nº 9.784/99). Ou seja, a segurança jurídica chega a afastar o próprio princípio da legalidade, sendo o decurso do tempo um elemento essencial para tanto. Ora, se se admite que o transcurso de um prazo é capaz até mesmo de dar estabilidade a um *ato contrário ao Direito*, por que não seria possível atribuir a esse mesmo fenômeno – decurso de um lapso temporal – outros efeitos igualmente favoráveis ao cidadão, mas agora para permiti-lo fruir regularmente de um direito *em conformidade com o ordenamento jurídico*? Se o prazo pode servir para cristalizar a *ilegalidade*,

---

[87] SANTAMARÍA PASTOR, Juan Alfonso. Silencio positivo... *Op. Cit.*, p. 110.
[88] GARRIDO FALLA, Fernando. La llamada doctrina del silencio administrativo... *Op. Cit.*, p. 99.

por qual motivo ele não poderia *viabilizar o exercício de um direito fundamental*? É dizer: se quem praticou a ilegalidade (por descumprimento do dever de decidir dentro do prazo legalmente fixado) foi a própria Administração e a pretensão do particular encontrava supedâneo no sistema normativo, qual o problema em aceitar a atribuição de efeitos positivos ao silêncio?

A alegação de que a concessão de efeitos positivos ao silêncio seria de pouco ou nenhum proveito prático, face à ausência de meios não judiciais para forçar a Administração Pública a cumpri-los,[89] também não procede totalmente. Isso porque, quando se trata de requerimento formal de tutela de direitos fundamentais sociais formulado perante a Administração, em geral a pretensão do cidadão será: (i) uma declaração ou licença para o exercício de um direito; (ii) uma prestação social positiva a ser fornecida pelo Estado. Na primeira hipótese – declaração ou licença para o exercício de um direito – a produção de efeitos positivos será extremamente útil ao cidadão, porque ele poderá exercitar o seu direito fundamental social sem precisar aforar uma ação judicial (como nos exemplos acima narrados da licença para construir e da concessão de uso especial para fins de moradia).

Na segunda hipótese – prestação social positiva a ser fornecida pelo Estado – de fato será necessário recorrer ao Poder Judiciário para vê-la satisfeita. Contudo, a atribuição de efeitos positivos ao silêncio administrativo faz nascer em favor do cidadão um título jurídico tácito, que lhe permitirá exigir diretamente o seu cumprimento na esfera judicial, autorizando-o a postular tutelas de natureza mandamental.

É preciso deixar claro que o instituto do silêncio administrativo de efeitos positivos não é a panaceia para as dificuldades relativas à inefetividade dos direitos fundamentais sociais causada pela ineficiência da Administração Pública. Todavia, a adoção dessa alternativa pode contribuir, ainda que parcialmente, para uma tutela administrativa mais célere e integral desses direitos. Quanto mais numerosos forem os mecanismos de satisfação espontânea dos direitos sociais, eliminando a necessidade de o cidadão lançar mão de instrumentos judiciais, mais elevado será o grau de efetividade de sua proteção constitucional.

---

[89] SANTAMARÍA PASTOR, Juan Alfonso. Silencio positivo... *Op. Cit.*, p. 112; GARRIDO FALLA, Fernando. La llamada doctrina del silencio administrativo... *Op. Cit.*, p. 99; BOQUERA OLIVER, José María. Algunas dificultades de la actual regulación del silencio administrativo... *Op. Cit.*, p. 92.

DESIGUALDADES NA JUDICIALIZAÇÃO DE POLÍTICAS PÚBLICAS: UM ESTUDO DE CASO SOBRE DEMANDAS POR DIREITO À SAÚDE AJUIZADAS PELA DEFENSORIA PÚBLICA DO ESTADO DE SÃO PAULO, REGIONAL DE RIBEIRÃO PRETO

Paulo Henrique Martinucci Boldrin
Fabiana Cristina Severi

Introdução

O presente artigo é resultado de pesquisa que teve como foco a análise da atuação da Comissão de Análise de Solicitações Especiais, no contexto da efetivação do direito à saúde pelo Poder Judiciário a partir das demandas ajuizadas pela Defensoria Pública do Estado de São Paulo – Regional Ribeirão Preto.

O interesse inicial pelo tema foi trazer subsídios ao órgão da Defensoria Pública na ampliação do acesso à justiça aos mais vulneráveis como forma de assegurar o acesso a bens e serviços de saúde, indispensáveis à manutenção de uma vida digna. A efetivação de direitos sociais à população menos favorecida é fundamental para a consecução do Estado Social e Democrático de Direito e, nesse contexto, o Poder Judiciário desempenha relevante papel, uma vez que se tornou importante canal de comunicação da sociedade com o Estado para exigir o cumprimento dos direitos sociais.

Após a coleta e análise dos dados, pudemos perceber que algumas problemáticas identificadas nos permitia discutir, também, alguns efeitos desiguais nos processos de judicialização de políticas públicas na área de Direito à saúde. No presente artigo, buscaremos apresentar os dados de modo a subsidiar a compreensão de tais problemáticas.

Após a promulgação da Constituição Federal de 1988, os direitos sociais ganharam posição de destaque no texto constitucional enquanto direitos fundamentais. A partir da compreensão desses direitos como de eficácia imediata e de titularidade individual, é possível garantir o acesso aos bens indispensáveis à população, especialmente aos hipossuficientes.

Em termos de procedimentos metodológicos, adotamos aqui abordagem, sobretudo, quantitativa para a coleta e organização dos dados de pareceres, decisões liminares e sentenças judiciais em processos ajuizados pela Defensoria Pública do Estado de São Paulo – Regional Ribeirão Preto em matéria de saúde.

1. A judicialização das políticas públicas de saúde como meio de efetivação dos direitos sociais

Há uma expansão da atuação judicial sobre as dimensões das políticas públicas nas sociedades democráticas contemporâneas, o que tem feito vários segmentos e grupos sociais refletirem sobre o papel do sistema de justiça na efetivação de direitos humanos em termos de limites e possibilidades. De acordo com Vianna et al.[1], o Judiciário está cada vez mais ocupando espaços que eram reservados tradicionalmente às instituições especializadas da política.

A origem desse fenômeno decorre de processos complexos e permanentes e remonta ao chamado constitucionalismo democrático e ao Estado de Bem-Estar Social (*welfare state*), após a II Guerra Mundial, momento no qual se reclamavam a atuação de um Judiciário que fosse capaz de compor interesses entre as classes e frações de classes sociais. Esse modelo constitucional apresenta-se de forma aberta e indeterminada, cabendo aos juízes, em cada caso concreto, atuar como um "legislador implícito". Trata-se de uma nova relação entre os Três Poderes.

Durante os anos de 1970, instalou-se a crise do *welfare state*, resultante no fortalecimento de políticas de redução dos serviços públicos e privatização de empresas estatais. As reformas com tais caraterísticas, nomeadas de neoliberais por muitos segmentos, enfraqueceram a garantia de direitos sociais que eram assegurados a diversas camadas sociais. Nesse contexto, a procura pelo Poder Judiciário tem sido frequente, de modo a se buscar

---

[1] VIANNA, Luiz Werneck et al. **A judicialização da política e das relações sociais no Brasil.** Rio de Janeiro: Editora Revan, 1999.

regular ou proteger setores mais vulneráveis. O Juiz tem se tornado, cada vez mais, um importante protagonista em questões sociais, antes sob responsabilidade principal dos poderes Executivo e Legislativo.

A Constituição Federal de 1988 também reforçou esse novo papel do Judiciário. A introdução de direitos sociais no rol de direitos fundamentais tem demandado a implementação de políticas públicas por parte da Administração Pública para que esses direitos possam ser efetivados. Na omissão do Poder Público em criar tais políticas ou no não cumprimento delas, o Poder Judiciário passa a ser uma arena importante da sociedade civil para exigibilidade dos direitos ali envolvidos[2].

De acordo com Araújo[3], a judicialização da política é um processo que surge da própria sociedade e não do Estado ao acionar o sistema jurídico para obter resultados políticos. É a manifestação de juízes para que as políticas públicas sejam implementadas na omissão dos outros dois Poderes.

É importante ressaltar que o aumento na concessão de direitos sociais e de demandas pela aplicação de políticas públicas pelo poder Judiciário não acompanha o nível de acesso à justiça de toda a população. Segundo Sadek[4], o acesso à justiça estatal para os menos favorecidos é extremamente difícil. Assim, verifica-se um caráter elitista e uma consequente demanda reprimida ao Judiciário. Segundo a autora, a causa para a ambiguidade no aumento do número de processos judiciais e o baixo acesso para as classes menos favorecidas tem como uma das causas a desigualdade social.

Aqueles que estão excluídos dos benefícios econômicos também o estão das conquistas de direitos e bens sociais, educacionais, políticos e culturais. O conhecimento sobre os direitos e os mecanismos adequados para reclamá-los é exclusivo daqueles que possuem maior renda. Além disso, é acrescentada à desigualdade social, a percepção negativa do Poder Judi-

---

[2] RESENDE, Fabricio Contato Lopes. **O papel do Poder Judiciário no controle da implementação de políticas públicas no Brasil – a política assistencial do artigo 20 da Lei nº 8.742/93**. 2010. 161f. Dissertação (Mestrado em Direito) – Faculdade de Direito da Universidade de São Paulo, São Paulo, SP.

[3] ARAUJO, Gisele Silva. Judicialização da política: as possibilidades da democracia para além do monismo político e identitário. In: MOTA, Maurício; MOTTA, Luiz Eduardo (Org.). **Estado Democrático de Direito em questão: teorias críticas da judicialização da política**. Rio de Janeiro: Elsevier, 2011.

[4] SADEK, Maria Tereza Aina. Acesso à justiça: visão da sociedade. **Justitita,** São Paulo, nº 65 (198), p. 271-270 jan/jun 2008. Disponível em: <http://www.revistajustitia.com.br/revistas/baw677.pdf>. Acesso em: 07 fev. 2014.

ciário, o que afasta grande parte da população na busca pela efetivação dos direitos sociais.

No tocante à judicialização do direito à saúde, é necessário salientar que a saúde integra o rol de direitos fundamentais sociais dispostos no art. 6º da Constituição Federal de 1988: "São direitos sociais a educação, a saúde, a alimentação, o trabalho, a moradia, o lazer, a segurança, a previdência social, a proteção à maternidade e à infância, a assistência aos desamparados, na forma desta Constituição".

A normatização constitucional desse direito fundamental não fica restrita apenas à sua menção no rol de direitos sociais, mas é caracterizada pela criação de disciplina jurídica específica presente nos art. 196 a 200 da Carta Maior brasileira.

Barroso[5] afirma que a redemocratização brasileira após o golpe militar foi responsável por incitar o debate sobre a universalização do acesso aos serviços públicos de saúde que culminou com a edição do art. 196 da Constituição de 1988: "A saúde é direito de todos e dever do Estado, garantido mediante políticas sociais e econômicas que visem à redução do risco de doença e de outros agravos e ao acesso universal e igualitário às ações e serviços para sua promoção, proteção e recuperação".

Para a efetivação do princípio da universalidade preconizado pelo supramencionado art. 196 da CF/88, foi criado o SUS – Sistema Único de Saúde, que é conceituado por Castro[6] como o sistema apto a desenvolver ações e serviços de relevância pública que garanta a promoção, proteção e recuperação da saúde. Sua organização possui a característica do atendimento integral ao paciente desde os tratamentos mais simples até a realização de exames e cirurgias mais dispendiosas.

A judicialização do direito à saúde surge no contexto em que é necessário assegurar às pessoas indistintamente o acesso aos serviços básicos de saúde em respeito ao princípio da universalização preconizado pela Constituição Federal de 1988. Cumpre destacar que esse processo de busca do Judiciário para resolver questões de saúde pública não apresenta impactos

---

[5] BARROSO, Luís Roberto. Da falta de efetividade à judicialização excessiva: Direito à saúde, fornecimento gratuito de medicamentos e parâmetros para a atuação judicial. In: TOLEDO, Cláudia (Org.). **Direitos Sociais em debate**. Rio de Janeiro: Elsevier, 2013

[6] CASTRO, Ione Maria Domingues de. **Direito à Saúde no âmbito do SUS: um direito ao mínimo existencial garantido pelo Judiciário?** 2012. 366f. Tese (Doutorado em Direito) – Faculdade de Direito da Universidade de São Paulo, São Paulo, SP.

apenas na concessão de medicamentos, mas em todos os serviços necessários para se garantir a qualidade de vida das pessoas, tais como tratamentos médicos, fornecimento de equipamentos e realização de exames.

Castro[7] cita diversos fatores responsáveis pelo aumento da judicialização em questões de saúde pública e o impacto no discurso jurídico brasileiro:

> O grande foco de atenção sobre as ações que demandam medicamentos reflete muitos fatores: a crescente medicalização da sociedade. As inovações tecnológicas no setor farmacêutico. A maior facilidade de acesso ao Judiciário; a crescente conscientização dos direitos pelos cidadãos; a atuação da Defensoria Pública e da Promotoria na implementação dos direitos sociais com a conscientização da responsabilidade social dessas instituições.

A autora sustenta que a grande questão envolvendo a judicialização de medicamentos diz respeito aos gastos públicos para a satisfação desses direitos pleiteados em juízo. Sobre o assunto, salienta que o aumento no gasto total com medicamentos pelo governo é uma tendência mundial. Apesar de a autora não abordar, de maneira específica, os gastos decorrentes das decisões judiciais, revela que a política nacional de medicamentos iniciada em 1998 foi responsável por fomentar a garantia do acesso dos medicamentos à população menos favorecida.

Por outro lado, Castro[8] ressalta que a indústria farmacêutica também influenciou o aumento da concessão de medicamentos, seja pela via judicial ou não, em todo o mundo. Esse fator ocorreu, especialmente, em razão do uso violento de meios publicitários e de marketing e da representação comercial em consultórios médicos.

No tocante à aplicação do princípio da reserva do possível na área da saúde, a autora afirma que a argumentação de escassez de recursos, tais como a ausência de medicamentos e demais insumos, não pode ser utilizada como limite à concretização do direito à saúde. O poder público, ao se valer dos argumentos de que não tem recursos e orçamento para prover

---

[7] CASTRO, Ione Maria Domingues de. **Direito à Saúde no âmbito do SUS: um direito ao mínimo existencial garantido pelo Judiciário?** 2012. 366f. Tese (Doutorado em Direito) – Faculdade de Direito da Universidade de São Paulo, São Paulo, SP. p. 205.

[8] CASTRO, Ione Maria Domingues de. **Direito à Saúde no âmbito do SUS: um direito ao mínimo existencial garantido pelo Judiciário?** 2012. 366f. Tese (Doutorado em Direito) – Faculdade de Direito da Universidade de São Paulo, São Paulo, SP.

determinado serviço público de saúde, desvia o foco real da questão que é a ausência de políticas públicas de saúde.

Sobre o assunto, Rodriguez[9] sustenta que a judicialização das políticas públicas de saúde foi fundamental para que a população mais vulnerável tivesse acesso a determinados medicamentos. Apesar de o autor concordar com a alegação de que o privilégio de casos individuais sobre os coletivos possa atrapalhar o desenvolvimento do sistema de saúde, argumenta que foram essas demandas judiciais que mobilizaram as autoridades a tomarem providências na implementação de políticas de saúde tais como a do combate ao HIV.

Ao analisar pesquisas realizadas sobre o acesso aos serviços de saúde pela população, o autor sustenta que a maior parte das demandas exigem medicamentos já autorizados pelo SUS e que a possível presença de medicamentos e tratamentos com eficácia duvidosa não representam ameaça ao sistema de saúde.

Com a ausência de protagonismo do Legislativo e Executivo na solução de questões atinentes às políticas públicas de saúde, a sociedade civil inconformada reagiu buscando o reconhecimento e efetividade de seus direitos perante o Judiciário.

Concluímos que a judicialização da saúde se revela como importante papel transformador da sociedade na medida em que impulsiona a movimentação dos demais poderes na elaboração de políticas públicas de saúde e assegura o cumprimento de direitos sociais fundamentais, em especial à camada social mais necessitada.

2. A atuação da Comissão de análise de solicitações especiais de Ribeirão Preto na judicialização de políticas públicas de saúde

Partimos do pressuposto teórico de que a judicialização das políticas públicas é um instrumento fundamental na efetivação do Estado Democrático e Social de Direito. Nos últimos anos, o acesso à justiça tornou-se importante ferramenta da população na efetivação de direitos sociais, em especial do direito à saúde. Mas são vários os autores indicando haver uma espécie de

---

[9] RODRIGUEZ, José Rodrigo. **O incrível sucesso da judicialização da saúde no Brasil**. 24 junho 2014. Disponível em: http://terramagazine.terra.com.br/jose-rodrigo-rodriguez/blog/2014/06/24/o-incrivel-sucesso-da-judicializacao-da-saude-no-brasil/. Acesso em: 02 maio 2014.

seletividade perversa no acesso aos bens e serviços de saúde. As pessoas que se encontram em posição de maior vulnerabilidade social têm menor acesso a esses bens do que aqueles com maior renda e condições para adquiri-los[10]. Além disso, entendemos que a efetivação do direito à saúde não é sinônima da concessão de medicamentos, tratamentos e equipamentos médicos a qualquer pessoa sem que seja observado nenhum critério.

Com o intuito de racionalizar o processo judicial envolvendo demandas por medicamentos ou serviços de saúde e evitar possíveis fraudes na concessão de medicamentos, o Conselho Nacional de Justiça (CNJ) editou a Recomendação nº 31, de 30 de março de 2010, a qual sugere aos Tribunais a celebração de convênio com comissão técnica que auxilie o magistrado nas questões clínicas envolvendo o pedido elaborado pelas partes.

Com escopo similar à recomendação acima apresentada, a pioneira Comissão de Solicitações de Análise Especiais surgiu em Ribeirão Preto no ano de 2002 como forma de auxiliar o Ministério Público do Estado de São Paulo em Ribeirão Preto na avaliação dos medicamentos e equipamentos médicos que não eram padronizados pelo SUS e apresentavam elevado valor financeiro[11].

Note-se que o objetivo da criação do órgão junto ao Ministério Público Estadual era o de evitar o ajuizamento de ações de obrigação de fazer cujo objeto envolvesse medicamentos ou equipamentos cuja eficácia fosse duvidosa e implicasse em gastos desnecessários ao poder público.

Cumpre ressaltar que, em momento posterior a sua criação, a Comissão passou a analisar todas as ações envolvendo a concessão de bens e serviços de saúde, não se limitando à atuação nos processos do Ministério Público Estadual[12].

De acordo com Gandini, Barione e Souza[13], a Comissão de Análise de Solicitações Especiais representa uma comissão multidisciplinar, a qual o

---

[10] Chieffi, Ana Luiza; Barata, Rita Barradas. **Judicialização da política pública de assistência farmacêutica e equidade.** Disponível em: http://www.scielo.br/scielo.php?script=sci_arttext&pid=S0102-311X2009000800020. Acesso em: 02 ago. 2014.

[11] Castro, Gleusa de; Castro, Cristine Pilati Pileggi. **Protocolo da Comissão de Análise de Solicitações Especiais (procedimentos e formulários).** 2004.

[12] Castro, Gleusa de; Castro, Cristine Pilati Pileggi. **Protocolo da Comissão de Análise de Solicitações Especiais (procedimentos e formulários).** 2004.

[13] Gandini, João Agnaldo Donizeti; Barione, Samantha Ferreira; Souza, André Evangelista de. A judicialização do direito à saúde: a obtenção de atendimento médico, medicamentos e insumos terapêuticos por via judicial – critérios e experiências. In: **Âmbito Jurídico**, Rio

Judiciário requisita informações para viabilizar a concessão de liminares nas ações envolvendo medicamentos e equipamentos médicos.

Assim, diversos pedidos em ações envolvendo a concessão de medicamentos, tratamentos e equipamentos médicos são encaminhados à Comissão de Análise de Solicitações Especiais pelo juízo das Varas da Fazenda Pública da Comarca de Ribeirão Preto para parecer técnico que permita ao juiz tomar posteriormente as medidas liminares cabíveis. Antes da citação das fazendas municipal e estadual e do julgamento do pedido de antecipação de tutela, a Comissão avaliará a pertinência clínica dos insumos requeridos.

O estudo aqui apresentado procurou analisar os pareceres da Comissão de Análise de Solicitações Especiais e das decisões judiciais referentes aos processos ajuizados pela Defensoria Pública do Estado de São Paulo nos quais a Comissão se manifestou.

2.1. Procedimento metodológico

Tendo em vista que a motivação da pesquisa consistiu na análise da efetividade do acesso judicial à saúde pelos mais vulneráveis, optamos pela busca dos dados na Defensoria Pública do Estado de São Paulo – Regional Ribeirão Preto. Isto porque, o órgão público que é responsável pela tutela judicial e extrajudicial dos mais necessitados é a Defensoria Pública.

A coleta de dados da pesquisa na DPE-SP permitiu a avaliação da atuação da Comissão de Análise de Solicitações Especiais nas ações envolvendo o acesso à justiça das pessoas mais vulneráveis aos bens e serviços de saúde.

Dessa forma, requeremos autorização dos defensores públicos que atuam na área cível para a análise dos procedimentos administrativos (PAs) mantidos pela Defensoria em matéria de saúde. Se ajuizada a ação pela Defensoria, cada procedimento diz respeito a um determinado processo cujo autor ou réu é assistido pelo órgão. No presente caso, o procedimento administrativo corresponde às informações de determinado ação ajuizada e acompanhada pela Defensoria Pública referente à demanda por medicamentos e tratamentos médicos que estão sujeitas a parecer da Comissão.

Com o início da coleta dos dados, foi possível identificarmos diversas demandas relacionadas à área da saúde. Entretanto, selecionamos apenas

Grande, XI, n. 49, jan. 2008. Disponível em: <http://www.ambito-juridico.com.br/site/index.php?artigo_id=4182&n_link=revista_artigos_leitura>. Acesso em: 02 set. 2014.

os procedimentos administrativos relacionados às ações de obrigação de fazer propostas contra as fazendas públicas estadual e municipal. Foram retirados da análise os processos direcionados ao setor privado de saúde, tais como planos de saúde suplementar.

Analisamos os processos cuja matéria podia ser encaminhada à Comissão para expedição de parecer. É válido destacar que algumas informações necessárias ao estudo, que não puderam ser alcançadas pela análise dos processos administrativos, foram encontradas por meio de busca no sítio eletrônico do Tribunal de Justiça do Estado de São Paulo dos processos constantes em referidos procedimentos.

Utilizando o sistema de buscas do *e-saj* do TJ-SP[14] foi possível analisarmos o conteúdo das liminares e sentenças que já estavam registradas no portal, bem com as datas de realização dos atos processuais.

Finalizada a etapa de coleta de material, selecionamos os processos em que foi possível identificar o resultado do parecer – favorável ou desfavorável. É válido ressaltar que alguns processos não são encaminhados à Comissão para parecer. Pelo procedimento metodológico adotado, não era possível analisarmos aqueles que não foram encaminhados ao órgão técnico, uma vez que seria necessária a consulta aos autos completos de todos os processos de saúde da DPE-SP – RP para verificarmos se em algum momento o juiz determinou o envio à Comissão.

Em alguns casos que passaram pelo crivo da Comissão, não tivemos acesso ao conteúdo dos pareceres. No entanto, foram utilizados alguns critérios para incluí-los na amostra da pesquisa. Se a liminar ou sentença judicial indicassem o resultado do parecer – favorável ou desfavorável – eram incluídos na amostra da pesquisa. Trata-se de fonte indireta de informações que nos permitiu aferir o resultado da avaliação realizada pela Comissão sem ter acesso ao conteúdo do parecer propriamente dito.

Salientamos que esse resultado foi alcançado pela análise das expressões utilizadas pelos juízes nas liminares. Quando os juízes das Varas da Fazenda Pública de Ribeirão Preto iniciavam a apreciação da liminar com a expressão "Diante do parecer" e concediam ou negavam antecipação da tutela, pode-se analisar que a decisão seguia o entendimento do parecer e, por isso, chegávamos ao resultado desse parecer.

---

[14] O acesso ao portal *e-saj* pode ser realizado pelo link: http://esaj.tjsp.jus.br/cpo/pg/open.do.

Além disso, quando era utilizada nas liminares a expressão "Em que pese o teor do parecer", observamos que os juízes estavam discordando do resultado dado ao parecer, o que mais uma vez assegurou a possibilidade de descobrirmos se a Comissão era ou não favorável à concessão do pedido.

Assim, a amostra selecionada para a análise corresponde ao total de 198 processos judiciais cuja parte autora é assistida pela DPE-SP – Ribeirão Preto e que foram encaminhados, antes do julgamento do pedido de antecipação de tutela, pelo Poder Judiciário da 1ª e 2ª Varas da Fazenda Pública de Ribeirão Preto à Comissão de Análise de Solicitações Especiais para parecer quanto à viabilidade técnica na concessão do medicamento, equipamento ou tratamento médico.

3. Resultados

3.1. Quantidade e Frequência dos pedidos recorrentes nos processos de saúde ajuizados pela Defensoria Pública do Estado de São Paulo – Regional Ribeirão Preto

A tabela abaixo traz a relação dos pedidos recorrentes – em número igual ou superior a três – com a indicação do nome do medicamento, equipamento ou tratamento médico, bem como da quantidade e frequência de cada um em relação à amostra da pesquisa:

Tabela 1 – Pedidos Recorrentes

Pedido	Quantidade	Frequência
Fraldas	48	24,2%
Cinacalcete	15	7,6%
CPAP	11	5,6%
Dieta padrão	9	4,5%
Quetiapina	7	3,5%
Insulina	6	3,0%
Aparelho de Amplificação Sonora	4	2,0%
Bevacizumab	4	2,0%
Cadeira de Rodas Motorizada	4	2,0%
Cadeira de Banho	3	1,5%
Divalproato de sódio	3	1,5%

Dulolexitina	3	1,5%
Memantina	3	1,5%
Cirurgia	3	1,5%
Telaprevir	3	1,5%

Fonte: Autor, 2014

Com base na tabela acima, identificamos que há um número expressivo de determinados bens exigidos como, por exemplo, fraldas (24,2%), Cinacalcete (7,6%) e aparelho CPAP (5,6%). Ponderamos que as percentagens apresentadas durante todo o trabalho realizado foram aproximadas até a primeira casa decimal para facilitar a leitura dos valores apontados.

Esses dados servem como referência para demonstrar o cenário de pedidos da Defensoria Pública encaminhados ao Judiciário de Ribeirão Preto. Tendo em vista a grande frequência com a qual esses principais pedidos aparecem, verificamos a demanda por políticas públicas que atendam essas necessidades.

Com a recorrência de pedidos tais como as fraldas, surgiu o questionamento da necessidade de elaboração de pareceres pela Comissão de Análise de Solicitações Especiais. Ressaltamos que referida Comissão não analisa, via de regra, o caso concreto do paciente, mas tão somente as informações trazidas aos autos e o medicamento solicitado. Como meio de se evitar o prolongamento de tempo na concessão da medida liminar, esses pedidos não necessitam de análise recorrente da Comissão.

No tocante ao pedido de fraldas, foram encontrados dois pareceres recentes emitidos pela Comissão (24 de abril e 12 de maio de 2014) que refletem novo modo decisório desse órgão e que podem ilustrar um dos argumentos principais do nosso trabalho: de que a Comissão, ao atuar em todos os casos ajuizados pela Defensoria Pública acabou se desviando da finalidade pela qual foi instituída.

Ambos os pareceres apresentam conteúdo idêntico e sustentam que a parte autora (paciente) poderá adquirir as fraldas descartáveis por meio do programa "Farmácia Popular", que permite à pessoa maior de 60 anos comprar até o limite de 120 unidades de fraldas por mês pelo pagamento de um gasto médio mensal de R$90,00 a R$120,00.

Sobre o tema, é válido destacar que a Lei nº 10.858/2004 e o Decreto nº 5090/2004 compreendem a legislação responsável pela criação do programa "Farmácia Popular". Esse programa do governo federal consiste na venda de medicamentos a preço de custo ao paciente de modo que o valor seja extremamente reduzido em relação ao custo de mercado. Estima-se que essa redução possa alcançar 90% do valor da mercadoria vendida nas demais farmácias (MINISTÉRIO DA SAÚDE, 2014).

Em que pese a redução do valor cobrado pelas farmácias na venda das fraldas geriátricas, é importante destacar que não poderá haver redução do abastecimento e fornecimento do produto pela rede pública de saúde. Nesse sentido, dispõe o art. 4º do Decreto nº 5090/2004: "O Programa "Farmácia Popular do Brasil" será executado sem prejuízo do abastecimento da rede pública nacional do Sistema Único de Saúde – SUS."

O programa do Governo Federal para a aquisição de medicamentos a preços baixos é extremamente relevante enquanto política pública de distribuição de medicamentos à população mais vulnerável. É importante destacar que parte da população se encontra em condições de elevada hipossuficiência econômica, não tendo renda suficiente para a compra de produtos essenciais à sobrevivência.

Trata-se exatamente da hipótese enfrentada pela Defensoria Pública do Estado de São Paulo, uma vez que os assistidos se encontram em condição de vulnerabilidade social e econômica e não podem adquirir as fraldas sem comprometer a renda familiar para a compra de produtos essenciais à sobrevivência como os alimentos e produtos de higiene básica.

Em razão de a Comissão de Análise de Solicitações Especiais não ter acesso às informações relativas às condições socioeconômicas da parte autora, verificamos que é dispensável a emissão de parecer determinando a compra de produtos pelo programa "Farmácia Popular". É uma forma de privação de acesso a um bem de saúde ao indivíduo que não terá condições de adquiri-lo de outra forma se não por meio do fornecimento gratuito pelo SUS.

Considerando que o parecer da Comissão nos pedidos de fraldas se limita à análise de distribuição dos bens para se evitar fraudes e não a questões médicas propriamente ditas, é plenamente possível a dispensa do parecer nas demandas ajuizadas pela DPE-SP – Ribeirão Preto, uma vez que o critério da hipossuficiência econômica já foi comprovado pela análise socioeconômica realizada pela Defensoria antes do ajuizamento da ação.

Por se tratar de órgão do Estado, a declaração de hipossuficiência apresentada pela Defensoria Pública apresenta fé pública e, assim, o parecer da Comissão torna-se inócuo ao fim a que se destina, qual seja, evitar o cometimento de fraudes ao tentar obter o produto de forma gratuita tendo plenas condições de adquiri-lo nas redes particulares ou mesmo pelo programa "Farmácia Popular".

Outro caso que seria dispensável o parecer da comissão diz respeito ao pedido formulado pela DPE-SP – Ribeirão Preto para o fornecimento do medicamento Sorafenib (Nexavar). Pelas informações obtidas, o autor da ação sofria de cirrose hepática e carcinoma hepatocelular. No parecer, ao invés de analisar a viabilidade do medicamento em termos médicos, a Comissão emitiu parecer com juízo de valor do custo/efetividade do tratamento, uma vez que o indivíduo teria pouco tempo restante de sobrevida – pouco menos de três meses – para o alto custo do medicamento solicitado, que seria de aproximadamente R$10.000,00 mensais.

A avaliação realizada determina o valor que o Estado deve gastar para tutelar o direito à vida de uma pessoa. Esse argumento desconsidera o direito da pessoa enferma a permanecer viva por mais um período de tempo. Contudo, o Poder Judiciário não seguiu o entendimento da Comissão ao determinar o fornecimento do medicamento em sede liminar.

3.2. Resultado dos pareceres analisados pela Comissão de Análise de Solicitações Especiais

A segunda variável da pesquisa refere-se aos resultados dos pareceres da Comissão de Análise de Solicitações Especiais. Analisamos o conteúdo dos pareceres para obtermos a quantidade de manifestações favoráveis ou desfavoráveis à concessão do medicamento, equipamento ou tratamento médico solicitado pela DPE-SP – Ribeirão Preto.

Ao analisarmos o conteúdo de alguns pareceres, não foi possível identificarmos se a Comissão foi favorável ou não à concessão do medicamento. Nesse caso, estabelecemos que o resultado desses pareceres é inconclusivo, uma vez que não é capaz de definir com precisão os subsídios técnicos necessários para que o magistrado formule juízo de valor sobre o pedido. Além disso, há casos em que a Comissão apenas exigiu que fossem realizados exames complementares ou apresentada bibliografia isenta de interesses. Nesses casos, também estabelecemos os pareceres como inconclusivos.

Destacamos, ainda, que diversos processos judiciais apresentam mais de um parecer da Comissão, especialmente quando esta exige a complementação do relatório médico anexado ao processo ou requisita exames complementares ao assistido. Para fixarmos o entendimento da Comissão nesse trabalho, desconsideramos pareceres intermediários e adotamos o parecer final como o resultado da avaliação daquele órgão.

O gráfico abaixo apresenta em porcentagem o resultado dos pareceres da Comissão de Análise de Solicitações em relação ao total dos processos da amostra da pesquisa:

Gráfico 1 – Resultado dos pareceres da Comissão de Solicitações de Análise Especiais (%)

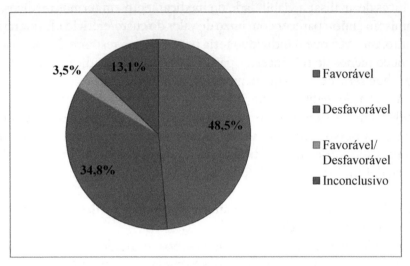

Fonte: Autor, 2014

É possível verificarmos que a maioria dos pareceres é favorável à concessão do pedido (48,5%). Por sua vez, a quantidade de pareceres desfavoráveis não deixa de ser considerável, uma vez que atinge 34,8% da amostra analisada.

Observamos pela análise de diversos pareceres que um dos principais motivos pelo qual a Comissão é contrária ao fornecimento do medicamento é a indicação de substituição do medicamento solicitado por outro fornecido pelo SUS.

É necessário afirmarmos que, nos casos em que identificamos a presença de mais de um bem ou serviço de saúde requerido pela parte autora, a Comissão pode se manifestar de três formas possíveis: favorável, desfavorável ou parcialmente favorável/desfavorável. Nessa última hipótese, representada no gráfico pela expressão "Favorável/Desfavorável", a Comissão entendeu que apenas parte do pedido do autor deve ser concedida.

É válido destacar que foram analisados 26 pareceres (13,1%) cujo resultado foi inconclusivo, uma vez que não foi possível identificarmos a posição adotada pela Comissão. Esse número tornou-se expressivo, uma vez que, em alguns casos, tivemos acesso somente ao parecer exigindo exames complementares, mas não tivemos acesso ao parecer final sobre o caso.

3.3. Resultado das decisões liminares

Feita a análise quantitativa dos resultados dos pareceres emitidos pela Comissão, passamos à variável do resultado das decisões liminares, uma vez que pretendemos analisar se a Comissão auxilia na efetivação da judicialização das políticas públicas de saúde, especialmente em relação aos mais vulneráveis.

Conforme já afirmado anteriormente, em regra, a Comissão emite parecer antes de o juiz decidir o pedido de antecipação de tutela formulado pela parte autora, no nosso caso, pela DPE-SP – Ribeirão Preto. A decisão liminar está intimamente relacionada ao parecer, uma vez que o magistrado poderá concordar ou não com a manifestação apresentada pela Comissão.

O gráfico abaixo apresenta em porcentagem o resultado, em relação ao total dos processos da amostra da pesquisa, das decisões liminares em antecipação de tutela:

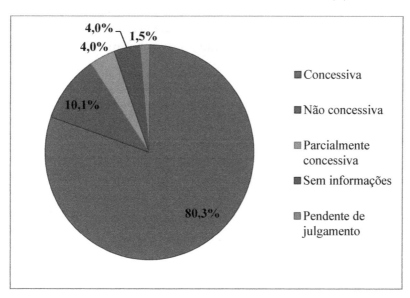

Gráfico 2 – Resultado das decisões liminares (%)

Fonte: Autor, 2014

Pelo gráfico, a porcentagem de decisões liminares concessivas é muito superior à porcentagem de decisões que não concedem o pedido (não concessivas). Mais de 80% das decisões foram favoráveis à concessão do medicamento, equipamento ou tratamento médico solicitado. Por sua vez, as decisões não concessivas representam percentual pouco superior a 10% do total dos 198 processos analisados.

É possível afirmar que, no âmbito da amostra analisada, a concessão dos bens e serviços de saúde está sendo realizada em benefício da população mais vulnerável. A parte autora das demandas ora analisadas compreende os assistidos da Defensoria Pública do Estado de São Paulo, pessoas que não têm condições de pagar advogado particular por se encontrarem em condição de hipossuficiência econômica.

Quando se compara a quantidade de decisões liminares favoráveis com a quantidade de pareceres favoráveis da Comissão, o judiciário concedeu a antecipação dos efeitos da tutela em 159 dos 198 (80,3%) processos analisados, a Comissão apresentou apenas 96 (48,5%) pareceres favoráveis à concessão do bem ou serviço de saúde.

Por esses números, podemos perceber uma relativa tendência por parte da Comissão em ser mais resistente à concessão dos medicamentos do que o Poder Judiciário. Destacamos que a Comissão não tem condições de reavaliar o parecer apresentado diante de novas circunstâncias apresentadas pela parte autora no processo caso o juiz não encaminhe novamente para parecer. Em muitos casos, o processo foi reencaminhado para nova avaliação, mas a Comissão manteve o parecer desfavorável.

Em alguns processos (4%), os juízes concederam apenas parcialmente o pedido formulado pela Defensoria Pública. Nesse caso, a maioria dos pedidos foi concedida parcialmente em atendimento ao parecer da Comissão que apenas havia sido parcialmente favorável ao pedido.

Entretanto, no tocante às decisões em antecipação de tutela, observamos que, em alguns poucos processos, não havia informações a respeito da decisão liminar (4%). Ademais, foi possível aferir que apenas três processos (1,5%) ainda estão pendentes de julgamento após o parecer da Comissão. Tratam-se das ações cuja distribuição é mais recente.

3.4. Resultado das liminares nos processos judiciais com parecer desfavorável da Comissão de Análise de Solicitações Especiais

Passamos agora à análise do resultado das liminares nos processos judiciais que apresentam parecer desfavorável da Comissão de Análise de Solicitações Especais à concessão dos medicamentos, equipamentos e tratamentos médicos requeridos pela Defensoria Pública.

A escolha desse critério de análise deveu-se à necessidade de determinarmos a quantidade e percentagem de processos em que o Judiciário acompanhou o parecer da Comissão. Será possível avaliarmos o grau de resistência de ambos os órgãos na concessão do pedido e a importância da Comissão na tomada de decisões pelo Judiciário.

É válido destacar que a amostra da análise está restrita à quantidade de processos em que a Comissão emitiu parecer desfavorável (34,8% do total de 198 processos) conforme já indicado acima. Os casos em que a Comissão foi parcialmente favorável à concessão não serão incluídos no estudo.

Portanto, o gráfico abaixo apresenta em porcentagem o resultado, em relação ao total de processos com pareceres desfavoráveis, das decisões liminares em antecipação de tutela:

Gráfico 3 – Resultado das liminares nos processos com parecer desfavorável (%)

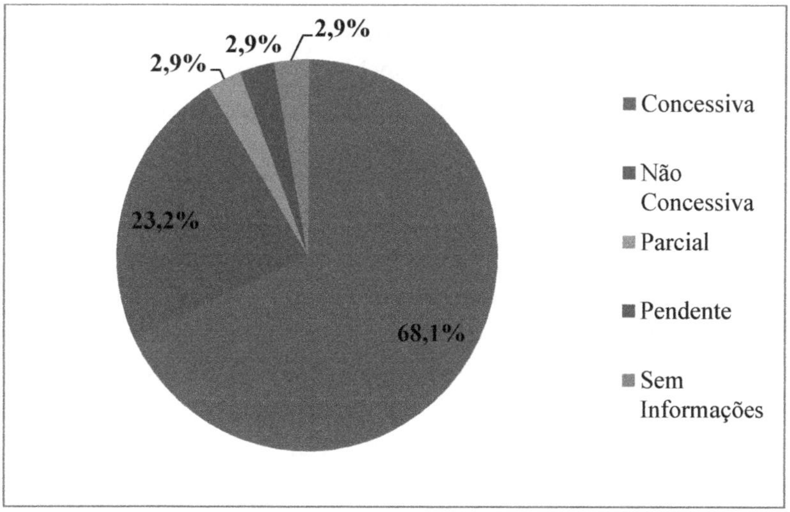

Fonte: Autor, 2014

Pelo gráfico, é elevado o número de liminares concessivas nos processos em que a Comissão emitiu parecer desfavorável. No total da amostra, 47 processos (68,1%) apresentaram liminar concessiva em antecipação de tutela. Com essas informações, é possível concluirmos que o Judiciário decidiu, na maioria dos processos, de modo divergente daquele indicado pela Comissão na análise técnica realizada. Somente em 23,2% dos processos, o Judiciário seguiu o parecer desfavorável da Comissão.

Será demonstrado na sequência que esse número é ainda menor ao se analisar as sentenças proferidas, uma vez que a interposição de agravo de instrumento pela Defensoria Pública reverteu diversas decisões que não concederam a antecipação dos efeitos da tutela.

Ressaltamos, novamente, a tendência de resistência na concessão dos medicamentos pela Comissão ao analisar os processos propostos pela Defensoria Pública. A Comissão foi instituída com a função de evitar os abusos nos pedidos de medicamentos. Entretanto, o próprio Judiciário entende, na maioria das vezes, que os pedidos formulados pela parte autora devem ser concedidos no pedido liminar.

A Comissão de Análise de Solicitações Especiais apresenta papel importante na contenção de fraudes ao evitar a influência da indústria farmacêutica nos pedidos judiciais, uma vez que permite apoio técnico ao Judiciário em questões alheias à avaliação jurídica. Nas demandas ajuizadas pela Defensoria Pública, não há benefício das classes mais favorecidas, uma vez que este órgão somente presta assistência àqueles que não têm renda suficiente para prover advogado e são considerados hipossuficientes.

No entanto, verificamos que existe uma falha metodológica empregada no procedimento envolvendo as consultas à Comissão. Nesse sentido, é possível afirmarmos que este órgão foi criado para se evitar o cometimento excepcional de fraudes.

Não se vislumbra a necessidade de que todos os processos sejam encaminhados para parecer da Comissão. Em primeiro lugar, é válido mencionar que muitos pedidos formulados pela DPE-SP são efetuados de forma repetida, o que dispensaria a consulta compulsória e repetida da Comissão nesses casos. Na maioria das vezes, o Judiciário, após a consulta da Comissão, apresenta juízo de valor sobre a matéria, decidindo de forma semelhante questões técnicas já decididas pela Comissão.

Em segundo lugar, verificamos pelos dados apresentados que o parecer da Comissão é desnecessário na maioria dos processos ajuizados pela

Defensoria Pública, uma vez que o Judiciário não o segue na decisão liminar e nem mesmo na sentença como será analisado mais à frente.

3.4.1. Resultado das sentenças

Foi realizada também a análise do resultado das sentenças judiciais proferidas pelos juízes das Varas da Fazenda Pública de Ribeirão Preto. Foi possível identificar o desfecho em 1ª instância dos processos ajuizados pela Defensoria Pública que foram submetidos a parecer da Comissão de Análise de Solicitações Especiais.

O gráfico abaixo apresenta em porcentagem o resultado, em relação ao total dos processos da amostra da pesquisa, das sentenças proferidas em 1ª instância:

Gráfico 4 – Resultado das sentenças (%)

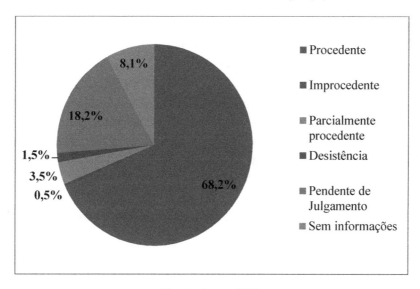

Fonte: Autor, 2014

Pela análise das informações, verificamos que o número de sentenças que julgou o mérito procedente também é bastante elevado (68,2%). É possível ponderarmos que esse resultado é determinado, na maioria das vezes, pelo fato de que os juízes acompanham a decisão liminar proferida.

Percebemos que o número de sentenças procedentes é inferior ao número de decisões liminares concessivas apresentado nos gráficos anteriores. Esse fato é justificado, em parte, pelo maior número de processos pendentes de julgamento (18,2%), os quais a liminar já foi proferida, mas que ainda aguardam julgamento definitivo do mérito.

É importante destacarmos que não foi possível encontrar informações a respeito da sentença proferida em alguns processos (8,1%). Esse valor é superior à indeterminação verificada nas decisões liminares, em que somente não tivemos acesso em apenas 4% dos casos.

A parte autora representada pela Defensoria Pública desistiu da ação em três processos (1,5% do total da amostra), o que não é contabilizado como sentença procedente/improcedente pelo fato de que não julgamento do mérito pelo magistrado.

De modo similar à quantidade observada nas liminares, identificamos que apenas sete sentenças apresentaram resultado parcialmente favorável à concessão do medicamento, equipamento ou tratamento médico. Seguimos a mesma lógica apontada acima, a qual, nesse caso, a decisão está de acordo com o parecer da Comissão, uma vez que os números apresentados são similares.

Por fim, o aspecto que mais nos chamou a atenção durante o estudo desta variável foi o número inexpressivo de sentenças julgadas improcedentes pelo judiciário. Foi encontrada, na amostra analisada, apenas uma sentença cuja decisão determinou que a parte não teria direito ao recebimento dos bens ou serviços de saúde exigidos pela parte autora. Verificamos os principais motivos que levaram à modificação da decisão liminar não concessiva (vinte) para que apenas uma sentença improcedente fosse encontrada conforme tabela abaixo:

Tabela 2 – Resultado das sentenças com liminares não concessivas

Resultado	Quantidade	Frequência
Procedente	2	10%
Procedente (Liminar reformada pelo TJ-SP)	8	40%
Desistências (Extinção sem julgamento do mérito)	2	10%
Improcedente	1	5%
Pendente de Julgamento	5	25%
Sem informações	2	10%

Fonte: Autor, 2014

Ao selecionarmos apenas as liminares não concessivas, identificamos que a parte autora, representada pela Defensoria Pública, ingressou com agravo de instrumento e conseguiu reverter o resultado da decisão liminar desfavorável em oito processos judiciais, ou seja, em 40% do total das liminares não concessivas. Nesses casos, o judiciário de 1ª instância, após a decisão concessiva do TJ-SP, julgou a sentença procedente.

Das vinte decisões liminares não concessivas, localizamos oito que foram reformadas pelo Tribunal de Justiça e, posteriormente, a ação foi julgada procedente pelo judiciário de 1ª instância.

Nos processos judiciais dessas oito decisões não concessivas da antecipação da tutela, verificamos que o parecer da Comissão havia sido desfavorável. Se o juiz seguiu os pareceres apresentados pela Comissão ao julgar a decisão liminar, observamos que o Tribunal de Justiça não aceitou o argumento apontado, reformando e concedendo a medida à parte autora.

Entretanto, além das decisões reformadas pelo TJ-SP, houve duas sentenças favoráveis em que não se pode identificar a causa na mudança de entendimento do judiciário. Além disso, verificamos duas desistências da ação pela Defensoria Pública, cinco processos que aguardam julgamento final do juiz de 1ª instância. Por fim, não foram encontradas informações relativas à sentença em dois processos judiciais.

3.4.2. Relação entre o tempo necessário para a concessão da liminar no caso de o processo ser ou não submetido à análise da Comissão de Solicitações de Análise Especiais

Outro aspecto por nós abordado no presente estudo foi o relativo ao tempo despendido para que o processo judicial fosse analisado pela Comissão em relação à possibilidade da concessão da medida sem a consulta à tal Comissão. Pretendemos analisar o impacto temporal que a necessidade de manifestação da Comissão causa na celeridade processual tendo em vista que os pedidos envolvendo o direito à saúde necessitam de manifestação liminar mais rápida, uma vez que, muitas vezes, versam sobre questões urgentes que podem ocasionar lesão à vida e saúde da parte autora, representada pela DPE-SP – Ribeirão Preto.

Ressaltamos que foi obtido, em um primeiro momento, a percentagem de processos por tempo entre a distribuição da ação e o julgamento da liminar. Dessa forma, é possível encontrar o percentual de processos em relação à amostra analisada nesta pesquisa por faixas de tempo.

Como afirmado no início deste tópico, pretendemos a comparação entre o tempo despendido para a concessão da liminar quando o processo passa pelo crivo da Comissão e o tempo que seria gasto caso o juiz tivesse se manifestado nos autos sem a consulta da Comissão. Tendo em vista que a amostra obtida somente se refere aos processos que a Comissão emitiu parecer, entendemos que o primeiro momento que o juiz poderia ter se manifestado no processo sobre concessão da medida liminar compreende o pedido de requisição de informações à Comissão.

Na amostra da pesquisa, verificamos que, ao receber a inicial e realizar a primeira análise de saneamento do processo, o Judiciário de Ribeirão Preto encaminhou pedidos de requisições de informações à Comissão de Análises de Solicitações Especiais para que se manifestasse sobre a viabilidade na concessão do bem ou serviço de saúde requerido na inicial. É nessa etapa que o juiz poderia ter concedido a liminar, caso não fossem requisitadas informações à Comissão.

Utilizamos o período entre as datas de distribuição da ação e a requisição de informações à Comissão – primeiro momento em que o juiz poderia ter se manifestado no processo a fim de conceder ou não a medida liminar caso o processo não tivesse sido encaminhado para parecer.

Cabe ressaltar que, do total da amostra da pesquisa (198 processos), não foi possível determinar esses períodos em todos os processos, uma vez que, em alguns casos não havia a informação da data da liminar ou da requisição de informações. Somente foram analisados os processos em que foi possível determinar o período de tempo necessário à liminar ou à requisição de informações.

No tocante à data entre a distribuição e a liminar, identificamos com precisão o período entre eles em 163 dos 198 processos analisados. Por sua vez, no período entre a distribuição e o pedido de requisição, apenas 123 dos 198 processos analisados foram encontradas as datas com precisão.

Os gráficos abaixo apresentam a comparação em porcentagem entre o tempo necessário para a liminar nos casos dos processos que foram encaminhados para a Comissão (Gráfico 9) e aquele que poderia ter sido concedida ou não a liminar sem a consulta ao órgão técnico (Gráfico 10):

Gráfico 1 – Porcentagem de processos por tempo entre a distribuição da ação e o julgamento da liminar

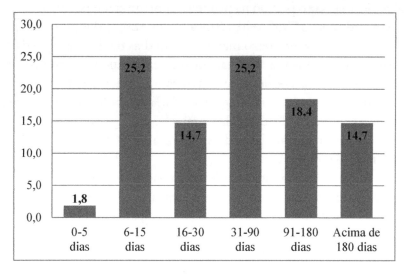

Fonte: Autor, 2014

Gráfico 2 – Porcentagem de processos por tempo entre a Distribuição da ação e a Requisição de Informações

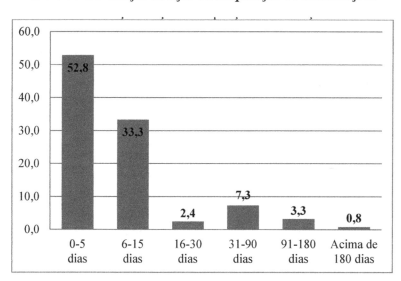

Fonte: Autor, 2014

Notamos que o tempo necessário para a concessão da liminar no caso de consulta à Comissão é muito maior do que o tempo gasto no caso de o Judiciário analisar o pedido na primeira oportunidade possível.

De acordo com o Gráfico 10, verificamos que 86,1% dos processos poderiam ser analisados no prazo máximo de 15 dias da distribuição da ação ajuizada pela Defensoria Pública. Por sua vez, quando a Comissão emite parecer (Gráfico 9), o período de tempo para a apreciação da liminar sobe consideravelmente. Identificamos que 43,6% dos processos levam de 31 a 180 dias para serem julgados pela Comissão, sem considerarmos os 14,7% dos processos que levam período superior a 180 dias para que a liminar fosse proferida ou negada.

É necessário realizar uma ressalva com relação aos dados analisados apenas quantitativamente. Os processos apresentam durações diferentes por diversas razões, algumas vezes desvinculadas ao parecer emitido pela Comissão. Tendo em vista que o aumento do tempo para a apreciação da liminar foi verificado em mais de 50% dos processos analisados, é possível afirmar que a Comissão influencia claramente no fator tempo de julgamento.

Notamos também que, por diversas vezes, eram exigidos exames complementares e bibliografia isenta de interesses o que elevava consideravelmente o prazo para a apreciação do pedido, uma vez que exigia que o assistido da Defensoria Pública agendasse nova consulta ao médico prescritor do medicamento, equipamento e tratamento médico para que atendesse às exigências da Comissão.

É válido destacar nesse ponto novamente que a maioria das liminares são concessivas e que, portanto, esse atraso no julgamento tem o efeito de retardar a concessão do bem necessário à manutenção da vida daquele que se encontra em condições de vulnerabilidade e não tem condições de adquiri-lo por outras vias.

O atraso no julgamento das liminares causado pela apreciação dos pareceres da Comissão e a emissão de pareceres desfavoráveis em número superior às decisões em antecipação de tutela revelam que a Comissão de Análise de Solicitações Especiais está apresentando obstáculos à promoção da judicialização das políticas públicas de saúde aos necessitados tutelados pela Defensoria Pública e consequentemente à promoção dos direitos sociais no Estado Social e Democrático de Direitos.

Ressaltamos que o procedimento adotado para a análise dos pedidos pela Comissão não é o indicado, uma vez que a busca pela proteção do

Estado contra fraudes, que não consistem na maioria dos casos apresentados, supera a necessidade de proteção da sociedade ao se assegurar o direito de acesso universal aos bens e serviços de saúde previsto na Constituição Federal.

Considerações finais

O fenômeno da judicialização de políticas públicas ligada a direitos sociais pode trazer uma série de riscos, como já apontados por muitas pesquisas feitas no Brasil na última década. Alguns dos argumentos principais que percorrem muitas dessas análises giram em torno da excessiva interferência do Poder Judiciário na esfera da Administração Pública, sem que ele tenha elementos disponíveis que possam ajudá-lo a mensurar os efeitos orçamentários de suas decisões.

Outros argumentos também frequentemente encontrados, sobretudo nas pesquisas quantitativas sobre o perfil de processos judiciais envolvendo demandas por efetivação do direito à saúde, demonstram que a judicialização tem sido utilizada, com maior frequência, por classes sociais médias e altas. E a exigência por cumprimento de tais medidas judiciais por parte do Poder Público poderia comprometer recursos públicos que também são destinados, exatamente, às parcelas populacionais que tem os direitos sociais sistematicamente violados e, historicamente, sofrem vários obstáculos para o acesso à justiça.

Considerando grupos vulneráveis, sobretudo do ponto de vista econômico, nossa pesquisa buscou avaliar os impactos para tais grupos de uma medida (a criação da Comissão) que teve como intenção trazer maiores subsídios ao Judiciário para que ele julgasse processos envolvendo pedidos de medicamentos e tratamentos médico-hospitalares.

De modo geral, o que podemos perceber é que, tal medida, ao ser adotada genericamente para todos os processos judiciais envolvendo o direito à saúde acabou por impactar, negativamente, em grande medida sobre sujeitos de camadas sociais média e baixa. Isso porque, nos processos analisados, pudemos perceber que a atuação da Comissão acabou ensejar um aumento médio no lapso temporal entre o pedido do autor e a decisão judicial liminar. Em alguns casos, a decisão acabou chegando posteriormente à morte do autor da ação. Além disso, alguns casos em que o pedido não envolvia a análise sobre a natureza do medicamento em si, como os processos de pedidos de fraldas, a Comissão extrapolou sua competência legal e acabou por analisar a pertinência ou não do pedido, sendo que parecia se tratar, apenas, de um aperfeiçoamento das Políticas Públicas municipais que envolvem o fornecimento de itens como esse para classes sociais baixas.

Nossas conclusões não parecem caminhar no sentido de somar-se às críticas gerais ao fenômeno da judicialização de politicas públicas em saúde. A atuação do Judiciário de modo combinado com os outros Poderes, de modo a garantir a máxima efetividade dos direitos fundamentais é parte da realização do nosso projeto constitucional de construção de um Estado Democrático e Social de Direito. As funções dos Poderes que estruturam o Estado brasileiro têm sido, desde a promulgação da Constituição Federal de 1988, modificadas de modo a fortalecer a capacidade deles em garantir direitos fundamentais. Além disso, a própria sociedade civil organizada tem demonstrado, ao longo dos últimos anos, que suas demandas principais direcionadas aos Poderes Públicos estão relacionadas, em grande medida, à realização de direitos fundamentais, em especial, os direitos sociais.

A questão que podemos enfrentar aqui não é, portanto, se a judicialização de políticas públicas é algo bom ou ruim, mas sim tentar analisar como o Judiciário brasileiro que, historicamente, foi modelado para responder a demandas envolvendo particulares e direitos individuais pode, agora, instrumentalizar-se adequadamente para lidar com conflitos de natureza mais complexa, envolvendo apreciações sobre efetivação de políticas públicas.

Todas as estratégias para melhor instrumentalizá-lo não podem desconsiderar as diferenças e desigualdades decorrentes, principalmente, de questões como: classe social, gênero e raça-etnia. Na nossa pesquisa, pudemos perceber como a atuação da Comissão, ao desconsiderar desigualdades socioeconômicas dos autores de ações judiciais envolvendo a efetivação do direito a saúde, acabou por reproduzir e reforçar tais desigualdades.

O BRASIL NECESSITA RESSUSCITAR A JURISDIÇÃO ADMINISTRATIVA? DEBATE À LUZ DA HISTÓRIA DO DIREITO ADMINISTRATIVO BRASILEIRO[1]

Fernando Menezes de Almeida

1. Por diversos ângulos pode-se discutir a conveniência da adoção, nos dias de hoje, de um modelo de jurisdição administrativa no Brasil.

Muitos deles dizem respeito a aspectos técnicos dos vários modelos de jurisdição administrativa que podem ser colhidos da experiência internacional[2].

Todavia, o recorte adotado para este estudo relaciona-se antes com a constatação de certas insuficiências do atual sistema de controle jurisdicional da administração no Brasil, cotejado com uma específica virtude dos sistemas de jurisdição administrativa, qual seja, sua propensão a uma abordagem mais naturalmente adaptada das questões litigiosas que associam direito e política.

---

[1] O presente texto foi elaborado como resposta à questão que lhe dá o título, formulada pela organização da presente obra coletiva. As reflexões aqui contidas correspondem a desenvolvimentos de ideias expostas pelo autor principalmente em seus livros *Contrato administrativo* (São Paulo: Quartier Latin, 2012) e *Formação da teoria do direito administrativo no Brasil* (São Paulo: Quartier Latin, no prelo).

[2] Aliás, para um consistente estudo comparativo a respeito – centrado nos países europeus, porém propiciando uma visão bastante abrangente em termos de diversidade – sugere-se a leitura de Michel Fromont, em seu *Droit administratif des états europeéns* (Paris: Presses Universitaires de France, 2006).

2. No entanto, ainda em sede preliminar, esclareça-se o sentido que se está dando para diferentes expressões pertinentes à matéria (que não raro são empregadas como equivalentes).

Para efeito deste texto, convencione-se[3] então empregar:

a) *contencioso administrativo* para designar os sistemas de solução de litígios envolvendo (ao menos em um polo) posição jurídica própria da administração pública, mesmo que se trate de sistemas não jurisdicionais (p. ex.: processo administrativo, como exercício de função administrativa);

b) *justiça administrativa* para designar os sistemas jurisdicionais (em geral) de solução de litígios envolvendo posição jurídica própria da administração pública;

c) *jurisdição administrativa* para designar certos sistemas jurisdicionais de solução de litígios envolvendo posição jurídica própria da administração pública, que impliquem a distinção, dentre os órgãos competentes para o exercício da função jurisdicional, de algum ou alguns com competência específica para o tratamento desses litígios.

Está-se, pois, neste texto, concentrando-se atenção à questão da *jurisdição administrativa*.

3. A doutrina administrativista brasileira em regra aponta, sem hesitação, ter sido o Direito administrativo pátrio influenciado significativamente pelo Direito francês no tocante à modelagem político-institucional e ao pensamento doutrinário.

Desses dois elementos, interessa ao argumento ora desenvolvido neste texto cuidar da influência em termos de modelagem institucional, eis que francesa é a origem do primeiro modelo jurisdicional no Brasil independente.

4. Ponto chave da compreensão de um modelo francês de direito administrativo é a presença de uma reforçada autonomia da Administração face aos demais Poderes, assegurada em especial pela existência da jurisdição administrativa.

---

[3] Seguindo a nomenclatura proposta por FROMONT na obra citada na nota anterior.

A referida autonomia da Administração leva, de um lado, à sua imunidade de jurisdição face aos tribunais (justiça comum), sendo submetida à jurisdição administrativa, encabeçada pelo Conselho de Estado; de outro, leva ao poder regulamentar da Administração, com a separação de domínios entre a lei e o regulamento (nesse sentido, para citar um ponto de vista externo quanto ao direito francês, ver Eduardo GARCIA DE ENTERRÍA[4]).

5. Atente-se, por ora, ao tema da jurisdição administrativa. Tal jurisdição, exercida por órgãos integrantes da estrutura da Administração – e não do que no Brasil se convenciona chamar Poder Judiciário, nomenclatura essa que não se aplica na França, cuja Constituição refere-se à "autoridade judiciária" –, decorre da opção política dos revolucionários do ciclo iniciado em 1789, que levou a uma leitura diferenciada da tradicional formulação de MONTESQUIEU sobre a divisão do Poder[5].

Trata-se, pois, de uma "interpretação singular da divisão de poderes como 'separação' de poderes", contrária à doutrina de MONTESQUIEU e que permitiu a emergência de um "poder administrativo potente e autônomo" (Eduardo GARCIA DE ENTERRÍA[6]). Nesse sentido, lembra Odete MEDAUAR[7] que a justificativa da dualidade de jurisdições na França fundamenta-se, não em MONTESQUIEU, mas antes no pensamento de juristas "formados no Antigo Regime", "que desde 1789 formularam o princípio: julgar a Administração é administrar".

---

[4] *Revolution française et administration contemporaine* (trad. Franck Moderne). Paris: Economica, 1993, pp. 28/33.

[5] Lembre-se que MONTESQUIEU (*De l'Esprit des Lois*. S/l: Gallimard, 1995 – texto integral e original de 1758) não descrevia um sistema de separação de poderes, mas sim uma divisão que pressupunha uma colaboração de poderes. Mas, nessa divisão, impunha-se a autonomia do "poder de julgar" em relação aos demais poderes (p. 328): "Não há ainda liberdade se o poder de julgar não estiver separado do poder legislativo e do executivo. Se ele estivesse junto ao poder legislativo, o poder sobre a vida e a liberdade dos cidadãos seria arbitrário: posto que o juiz seria legislador. Se ele estivesse junto ao poder executivo, o juiz poderia ter a força de um opressor" ("*Il n'y a point encore de liberté si la puissance de juger n'est pas séparée de la puissance législative et de l'exécutrice. Si elle était jointe à la puissance législative, le pouvoir sur la vie et la liberté des citoyens serait arbitraire: car le juge serait législateur. Si elle était jointe à la puissance exécutrice, le juge pourrait avoir la force d'un oppresseur*").

[6] *Revolution...* (cit.), p. 32.

[7] *O Direito Administrativo em Evolução* (2ª ed.). São Paulo: Revista dos Tribunais, 2003, p. 28.

As instituições judiciárias do Antigo Regime, ainda que "complicadas, embaraçadas, lentas e custosas", de certo modo, na avaliação de TOCQUEVILLE[8], sempre foram a garantia de liberdade dos indivíduos: se por um lado o poder real logrou subtrair aos tribunais comuns quase todos os assuntos nos quais houvesse interesse de sua autoridade, por outro, esses tribunais nunca deixaram de receber as demandas dos indivíduos e condenar atos despóticos dos governantes, aos quais nunca foram servis.

Com efeito, o relatório da Assembleia de 1790, durante a Revolução, que acompanhava a lei que estabeleceu o limite aos juízes na interferência sobre a ação dos corpos administrativos[9], reconhecia expressamente que a "Nação" era devedora dos "Parlamentos" (judiciários), que "sozinhos resistiram à tirania". Porém, logo continuava: "deve-se-lhes reconhecimento mas não é de reconhecimento que se deve ocupar para regenerar um império [...] Nossa magistratura foi justamente constituída para resistir ao despotismo, mas ele não existirá mais doravante". Fica explícito, pois, o interesse dos revolucionários em ver o Poder administrativo que estavam a edificar livre das limitações decorrentes de sua submissão ao Poder judiciário.

Comentando essa mesma lei (Lei de 16-24 de agosto de 1790), Dominique LATOURNERIE[10] reforça a explicação dessa visão estrita da ideia de "separação de poderes" a partir da "desconfiança das novas autoridades marcadas pela lembrança dos Parlamentos do Antigo Regime que haviam bloqueado numerosas reformas propostas pelo poder central".

Jacqueline MORAND-DEVILLER[11] analisa a postura de afronta ao poder do monarca, por parte dos antigos *Parlements*, como uma estratégia dos *parlementaires* – "proprietários de seus cargos", com evidentes privilégios – para ver ampliados seus poderes. E, ao mesmo tempo, esses nobres de toga eram "conservadores e hostis a novas autoridades e ideias".

Como decorrência dessa desconfiança, Dominique LATOURNERIE[12] lembra que nesse primeiro momento o Conselho de Estado não exercia plenamente o papel de juiz administrativo, podendo, em matéria contenciosa, apenas propor uma decisão ao Chefe de Estado.

---

[8] *L'Ancien Régime et la Révolution*. S/l: Gallimard, 2007 – texto integral e original de 1856 – p. 200.
[9] Citado por GARCIA DE ENTERRÍA. *Revolution...* (cit.), pp. 31/32.
[10] *Le Conseil d'État ("au nom du peuple français...")*. Paris: Dalloz, 2005, p. 2.
[11] *Cours de droit administratif* (11ª ed.). Paris: Montchrestien, 2009, p. 17.
[12] *Le Conseil...* (cit.), p. 2.

Todavia, a já referida evolução liberalizante do Estado pós-Revolução Francesa também reservou ao Conselho de Estado, e à jurisdição administrativa em geral, um papel fundamental na defesa dos indivíduos em face do Estado, bem como na formulação dos institutos do Direito administrativo.

Isso se deu especialmente a partir de 1872, quando o Conselho recebeu plenamente sua função jurisdicional, sendo-lhe atribuída por lei a competência para decidir "de modo soberano", sobre os "recursos em matéria de contencioso administrativo e sobre demandas de anulação por excesso de poder contra os atos das diversas autoridades administrativas"[13].

6. Voltando ao caso do Brasil, em que pesem os atritos, que a história registra, entre Portugal e a França napoleônica, bem como a forte influência, para não dizer dependência, de Portugal em relação à Inglaterra naquele período, as ideias francesas em matéria de Direito administrativo logo chegaram ao Brasil.

Isso fica mais claro com a independência do País. De fato, como diagnostica Paulino José Soares de Souza, Visconde do URUGUAI[14]:

> O sistema francês, inteiramente diverso do anglo-saxônico, mais ou menos modificado, é o mais simples, mais metódico, mais claro e compreensivo, e o que mais facilmente pode ser adotado por um país que arrasa, de um só golpe, todas as suas antigas instituições, para adotar as constitucionais ou representativas, e isto muito principalmente quando esse país larga as faixas do sistema absoluto, e, abrindo pela primeira vez os olhos à luz da liberdade, está mal ou não está de todo preparado para se governar em tudo e por tudo a si mesmo[15].

7. A maior evidência desta influência consiste na criação, no tempo do Brasil Império, do Conselho de Estado, que, segundo Antonio Joaquim

---

[13] LATOURNERIE. *Le Conseil...* (cit.), p. 2.
[14] *Ensaio sobre o Direito Administrativo*. São Paulo: Ed. 34, 2002, p. 502 (texto de 1862, *in* Visconde do Uruguai, organização e introdução de José Murilo de Carvalho)
[15] O autor ainda aponta como causas pelas quais os povos latinos – Brasil, Portugal, Espanha e Bélgica – têm "ido beber na organização francesa bases e desenvolvimento para a sua nova organização": "a universidade e clareza da língua francesa, o método sintético e didático de seus livros, a abundância que tem de tratados e resumos elementares, o pouco trabalho que dão a quem se satisfaz com noções superficiais, o seu modo de proceder por generalidades, a falta de cunho especial e original de suas instituições, que por isso se prestam a outros países onde esse cunho especial e original não se dá também" (Visconde do URUGUAI, 1862:503).

RIBAS[16] seria o "Supremo Tribunal do Contencioso Administrativo"; ou, na expressão de Vicente PEREIRA DO REGO[17], "o órgão mais elevado da Administração ativa e o Supremo Tribunal administrativo".

Eis como o disciplinou a Constituição de 1824, no tocante às suas funções[18]:

> Art. 142. Os Conselheiros serão ouvidos em todos os negocios graves, e medidas geraes da publica Administração; principalmente sobre a declaração da Guerra, ajustes de paz, negociações com as Nações Estrangeiras, assim como em todas as occasiões, em que o Imperador se proponha exercer qualquer das attribuições proprias do Poder Moderador, indicadas no Art. 101, à excepção da VI.[19]

---

[16] *Direito Administrativo Brasileiro.* S/l: Ministério da Justiça, 1968, p. 106 (reimpr. do texto original de 1861).

[17] *Elementos de Direito Administrativo Brasileiro.* Recife: Typographia Comercial de Geraldo Henrique de Mira e Cia., 1860, p. 13.

[18] Segundo o relato de Vicente PEREIRA DO REGO (*Elementos...* (cit.), pp. 13/14), uma "espécie de Conselho de Estado" foi criado pela primeira vez no Brasil pelo Decreto de 16 de fevereiro de 1822, denominado "Conselho de Procuradores Gerais das Províncias", com funções de aconselhamento em negócios importantes; exame de projetos de reforma da Administração e do Estado; proposta de medidas para a prosperidade do Brasil; e defesa dos interesses de suas províncias. Esse Decreto de 1822 foi revogado em 20 de outubro de 1823, por Carta de Lei da Assembleia Geral Constituinte e Legislativa do Império, a partir da qual Ministros e Secretários de Estado serviram provisoriamente como Conselheiros de Estado. Logo em 13 de novembro de 1823, o Imperador dissolveu a Assembleia, porém manteve como Conselheiros de Estado os 6 Ministros que já exerciam essa função, aos quais se juntaram mais 4 conselheiros, para fazerem o projeto da nova Constituição, além de tratarem de "negócios de maior monta". Assim, a Constituição de 1824 confirmou e reorganizou o Conselho de Estado (arts. 137 e segs.). O Conselho veio a ser suprimido em 12 de agosto de 1834, pela Lei das Reformas Constitucionais n. 16, também dita "Ato Adicional à Constituição". Mas foi recriado pela Lei n. 234, de 23 de novembro de 1841, passando a ser regido pelo Regulamento n. 124, de 5 de fevereiro de 1842.

[19] "Art. 101. O Imperador exerce o Poder Moderador
I. Nomeando os Senadores, na forma do art. 43.
II. Convocando a Assembléia Geral extraordinariamente nos intervalos das Sessões, quando assim o pede o bem do Império.
III. Sancionando os Decretos, e Resoluções da Assembléia Geral, para que tenham força de Lei: art. 62.
IV. Aprovando, e suspendendo interinamente as Resoluções dos Conselhos Provinciais: arts. 86, e 87.
V. Prorrogando, ou adiando a Assembléia Geral, e dissolvendo a Câmara dos Deputados, nos casos, em que o exigir a salvação do Estado; convocando imediatamente outra, que a substitua.

De plano, percebe-se que não se trata da adoção de um modelo de "justiça administrativa independente", mas sim da criação de um "órgão de assessoramento do Imperador para assuntos graves e medidas gerais"[20].

Todavia, isso não nega a influência francesa, seja pelo simples existir de um órgão como o Conselho de Estado, seja pelo fato de, mesmo na França, até 1872, o *Conseil d'État* não possuir plenamente sua independência no exercício da função jurisdicional.

Neste passo, há que se atentar para o sentido com que se utiliza a palavra "jurisdição". Isso porque era usual, no tempo do Império, classificar as funções *administrativas* "ativas"[21] como "espontâneas" ou "jurisdicionais" – adjetivo aqui que não remete à função jurisdicional, mas à atuação mediante provocação[22].

VI. Nomeando, e demitindo livremente os Ministros de Estado.
VII. Suspendendo os Magistrados nos casos do art. 154.
VIII. Perdoando, e moderando as penas impostas e os Réus condenados por Sentença.
IX. Concedendo Anistia em caso urgente, e que assim aconselhem a humanidade, e bem do Estado".
[20] MEDAUAR, Odete. *O direito...* (cit.), p. 60.
[21] "Assim as funções da administração classificam-se racionalmente em duas grandes ordens: discutir e reunir todas as informações e esclarecimentos acerca do que convém praticar; resolver e traduzir em atos materiais externos as suas resoluções. Daí vem a divisão das funções em consultivas e ativas" (Antonio Joaquim RIBAS. *Direito...* (cit.), p. 82).
[22] "As primeiras denominamos *espontâneas*, porque a atividade do administrador é determinada por sua própria liberdade; as segundas denominamos *jurisdicionais*, porque o administrador somente as exerce em virtude do requerimento dos administrados, que reclamam em nome de seus interesses ou de seus direitos. No primeiro caso, ela [a Administração] tem plena liberdade de obrar ou conservar-se inerte, conforme as suas próprias inspirações. No segundo caso, ela não pode deixar de obrar; tem, sim, liberdade sobre o modo e a direção que deve dar à sua ação; mas não pode deixar de sair da inércia, quer seja para satisfazer as reclamações das partes, quer para indeferi-las" (RIBAS, *Direito...* (cit.), pp. 85/86). Aliás, a distinção entre interesses e direitos é o critério adotado por RIBAS (*Direito...* (cit.), p. 98) para separar a jurisdição administrativa – e também a judiciária – em "graciosa" e "contenciosa". E, ainda segundo RIBAS (*Direito...* (cit.), pp. 107/111), quatro seriam as funções administrativas contenciosas: (i) "a repartição eqüitativa de encargos e gozos pelos cidadãos"; (ii) "a tomada de contas dos dinheiros públicos a quaisquer pessoas a quem tenha sido confiada a sua arrecadação, dispêndio ou guarda"; (iii) "o julgamento de quaisquer pretensões fundadas em direito e recursos das partes interpostos contra atos administrativos, que hajam ferido os seus direitos"; e (iv) "a punição das infrações dos Regulamentos administrativos e reparação do mal causado ao público".

Antonio Joaquim RIBAS[23] sustenta, com base em suas convicções pessoais, e invocando os artigos 9º, 10 e 98[24] do texto constitucional de 1824, a necessidade de separarem-se, na prática, as funções judiciárias e administrativas. Por outro lado, reconhece uma tendência de certos pensadores, bem como da legislação brasileira de meados do século XIX, de concentrar funções jurisdicionais contenciosas no Poder Judiciário[25], inclusive – o que critica – o contencioso administrativo.

8. Mas, ainda que a Lei de 1841, que recriou o Conselho de Estado, "tenha lhe atribuído a manifestação, por consulta do Imperador, sobre conflitos de jurisdição entre as autoridades administrativas e entre estas e as judiciárias, o Conselho de Estado não firmou tradição de atuação jurisdicional, mesmo contida", conforme ensina Odete MEDAUAR[26].

Com efeito, a prática institucional do Conselho do Estado no Brasil não é algo comparável ao que se passou na França em matéria de jurisdição administrativa.

O Visconde do URUGUAI[27], ao posicionar-se pela indispensabilidade de um contencioso administrativo (no sentido jurisdicional)[28], aponta que o que existia entre nós estava "em estado de embrião"; e mais adiante critica seu modo de ser – tal como estabelecido na Lei n. 234, de 1841, e no

---

[23] *Direito...* (cit.), p. 114.
[24] Que tratam da separação de poderes.
[25] Que, entre outros argumentos, teria isenção para julgar conflitos entre a Administração e os particulares – tese que RIBAS (*Direito...* (cit.), p. 114) refuta com base em PORTALIS, sustentando que a Administração não pode ser considerada parte interessada no processo que envolva ato seu, mas sim "conservadora e promotora que é da ordem e prosperidade social".
[26] *O direito...* (cit.), p. 60. Vicente PEREIRA DO REGO (*Elementos...* (cit.), p. 14) classifica as funções do Conselho de Estado em três grupos: *a)* assistir ao Monarca sobre negócios de maior transcendência; *b)* discutir projetos de leis, regulamentos e instruções; *c)* "servir de centro, onde venham reunir-se todas as noções estatísticas das diversas repartições da Administração pública, e se resolvam as dúvidas que ocorrerem entre elas, e para o qual enfim possam recorrer as partes, que se julgarem lesadas nas estações subalternas do poder executivo".
[27] *Ensaio...* (cit.), p. 159.
[28] Igualmente José Antônio PIMENTA BUENO (*Direito público brasileiro e análise da constituição do Império*. São Paulo: Ed. 34, 2002, p. 380 – texto de 1857) defende a existência da jurisdição administrativa: "Resolver as questões administrativas ou governamentais é administrar ou governar; dar esta importante parte da administração ou governo à autoridade judiciária e a seu processo moroso seria enervar, subordinar e aniquilar toda a força governamental, impossibilitá-la de preencher sua grande missão e tornar injusta toda a sua responsabilidade".

regulamento provisório do Conselho de Estado, de 1842 – por não estarem presentes as necessárias garantias de sua independência.

Com efeito, em matéria contenciosa, mesmo em caso de recursos contra decisões de ministros de Estado, era possível dispensar-se a audiência do Conselho de Estado, podendo a matéria ser diretamente decidida por decreto imperial – "a distinção entre o gracioso e o contencioso fica, por esse modo, sem alcance algum, e sujeita a um mero arbítrio", nas palavras de URUGUAI[29].

---

[29] *Ensaio...* (cit.), pp. 164.
Enfim, avalia URUGUAI (*Ensaio...* (cit.), p. 165):
"O nosso processo administrativo é muito deficiente e perfunctório, como veremos oportunamente.
"A publicidade, garantia importantíssima, não está organizada e desenvolvida como na França. E de pouco serviria uma vez que o governo tem o arbítrio de subtrair as questões contenciosas e de decidi-las pelo meio discricionário.
"As consultas das seções e do Conselho de Estado não têm a força e importância que têm, por exemplo, na França.
"Não têm sido coligidos, nem se trata de coligir, as tradições e arestos, que podem servir, como na França servem, de regra e guia, pelo que a jurisprudência administrativa contenciosa é entre nós muito arbitrária e obscura, e apenas acessível aos que têm entrada nas secretarias e coragem bastante para desempoeirar maços de papel enormes, onde tudo jaz sepultado no pó do esquecimento".
Com ponto de vista diverso, porém analisando o tema com as lentes do tempo e com acesso à sistematização posterior dos trabalhos do Conselho, Themistocles Brandão CAVALCANTI (*O Direito administrativo no Brasil*. Rio de Janeiro: Jornal do Commercio, 1947, p. 7) destaca a importância da atuação daquele órgão para a consolidação do Direito administrativo brasileiro. Verifique-se o seguinte trecho:
"[...] basta compulsar os trabalhos do Conselho de Estado, os estudos completos sobre os mais variados problemas administrativos para verificar-se a contribuição notável para o direito administrativo. Tudo ali se versava: problemas de terras, problemas orçamentários e fiscais, o montepio como as Caixas Econômicas, as concessões de portos e estradas de ferro como a legislação sobre terras devolutas e terrenos de marinha, os conflitos de competências entre as autoridades administrativas e judiciárias, a definição e o conceito do contencioso administrativo. Pareceres exaustivos sobre o ponto de vista doutrinário e político, constituem repositório valioso para a formação no nosso direito administrativo, quase todos subscritos por nome ilustres, NABUCO, SÃO VICENTE, URUGUAI, ITABORAHY, RIO BRANCO, EUZÉBIO DE QUEIROZ, BERNARDO DE VASCONCELLOS, JOSÉ CLEMENTE, JEQUITINHONHA, OLINDA, OURO PRETO, SINIMBÚ, só para citar alguns dos mais ilustres. [...]
"No caso do nosso Conselho de Estado, a sua contribuição ainda foi maior porque, além das decisões contenciosas ou em consulta, ainda havia a colaboração legislativa, em assuntos de importância vital para a administração e para o país" (Themistocles Brandão CAVALCANTI. *O direito...* (cit.), pp. 12/13).

9. Em face dessas considerações, pode-se chegar à conclusão de que o Brasil não viveu verdadeiramente um sistema maduro de jurisdição administrativa. E, com a República, houve claramente um abandono do modelo.

10. A passagem da monarquia à república é marcada pela ascensão da influência dos Estados Unidos da América sobre as instituições e sobre o pensamento jurídico brasileiro[30].

Nesse sentido, Maria Sylvia Zanella DI PIETRO[31] lembra a supressão do Poder Moderador e da jurisdição administrativa, antes atribuída ao Conselho de Estado, acolhendo-se "o modelo anglo-americano da unidade de jurisdição"[32].

A Constituição de 1891 – assim como farão as seguintes – consagra, de fato, um modelo de separação dos poderes que concentra a função jurisdicional no Poder Judiciário, tendo em sua cúpula o Supremo Tribunal Federal.

Nesse modelo, como frisa Maria Sylvia Zanella DI PIETRO[33], "passou a Administração Pública a submeter-se ao controle jurisdicional". Aliás,

---

Recentemente, o estudo do Conselho de Estado no Brasil ganhou fundamental contribuição, com a obra de José Reinaldo de Lima LOPES (*O oráculo de Delfos: o Conselho de Estado no Brasil-Império*. São Paulo: Saraiva e Direito GV, 2010), num trabalho inédito de pesquisa a partir inclusive das decisões originais daquele órgão.

[30] Tome-se o pensamento de Ruy BARBOSA (*Obras completas de Ruy Barbosa* (*A Constituição de 1891*), v. XVII 1890, t. I. Rio de Janeiro: Ministério da Educação e Saúde, 1946, p. 152) como emblemático nesse sentido: "A Constituição americana não é uma construção em decadência, corroída pela vetustez secular. É um organismo vivo, um organismo renascente, um organismo juvenil nos seus cem anos de adolescência robusta, um organismo que ainda não cessou de crescer e agigantar-se, um organismo cuja força medra continuamente com o perpassar dos tempos. Pelo tecido orgânico dos elementos que a compõem, pela natureza evolutiva da combinação que encarna, pela ação reconstituinte do seu poder judiciário, pela sua comunicação interior com as fontes da vida nacional, pelas emendas que a tornam contemporânea a todas as aspirações sucessivas do espírito popular, a Constituição americana é, hoje, como em 1789, um modelo de atualidade, um tesouro de experiência, um transunto completo das reivindicações políticas do século dezenove: e não pode deixar de considerar-se, para as nações deste continente, o grande manancial da democracia federativa".

[31] *Direito administrativo* (25ª ed.). São Paulo: Atlas, 2012, p. 56. A autora também versa o tema em "O Direito Administrativo Brasileiro sob Influência dos Sistemas de Base Romanística e da Common Law", *in Revista Eletrônica de Direito Administrativo Econômico – REDAE*, n 8, 2007, p. 4.

[32] Caberia ainda lembrar, porém fora do escopo deste estudo, outros pontos como a federação e o sistema presidencial.

[33] "500 Anos de Direito Administrativo Brasileiro", *in Cadernos de Direito e Cidadania II (IEDC)*. São Paulo: Artchip, 2000, p. 56.

segundo Miguel SEABRA FAGUNDES[34], "no Brasil, tem o sistema de controle pela jurisdição ordinária uma de suas mais perfeitas expressões", não sendo possível a adoção, face ao regime constitucional então – e também, diga-se, ao atualmente – vigente de uma jurisdição administrativa que exclua tal competência.

11. O sentido finalístico de um sistema jurisdicional, no tocante ao controle da administração, no contexto sócio-político de um estado de direito, é atendido quando dá ensejo à adequada realização da *justicialidade*.

Com efeito, o estado de direito pode ser concebido juridicamente segundo dois principais fundamentos modelares: legalidade e justicialidade.

Em apertada síntese, o modelo de *legalidade* como fundamento do estado de direito pode assim ser compreendido: *pressupondo-se o contexto político--institucional do Estado de direito ocidental, situa-se no direito legislado o parâmetro de validade da ação administrativa*. E o de *justicialidade* pode ser enunciado como: *há na organização estatal, uma estrutura funcionalmente independente dos poderes legislativo e executivo, que possa controlar essa validade, proferindo, a respeito dela, a decisão definitiva*.

Quanto ao que se vem de dizer sobre a justicialidade, frise-se, a ideia de "funcionalmente independente" não significa que eventualmente uma estrutura de controle jurisdicional da administração não possa estar organicamente vinculada à aos ditos poderes legislativo ou executivo; importa que o exercício da *função* jurisdicional seja independente.

12. Pois bem, os grandes desafios da legalidade e da justicialidade no momento que vive o Brasil hoje pressupõem a compreensão do fenômeno da constitucionalização do direito, ou seja, nas palavras de Luís Roberto BARROSO[35], o "efeito expansivo das normas constitucionais, cujo conte-

---

[34] *O Controle dos Atos Administrativos pelo Poder Judiciário* (3ª ed.). Rio de Janeiro: Forense, 1957, p. 152. O autor invoca a regra constitucional segundo a qual "a lei não poderá excluir da apreciação do Poder Judiciário qualquer lesão de direito individual", cuja atual versão está no art. 5º, XXXV, da Constituição federal. O autor também registra as raras exceções, como o julgamento do Presidente da República por crime de responsabilidade.

[35] "A constitucionalização do direito e suas repercussões no âmbito administrativo", *in Direito administrativo e seus novos paradigmas* (coord.: Alexandre Santos de Aragão e Floriano de Azevedo Marques Neto). Belo Horizonte: Fórum, 2008, p. 32.

údo material e axiológico se irradia, com força normativa, por todo o sistema jurídico".

A precedência, em termos de influência sobre o direito brasileiro, do fenômeno em questão, cabe à Alemanha, especialmente com a compreensão da dimensão objetiva dos direitos fundamentais, isto é, a dimensão que os toma por referência ao seu significado para a sociedade como um todo, e não apenas por referência ao proveito individual que deles decorra.

A constitucionalização do direito com base na ideia-chave de direitos fundamentais, sob influência desse modo germânico, é fenômeno sentido atualmente no Brasil. Os direitos fundamentais, tal como tratados pela Constituição brasileira, em sua conexão com princípios (também ditos fundamentais), são a mais relevante marca do sistema constitucional atual e mais importante vetor para sua compreensão.

No caso brasileiro, é com a Constituição de 1988, especialmente a partir da interpretação e da aplicação que lhe tem sido dadas desde o início do século XXI, que as normas constitucionais passam a desfrutar, além de supremacia formal, "também de uma supremacia material, axiológica, potencializada pela abertura do sistema jurídico e pela normatividade de seus princípios"[36].

13. Essa expansão axiológica da constituição sobre o direito – sendo a constituição evidente parâmetro para o controle jurisdicional de legalidade – inevitavelmente implica novos desafios para o controle jurisdicional da administração.

Já é bem conhecida na teoria do direito constitucional a discussão sobre o embate entre democracia e constituição[37]; ou entre democracia e governo dos juízes[38]; ou ainda sobre o ativismo judicial[39].

---

[36] BARROSO, "A constitucionalização...", cit., p. 42. Sobre o tema da constitucionalização do direito e da dimensão objetiva dos direitos fundamentais, no Brasil, ver, entre outros, AFONSO DA SILVA, Virgílio, *A constitucionalização do direito: os direitos fundamentais nas relações entre particulares*. São Paulo: Malheiros, 2008 (2ª tir.); MENDES, Gilmar Ferreira, Direitos fundamentais e controle de constitucionalidade: estudos de direito constitucional. São Paulo: Instituto Brasileiro de Direito Constitucional, 1999 (em especial, pp. 211 e segs. – em que o autor produz estudo a partir de decisões da Corte Constitucional alemã).

[37] Verifique-se, a propósito, o pensamento que J. J. Gomes CANOTILHO desenvolve quanto ao "paradoxo da democracia" e ao "paradoxo intergeracional" (com base em Jon ELSTER) – "cada geração quer ser livre para vincular as gerações seguintes mas não quer ser vinculada pelos seus predecessores" –, chegando, em um panorama radicalizado, à oposição entre

O fenômeno da constitucionalização do direito, provocado especialmente pela Constituição de 1988, mudou os contornos da legalidade. E o fez, no arranjo de equilíbrio de poderes, com redução do peso relativo da função administrativa – não do poder executivo – e incremento do peso relativo da função jurisdicional.

Reduz-se o peso da função administrativa pela maior possibilidade de que as decisões tomadas no exercício dessa função sejam revistas jurisdicionalmente; mas não se reduz o peso do poder executivo, que mantém seu protagonismo no exercício da função legislativa (pela notória maior participação na iniciativa legislativa, via projetos de lei ou via medidas provisórias, e pelo controle político sobre as pautas legislativas do parlamento).

14. Essa maior possibilidade de sobreposição da decisão jurisdicional sobre a decisão administrativa, essencialmente fruto da constitucionalização do direito, em um Estado que mantém sua afirmação de democrático, oferece relevantes questões ao direito administrativo. Destaquem-se duas.

A primeira diz com a definição do espaço próprio *decisório* da função administrativa na dinâmica da democracia.

A sensação que se tem, no panorama jurídico brasileiro atual, é de uma conexão direta entre a decisão constitucional-legislativa e a decisão jurisdicional. Suprime-se a instância decisória administrativa. Ou melhor, não há um espaço próprio da função administrativa de acrescentar elementos

---

"teorias constitucionalistas puras" e "teorias democrático-representativas puras": "Os 'democratas puros' acreditam na primazia do autogoverno democrático e no processo político democrático como a forma de assegurar a proteção das liberdades e direitos das pessoas. Os 'constitucionalistas' tomam o processo político como base das políticas públicas em relação aos direitos, mas o processo político não é *suficiente* para se avaliar a justeza dessas políticas". *Direito constitucional e teoria da constituição* (5ª ed.). Coimbra: Almedina, 2002, pp. 1431/1432.

[38] Como sintetiza Michel TROPER – em uma consideração sobre a França, mas aplicável ao Brasil – se adotada a visão clássica de democracia, "o governo sob o qual nós vivemos não é uma [democracia], pois um grande número de regras gerais são criadas por juízes", que não são representantes eleitos do povo: ou bem estaríamos em face de um regime misto (democrático e aristocrático) ou de uma polissinodia ("um regime aristocrático no qual o poder é exercido por diversos órgãos colegiados aristocráticos") (*Le droit et la nécessité*, Paris: Presses Universitaires de France, 2011, pp. 211/212). Sobre o tema, no Brasil, entre outros, ver DALLARI, Dalmo de Abreu. *O poder dos juízes*. São Paulo: Saraiva, 1996.

[39] Ver, em especial, RAMOS, Elival da Silva. *Ativismo judicial: parâmetros dogmáticos*. São Paulo: Saraiva, 2010.

de conteúdo à normatividade que parte do plano geral e abstrato legislativo, para chegar ao plano individual e concreto jurisdicional.

Não se está sugerindo que a teoria volte a sustentar a existência de atos ou ações administrativas que, *em sua integralidade*, sejam insuscetíveis de apreciação jurisdicional. Com efeito, ante a inafastabilidade do controle jurisdicional afirmada constitucionalmente, reconhece-se não haver mais campo para a aplicação tradicional do conceito de "atos de governo", ou de "questões políticas", como caracterizadores de atos insuscetíveis de controle[40]. Se hoje ainda pode-se encontrar a autolimitação dos tribunais quanto ao julgamento de certas questões (*"interna corporis"* de outros Poderes), isso ocorre antes de mais nada pela compreensão de respeito ao "bom funcionamento dos arranjos institucionais", em uma apreciação das questões políticas como "categorias pragmáticas, mais que teóricas"[41].

Mas, sim, põe-se em evidência a perda de sentido operacional do limite entre legalidade e mérito.

15. Haveria ainda sentido teórico em se sustentar a existência de um campo decisório próprio da administração, sobre o qual lhe caiba a palavra final? Um campo decisório quanto ao qual a função jurisdicional possa exercer um controle que não vai além de constatar se a questão levada a juízo situa-se corretamente, ou não, nele (de modo que, sendo a resposta positiva, não cabe à função jurisdicional nada mais decidir)?

Esclareça-se melhor. Por certo, na prática, prevalecerá a decisão administrativa se ela não for impugnada jurisdicionalmente. Porém, o que se está sustentando é a dúvida sobre existir um limite à jurisdição, de atuar modificando a decisão administrativa, em caso, por óbvio, de se haver levado a questão a juízo.

Tomando de empréstimo as expressões de Tercio Sampaio FERRAZ JR.[42], o poder judiciário, no exercício da função jurisdicional, passa a tomar "decisões programantes", em lugar de tomar "decisões programadas".

---

[40] MEDAUAR, Odete. *Direito administrativo moderno* (17ª ed.). São Paulo: Revista dos Tribunais, 2013, p. 169.

[41] HORBACH, Carlos Bastide. "Controle judicial da atividade política", *in Revista de Informação Legislativa*, ano 46, n. 182 (abril-junho). Brasília: Senado Federal, 2009 p. 16.

[42] "O judiciário frente à separação dos poderes: um princípio em decadência?", *in Anuário dos cursos de pós-graduação em direito*, n. 11. Recife: Universidade Federal de Pernambuco, 2000, p. 345.

E como justificar, democraticamente, a potencial não prevalência, em nenhum aspecto (ou seja, a supressão do mérito administrativo), de decisões decorrentes do exercício da função que preponderantemente é exercida por um poder cuja chefia (presidência da República, governo de Estados, prefeitura de Municípios) é popularmente eleita? – e, realisticamente falando, é aquela cujos agentes podem mais intensamente ser considerados objeto de uma opção política consciente do eleitor.

Seria um caminho teórico deslocar a posição (democrática) do mérito administrativo não para a decisão de execução da ação administrativa, mas para o momento de formulação das políticas públicas?

Entretanto, a realidade já mostra a expansão do controle jurisdicional pelo poder judiciário sobre a formulação das políticas públicas.

16. A segunda questão diz com a cogitação da pertinência de a teoria do direito administrativo buscar equacionar essa nova dimensão do controle jurisdicional da função administrativa com a *efetiva politização* daquele controle[43].

Como afirma Celso LAFER[44], não é possível compreender o direito sem recorrer-se ao conceito de poder; e de poder em sentido político, não reduzido a um puro conceito jurídico.

A criação normativa, essencialmente consistente em ato de vontade, envolve, em todas suas etapas, decisão. Para seguir com Celso LAFER[45], referindo-se às democracias contemporâneas, "a gênese das normas se prende a um complexo processo decisório, por meio do qual as instituições políticas, no exercício de uma função hierárquica de gestão da sociedade, convertem preferências e aspirações de grupos ou indivíduos em decisões públicas".

Essas decisões, no plano jurídico, principiam na produção das normas constitucionais e, em caso de litígio, chegam até a decisão jurisdicional.

---

[43] Esse mesmo substrato da realidade tem levado, pelo ângulo da teoria do direito constitucional, à discussão da judicialização da política e da politização da justiça, como tratado de modo pioneiro no Brasil por Manoel Gonçalves FERREIRA FILHO, em artigo originalmente publicado na Revista de Direito Administrativo n. 198 (1994) (*Aspectos do direito constitucional contemporâneo*. São Paulo: Saraiva, 2003, pp. 189-216).
[44] "Direito e Poder na Reflexão de Miguel Reale", *in Revista da Faculdade de Direito*, v. LXXVI. São Paulo: Universidade de São Paulo, 1981, p. 206.
[45] "Prefácio" a FARIA, José Eduardo. *Poder e Legitimidade*. São Paulo: Perspectiva, 1978, pp. 10/11.

17. Se tradicionalmente a jurisdição judicial no Brasil edificou-se segundo um paradigma de pretensa neutralidade política, isso não é um dado inexorável do modelo da justicialidade dos Estados de direito ocidentais.

Os Estados Unidos da América – como visto, fonte de inspiração para a estrutura jurisdicional do Brasil república, mas não no que diz respeito a este ponto da politização do judiciário – convivem com um poder judiciário politizado desde o momento da escolha de seus membros, decidindo sobre todos os campos do direito.

E a França, no tocante ao direito administrativo, aceita com naturalidade um Conselho de Estado que reúne, inseparavelmente, uma dimensão política e uma dimensão jurídica – configuração que não o impediu de posicionar-se, reiteradamente ao longo de sua história, como um guardião da legalidade e da liberdade e como um agente de resistência ao abuso do poder dos governantes.

18. Questiona-se, pois: não caberia o Brasil abrir-se para a discussão de uma nova formulação, no contexto da democracia, de um controle jurisdicional expressamente politizado da ação administrativa?[46]

Trata-se, em suma, de conceber a hipótese de uma instituição que se legitime por sua aptidão de assimilar o "consenso social", dotada de "um sexto sentido para que suas próprias inovações jurisprudenciais se apresentem como justas, como inferidas dos valores constitucionais básicos e, por isso, como aptas para serem aceitas" e para "serem elas mesmas objeto de um básico consenso" – adaptando-se aqui as considerações de Eduardo GARCÍA DE ENTERRÍA[47] sobre os tribunais constitucionais e sobre a legitimação que a justiça constitucional conquistou no "Tribunal da História".

---

[46] No sentido de suscitar um aspecto dessa discussão, por exemplo, posiciona-se Romeu Felipe BACELLAR FILHO, sem, todavia, propor a existência de uma dualidade de jurisdições: "*De lege ferenda*, defende-se que a proteção do cidadão frente à Administração deve caminhar para a criação constitucional de uma jurisdição administrativa integrada ao Poder Judiciário. Propõe-se a implementação do judicialismo brasileiro para um 'judicialismo perfeito' [na expressão de Marcello Caetano]. Com efeito, o processo administrativo conservará uma certa originalidade, todavia obedecerá a regras que não terão mais por efeito e objeto proteger a Administração, mas assegurar um novo equilíbrio entre Administração e cidadãos." (*Reflexões sobre direito administrativo*. Belo Horizonte: Fórum, 2009, p. 77).

[47] *La constitución como norma y el tribunal constitucional* (3ª ed., 4ª reimpr.). Madrid: Civitas, 2001, p. 203.

Enfim, esse desafio envolve a busca, pela teoria, de melhor compreensão da justicialidade, sempre contextualizada no regime democrático, bem articulando as dimensões jurídica e política do fenômeno do direito.

Nesse sentido, a adoção da jurisdição administrativa no Brasil – segundo um dos diversos modelos possíveis, senão um especialmente desenvolvido para nosso País –, parece-me, deve ressurgir como uma discussão de atualidade.

E, desde já, manifesto-me favoravelmente a ela.

CONTROLE CONSENSUAL NA ELABORAÇÃO E IMPLEMENTAÇÃO DE POLÍTICAS PÚBLICAS: CAMINHO DEMOCRÁTICO E EFICIENTE[1]

Luciane Moessa de Souza

1. Introdução

Quando se pensa em métodos de controle no exercício do poder político, seja na esfera da Administração Pública, do Poder Legislativo ou no exercício da função jurisdicional, dois valores básicos devem ser trazidos à baila: democracia e eficiência.

Muitas vezes colocados como antagônicos, em realidade estes dois princípios basilares são intensamente complementares. É pelo caminho do diálogo democrático que se identificam os prós e contras da adoção de qualquer medida, seja levantando informações relevantes, seja identificando alternativas de solução para problemas com os quais o Poder Público se depara. Não é senão por esse caminho que se constroem soluções ao mesmo tempo legítimas e viáveis, capazes de se sustentar no curto, médio e longo prazos.

Neste compasso, não me parece existir método mais eficaz de tomada de decisões, sejam elas de cunho genérico, como a própria elaboração de uma política pública, sejam elas a resolução de conflitos individuais entre

---

1 Parte deste artigo faz parte de artigo meu publicado na Revista de Direito da Procuradoria-Geral, publicada pelo Centro de Estudos Jurídicos da Procuradoria-Geral do Estado do Rio de Janeiro (edição especial em homenagem ao Prof. Diogo de Figueiredo de Moreira Neto, publicada em 2014).

particulares e algum ente público, que a construção de consenso. Se não há mais dúvida de que a tomada de decisões deve ser antecedida de oportunidades de ouvir os afetados, fica cada vez mais claro também que a pura e simples deliberação por votação em órgãos colegiados é também um método primitivo, desgastante e ineficaz, pois sempre gera vencedores e vencidos, uma minoria insatisfeita que fará de tudo para que o assunto retorne à pauta de deliberações e não para que o que foi decidido seja implementado.

Meu objetivo neste trabalho, assim, será abordar, em linhas bem gerais, a gênese dos diferentes conflitos que envolvem o Poder Público, sobretudo aqueles de dimensão coletiva, apresentar a metodologia da construção de consenso e os aspectos a serem considerados quando se decide empregá-la, além de apontar uma série de situações em que tal metodologia pode e deve ser empregada na esfera pública, seja por razões de legitimidade democrática, seja por razões de eficiência – ou, melhor dizendo, por ambas.[2]

2. Causas e consequências da eclosão de conflitos envolvendo políticas públicas

Quando se analisa a gênese de um conflito envolvendo uma política pública, constata-se, em geral, a presença de um ou mais destes fenômenos (considerando-se uma situação normal de boa fé na formulação da política, naturalmente – excluídas portanto as situações de improbidade): *a)* ausência de informações fáticas relevantes (déficit democrático e/ou técnico); *b)* avaliação equivocada de dados fáticos (erros técnicos); *c)* conflito com outra política pública, do mesmo ou outro nível federativo.

Na primeira hipótese, o Poder Público está insuficientemente informado – não identificou aspectos fáticos que eram necessários para formular a política, seja por conta de uma cultura autoritária, que não vê necessidade ou utilidade em dialogar com os destinatários da política, ou por razões de incompetência técnica, que levou a um planejamento deficiente, que não soube traçar o diagnóstico completo antes de partir para a solução do problema.

Na segunda hipótese, os dados até estão disponíveis, mas são avaliados de forma tecnicamente equivocada, levando à formulação de medidas

---

[2] Para saber mais sobre a metodologia da construção de consenso, sugiro a leitura da obra "Quando a maioria não basta – método de negociação coletiva para a construção de consenso", de Lawrence Susskind, Jeffrey Cruikshank e YannDuzert, publicada pela Editora da FGV.

total ou parcialmente inviáveis ou inadequadas, por alguma razão, para o propósito a que se destinam.

Na terceira hipótese, a política até seria adequada e viável se considerado apenas um determinado interesse público legítimo e relevante, mas a proteção a este interesse entra em choque com outro interesse público igualmente legítimo e relevante.

Os exemplos são inúmeros, notadamente quando se trata de políticas públicas que somente se efetivam mediante a ocupação/utilização de espaços territoriais determinados: *a)* mineração em áreas coincidentes ou vizinhas de territórios quilombolas ou terras indígenas em processo de demarcação ou já demarcadas; *b)* coincidência total ou parcial de terras indígenas ou quilombolas com áreas de unidades de conservação; *c)* construção de usinas hidrelétricas em áreas coincidentes ou vizinhas de outras em processo de demarcação, como territórios quilombolas ou terras indígenas; *d)* moradias de comunidades carentes (ou não) em áreas de preservação ambiental (encostas de morros, margens de cursos d'água, mananciais); *e)* turismo X pesca industrial X pesca artesanal X conservação ambiental; *f)* geração de empregos, de receitas tributárias e de lucro privado X preservação ambiental; *g)* estímulo à pesquisa e lucro decorrente da propriedade industrial de fórmulas de medicamentos X universalização do tratamento de doenças; *h)* mineração, geração de energia elétrica ou produção de petróleo X preservação ambiental; *i)* necessidades de tráfego (e escolha dos meios de transportes a serem estimulados) X preservação do patrimônio histórico e cultural urbano; *j)* preservação do patrimônio histórico-cultural X acessibilidade para pessoas com deficiência.

Com a eclosão do conflito, ao menos num momento inicial, em geral ocorre uma de três hipóteses: *a)* paralisação ou desaceleração da efetivação da(s) política(s) pública(s), para evitar desgastes e confrontos; *b)* a escalada do conflito e a violência dos grupos entre si e/ou contra os agentes estatais; *c)* a judicialização do conflito.

Em qualquer das três hipóteses, serão inevitáveis: 1) desgaste no relacionamento entre os envolvidos; 2) atrasos no cronograma da efetivação da política pública; 3) perda de controle sobre o desfecho do conflito.

É possível, porém, pensar em uma alternativa melhor do que qualquer uma destas três hipóteses, que permita ao Poder Público prosseguir na realização das políticas públicas e aos seus destinatários delas legitimamente desfrutarem: trata-se da construção de consenso na elaboração de políticas públicas ou resolução de conflitos delas decorrentes, com a participação de todos os agentes públicos e grupos sociais e/ou econômicos diretamente interessados no tema.

3. Vantagens da adoção de métodos consensuais na resolução de conflitos que envolvem políticas públicas

A primeira vantagem da solução consensual é que ela, por ser produzida a partir do diálogo em que se identificam, se confrontam e se compatibilizam todos os interesses relevantes, será criativa em uma medida que jamais poderia resultar de qualquer decisão unilateral, já que soluções não pensadas inicialmente surgem da exposição clara de necessidades e preocupações e do debate franco de possibilidades de solução. Esta criatividade é absolutamente necessária para que ela seja eficiente, já que interesses díspares são assim harmonizados.

A segunda vantagem é que ela será legítima (democrática), já que foi capaz de encontrar a adesão/aceitação de todos os atores sociais/políticos/econômicos necessários para que ela seja efetivada.

Justamente por ser legítima e resultante de um processo democrático, de um lado, e potencialmente eficiente, de outro, será também sustentável, já que estes atores não irão questioná-la, e sim contribuirão para sua efetivação, dialogando novamente em caso de qualquer impasse que não tenha sido antevisto.

Será ainda implementada da forma mais rápida e econômica possível, já que conta com a boa vontade dos envolvidos e o debate democrático deverá ter levado em conta os custos e benefícios imanentes a cada alternativa de solução.

Para chegar a um resultado tão desejável, porém, existe um caminho a ser percorrido: esse caminho costuma ser chamado de várias formas – construção de consenso, facilitação de diálogos... poderia ser chamada também de *mediação participativa*. Passo a descrevê-lo, de forma sintetizada.

4. A construção de consenso na elaboração de políticas públicas ou resolução de conflitos delas decorrentes

Normalmente, será necessária a utilização de facilitadores para viabilizar o diálogo produtivo em conflitos multipartes, seja por conta da desigualdade de poder entre o Poder Público e os particulares, seja pela complexidade de questões envolvidas, seja pelo eventual histórico de desgaste no relacionamento. Ademais, muitas vezes há diversos entes públicos envolvidos, da mesma ou de diferentes esferas federativas, nem sempre concordantes entre si, além de grupos distintos também na sociedade civil, nem sempre organizados.

É necessário, portanto, que exista um quadro de facilitadores/mediadores previamente capacitados a que o Poder Público possa recorrer. Também é necessário definir de onde virão os recursos para pagar pelos serviços de mediação, quando os mediadores já não sejam servidores remunerados pelos cofres públicos para tal fim, bem como para pagar por eventuais estudos técnicos que sejam necessários no curso das negociações.

Existente esse quadro, a escolha do mediador (ou equipe de mediadores, como é mais comum em se tratando de conflitos coletivos) deve ficar preferencialmente ao encargo das partes envolvidas. Se se tratar de um conflito judicializado, admite-se que o juiz da causa faça a escolha, mas é evidente que mediadores poderão ser recusados por razões de suspeição e há que se sopesar se vale a pena o ganho de tempo decorrente da escolha unilateral com a perda de autonomia e confiança das partes no(s) mediador(es) escolhido(s) sem a sua participação. Nos EUA, costuma-se permitir às partes que façam esta escolha, sempre havendo, contudo, uma proposta inicial de nomes constantes de um cadastro de mediadores que se sabe serem previamente capacitados e experientes na matéria.

Escolhidos os mediadores, devem estes proceder ao diagnóstico do conflito, com a identificação de todos os interessados e/ou afetados, bem assim de todos os atores necessários para a resolução efetiva do problema. Este conjunto de atores envolverá:

a) os órgãos do Poder Executivo com competência para atuar na matéria (abrangidos aí servidores com competência técnica sobre o assunto e advogados públicos também especializados);
b) representantes do Legislativo, quando for o caso (por exemplo, nos conflitos acima referidos, envolvendo limites de unidades de conservação ou mineração em terras indígenas, a participação do Poder Legislativo é essencial para viabilizar o acordo);
c) o Ministério Público e a Defensoria Pública (quando houver pessoas hipossuficientes);
d) os indivíduos e grupos privados afetados/interessados, sejam cidadãos, empreendedor(es), a comunidade diretamente afetada, tudo conforme o tipo de conflito;

e) as entidades do terceiro setor que atuem na matéria naquela região, quando existentes.

É importante, porém, diferenciar entre os participantes imprescindíveis – sem os quais é impossível construir um consenso viável de ser implementado – e os facultativos. Somente podem ser considerados imprescindíveis os autores que detenham competências legais, recursos técnicos ou financeiros necessários para solucionar o conflito, além dos que são diretamente por ele afetados ou interessados na construção de uma solução. Já os que têm legitimidade jurídica para questionar decisões que venham a ser tomadas, como o Ministério Público, a Defensoria Pública e as entidades do terceiro setor,[3] podem e devem ser convidados a participar do diálogo, mas sua eventual recusa ou impossibilidade não inviabiliza a construção do consenso.

Nessa fase de diagnóstico, os mediadores deverão buscar entender os antecedentes do conflito, conversar com as partes sobre o funcionamento do processo de resolução consensual de conflitos, entender suas principais preocupações, expectativas e receios quanto ao mérito do conflito, bem assim verificar quais são as informações já disponíveis sobre o problema, quais os pontos de convergência e de divergência. Também deverão ajudar cada uma das partes a eleger aqueles que serão seus representantes à mesa de negociação, já que esses deverão ser o elo permanente entre os demais participantes do processo e o grupo representado. Da mesma forma, deve-se investigar como funciona e quanto tempo levará o processo de ratificação de eventual acordo no seio de cada órgão público, empresa ou grupo de pessoas representado na mediação.

Com este quadro desenhado, devem os mediadores traçar um planejamento do processo, com cronograma de sessões privadas e conjuntas de mediação, local e datas para sua realização, proposta de duração e horário das sessões, bem assim de protocolo de conduta das partes, e até mesmo formas de dar publicidade ao processo, incluindo-se o relacionamento com a imprensa. Este planejamento poderá eventualmente já incluir formas de

[3] Cabe registrar que Ministério Público, Defensoria Pública, entidades do terceiro setor e mesmo a Advocacia Pública, quando reunirem as necessárias condições de imparcialidade, podem mesmo atuar como mediadores/facilitadores do diálogo. Entretanto, quando estamos tratando, como agora, de sua inclusão como atores do conflito, sua participação neste caso se dará na condição de partes negociadoras, como as demais.

participação e interação com a sociedade em geral, mediante realização de audiências públicas, recebimento de sugestões, críticas e informações, etc. Também poderá incluir a identificação da necessidade de compartilhamento de informações entre os envolvidos, bem assim da realização de estudos técnicos conjuntos durante o procedimento de mediação. Esses estudos devem envolver uma deliberação conjunta das partes sobre a sua abrangência (aspectos fáticos e técnicos a serem investigados), sobre quem dispõe de imparcialidade e competência para realizá-los, sobre a metodologia a ser adotada e sobre como seus resultados serão utilizados.

Este planejamento (e suas adaptações posteriores) deve ser submetido a todos os participantes da mediação na primeira sessão conjunta de mediação, realizando-se as alterações que se reputarem adequadas após ouvidos todos os interessados.

Aprovadas as regras do jogo, devem ter início as sessões de mediação privadas e conjuntas, assegurando-se sempre a maior transparência possível, e construindo-se gradualmente acordos parciais, notadamente quando houver questões urgentes que não possam aguardar o fim da negociação. Naturalmente, quando não houver consenso acerca de questões urgentes, será quase impossível evitar a judicialização do conflito, cabendo a decisão ao juízo competente, neste caso, mas prosseguindo-se a mediação, seja sobre os demais pontos, seja para que as partes cheguem a um consenso diverso sobre a questão já decidida.

Ao final das negociações, quando as partes e os mediadores avaliarem que já foram exploradas as alternativas possíveis de consenso, ainda que ele não tenha sido plenamente alcançado, deve-se proceder à redação conjunta do acordo, sempre conduzida pelos mediadores. Este deve conter um relato de quem participou do processo, das informações levantadas e uma justificativa (jurídica e técnica) do consenso alcançado, as quais servirão como fundamentação do acordo, bem como uma descrição resumida do processo, a fim de que o juiz competente para homologá-lo possa assegurar-se de que o "contraditório" foi observado ou, melhor dizendo, de que oportunidades idênticas foram dadas às partes para expressarem seus interesses legítimos e preocupações relevantes, sempre dando-se maior atenção aos grupos hipossuficientes. Além disso, deve conter, naturalmente: a descrição de cada uma das obrigações assumidas, quem deverá cumpri-las, em que prazo, e quem ficará responsável pelo seu monitoramento; também convém que estejam previstas sanções específicas para o descumprimento de cada uma das obrigações, de modo que seja mais econômico para o responsável pela obrigação cumpri-la do que descumpri-la.

Ainda que o conflito não esteja judicializado, a homologação judicial do acordo pode ser recomendável para dar mais segurança jurídica a todas as partes envolvidas. Notadamente quando se trata de conflitos envolvendo o Poder Público, em razão da alternância periódica no comando dos poderes políticos, por decorrência do sistema democrático (e subsequente alteração na titularidade de cargos comissionados), é fundamental garantir eficácia executiva ao acordo celebrado, coroando assim todos os esforços realizados para a obtenção do consenso.

É importante salientar que, em todo esse processo, deve ser garantida a observância ao princípio da legalidade (pela necessidade de fundamentação jurídica do acordo – as normas aplicáveis devem ser o ponto de partida da negociação), ao princípio da publicidade – observando-se a necessária transparência para as sessões conjuntas de mediação, os estudos técnicos realizados e todos os elementos fáticos levantados para consideração na negociação e sobretudo para o próprio acordo produzido – e ao princípio da isonomia, já que todos os acordos, naturalmente, serão considerados precedentes para situações que sejam semelhantes sob o ponto de vista jurídico.

5. Quem pode ser mediador/facilitador

Sempre que se apresenta a metodologia da resolução consensual de um conflito coletivo que envolve uma política pública, uma das perguntas que ocorre é: quem pode desempenhar este papel de terceiro facilitador do diálogo rumo ao consenso? É preciso contar com espaços institucionais que se caracterizem pela imparcialidade e pela competência técnica para desenvolver tal missão.

Vejo, basicamente, três alternativas possíveis:

a) comissões compostas por servidores do Judiciário, Ministério Público, Poder Executivo, Poder Legislativo, etc., que sejam capacitados como mediadores e que, preferencialmente, se dediquem a esta função com exclusividade;

b) centros de mediação baseados em universidades públicas, que podem firmar parcerias com o Poder Público para a prestação de serviços desta natureza;

c) mediadores autônomos, vinculados ou não a entidades do terceiro setor, que sejam capacitados e previamente credenciados junto a órgãos públicos para desempenhar tal função (que deve ser, via de regra, remunerada, para que a atividade seja sustentável e possa ser exercida em caráter profissional).

6. Aspectos envolvidos na criação de programas de facilitação de diálogos/mediação de conflitos

Além de responder à questão sobre quem pode desempenhar a função de facilitador de diálogos com vistas à construção de consenso, existem várias outras que devem ser respondidas quando se tem em mente a utilização desse caminho para tomar decisões/construir acordos no espaço público. Passo a discorrer sobre elas.

a) Quadro próprio X rol de mediadores (ou ambos) – uma primeira questão a ser definida por qualquer programa que decida utilizar mediadores para solucionar conflitos que lhe são submetidos diz respeito à manutenção ou não de um quadro permanente de mediadores, que pode ser aliada ou substituída pela outra opção possível – a de credenciar mediadores externos, de acordo com critérios pré-definidos.

b) Se houver a utilização de mediadores externos, é preciso definir critérios para o seu credenciamento, valores para sua remuneração e quem serão os responsáveis pela remuneração – o(s) ente(s) público(s) ou todos os envolvidos?; e se houver pessoas ou comunidades carentes?

c) A forma de escolha do mediador no caso concreto; ainda que ocorra a opção pelo consenso entre as partes em primeiro lugar, nem sempre este consenso existirá, de modo que é preciso definir métodos alternativos, como a distribuição por sorteio ou o rodízio entre mediadores credenciados.

d) Capacitação de mediadores (internos ou externos) para atuar nesta espécie de conflitos – é impossível falar em mediação de qualidade que não seja antecedida da necessária capacitação; neste sentido, é preciso definir conteúdos e carga horária mínima, teórica e prática, como se dará a atuação inicial em casos concretos sob a supervisão de mediadores mais experientes, além de ser necessário identificar instrutores para dar conta da demanda.

e) Todo programa bem estruturado de resolução consensual de conflitos deve possuir um *Código de diretrizes éticas para atuação de mediadores/*

facilitadores, que normalmente incluem deveres de imparcialidade, confidencialidade, respeito à autonomia das partes, dever de apontar a necessidade de assessoramento técnico, dever de zelar pelo equilíbrio de poder, dever de zelar pela exequibilidade do acordo, dever de competência e diligência, dever de zelar pelos interesses de terceiros ausentes à negociação.[4]

f) Supervisão ética e técnica da atuação de mediadores/facilitadores – para garantir a adequada atuação destes profissionais de acordo com as diretrizes éticas e as boas técnicas aplicáveis, é preciso ter mecanismos de apoio à sua atuação, por um lado, e um canal de recebimento de reclamações quanto ao descumprimento de deveres, por outro; daí a necessidade de instâncias de supervisão de sua atuação.

g) Avaliação da atuação de mediadores/facilitadores e do processo – para garantir a qualidade e o aprimoramento constante do programa e de seus profissionais, é preciso criar mecanismos de avaliação de sua qualidade pelos seus usuários.

h) Seleção de um rol de especialistas aptos a opinar em questões técnicas controvertidas e realizar levantamentos fáticos relevantes / definição de critérios para sua remuneração – a fim de facilitar a identificação e escolha de especialistas para realizar estudos técnicos que sejam necessários durante o processo, o ideal é que exista um cadastro a ser consultado pelas partes em conflito.

i) Mensuração de resultados do programa – além da avaliação individual em cada caso concreto, é preciso verificar se o programa está alcançando os resultados pretendidos, mensurando o percentual de acordos; o tempo de duração dos processos; percentual de cumprimento dos acordos; e, sempre que possível, a qualidade da solução encontrada.

j) Organização de infraestrutura física e trabalhos de secretaria – naturalmente, é preciso dispor de estrutura física e de pessoal adequada ao funcionamento do programa.

---

[4] Para saber mais sobre o tema, pode-se consultar a minha obra "Meios consensuais de solução de conflitos envolvendo entes públicos: negociação, mediação e conciliação na esfera administrativa e judicial", publicada pela Editora Fórum.

7. Espaços de utilização da mediação de conflitos envolvendo políticas públicas

Ainda, vale ressaltar que a eclosão de conflitos pode surgir em diferentes momentos da formulação ou execução de políticas públicas. E em todos estes momentos o caminho consensual pode ser utilizado.

Os exemplos de oportunidades em que o consenso pode ser buscado para a tomada de decisões por entes públicos são inúmeros, abrangendo desde questões coletivas até conflitos individuais:

a) elaboração negociada de regulamentos administrativos (*negotiated rulemaking*), acrescentando um diálogo qualificado e democrático à mera formalidade de realizar audiências ou consultas públicas, já comumente realizada por agências reguladoras;

b) elaboração de Planos Nacionais, Estaduais e Municipais relativos a alguma política pública, que poderá assim trazer informações mais completas e enfrentar potenciais fatores de conflito no momento da execução;

c) licenciamento ambiental de empreendimentos, buscando-se efetivamente envolver a comunidade afetada no processo de tomada de decisão;

d) demarcação de terras indígenas ou quilombolas, caso em que propriedades e empreendimentos já existentes podem ser afetados;

e) criação e elaboração de Planos de Manejo de unidades de conservação, envolvendo as comunidades tradicionais e a comunidade do entorno;

f) autorizações para atividades de mineração, que também trazem impacto significativo sobre a comunidade do entorno;

g) desapropriações, tombamento e outras restrições sobre a propriedade imóvel;

h) processo administrativo tributário;

i) processo administrativo sancionador (são bons exemplos na esfera federal a negociação aplicada no âmbito do CADE – Conselho Administrativo de Defesa Econômica – e da CVM – Comissão de Valores Mobiliários);

j) conflitos entre concessionárias de serviços públicos (um bom exemplo é o programa de mediação desenvolvido pela ANEEL – Agência Nacional de Energia Elétrica);

k) conflitos envolvendo o registro de marcas e patentes (o INPI – Instituto Nacional de Propriedade Industrial vem desenvolvendo uma iniciativa neste sentido);

l) processo administrativo disciplinar (inclusive nos órgãos de classe); um exemplo já aplicado é o do Município de Belo Horizonte;
m) instância prévia de apreciação de requerimentos administrativos em geral (em matérias tão diversas como servidores públicos, licitações e contratos, conflitos com outros entes públicos – da mesma ou de outra esfera federativa, responsabilidade civil do Estado, prestação de serviços públicos, seria possível utilizar a negociação ou a mediação de conflitos);
n) mediação de conflitos no local de trabalho;
o) controle externo (Tribunais de Contas): celebração de Termos de Ajuste de Gestão, já ocorrendo em alguns Estados;
p) controle exercido pelo Ministério Público: celebração de Termos de Ajuste de Conduta;
q) processo legislativo;
r) Ouvidorias públicas;
s) processo judicial que esteja embasado no questionamento de uma política pública ou atos que a efetivam (ações coletivas ou mesmo ações individuais que tenham objeto desta natureza).

Quanto a este último tipo de situação, é importante registrar que existe um projeto de lei em curso na Câmara dos Deputados, o PL n. 8.058/2014, apresentado pelo deputado Paulo Teixeira, que busca estabelecer um rito especial para conflitos judicializados que envolvam políticas públicas, no qual se prevê a possibilidade de utilização da tentativa de resolução consensual, seja mediante a facilitação por um terceiro (mediação ou conciliação – art. 11), seja mediante negociação direta (art. 12).

Já existem também embriões neste sentido em nossa legislação vigente: por um lado, na legislação que disciplina o controle concentrado e abstrato de constitucionalidade, que traz a previsão tanto de realização de audiências públicas quanto de participação de *amicus curiae*; por outro, o recém promulgado Código de Processo Civil (Lei n. 13.105/2015) autoriza a participação de *amicus curiae* em "qualquer" processo, *verbis*:

> Art. 138. O juiz ou o relator, considerando a *relevância da matéria*, a especificidade do tema objeto da demanda ou a *repercussão social da controvérsia*, poderá, por decisão irrecorrível, de ofício ou a requerimento das partes ou de quem pretenda manifestar-se, solicitar ou admitir a participação de *pessoa*

natural ou jurídica, órgão ou entidade especializada, com representatividade adequada, no prazo de 15 (quinze) dias de sua intimação.

§ 1º A intervenção de que trata o *caput* não implica alteração de competência nem autoriza a interposição de recursos, ressalvadas a oposição de embargos de declaração e a hipótese do § 3º.

§ 2º Caberá ao juiz ou ao relator, na decisão que solicitar ou admitir a intervenção, definir os poderes do *amicus curiae*.

§ 3º O *amicus curiae* pode recorrer da decisão que julgar o incidente de resolução de demandas repetitivas.

Os chamados "poderes processuais" do *amicus curiae* serão definidos em cada caso concreto (ressalvada a previsão já trazida pelo parágrafo 3º.), sendo que o mais importante, no caso, é o reconhecimento da potencial legitimidade de entidades do terceiro setor, instituições acadêmicas ou científicas que possam contribuir para a solução da demanda que tenha especial relevância ou repercussão social.

Trata-se de dispositivo que se coloca na mesma linha da metodologia apresentada acima no item 4, pela qual, judicializada ou não a questão, devem ser identificados e trazidos à mesa de negociação todos os atores envolvidos ou afetados pelo conflito – independentemente de sua condição formal de parte no processo judicial, nos casos em que este já existe.

Ainda, merece menção a previsão contida no novo Código de Processo Civil no sentido da possibilidade da criação de programas de resolução consensual de conflitos no âmbito administrativo:

Art. 174. A União, os Estados, o Distrito Federal e os Municípios criarão câmaras de mediação e conciliação, com atribuições relacionadas à solução consensual de conflitos no âmbito administrativo, tais como:

I – dirimir conflitos envolvendo órgãos e entidades da administração pública;

II – avaliar a admissibilidade dos pedidos de resolução de conflitos, por meio de conciliação, no âmbito da administração pública;

III – promover, quando couber, a celebração de termo de ajustamento de conduta.

A cautela que se deve tomar na aplicação deste dispositivo é de que, sendo tais órgãos instituídos na esfera administrativa, é preciso trabalhar também com mediadores externos para garantir a imparcialidade quando os conflitos envolverem também particulares (e não apenas entes públicos).

Caso assim não seja, seria possível falar em Câmaras de Negociação, mas não em Câmaras de Mediação e Conciliação, em que se exige a atuação de um terceiro imparcial.

8. Conclusões

A intenção deste trabalho foi mostrar como, reconhecendo a peculiaridade dos conflitos envolvendo o Poder Público, ainda assim, o caminho da consensualidade se revela, em muitos casos – e aí saliento a situação daqueles conflitos que envolvem políticas públicas – a solução mais adequada para o problema, para não dizer a única possível, notadamente em situações em que os impasses criados geram autênticas paralisações do aparato estatal.

A complexidade técnica e os desafios democráticos que se colocam para os poderes políticos nem sempre têm sido adequadamente enfrentados por eles em nosso país. Daí o fenômeno da judicialização de políticas públicas, que é consequência do problema – não é o problema em sua origem. O Judiciário tem sido muito criticado por sua incapacidade de dar soluções adequadas a estes conflitos, seja por conta de seu déficit democrático, seja por conta de seu déficit técnico – problemas que também existem, ademais, na esfera dos poderes políticos propriamente ditos.

A resolução consensual de conflitos propõe dar conta destas duas limitações inegáveis que, na realidade, acometem não os Poderes do Estado em si, mas sim seus processos decisórios: acometem o processo administrativo ou judicial em sua feição contenciosa, mas acometem igualmente a formulação e implementação de políticas públicas quando ela ocorre de forma centralizada e/ou arbitrária – ou quando sequer ocorre.

Estes mesmos métodos podem ser utilizados seja para prevenir conflitos, seja para resolvê-los, tudo a depender do momento em que se está na escalada do conflito. Não podem, contudo, ser manejados sem a devida consideração dos princípios constitucionais mais caros ao funcionamento de um Estado Democrático de Direito.

Espero, com estas reflexões, ter trazido algumas luzes sobre como a consensualidade pode contribuir, de forma segura e democrática, para aprimorar o sistema de tomada de decisões na esfera pública, de maneira a prevenir e resolver da forma menos desgastante e mais eficiente os conflitos em que se vê envolvido o Poder Público.

A BUSCA POR SOLUÇÕES JURÍDICAS CONSENSUAIS EM TEMA DE CONTROLE JUDICIAL DE POLÍTICAS PÚBLICAS: REFLEXÕES À LUZ DO PROJETO DE LEI Nº 8.058/2014

Camilo Zufelato

1. Introdução

O controle sobre as políticas públicas exercido pelo Poder Judiciário é uma realidade crescente e inafastável. A complexidade e a especificidade das matérias discutidas nesses processos demandam uma espécie de procedimento adaptado a essas características, para as quais o decisionismo judicial deve ceder espaço ao colaboracionismo processual, de maneira que é necessário que o juiz se paute sobretudo na busca do diálogo, do consenso, para a construção e efetivação de soluções adequadas à tutela do direito fundamental em jogo, por meio exatamente de políticas públicas a serem realizadas pelo Poder Público. Nesse sentido caminha o Projeto de Lei nº 8058/2014, que estimula a tomada de soluções jurídicas consensuais no processo de controle judicial de políticas públicas.

2. Escopo desse escrito

O escopo central deste escrito é defender, para o controle judicial de políticas públicas, a mudança paradigmática do *decisionismo judicial* característico das demandas em que há litígio, para um *colaboracionismo processual*, pautado sobretudo na busca do consenso e da constante preocupação com a efetiva concretização de um direito fundamental carente de política pública adequada. Para sustentar esse ponto de vista, valho-me de uma série de dispositivos constantes em Projeto de Lei sobre o tema, que é fruto de intensa discussão acadêmica, nos quais fica clara a importância da busca do consenso e da participação dos agentes para a solução de situações jurídicas complexas como as que envolvem políticas públicas.

Para tanto, serão analisados aspectos gerais do tema do controle judicial de políticas públicas e da consensualidade na Administração Pública, posto que esses são os dois elementos centrais para justificar o estímulo aos meios consensuais de solução de conflitos para o tema em foco.

Nesse sentido, o escopo é analisar a ideia de consensualismo no sentido de necessidade de tomada de decisões negociadas e compartilhadas, e não simplesmente impostas, seja por meio do auxílio de mediadores e conciliadores, seja na diminuição do decisionismo judicial isolado, ou seja ainda nos ajustes que naturalmente ocorrem na fase de implementação da política pública definida anteriormente.

3. Controle judicial de políticas públicas: um "mal necessário"

Um dos temais mais recorrentes na justiça civil brasileira da última década é a judicialização de temas que há até pouco tempo eram exclusivamente políticos, vale dizer, se escondiam por de trás de dogmas como a discricionariedade administrativa, a restrita repartição de poderes do Estado – imunizando o Legislativo e o Executivo do controle pelo Judiciário –, a ausência de força normativa que caracteriza os princípios, dentre outros.

O fato é que significativas alterações no campo do direito constitucional, do direito administrativo, dentre outros ramos, impactaram fortemente no tema dos direitos fundamentais e sua eficácia imediata, fazendo com que as políticas públicas fossem vistas não mais como meras políticas discricionárias, mas sim como mecanismos indispensáveis para a efetivação e concretização de direitos fundamentais de eficácia plena. Logo, passou-se a admitir o controle judicial de políticas públicas posto que são essas que garantem a fruição dos direitos fundamentais constitucionalmente previstos. Em outras palavras, é possível deduzir que controle judicial de políticas públicas é uma forma contemporânea de se exercer controle de constitucionalidade.

Esse é, em brevíssima síntese, o meio para se justificar as milhares de ações envolvendo pedidos de internação, medicamentos não oferecidos gratuitamente pelo SUS, cirurgias em outros países (direito fundamental à saúde), ou de ampliação no número de vagas em escolas básicas, creches ou de adaptação dos estabelecimentos de ensino para receber crianças com algum tipo de deficiência (direito fundamental à educação), dentre outros.

Todas essas demandas são marcadas por uma série de peculiaridades que as tornam muito diferentes das demandas que normalmente o Poder Judiciário se vê envolvido, e por essa razão as fazem bastante peculiares, a saber:

a) em regra não há dispositivo legal que defina exatamente qual o sentido e a extensão do direito em jogo. Trata-se de uma norma jurídica aberta, que precisa ser concretizada por meio da ponderação e da razoabilidade, técnicas decisórias específicas e muito diferentes da mera subsunção;

b) decidir em tema como esse significa, além de efetivar, à luz da situação concreta, um direito fundamental, tentar construir, de maneira ampla, a política pública mais adequada ao caso, empregando para tanto conhecimentos da administração, das finanças, e do tema específico que versa a demanda;

c) os impactos da decisão não se restringem *inter partes*, mas, como consequência da criação de uma política pública, passam a se incorporar ao(s) ente(s) da Administração Pública que deve suportar essa política, especialmente do ponto de vista financeiro;

d) envolvem temas para os quais os juízes normalmente não estão preparados para decidir, em função, sobretudo, da formação estritamente técnico-jurídica que possuem.

Enfim, por essas razões é que tais demandas são marcadas por *alta complexidade decisória*, ao que se soma o frequente pedido de antecipação de tutela, constrangendo o juiz a decidir pedidos sobre os quais não tem natural intimidade, sem antes ouvir o ente público em tese responsável pela criação da política pública aplicável ao caso. Não é raro que inúmeras vezes considera-se que há excesso dos juízes ao decidir sobre esses temas.

O fato é que por imposição constitucional, pela inafastabilidade da jurisdição, artigo 5°, XXXV, da CF, bem como pela referida força normativa dos direitos fundamentais, realmente hoje não é possível que o Judiciário deixe de decidir tais temais, inclusive porque, para além da complexidade e da dificuldade que o tema apresenta, parece ser indiscutível a ineficiência da administração pública brasileira no tocante à construção de políticas públicas adequadas para a proteção de direitos fundamentais constitucionalmente garantidos.

Com efeito, frente a esse contexto constitucional no qual se insere a jurisdição brasileira, parece-me inevitável o controle judicial de políticas públicas, e, ainda que o Judiciário não tenha mostrado grande aptidão para decidir tais feitos, esse controle é um "mal necessário", para o qual se deve pensar em mecanismos que o aperfeiçoem e façam diminuir os notórios equívocos que vem sendo cometidos em nome da tutela de direitos fundamentais.

É nesse aspecto que o consensualismo pode apresentar vantagens. Considerando as peculiaridades do tema, bem como as dificuldades inerentes ao Poder Judiciário para decidir temas tão complexos e com interferências tão significativas na Administração Pública, soluções pautadas no diálogo e no consenso são mais adequadas e consonantes ao modelo de *contraditório cooperativo e estrutural* que deve marcar esses processos.

Significa, em outras palavras, que o modelo decisório presente no controle judicial de políticas públicas deve ser *menos isolacionista*, e a decisão deve ser menos centrada na figura principal do juiz, e mais consensual e participativa, *construída pelo diálogo colaboracionista e proativo* dos entes da Administração Pública envolvidos no tema e também dos órgãos da sociedade civil que atuem na área da política pública em jogo.

É preciso ter claro que o escopo maior desse tipo de processo deve ser a construção de uma política pública de estado, a mais eficiente possível para a tutela coletiva do direito fundamental em jogo, e não aquilo que distorcidamente vem ocorrendo nesses casos, ou seja, decisões individuais, mas com sérios impactos, sobretudo orçamentários, sobre outras políticas públicas.

4. A consensualidade do direito administrativo aplicada aos processos judiciais de políticas públicas

Um ponto sensível nessa proposta de consensualidade como melhor forma decisória para os processos envolvendo controle de políticas públicas diz respeito a um dogma bastante antigo do direito administrativo, que é a supremacia do interesse público e, por consequência, a impossibilidade desse interesse ser passível de transação. Se assim realmente o fosse, a busca pela consensualidade seria um aspecto quase que intransponível, na medida em que não seria possível que o ente estatal reconhecesse a sua ineficiência na previsão de uma dada política pública e buscasse suplantar tal ineficiência a partir de uma proposta de política pública.

Felizmente o tema da consensualidade no âmbito do direito administrativo tem sido considerado uma das recentes tendências atuais da administração pública eficiente e comprometida com a efetiva tutela do particular.

Em importante escrito sobre a Administração Pública consensual, a doutrina brasileira pontuou que:

> "A função estatal de mediação emana da propagação do ideal democrático para além do quadrante da política, resultado da busca do alargamento das bases de legitimação do exercício do poder estatal, por meio da democratização da democracia. Incumbências do Estado mediador passam a ser, não somente as de estabelecer e de conferir eficácia aos canais de participação e de interlocução com os indivíduos e grupos sociais, mas a de com eles constantemente interagir, instituindo e mantendo vínculos robustos e duradouros. Tais vínculos são tidos hodiernamente como indispensáveis para a atribuição de eficácia e de efetividade às ações estatais, as quais vêm sendo amplamente desenvolvidas em espaços de forte interseção entre Estado e sociedade civil, esferas em processo contínuo de recíproca interpenetração. Ademais disso, cabe notar que a principal tarefa da Administração mediadora passa a ser a de compor conflitos envolvendo interesses estatais e interesses privados, definitivamente incluindo os cidadãos no processo de determinação e densificação do interesse público, o qual deixa de ser visto como um monopólio estatal, com participação exclusiva de autoridades, órgãos e entidades públicos.
>
> Eis os aspectos em que reside a relevância do consensualismo na administração Pública, inserido em um contexto de Estado em rede e de Governança Pública manifestado em fenômenos como a concertação administrativa e a contratualização administrativa, e exercido por meio de instrumentos como os acordos administrativos, a conciliação e a transação administrativas".[1]

Ademais, há vários exemplos na legislação infraconstitucional brasileira que reforçam essa capacidade da Administração Pública de reconhecer o seu descumprimento à ordem jurídica vigente e aceitar se submeter a um acordo, como ocorre no termo de ajustamento de conduta do âmbito do processo coletivo e nos juizados especiais federais, e também quando

---

[1] OLIVEIRA, Gustavo Justino de; SCHWANKA, Cristiane. *A Administração consensual como a nova face da Administração Pública no séc. XXI: fundamentos dogmáticos, formas de expressão e instrumentos de ação. In*: Revista da Faculdade de Direito da Universidade de São Paulo v. 104, p. 303 – 322, jan./dez. 2009, p. 305.

o Estado admite acordo proposto por particulares para a consecução de interesses públicos, como no compromisso de cessação de conduta, no âmbito da defesa da concorrência, e dos acordos celebrados pelas agências reguladoras.

Em todas essas figuras a solução consensual não significa uma afronta à supremacia do interesse público, na medida em que esse representa a proteção ao bem comum, o qual permanece como um objetivo a ser perseguido tanto pela Administração Pública quanto pelo Poder Judiciário nas demandas que envolvem o Estado. Pelo contrário: representam formas de se alcançar o interesse público tão somente de outra maneira, consensual e não impositiva. Transaciona-se quanto ao meio de alcançar a supremacia do interesse público, não quanto ao seu conteúdo.

Quando se fala em consensualidade aplicada à Administração Pública em sede de processo judicial, é preciso levar em conta que, ao cabo, é sempre o mesmo Estado que está envolvido na solução do conflito. E mais: quando se trata de controle judicial de políticas públicas, significa dizer que é o Estado que decidirá sobre a ineficiência do próprio Estado na tutela de um direito fundamental. O que há é uma *repartição de funções e competências compartilhadas*, mas o que se deve mirar é o fim de toda e qualquer dessas repartições, qual seja, o bem comum.

Com efeito, a questão da consensualidade na Administração Pública aqui se põe não somente entre Estado e particulares, mas especialmente entre *funções do próprio Estado*. O Judiciário não deve ser simplesmente decisionista e adjudicatório em temas de políticas públicas, pois essas são marcadas por profundo planejamento, o que significa a necessidade de um *processo dialógico e compartilhado*, inclusive quanto ao caráter decisório do feito, que deve primar pelo consenso entre os envolvidos.

Há mesmo estudo de fôlego aprofundando a temática da solução consensual de conflitos aplicada aos direitos coletivos relativos a políticas públicas, que nesse mesmo sentido é francamente favorável à ideia aqui defendida, mostrando ainda como a preparação e a adequação de mediadores e conciliadores efetivamente habilitados para auxiliar na busca de soluções consensuais são imprescindíveis.[2]

---

[2] SOUZA, Luciane Moessa de. *Resolução consensual de conflitos coletivos envolvendo políticas públicas.* Luciane Moessa de Souza; Igor Lima Goettenauer de Oliveira, organizador. Brasília: Fundação Universidade de Brasília, 2014.

5. O Projeto de Lei nº 8.058/2014 e o reforço à consensualidade

O Projeto de Lei nº 8.058/2014 é produto de um esforço conjunto de vários segmentos da sociedade civil, especialmente de especialistas e docentes e pesquisadores universitários, que há anos vem desenvolvendo estudos sobre o fenômeno da judicialização de políticas públicas e os descaminhos que frequentemente ocorrem no tratamento judicializado de temas políticos. Um dos escopos centrais desse projeto de lei, portanto, é, a partir da identificação de problemas ocorrentes na realidade, a proposição de um procedimento específico, marcado inclusive com principiologia própria, fiel às características dos direitos coletivos que envolvem políticas públicas, que seja mais eficiente e adequado para esse tipo de conflito jurídico.

Muito embora esse Projeto de lei tem sido recebido com certa resistência pela própria Administração Pública brasileira, em todas as suas dimensões, por considerar que ele incentivaria ainda mais a judicialização de políticas públicas, na medida em que, em havendo lei que o regulamenta, significaria uma abertura e estímulo crescente ao controle judicial desenfreado de temas políticos, parece-me que, na realidade, essa sensação é absolutamente equivocada, na medida em que, do ponto de vista do seu conteúdo e das regras jurídicas inovadoras – especialmente processuais – que o projeto de lei consagra, há um tratamento mais limitador e racional do poder jurisdicional, propondo um processo mais ponderado, mais dialógico, e portanto mais consensual.

Isso porque os temas envolvendo políticas públicas, como acenado anteriormente, são naturalmente complexos e multifacetados, exigindo uma postural judicial menos *decisionista*, no sentido tradicional do termo, e mais *dialogal*, o que estimula fortemente a participação dos sujeitos envolvidos, especialmente os órgãos da Administração Pública responsáveis pela formulação e efetivação da política pública em jogo, bem como terceiros que possam contribuir de forma decisiva para que o órgão julgador se inteire de todas as complexidades que marcam o caso, sobretudo os elementos não-jurídicos do conflito.

Pois bem. Nesse intuído de construir um *procedimento adequado* ao processo de controle judicial de políticas públicas, que inove em relação ao tradicional procedimento para a resolução de conflitos envolvendo particulares, ou particulares e a Administração Pública em temas que não a construção de políticas públicas, é que o Projeto de Lei nº 8.058/2014 cria uma série de novidades a fim de ajustar o procedimento à complexidade das políticas públicas.

Dentre os vários aspectos inovadores do tema, a análise que me proponho a fazer é ressaltar os pontos sensíveis nos quais há *aplicação da consensualidade no processo judicial* envolvendo a Administração Pública e políticas públicas.

O primeiro aspecto inovador do Projeto de Lei é o destaque e a relevância que dá aos princípios que regem esse procedimento, estabelecendo no artigo 2° as características fundamentais que devem prevalecer quando há controle de políticas públicas. As características principiológicas que marcam esse processo são:

"I – estruturais, a fim de facilitar o diálogo institucional entre os Poderes;

II – policêntricas, indicando a intervenção no contraditório do Poder Público e da sociedade;

III – dialogais, pela abertura ao diálogo entre o juiz, as partes, os representantes dos demais Poderes e a sociedade;

IV – de cognição ampla e profunda, de modo a propiciar ao juiz o assessoramento necessário ao pleno conhecimento da realidade fática e jurídica;

V – colaborativas e participativas, envolvendo a responsabilidade do Poder Público;

VI – flexíveis quanto ao procedimento, a ser consensualmente adaptado ao caso concreto;

VII – sujeitas à informação, ao debate e ao controle social, por qualquer meio adequado, processual ou extraprocessual;

VIII – tendentes às soluções consensuais, construídas e executadas de comum acordo com o Poder Público;

IX – que adotem, quando necessário, comandos judiciais abertos, flexíveis e progressivos, de modo a consentir soluções justas, equilibradas e exequíveis;

X – que flexibilizem o cumprimento das decisões;

XI – que prevejam o adequado acompanhamento do cumprimento das decisões por pessoas físicas ou jurídicas, órgãos ou instituições que atuem sob a supervisão do juiz e em estreito contato com este."

Em síntese, é possível verificar claramente que há uma diretriz fundamental a qual determina a existência de um *processo dialógico*, pautado em *contraditório cooperativo*, com forte colaboração entre as sujeitos envolvidos na política pública em questão, *flexibilidade procedimental* e *abertura do juiz ao diálogo* e também, uma tendência a *soluções consensuais* entre o Poder Público (inciso VIII desse artigo).

O Projeto é expresso nesse sentido, e por se tratar de norma de caráter principiológico deve orientar o Poder Judiciário a fomentar e estimular a busca de soluções consensuais em tema de políticas públicas.

Vale ressaltar que o referido inciso trata da aplicação da consensualidade tanto na etapa de *formulação* (processo de conhecimento) quanto na de *execução* (cumprimento de sentença) da política pública.

Na sequência, o Projeto apresenta uma subdivisão procedimental bastante interessante, denominada de *Fase Preliminar* (Capítulo III), que antecede o chamado *Processo Judicial* (Capítulo V), havendo entre ambas as fases a previsão dos *Meios alternativos de solução de controvérsia* (Capítulo IV).

Antes de tudo, é preciso esclarecer que mesmo a fase preliminar é uma fase judicial, ou seja, se desenvolve diante do Poder Judiciário, mas, exatamente para destacar que nesse momento o juiz deverá agir para estabelecer questões prévias, antecedentes relevantes para organizar a demanda segundo as peculiaridades próprias da política pública em jogo.

Nesta fase, em apertada síntese, o juiz, ao receber a petição inicial, notifica a autoridade responsável pela concretização da política pública e o Ministério Público, e busca compreender se há ou não um planejamento e execução, por parte do Poder Público, acerca dessa política pública judicializada.[3]

E a intenção é exatamente a de evitar uma decisão liminar abrupta e sem a verificação de existência ou não da referida política pública. Claro que, em se tratando de pedido envolvendo o mínimo existencial, ou não havendo resposta do Poder Público, ou sendo essa insuficiente, poderá

---

[3] Art. 6º. Estando em ordem a petição inicial, o juiz a receberá e notificará o órgão do Ministério Público e a autoridade responsável pela efetivação da política pública, para que esta preste, pessoalmente e no prazo de sessenta dias, prorrogável por igual período, informações detalhadas que deverão contemplar os seguintes dados da política pública objeto do pedido, os quais constarão do mandado:
I – o planejamento e a execução existentes;
II – os recursos financeiros previstos no orçamento para sua implementação;
III – a previsão de recursos necessários a sua implementação ou correção;
IV – em caso de insuficiência de recursos, a possibilidade de transposição de verbas;
IV – o cronograma necessário ao eventual atendimento do pedido.

o juiz antecipar a tutela em favor da parte autora ou ouvir entidades ou *experts* no tema.[4]

O fato é que, e isso é o importante para o presente ensaio, não obstante haja a previsão de antecipação de tutela nessa fase preliminar, o Projeto é totalmente voltado para evitá-la, na medida em que, como se verificou acima, a principiologia desse tipo de processo estimula a *decisão dialogada e consensual*, de maneira que deve prevalecer, além da manifestação do Poder Público acerca da existência e os contornos da política pública, também a possibilidade de *construção ou reparos a essa política*.

Tanto assim o é que no capítulo seguinte o Projeto trata exatamente da aplicação dos meios alternativos de solução de controvérsias nesse processo de políticas públicas, confirmando a orientação principiológica estabelecida no artigo 2º da importância desse mecanismo nesse tipo de conflito.

Os meios alternativos podem ser *consensual* – mediação e conciliação –, ou *não consensual* – arbitragem – e ambos são previstos pelo Projeto de Lei

---

[4] Art. 7º. Se o pedido envolver o mínimo existencial ou bem da vida assegurado em norma constitucional de maneira completa e acabada, o juiz poderá antecipar a tutela, nos termos do art. 273 do Código de Processo Civil, estando nessa hipótese dispensadas as informações a respeito dos incisos II, III e IV do artigo 6º.
Parágrafo único. Considera-se mínimo existencial, para efeito desta lei, o núcleo duro, essencial, dos direitos fundamentais sociais garantidos pela Constituição Federal, em relação ao específico direito fundamental invocado, destinado a assegurar a dignidade humana.
Art. 8º. Se não prestadas as informações indicadas no *caput*, o juiz aplicará à autoridade responsável as sanções previstas no Código de Processo Civil, podendo convocá-la pessoalmente para comparecer a juízo.
§ 1º Na prestação de informações, a autoridade responsável pela execução da política pública poderá servir-se de assessores técnicos especializados.
§ 2º O juiz poderá utilizar técnicos especializados para assessorá-lo na análise das informações, sem prejuízo de consulta a órgãos e instituições do ramo (parágrafo único do art. 28).
Art. 9º. Se considerar as informações insuficientes, o juiz, de ofício ou a requerimento do autor ou do Ministério Público, quando este não for autor, poderá solicitar esclarecimentos e informações suplementares, a serem prestadas em prazo razoável, fixado pelo juiz, bem como designar audiências, em contraditório pleno, inclusive com a presença dos técnicos envolvidos, para os mesmos fins.
Art. 10. Caso tenha por esclarecidas as questões suscitadas na fase preliminar, o juiz poderá designar audiências públicas, convocando representantes da sociedade civil e de instituições e órgãos especializados.
Parágrafo único. Admite-se na fase preliminar e no processo judicial a intervenção de *amicus curiae*, pessoa física ou jurídica, que poderá manifestar-se por escrito ou oralmente.

e são aplicáveis a qualquer tempo e grau de jurisdição.[5] Para o presente ensaio interessa mais os meios consensuais.

Além do estímulo às formas consensuais de solução de conflitos, o primeiro aspecto a ser destacado é que a sua mera previsão já deve ser considerado um avanço, tendo em vista que muitas vezes prevaleceu o entendimento, totalmente obsoleto e equivocado, de que o interesse público não se submeteria à transação, e, quando a lei, além de permitir a mediação e conciliação nesse campo, dá-lhe tratamento coerente, ao prever, por exemplo, que a condução seja feita indispensavelmente por mediadores e conciliadores adequadamente capacitados. E mais: prevê a obrigatoriedade de audiência de mediação ou conciliação quando se tratar de direitos passíveis de transação.

Ademais, reforça o resultado desse acordo, como de fato deve ser e assim já o é no âmbito do termo de ajustamento de conduta nas ações civis públicas, reconhecendo a sua natureza de título executivo.

Em síntese, fica claro que o Projeto de Lei aposta fortemente na solução consensual da demanda, seja na *formulação* conjunta dos mecanismos de planejá-la, seja na sua *implementação*.

---

[5] Art. 11. As partes poderão, de comum acordo, submeter o conflito ao juízo arbitral, observado o disposto na legislação em vigor ou à mediação ou conciliação judiciais ou extrajudiciais.
§ 1º A qualquer tempo e em qualquer fase e grau do processo, a autoridade judiciária poderá propor às partes que se submetam à mediação ou conciliação, conduzidas por mediadores e conciliadores devidamente capacitados, nos termos da legislação em vigor.
§ 2º A audiência de mediação ou conciliação será obrigatória quando se tratar de direito passível de transação.
§ 3º A remuneração dos mediadores e conciliadores e seus direitos e obrigações serão regidos pela legislação em vigor.
Art. 12. A qualquer momento as partes poderão transigir sobre o cumprimento da obrigação, sua modalidade e seus prazos, ouvido o Ministério Público ou o Defensor Público, conforme o caso.
Parágrafo único. A transação, homologada pelo juiz, terá efeito de título executivo judicial e, assinada pelos transatores e pelo Ministério Público, de título executivo extrajudicial.
Art. 13. O Ministério Público ou outros órgãos públicos legitimados às ações coletivas poderão tomar da Administração ou do ente privado termo de ajustamento de conduta sobre o cumprimento da obrigação, sua modalidade e seus prazos, que, em caso de existência de processo, somente terá eficácia após manifestação do autor.
Parágrafo único. O termo de ajustamento de conduta terá natureza jurídica de transação, submetendo-se à regra do parágrafo único do art. 12.

A preferência pela solução consensual do litígio parece nítida quando inicia a fase processual seguinte, denominada pelo Projeto de *judicial*, quando prevê que, art. 14, "*Não havendo acordo*, o juiz examinará, em juízo de admissibilidade [...]", ou seja, mais do que uma mera sequência lógica, parece que o Projeto estabelece uma verdadeira ordem de prioridade quanto à forma de conclusão do processo, preferindo a consensual à impositiva.

E, mesmo nessa fase denominada de judicial, vale dizer, até esse momento não houve solução consensual, fazendo com que o processo se estendesse até aí, fica bastante nítido que também nessa fase a consensualidade deve estar presente no ato de planejamento necessário e indispensável da política pública, com a exigência de debates entre os interessados, sociedade civil e Ministério Público:

> "Art. 18. I – determinar ao ente público responsável pelo cumprimento da sentença ou da decisão antecipatória a apresentação do planejamento necessário à implementação ou correção da política pública objeto da demanda, instruído com o respectivo cronograma, que será objeto de debate entre o juiz, o ente público, o autor e, quando possível e adequado, representantes da sociedade civil.
>
> § 1º O juiz definirá prazo para apresentação do planejamento previsto no inciso I de acordo com a complexidade da causa.
>
> § 2º O planejamento será objeto de debate entre o juiz, o ente público, o autor, o Ministério Público e, quando possível e adequado, representantes da sociedade civil.
>
> § 3º Homologada a proposta de planejamento, a execução do projeto será periodicamente avaliada pelo juiz, com a participação das partes e do Ministério Público e, caso se revelar inadequada, deverá ser revista nos moldes definidos no parágrafo 2º."

Ou seja, é bastante evidente que se está tentando evitar decisionismos isolados e desconectados com a realidade dos fatos, exigindo-se que o planejamento e os debates com a sociedade civil alimentem a tomada de decisão.

O mesmo se dá, aliás, na fase de *execução da política pública* que fora definida na fase anterior, permitindo-se – com a quebra de um dos cânones do processo civil tradicional, que é a impossibilidade de alteração, em fase de cumprimento de sentença, da parte dispositiva da decisão que recaiu sobre a condenação transitada em julgado – também consensualidade acerca de *ajustes e alterações* no que fora definido anteriormente, pois assim pode se mostrar mais eficiente e mais rente às reais necessidades do direito fundamental a ser implementado pela política pública:

> Art. 20. O juiz, de ofício ou a requerimento das partes, poderá alterar a decisão na fase de execução, ajustando-a às peculiaridades do caso concreto, inclusive na hipótese de o ente público promover políticas públicas que se afigurem mais adequadas do que as determinadas na decisão, ou se esta se revelar inadequada ou ineficaz para o atendimento do direito que constitui o núcleo da política pública deficiente.

Enfim, o Projeto de Lei é bastante incisivo na busca incessante pela consensualidade decisória nos processos de controle judicial de políticas públicas. O tema se conecta desde os princípios gerais aplicáveis a esse tipo de processo, e claramente encontra regras específicas quando trata da previsão expressa de meios alternativos consensuais, bem como os esforços que o juiz e as partes devem empreender para, tanto na fase preliminar quanto na fase do processo judicial, na base do diálogo e do consenso, construírem e implementarem, conjuntamente, um desenho de política pública que seja o mais adequado possível para a efetivação do direito fundamental em jogo.

Esse modelo cooperativo e dialógico de processo, pautado fortemente na consensualidade e na colaboração, além de permitir um tratamento mais adequado a temas complexos e de pouca intimidade com o Judiciário, atribuí também maior legitimidade democrática à tomada de decisões com forte impacto social, econômico e financeiro.

SOBRE OS AUTORES

Camilo Zufelato
Professor de Processo Civil na Faculdade de Direito de Ribeirão Preto (FDRP) da Universidade de São Paulo (USP). Doutor em Processo Civil pela Faculdade de Direito da Universidade de São Paulo (FD/USP).

Daniel Wunder Hachem
Professor Adjunto do Departamento de Direito Público da Universidade Federal do Paraná e do Programa de Mestrado e Doutorado em Direito da Pontifícia Universidade Católica do Paraná (Curitiba-PR, Brasil). Doutor e Mestre em Direito do Estado pela Universidade Federal do Paraná. Diretor Acadêmico do NINC – Núcleo de Investigações Constitucionais do Programa de Pós-Graduação em Direito da UFPR (www.ninc.com.br). Coordenador e Professor do Curso de Especialização em Direito Administrativo do Instituto de Direito Romeu Felipe Bacellar. Coordenador Executivo, pelo Brasil, da Rede Docente Eurolatinoamericana de Direito Administrativo. Membro do Foro Iberoamericano de Derecho Administrativo, da Asociación de Derecho Público del Mercosur, da International Association of Public Law e do Instituto Paranaense de Direito Administrativo. Editor Acadêmico da *A&C – Revista de Direito Administrativo & Constitucional*. Coordenador Editorial da *Revista Eurolatinoamericana de Derecho Administrativo* e da *Revista de Investigações Constitucionais*. Co-Editor da *Revista de Direito Econômico e Socioambiental*. Advogado.

Emerson Gabardo
Professor de Direito Administrativo da Universidade Federal do Paraná. Professor de Direito Econômico da Pontifícia Universidade Católica do

Paraná. Pós-doutor em Direito Público Comparado pela Fordham University School of Law.

Fabiana Cristina Severi
Professora Doutora da Faculdade de Direito de Ribeirão Preto (FDRP) da Universidade de São Paulo (USP). Pesquisadora do Centro de Estudos em Direito e Desigualdades (CEDD).

Fernando Dias Menezes de Almeida
Professor Titular de Direito Administrativo da Universidade de São Paulo (USP).

Irene Patrícia Nohara
Livre-docente em direito administrativo pela USP. Doutora e mestre em direito do Estado pela USP, por onde se graduou. Professora Pesquisadora do Programa de Mestrado da Universidade Nove de Julho e Professora de Fundamentos de Direito Público da Universidade Presbiteriana Mackenzie.

Jorge Agudo González
Professor Titular de Direito Administrativo da Universidad Autónoma de Madrid (UAM).

Luciane Moessa de Souza
Mestre em direito do Estado (UFPR). Doutora em Direito, Estado e Sociedade (UFSC), tendo sido Visiting Scholar na University of Texas, campus Autin. Procuradora do Banco Central do Brasil. Pós-doutoranda na Universidade de São Paulo (USP). Coordenadora de cursos da Escola Nacional de Mediação e Conciliação do Ministério da Justiça.

Luis Manuel Fonseca Pires
Doutor e Mestre em Direito Administrativo pela PUC-SP. Professor de Direito Administrativo na graduação e na pós-graduação *lato sensu* da PUC-SP. Juiz de Direito no Estado de São Paulo. Autor, dentre outras, das obras *Controle Judicial da Discricionariedade Administrativa. Dos conceitos jurídicos indeterminados às políticas públicas*, 2ª ed., editora Fórum (finalista do Prêmio Jabuti 2009 pela editora Campus-Elsevier), e *O Estado Social e Democrático e o Serviço Público. Um breve ensaio sobre liberdade, igualdade e fraternidade*, 2ª

ed., editora Fórum, e *Limitações administrativas à liberdade e à propriedade*, e *Regime Jurídico das Licenças*, e *Loteamentos Urbanos*, editora Quartier Latin, e um dos autores de *Um diálogo sobre a justiça: a justiça arquetípica e a justiça deôntica*, editora Fórum.

Maria Sylvia Zanella Di Pietro
Professora Titular aposentada da Faculdade de Direito da USP e Procuradora do Estado aposentada do Estado de São Paulo.

Mónica Domínguez Martín
Professora de Direito Administrativo da Universidad Autónoma de Madrid (UAM).

Murillo Giordan Santos
Procurador Federal (Advocacia-Geral da União – ADU), mestre e doutorando em direito do Estado pela Universidade de São Paulo (USP) e professor de direito administrativo.

Paulo Henrique Martinucci Boldrin
Mestrando em direito pela Faculdade de Direito de Ribeirão Preto (FDRP) da Universidade de São Paulo (USP). Graduado em direito pela mesma Faculdade.

Rodrigo Pagani de Souza
Professor de Direito Administrativo da Faculdade de Direito da USP. Doutor e mestre em direito pela mesma Faculdade. *Master of Laws* pela Universidade de Yale (EUA). Advogado em São Paulo.

Thiago Marrara
Professor de direito administrativo da Universidade de São Paulo (USP) na Faculdade de Direito de Ribeirão Preto (FDRP). Livre-docente. Doutor e professor visitante na Ludwig Maximilians Universitaet de Munique, Alemanha (LMU). Editor da Revista Digital de Direito Administrativo. Consultor jurídico.